Gioconda Belli
Waslala

P H
V

Gioconda Belli
Waslala

Roman

Aus dem nicaraguanischen Spanisch
von Lutz Kliche

Peter Hammer Verlag

Originaltitel: *Waslala*
Aus dem nicaraguanischen Spanisch von Lutz Kliche

Die Deutsche Bibliothek – CIP-Einheitsaufnahme

Belli, Gioconda:
Waslala : Roman /
Gioconda Belli. Aus dem nicaraguanischen Span.
von Lutz Kliche – 2. Aufl. –
Wuppertal : Hammer, 1996
ISBN 3-87294-636-6

2. Auflage 1996

Lektorat: Manfred Görgens
Umschlaggestaltung: Wolf Erlbruch
Satz: Data System, Wuppertal
Druck und Bindung: Clausen & Bosse, Leck

Für Humberto und Gloria, meine Eltern
In Erinnerung an
José Coronel Urtecho und María Kautz
Für Camilo und Adriana

Utopie: von Thomas Morus erfundenes Wort, zusammengesetzt aus den griechischen Begriffen ›ou‹, nicht, und ›topos‹, Ort; wörtlich: ›Ort, der nicht ist‹.

»Manche wollen schon zum Mond reisen, während wir noch versuchen, das nächste Dorf zu erreichen.«
(Julius Nyerere, von 1962 bis 1985 Präsident von Tansania, über die Kommunikation in Afrika)

Come, my friends.
'T is not too late to seek a newer world.
Push off, and sitting well in order smite
The sounding furrows; for my purpose holds
To sail beyond the sunset, and the baths
of all the western stars, until I die.
It may be that the gulfs will wash us down;
and see the great Achilles, whom we knew.
Tho' much is taken, much abides; and tho'
We are not now the strength which in old days
Moved earth and heaven, that which we are, we are,
One equal temper of heroic hearts,
Made weak by time and fate, but strong in will
To strive, to seek, to find and not to yield.
(Lord Alfred Tennyson, *Ulysses*)

Inhalt

Reisende auf dem Fluß

1. Kapitel

Ein Jammer war es, daß sie den Fluß nicht würde mitnehmen können, wenn sie fortginge. Ihn um den Hals legen wie eine Stola aus Wasser. Wie es wohl sein würde, ein Leben ohne ihn? Ohne das behäbig-breite Einherfließen, das mächtige Rauschen, das sanfte Strömen? Der Fluß ließ die Jahreszeiten spürbar werden, das Verstreichen der Zeit. Er war ihre Erinnerung. Sie brauchte nur den Blick in sein Wasser zu tauchen, das das funkelnde Licht der Sonne einfing und in Quecksilber verwandelte, um die Geschichte all dessen wachzurufen, was sie umgab.

Sie ließ ihren Blick über den Ausschnitt des Stromes schweifen, der ihre Landschaft war. Das Wasser war noch ein wenig getrübt von der Regenzeit. In Höhe der Hacienda wurde der Fluß ziemlich breit. Kleine, dicht von Palmen, Sträuchern und Schilf bewachsene Inseln in der Strömung erweckten den Eindruck, als hätte die Natur eine Brücke über den Fluß gelegt, damit man in wenigen Sätzen von einem Ufer zum anderen gelangen konnte. Das undurchdringliche Dickicht aus üppigem Buschwerk, Stämmen und verschlungenen Luftwurzeln war zu dieser frühen Morgenstunde in eine weißliche, geheimnisvolle Luft gehüllt, die vom Himmel auf die Erde herabgekommen zu sein schien. Am gegenüberliegenden Ufer reckten die höchsten Bäume ihre Wipfel aus den allmählich aufreißenden Nebelschwaden.

Der Fluß hatte etwas Beruhigendes, war wie ein großes, zahmes Tier, aber auch ihr Fabelwesen: die grüngeflügelte Schlange, auf deren Rücken sie bald reiten würde, wenn sie sich endlich aufraffte, die Rätsel zu lösen, die sie seit ihrer Kindheit umgaben. Ach, ließe er sich doch besteigen, sie wollte ihm schon die Zügel anlegen, und gemeinsam würden sie sich einen Weg ins Landesinnere bahnen.

Sie sah sich rittlings auf ihm sitzen, spürte zwischen ihren Beinen das Strömen des Wassers; der Fluß trug sie, entführte sie. Der Wind kühlte ihr Gesicht. Sie warf den Kopf zurück, hob die Arme und reckte so, auf dem Landungssteg sitzend, federnd ihren Körper. Vom Ufer aus bohrten die Reiher ihre langen Schnäbel ins Wasser und stelzten auf ihren hohen, dünnen Beinen einher wie junge Mädchen, die sich mühten, ihre Kleider nicht zu benetzen.

Sie ahnte, daß die Schmuggler heute eintreffen würden. Schließlich war Pedros Bongo schon vorbeigekommen, um sie flußabwärts in Greytown abzuholen. Im übrigen war es ja genau die Zeit dazu, die Regenfälle hatten bereits nachgelassen. Sie sprang auf und rieb sich die Hände an den Hüften ab. Ihr junger Körper, der in einem Overall aus blauem Drillich steckte, war schlank und doch kräftig gebaut. Das rotblonde Haar, kurz wie das eines Chorknaben auf Bildern der Renaissance, umrahmte ein von Sommersprossen gesprenkeltes Gesicht, aus dem die grünen Augen markant hervorstachen. Die wohlgeformte, klassisch lange Nase und der kleine Mund mit den vollen Lippen – dieses Gesicht war anmutig und ungewöhnlich zugleich. Ihr Großvater meinte immer, sie sei wie eine Mischung aus Vogel und Wildkatze. Sie nahm die Werkzeugtasche auf und ging über den palmengesäumten Weg auf das Haus zu.

Mercedes, eine ältere Frau mit kräftigen, braunen Armen und rundem Gesicht, das Haar zu einem Zopf geflochten, schwang geistesabwesend den Besen, mit dem sie methodisch den großen Eß- und Wohnraum fegte. Sie schreckte aus ihren Gedanken auf, als sie Melisandra hereinkommen und ihr einen guten Morgen wünschen hörte.

»Ich habe das Gefühl, daß unsere Gäste heute kommen«, verkündete Melisandra. »Wir sollten nachsehen, ob uns auch nichts fehlt.«

»Kein Grund zu übertriebener Eile«, antwortete Mercedes, ließ den Besen stehen und folgte ihr. »Warum bist du dieses Jahr nur so nervös bei den Vorbereitungen? Hier ist doch immer alles fix und fertig für sie. Mir kommt es fast so vor, als wären sie kaum abgereist, da stehen sie schon wieder vor der Tür.«

Melisandra nahm im Vorbeigehen den Schlüssel vom Haken neben dem Kühlschrank. Mit sicherer Bewegung öffnete sie das schwere Vorhängeschloß und schlug die Türflügel auf. In der Speisekammer, einem langen Raum, dessen Wände von Regalen bedeckt waren, roch es muffig. Dicke Kornsäcke stapelten sich auf Holzpaletten am Boden.

Melisandra zog an einer Kordel und schaltete so das Licht einer nackten Glühbirne ein. Ein Blick, und sie wußte, was aus dem flußaufwärts gelegenen Dorf noch zu besorgen war.

»Kaffee fehlt uns«, sagte sie. »Du weißt doch, wieviel Kaffee sie trinken.«

»Glaub' ich nicht«, antwortete Mercedes und begutachtete den Kaffeevorrat. »Das hier wird reichen.«

»Hat Elena die Betten schon bezogen?«

»Aber ja doch, Töchterchen. Frische Blumen habe ich auch schon in die Vasen gestellt.«

»Und habt ihr Eier besorgt?«

»Klar doch.«

»Sind die Badezimmer denn auch sauber genug?«

»Wenn ich dir doch sage, daß alles fertig ist! Geh du nur und ordne die Papiere deines Großvaters. Er wird sicher bald von seinem Spaziergang zurück sein.«

Sie verließen die Speisekammer. Melisandra warf einen Blick zurück, als könne sie den Antworten keinen rechten Glauben schenken.

Das Haus mit dem hohen Ziegeldach besaß einen zentralen Flur, um den sich die Zimmer gruppierten. Das ihre lag zur Veranda und damit zum Fluß hinaus, genau wie der Arbeitsraum und das Schlafzimmer ihres Großvaters. Der Fußboden aus roten Tonfliesen glänzte. Mercedes hatte wirklich gute Arbeit geleistet.

Melisandra ging zum Arbeitszimmer hinüber. Täglich wischte sie den Staub von den Papieren ihres Großvaters, wobei sie sich Mühe gab, seine systematische Unordnung nicht zu verändern. Sie fuhr mit dem Staubwedel über die mit Entwürfen gefüllten Bögen, die sie dann wieder zu ordentlichen Stapeln schichtete. Hier und da verweilte ihr Blick, so auch bei dem Buch mit den schwarzen Deckeln, das er vor wer weiß wievielen Jahren veröffentlicht hatte. Es war bei einer unterstrichenen Passage aufgeschlagen: »Die Einsamkeit wird immer größer und schöner am Fluß. Doch vielleicht wird das Land am Fluß eines Tages bevölkert sein, so wie es Squier einst vermutet hatte, und es werden Boote und Motorschiffe fahren, Pferde und Zuchtvieh auf den Ebenen und hügeligen Weiden grasen, und an den Ufern werden herrliche Häuser stehen, in denen sich die Bücher von Dichtern und deren Porträts finden. Vielleicht aber wird der Wald eines Tages wieder alles überwuchern. Es kommt ganz darauf an …« Ein Schauer überlief sie beim Lesen dieser Zeilen, doch empfand sie auch ein Mitgefühl. Der Text verriet einem nicht, ob ihr Großvater wollte, daß der Fluß sich bevölkerte oder nicht. Beide Möglichkeiten blieben offen. Dieser Zweifel zog sich wie ein roter Faden durch sein Leben. Er konnte fest an etwas glauben, um es dann mit der gleichen Entschiedenheit zu verwerfen. Ihr Großvater träumte, doch er hatte Angst vor seinen Träumen, Angst, daß sie seiner Kontrolle entgleiten und zu Alpträumen werden könnten. Dieser Widerspruch schlug sich auch in seinem Werk nieder: Er begann mit seiner Arbeit und ließ sie halbfertig liegen. Melisandra rückte die Ordner zurecht. Wieviele Notizen, wieviele Entwürfe zu Gedichten, Erzählungen, Romanen, Aufsätzen fand sie auf seinem Tisch. Es schien ihm schon genug zu sein, sie erdacht und in zahllosen Plänen und Skizzen festgehalten zu haben. Er sprach darüber, erwärmte sich beim Gedanken an Beiträge, Diskussionen, neue Ideen. Er spielte. Dann wandte er sich genauso schnell etwas anderem zu. Dies war es, was am meisten an ihm verzauberte: seine unersättliche Neugier, die Freude, die er nicht nur am Eigenen, sondern an allem fand, das er für gelungen hielt. Doch schien es ihr, als bereiteten ihm die Werke anderer soviel Genuß, daß ihm die Zeit für das eigene durch die Finger rann. Vielleicht fürchtete er sich auch vor seinem Talent, davor, daß das fertige Werk nicht das war, was es hätte sein können.

So war es, das empfand sie instinktiv, auch mit Waslala geschehen. Wie er selbst zugab, hatten seine Zweifel wohl dazu geführt, daß er nie dorthin hatte zurückkehren können, daß ihm sein Kind, seine Schöpfung auf Zehenspitzen entwichen war, sich davongemacht hatte, um seine eigene, unabhängige, verborgene Wirklichkeit zu leben. Niemals hatte er den Weg dorthin wiederfinden können. Und genau deshalb war Waslala auch für ihn zur fixen Idee geworden. Soviel Energie verwandte er darauf, das Trugbild immer neu entstehen zu lassen, daß dieses Haus schier zu ertrinken schien im Heimweh nach einem Ort, den nur er kannte. Er war ein Meister des Wortes, und seine Schilderungen riefen eine so tiefe Sehnsucht in ihr wach, daß sie schließlich verstand und vielleicht sogar verzieh, daß ihre Eltern sich allein auf die Suche nach diesem Ort begeben hatten. Wenn alles gut ginge, würde sie jetzt auch aufbrechen, die Reise ins Unbekannte wagen. Seit dem Tode ihrer Großmutter schmiedete sie diesen Plan, und jedes Jahr nahm sie es sich aufs neue vor, nur um im letzten Moment davor zurückzuschrecken, dem Großvater und seinem Blick zu begegnen. Schon der Gedanke, es ihm sagen zu müssen, bereitete ihr körperliches Unwohlsein. Seine Einsamkeit schmerzte sie, auch wenn er immer wieder versicherte, wie gut er das Alleinsein ertrug. Stunde um Stunde schloß er sich in seinem Arbeitszimmer ein. Manchmal machte er sich dann emsig Notizen, dann wieder saß er nur still und abwesend mit einem Buch in der Hand da, so als ließe ihn schon der stumme Kontakt das Wortgedränge auf den Seiten spüren.

Sie rückte das Porträt Walt Whitmans an der Wand gerade und war mit dem Aufräumen des Arbeitszimmers genau in dem Moment fertig, als das Türschlagen die Rückkehr des Alten von seinem Morgenspaziergang ankündigte. Er würde sich wohl nie an die Schwingtür mit dem Fliegengitter gewöhnen, die sie zur Veranda hinaus hatte einbauen lassen. Er kam einfach herein und ließ sie hinter sich zufallen, worauf das ganze Haus erzitterte und alle Welt vor Schreck zusammenfuhr, er selbst am allermeisten.

Sie fand ihn im Eßzimmer, wo er sich gerade bei Mercedes nach Melisandras Verbleib erkundigte. Dabei stützte er sich mit beiden Händen auf seinen Spazierstock und hielt eine Hüfte leicht angehoben. Nicht mal im fortgeschrittenen Alter hatte er seine kecke Art verloren, das stattliche, aristokratische Auftreten. Er sah sie jetzt aus seinen wäßrig-blauen Augen an und hob die Adlernase, als ginge er einem längst verlorenen Geruch nach.

»Guten Morgen, meine Tochter«, grüßte er und sah sich dabei um, als bemerke er etwas, das er nicht benennen konnte. »Da stimmt was nicht. Was kommt mir heute anders vor?«

»Der Fußboden, Don José«, antwortete Mercedes. »Normalerweise wische ich ihn erst später.«

»Unser Besuch wird bald kommen«, warf Melisandra ein. »Wenn meine Berechnungen stimmen, müßten sie schon heute hier sein.«

Der Alte setzte sich seitlich auf die Bank am Eßtisch. Dann lehnte er seinen Stock gegen den Tisch und streckte ein Bein aus, wobei er mit der Hand über sein Knie strich. Etwas zerstreut nahm er die schwarze Baskenmütze ab und fuhr sich mit der Hand durch das immer noch volle, weiße Haar.

»Je älter ich werde, desto schneller vergeht die Zeit.«

»Sie kommt mit dem Fluß daher, weißt du. Da macht sie keinen Lärm«, lächelte Melisandra.

»Ich weiß überhaupt nicht, warum ihr diese Schmuggler immer Besucher nennt«, schimpfte Mercedes aus der Küche, wo sie die Spiegeleier fürs Frühstück zubereitete.

»Es sind Besucher, weil sie uns besuchen«, gab der Alte verschmitzt zurück. »Außerdem sind nicht alle, die herkommen, auch Schmuggler. Man darf nicht alle über einen Kamm scheren.«

»Die meisten sind es aber«, beharrte Mercedes. »Gott allein weiß, welche merkwürdigen Geschäfte sie treiben, wenn sie von hier weiter ins Landesinnere fahren.«

»Du mußt zugeben, daß wir keine große Wahl haben«, nahm Don José den Faden wieder auf. »Nur die Schmuggler wagen es noch, sich solcher Länder wie Faguas zu entsinnen. Wenn sie nicht wären, erführen wir nie, was es Neues in der Welt gibt.«

Mercedes kam mit gefüllten Tellern an den Tisch.

»Ich frage mich, wer wohl diesmal kommen wird«, fuhr der Alte fort. »Ich weiß noch, wie vor vielen Jahren ein verbissener Student auf einem Fahrrad mit Schwimmkörpern Richtung Süden vorbeipaddelte. Ach, was könnte ich nicht alles von den Reisenden auf dem Fluß erzählen!«

Tatsächlich, er hatte viele Menschen hier vorbeikommen sehen, seit seine Frau ihn überredet hatte, der Stadt den Rücken zu kehren und in diesem grün-gelb gestrichenen Holzhaus zu leben, von dessen Veranda aus sie das Wasser unermüdlich zum Atlantik hin fließen sahen. Die Reisenden kamen ihnen immer wie die letzten Teilnehmer der Expeditionen nach El Dorado vor, Menschen mit fiebrigem Blick, mit den gleichen staunenden Augen wie die Konquistadoren oder die Piraten, die überwältigt gewesen waren vom Anblick der riesigen Bäume an den Ufern des Flusses, dem Rausch der Farben, den stolzen, großen Vögeln. Und er sah in diesen Augen oft dieselbe Gier, mit der die Landsknechte den Strom befahren hatten, die Händler und auch der Kommodore Cornelius Vanderbilt, als er seine »Transit Company« ins Leben rief, um die Goldsucher auf sicherer Route vom Atlantik zum Pazifik zu führen und sein Seereich auszudehnen.

Flußauf, flußab waren die Fremden gereist, beladen mit ihren Träumen und dem Wahn von Größe, mit Hirngespinsten von Kanälen und Schienensträngen: dem Mythos davon, was sich aus diesem Land herausholen ließe, wenn seine Bewohner aneinander Verrat übten und sich dem Meistbietenden verkauften; unermüdlich wiederholte Verlockungen, die zwangsläufig in Kriege mündeten, Kriege, die inzwischen zu Seuchen geworden waren, die sich in endlosen Kreisläufen dahinzogen und deren Gründe fast schon belanglos schienen. Nur schwach erinnerte er sich noch, seit wann das Land in diesem Chaos steckte, wann es zu einem Schlachtfeld verkommen war, zu einem Land von Kriegern, von reisenden Raubrittern; wann die Rückentwicklung von Faguas begonnen hatte, die Rückkehr ins Mittelalter, die das Land wieder zu einem ebenso beliebigen Stück Geographie werden ließ, wie es inzwischen weite Teile Afrikas, Asiens, Südamerikas und der Karibik waren: isolierte Gebiete, abgeschnitten von jeglicher Entwicklung, von der Zivilisation, dem technologischen Sprung in der ersten Hälfte des 20. Jahrhunderts; zurückgeworfen auf ihre tropischen Wälder, auf ihre Funktion als Lunge und Schuttabladeplatz der entwickelten Welt, die sie ausbeutete, um sie dann wieder dem Vergessen und ihrem Elend zu überlassen, ins Abseits zu verbannen, zur *terra incognita* zu stempeln, zu fluchbeladenen Landstrichen voller Kriege und Epidemien, Gegenden, in die niemand mehr kam – außer den Schmugglern; sie waren jetzt sein letzter Kontakt zur Außenwelt, die einzigen, bei denen er noch seinen Wissensdurst stillen konnte; sie holten sich Minerale und andere Rohstoffe und Gott weiß was sonst noch aus Faguas und brachten im Tausch Waffen für die Kriege, Berge verrotteter Waren, Dinge, die in Faguas heiß begehrt waren, denn immerhin hatten sich seine Bewohner an ein gewisses Maß an Wohlstand gewöhnt, bevor man sie abgeschrieben und für Krankheitserreger erklärt hatte, für bösartige Viren, die schleichend dieses zivilisierte Leben bedrohten, das mit der Erkundung des Weltraums beschäftigt war, mit dem Plan massenhafter Auswanderung in eine fremde Galaxis, um dort neu zu beginnen, dort, wo nicht mal ein winziger Spalt einen Schimmer von jenen Menschenwesen durchließ, die unter Elendsbedingungen leben mußten und deren Armut, Kriege und Seuchen sich unkontrolliert vermehrten.

Und trotzdem las er hier am Fluß, schrieb Gedichte, ehrte die Klassiker. Und er hatte sogar in seinem Arbeitszimmer ein Bild von Whitman hängen und predigte die Liebe zur Poesie, zur Kunst, zur Philosophie; die Sehnsucht nach Waslala, das ihm eines Tages seine Enkeltochter nehmen würde, um ihn dann in dieser heiligen Einsamkeit zurückzulassen.

2. Kapitel

Der Tag neigte sich dem Abend zu. Melisandra überprüfte gerade den Zustand der Dachziegel auf dem Haus, als sie – ganz weit weg noch – Pedros Muschel zu hören glaubte. In Schwärmen flogen an den fernen Flußufern die Reiher auf. Sie legte den Hammer zur Seite, nahm den Nagel, den sie zwischen die Zähne geklemmt hatte, aus dem Mund und schickte sich an, vom Dach herabzusteigen. Doch schon auf der obersten Leitersprosse hielt sie inne, um das Schauspiel der untergehenden Sonne zu beobachten, einer riesigen, runden, rotglühenden Sonne, die im Meer der Bäume versank. Wie das Ei eines Fabelwesens sank der Himmelskörper herab und glitt durch das Dickicht der Palmwedel, ohne sie eigentlich zu berühren, glitt durch die grünen Laubengänge der Bäume auf den Inseln im Fluß mit ihren trägen Kaimanen.

Im tiefgelben Licht des Spätnachmittags erspähte Melisandra von ihrem Platz aus die Spitze der alten spanischen Festung mit ihren märchenhaften Türmen, über denen die Fahne der Neutralität wehte; Mr. Davies, der ehemalige Schmuggler, der dort lebte, hatte sie aufgezogen. Sie dachte an die allabendliche Zeremonie ihrer Großmutter María, die unweigerlich bei Sonnenuntergang ihre Arbeit unterbrach. Sie nahm dann die Baseballmütze oder den Strohhut ab, je nachdem, was sie gerade trug, und entblößte so ihr Haupt respektvoll vor der untergehenden Sonne wie bei einem Walkürengebet, das sie von ihren deutschen Vorfahren erlernt haben mochte. Ihre Großmutter hatte sich immer beharrlich geweigert, Melisandra auf die Suche nach ihren Eltern gehen zu lassen, und nie hatte das Mädchen den Mut aufgebracht, sich ernsthaft dem Verbot zu widersetzen. Bei Doña María hatte man keine andere Wahl, als zu gehorchen. Selbst über ihren Tod hinaus schaffte sie es noch oft genug, daß man ihr Folge leistete.

Wieder ertönte Pedros Muschel, diesmal schon viel näher. Melisandra hörte die Fliegengittertür quietschen und wußte, daß ihr Großvater jetzt bereits unten am Geländer der Veranda stand, in seinem sauberen, weißen Hemd, die Baskenmütze auf dem Kopf und den Gehstock in der Hand, und daß er in das letzte Licht dieses Tages blinzelte, das den einlaufenden Kahn bis zum Anlegesteg begleiten würde. Eilig stieg sie die Leiter hinunter.

»Melisandra, Pedros Muschel klingt schon ganz nah«, rief der Alte. »Hast du schon was gesehen?«

»Die Spitze des Bongos«, antwortete sie. »Dem Tiefgang nach zu urteilen, muß es ordentlich beladen sein.«

Sie stand jetzt neben ihm. Aus der Werkzeugtasche, die sie umgehängt hatte, zog sie einen alten, blauen Kamm und fuhr sich damit nachlässig durchs Haar.

Das Boot näherte sich lautlos und schnell, zerteilte auf seiner Bahn durch den Abend den Fluß und das verschwommene Spiegelbild der Bäume. Das Licht, von dem es eingehüllt war, schien von einem Feuer zu stammen, das in der Tiefe des Wassers brannte, ein Licht, das von unten, von der untergegangenen Sonne heraufglühte.

Der Alte und das Mädchen standen still nebeneinander am Geländer und beobachteten das Boot, sahen, wie es größer, seine Umrisse klarer wurden, und hörten jetzt auch das immer lauter werdende Klatschen der Ruder im Wasser. Melisandra spuckte in die Hände und rieb sie sich an den Hüften ab. Sie waren rauh vom Staub, die Nägel schwarz von der Arbeit. Der Großvater warf ihr einen Seitenblick zu und stellte wieder einmal fest, wie wenig eitel sie doch war. Darin glich sie so sehr seiner Frau, die sich nie viel um ihr Aussehen gekümmert hatte. Selbst am Hochzeitstag hatte sie, wie er, Khakihosen getragen, und als Brautschleier hatte sie sich nur ein einfaches weißes Taschentuch auf das Haar gelegt, mit einem Knoten an jeder Ecke. Genau wie bei der Großmutter ging aber auch von Melisandra eine animalische, sinnliche Lebenskraft aus. Die Achtlosigkeit ihrem Äußeren gegenüber verdeckte nicht etwa ihre natürliche Schönheit; vielmehr verlieh sie ihr die ungehemmte Ursprünglichkeit einer eben erschaffenen, freien, perfekten Kreatur. Sie wirkte wie die Statue des griechischen Mädchens, das den Speer wirft.

Das Bongo war jetzt sehr nahe. Die Gestalt Pedros erhob sich am Heck, beleuchtet vom roten Licht des Himmels, das sich in dem transparenten Material spiegelte, mit dem der Passagierraum abgedeckt war. Einige Leute von der Hacienda und Bauern aus der Gegend warteten auf dem Anlegesteg. Fermín, ein gedrungener, bronzefarbener junger Mann in aufgekrempelten Hosen, aus denen nackte, große Füße ragten, fing das Seil auf, das ihm ein Ruderer vom Bug aus zuwarf, und machte das Boot fest.

Melisandra und der Großvater beobachteten von der Veranda aus das Anlegemanöver und die Bemühungen der Ruderer, das Bongo zu stabilisieren, damit die Passagiere aussteigen konnten. Pedro, ein kräftiger, untersetzter Mann, sprang auf den Steg. Er trug Khakihosen, die er an den Knöcheln umgeschlagen hatte, dazu Gummistiefel und ein weißes, ärmelloses T-Shirt, das nicht nur seine muskulösen Arme sehen ließ, sondern auch den ordentlichen Bauch betonte, Ergebnis seiner Leidenschaft für Bier.

Die Reisenden begannen, auszusteigen. Melisandra erkannte Hermann, Maclovio und Morris, ansonsten waren da noch zwei blonde Frauen und ein Mann. Von den Ruderern gefolgt, die das Gepäck trugen, kamen sie jetzt den Pfad herauf.

»Don José, welch eine Freude, Sie zu sehen!« rief Pedro überschwenglich und sprang in großen Sätzen die Stufen zur Veranda empor. »Und euch beide natürlich auch!« fügte er dann, an Melisandra und Mercedes gewandt, hinzu.

Hinter ihm stiegen nun die Passagiere die Treppe hinauf. Pedro stellte alle vor, so wie es das Ritual höflichen Respekts verlangte, das er jedes Jahr im Oktober wiederholte, wenn er die Reisenden für zwei, drei Tage auf der Hacienda ausruhen ließ, bevor sie die Fahrt flußaufwärts ins Landesinnere hinein fortsetzten.

Die beiden Frauen, die aus Holland stammten, schüttelten Don José die Hand, während Raphael, ein hochgewachsener Mann von vielleicht fünfunddreißig Jahren, der auf eigenartige Weise aufmerksam und zerstreut zugleich wirkte, Melisandra musterte und sie mit einem Ausdruck anlächelte, der ihr wie ein Wiedererkennen schien und auf den sie mit dem gleichen komplizenhaften Lächeln antwortete.

»Raphael ist Nordamerikaner«, erklärte Pedro, als dieser Don José begrüßte.

»Schön, Sie zu sehen, Don José. Sie sind immer noch keinen Tag älter geworden«, trat jetzt Maclovio hinzu, ein bärtiger, etwa fünfzigjähriger Argentinier von jungenhaftem Wesen, der eine Vorliebe für gute Witze und undurchsichtige Geschäfte besaß.

Auch Hermann und Morris begrüßten Großvater und Enkelin mit familiärer Vertrautheit. Seit Jahren schon kamen sie regelmäßig hier vorbei. Hermann stammte aus Deutschland und war Goldhändler; er hatte blondes, schon leicht ergrautes Haar, breite Hände und ein Gesicht, das von der vielen Sonne, die es ein Leben lang beschienen hatte, gegerbt war. Morris war Wissenschaftler und untersuchte den Giftgehalt der Mülladungen, die nach Faguas gelangten. Er besaß einen Arm aus Edelstahl, der nicht nur als Prothese diente, sondern auch eine Reihe Instrumente enthielt, die ihm für seine Arbeit nützlich waren. Morris war ein großer, schlanker Schwarzer, der immer etwas müde wirkte und dessen Augen nie ihren traurigen Ausdruck verloren.

»Tretet ein, tretet ein«, überschlug sich der Alte. »Ihr wollt euch sicher erst einmal erfrischen.«

Hermann, Maclovio und Morris tauschten ein verständiges Lächeln bei diesem Spiel des Großvaters, der immer so tat, als sei seine Gastfreundschaft ganz spontan. Gefolgt von den gepäckbeladenen Ruderern, begab sich die Gesellschaft ins Haus.

»Wie mich dieses Haus an die alten Stiche aus den holländischen Kolonien erinnert«, meinte Krista, die ältere der beiden Frauen, während sie sich umsah. Sie bewegte sich sehr sicher und auf gewisse Weise forsch. Ihr blondes Haar trug sie ganz kurz geschnitten, ihre Figur war eher kräftig. Vera, die Jüngere, mit großen blauen Augen und glattem, brünettem Haar bis auf die Schultern, folgte ihr und nickte dabei mit dem Kopf.

Melisandra beobachtete die beiden neugierig. Ihr Blick traf sich mit dem Raphaels, und sie hatte das Gefühl, er wüßte genau, was sie dachte. Er hatte ein angenehmes Gesicht. Den kleinen, klugen Augen schien nichts zu entgehen, doch erweckte er den Eindruck, als fühle er sich den anderen fremd und fern. Er sieht nicht aus wie ein Schmuggler, dachte sie. Es würde schon noch Zeit sein, ihn besser kennenzulernen, wenn er sich vom Auf und Ab der Flußreise erholt und das Festland ihm seinen wahren Charakter zurückgegeben hätte. Erst einmal mußte sie sich um die Ruderer kümmern, die ungeduldig darauf warteten, sich verabschieden zu können. Pedro wollte bald mit ihnen nach Greytown zurück.

Über dem Einquartieren der Gäste war es inzwischen dunkel geworden. Mercedes trat auf die Veranda hinaus und zündete die Petroleumlampen an, die Melisandra hatte anbringen lassen, um Strom zu sparen. Sie war guter Dinge, denn Hermann hatte ihr die Medizin mitgebracht, die sie im Handumdrehen von ihren leidigen Kopfschmerzen kurierte, ohne Magenschmerzen zu verursachen. Die alte Haushälterin hatte ihre Mühe, zu verstehen, warum Großvater und Enkeltochter von den Fremden so fasziniert waren, warum sie ihnen soviel Aufmerksamkeit zuteil werden ließen.

Hermann und Morris waren ihr wohl sympathisch, doch den Geschichten von Maclovio mochte sie nicht trauen. Sie war sicher, er übertrieb oder log gar, wenn er sie beeindrucken wollte und ihnen von Zügen erzählte, die auf Luftkissen fuhren, von Bürgersteigen, die sich von selbst bewegten, und von Maschinen, die die Hausarbeit erledigten. Das einzige, das sie davon überzeugt hatte, wie rasend schnell sich die Welt um Faguas veränderte, war der Arm von Morris mit seinen Instrumenten. Sie bekam den Mund vor Staunen kaum wieder zu, wenn sie sah, mit welch unglaublichem Geschick er einen Rucksackknoten aufknüpfte, oder wenn er die

Fingerspitzen als Lampe benutzte, um die Zimmerecken auszuleuchten und sich zu vergewissern, daß dort kein Skorpion verborgen war. Dann stellte sie sich vor, wie praktisch ein solches Gerät sein könnte, um den Aufnehmer zu schwingen und den Boden blitzblank zu putzen. Sie hatte jetzt alle Lampen angezündet und wollte gerade wieder ins Haus gehen, als sie beinahe mit Raphael zusammenstieß.

»Ach du meine Güte, haben Sie mich aber erschreckt!« fuhr sie zusammen.

»Oh, tut mir leid, ich wollte mir nur den Mond ansehen«, antwortete Raphael freundlich.

»Um diese Zeit ist es aber nicht so schön hier draußen. Es wimmelt von Moskitos.«

»Keine Sorge, ich bin gut dagegen geschützt«, sagte er. »Ich habe soviel Medizin gegen Mückenstiche geschluckt, daß mein Blut sicher ganz sauer schmeckt. – Werden denn die Leute hier oft krank?« fragte er dann.

»Nicht häufiger als anderswo, nehme ich an.« Mercedes unterhielt sich nicht gern über Krankheiten, weil sie leicht jedes Übel bekam, über das in ihrer Gegenwart gesprochen wurde. So entschuldigte sie sich mit dem Argument, sie müsse sich jetzt aber wirklich um das Abendessen kümmern, und trat ins Haus.

Raphael ging über die Veranda, bis er ganz an der zum Fluß gewandten Seite stand. Von hier aus konnte er ungestört in die Nacht lauschen, konnte das Zischen der Glühwürmchen hören, wenn sie sich entzündeten, das Schreien von Nachtvögeln in der Ferne, das leise Geräusch des Wasser, das glucksend dem Atlantik entgegenfloß. Seit das Schiff, das sie gechartert hatten, in der Bucht von Greytown vor Anker gegangen war und sie in Pedros Bongo umsteigen mußten, hatte er das Gefühl, in einer zähen Substanz zu versinken, zum ersten Mal in seinem

Leben die Atmosphäre um sich herum bewußt so zu erleben, als sei sie eine Flüssigkeit, und die Dinge und Menschen, ja selbst der Fluß, stünden kaum noch in Berührung mit der Erde und könnten sich jeden Augenblick schwerelos in die Luft erheben, wie auf den Gemälden der Naiven, wo sich alles auf einer Ebene bewegen und überlagern kann, und das rothaarige Mädchen, der Großvater, der Ruderer und die Schmuggler schwebten wie riesige Figuren über dem Band des Flusses, als flögen sie über eine silberne Schlange hinweg. Vielleicht lag es am feuchten Klima, am Urwald und seinen fremden Vögeln, daß dieses unwirkliche Gefühl der übereinanderliegenden Ebenen in ihm aufstieg. Hier schien sich selbst noch die Zeit in eine Flüssigkeit zu verwandeln, und mitunter hatte er das Bedürfnis, irgendeinen Gegenstand zu umklammern, wie jetzt das Verandageländer, um sich zu vergewissern, daß die Newtonschen Gesetze der Schwerkraft noch Gültigkeit besaßen. Er verscheuchte einen Moskito, der surrend an seinem Ohr vorbeiflog. Noch hatte er keine nennenswerten Fakten für seine Reportage sammeln können, doch hatte Alan recht gehabt: Waslala war ein gutes Alibi für seine Arbeit. Man brauchte es nur zu erwähnen, und die Leute begannen zu reden. Es schien tatsächlich so etwas wie eine kollektive fixe Idee zu sein, ein Rätsel, zu dessen Lösung hier alle etwas beitragen wollten. Er konnte noch nicht sagen, ob es irgendeine Verbindung zur Geschichte des Philin gab, doch war es ja auch erst zwei Tage her, daß er die Fahrt auf dem Fluß begonnen hatte. Er mußte seine Ungeduld wohl noch ein wenig zügeln. Die Pause hier würde ihm guttun. Er setzte sich auf die Verandastufen und öffnete den Kommunikator, den er um den Hals gehängt hatte. »Brad, please«, sagte er. Wenige Sekunden später sah ihn Brad, sein Redaktionschef, vom kleinen Bildschirm her an.

»Na, wo bist du denn jetzt?« fragte er.

Bisher sei alles problemlos verlaufen, erzählte Raphael ihm. Leicht seekrank sei er gewesen bei der Überfahrt über das Meer, doch habe es weiter keine Besonderheiten gegeben. Der Fluß sei absolut phantastisch, der Kapitän des Flußbootes eine Type für sich. Und erst die Schmuggler ... Er berichtete von seiner Ankunft auf der Hacienda; der Großvater, ein Dichter; die Enkeltochter. Das alles war eine großartige Szenerie, wenn ihm nur die Reportage glückte.

»Ich möchte dich nur bitten, die Vorsichtsmaßnahmen nicht zu vernachlässigen. Denk dran, daß das State Department sehr deutlich vor den Risiken einer Reise dorthin warnt; den Krankheiten, den Seuchen.«

»Ich paß' schon auf, Brad, aber du weißt ja genau wie ich, daß diese Warnungen für die ganz Dummen gemacht sind.«

»Wer weiß, wer weiß. Ich erinnere dich daran, daß nicht mal die Luftpatrouillen der Umweltpolizei dort landen.«

»Weil man aus der Luft die illegalen Rodungen besser erkennt. Anders könnten sie das gar nicht machen. Der Urwald ist hier wahnsinnig dicht. Unglaublich. Hier gibt es noch genügend Sauerstoff für eine ganze Weile. Du kannst also ganz beruhigt durchatmen.«

»Du bist und bleibst der alte«, lachte Brad. »Aber schon gut, ich sage nichts mehr und verlasse mich auf deine Routine.«

»Ich meine nicht, daß ich eine vergleichbare Erfahrung habe. Glaub mir, ich fühle mich hier schon ein wenig hilflos. Es wird bestimmt spannend. Hörst du dieses Geräusch, das wie Ätherwellen klingt? Das sind die Insekten. Tausende und Abertausende.«

Er verabschiedete sich und schaltete den Kommunikator aus. Das Leuchten des Bildschirms hatte eine stattliche Zahl fliegenden Getiers angezogen. Nervös versuchte er, die Insekten zu verscheuchen, wobei er sich erhob und dem Inneren des Hauses zustrebte. Da traf er Melisandra, die soeben herauskam. Sie roch gut. Sie hatte gerade gebadet, ihr Haar war noch ganz naß.

»Das Essen ist gleich fertig«, sagte sie und fuhr sich durchs Haar, damit es im Abendwind trocknen konnte.

»Ich wollte eben hineingehen. Doch wenn du nichts dagegen hast, leiste ich dir Gesellschaft«, sagte Raphael und folgte ihr, bis er wieder, diesmal an ihrer Seite, auf den Treppenstufen saß.

»Es ist sehr nett von euch, daß ihr uns für ein paar Tage bei euch aufnehmt«, sagte er.

»Am Fluß kann es sehr einsam sein«, meinte Melisandra. »Es ist zwar sehr schön hier, doch leben wir auch ziemlich isoliert. Deshalb haben wir gern Besuch.« Sie lächelte und sah ihm dabei direkt in die Augen.

»Es klingt so abgeschmackt, daß ich es eigentlich für mich behalten sollte, doch weil es mir noch nie passiert ist, will ich es dir trotzdem sagen: Seit ich dich gesehen habe, kommt es mir so vor, als hätten wir uns schon irgendwo anders getroffen. Das soll kein billiges Kompliment sein. Ich meine das ganz ehrlich.«

»So etwas finden wir hier gar nicht abgeschmackt, und ich wüßte nicht, weshalb es ein billiges Kompliment sein sollte, wenn jemand meint, einen schon mal gesehen zu haben. In unserem Fall ist das natürlich ganz unmöglich.«

»Selbstverständlich. Du bist nie in New York gewesen, oder?«

Melisandra lachte. Sie sei noch nie von diesem Fluß weggekommen, erzählte sie ihm. Doch wolle sie fort, ins Landesinnere. Mal aus diesem, mal aus jenem Grund schaffe sie es aber nicht, sich auf den Weg zu machen.

Erst war es wegen der Großmutter gewesen, und jetzt hatte sie Angst, den Großvater allein zu lassen.

»Dein Großvater sieht doch kerngesund aus.«

»Um seine Gesundheit mache ich mir keine Sorgen, eher um seine Phantasie. Seit dem Tod von Großmutter ist er ein bißchen empfindlich geworden. Monatelang hat er immerzu mit ihr geredet und so getan, als sei sie noch am Leben und ginge jeden Morgen an ihre Arbeit. Mercedes mußte ihr sogar das Frühstück zubereiten. Er befragte sie nach dem Leben im Jenseits. Das war so überzeugend, daß wir nach und nach alle mit ihr geredet haben.«

Sie wisse gar nicht mehr, wo sie die Geistesgegenwart hergenommen hatte, um sie alle bei Verstand zu halten, erzählte sie ihm. Und daß sie fürchtete, er könne einen Rückfall haben, wenn sie fortginge.

»Heißt das etwa, du wirst dein Leben solange aufschieben, bis er stirbt?« fragte Raphael.

»Natürlich nicht! Schon deshalb nicht, weil ich überzeugt bin, daß er nie sterben wird. Zumindest wird er so alt werden wie Methusalem. Er ist ja jetzt schon über hundert Jahre alt.«

»Also, ich brauche jemanden, der mich im Landesinneren führt«, sagte Raphael. »Du könntest mit mir kommen.«

»Das wäre vermessen von mir. Ich bin noch nie dort gewesen«, lächelte sie.

»Dann bleibst du also? Und gehst nie von hier fort?«

»Ganz im Gegenteil«, antwortete Melisandra und sah auf den Fluß hinaus. »Ich habe nämlich gerade beschlossen, meine Reise nicht länger hinauszuschieben. Doch mein Ziel ist ein anderes. Später ist noch Zeit genug, darüber zu reden. Jetzt sollten wir erst einmal essen.«

Raphael folgte ihr ins Eßzimmer. Don José saß am Kopfende des Tisches und lachte gutgelaunt. Am lebendigen Ausdruck seiner Augen ließ sich deutlich erkennen, daß die Unterhaltung sein eigentliches Element war und daß hier am Fluß eine solche Tischrunde ein Ereignis darstellte, an dem er sich nicht oft erfreuen konnte. Der Tisch war mit einem rot-weiß karierten Tuch bedeckt. Zwei Stühle standen am Kopfende, an den Seiten nahmen die Gäste auf den langen, stabilen Holzbänken Platz. Melisandra setzte sich zur Rechten ihres Großvaters und bedeutete Raphael, er solle neben ihr bleiben.

Die Gesichter der Neuankömmlinge nahmen langsam wieder den Ausdruck an, den sie in ihrem normalen Leben haben mochten. Hermann, Morris und vor allem Maclovio hielten die Unterhaltung in Gang, während sich Krista, Vera und Raphael vornehmlich aufs Zuhören beschränkten.

»Also, wir sind inzwischen bei der Drei-Tage-Woche angelangt«, sagte gerade Hermann, offenbar als Antwort auf eine Frage von Don José. »Es gibt zuviel Freizeit. Ich sage Ihnen, wenn das so weitergeht, wird es bald nur noch hochspezialisierte Beschäftigungen geben. Die Automatisierung ist rasend schnell vorangeschritten, es ist geradezu absurd. Die Menschen können sich gar nicht so schnell ans Nichtstun gewöhnen. Und wenn man noch dazunimmt, wie die Lebenserwartung gestiegen ist, dann verwundert es nicht, daß die Selbstmordtrips in Mode kommen. Ganze Schiffe verlassen Hamburg, voll mit Menschen, die nur noch in Ruhe sterben wollen, mit Blick aufs Meer.«

»Ich kann nicht begreifen, daß es Leute gibt, die nichts mit ihrer freien Zeit anzufangen wissen«, sagte Don José. »Es gibt doch soviel zu lesen. Mein Problem war das nie. Doch ein interessantes Phänomen, nicht wahr? Nur zu erklären, wenn man den Unterschied zwischen den psychischen Auswirkungen des Lesens und denen der Videotechnik versteht. Die aktive Leistung der Phantasie gegen das passive Konsumieren dessen, was der Vorstellungskraft anderer erwachsen ist. Der Verlust der Phantasie ist eine Tragödie. Vielleicht eine der größten Tragödien, die wir in diesem Jahrhundert erleben.«

»Was sind denn eigentlich diese Selbstmordreisen?« fragte Melisandra.

»Eine Art Todestourismus«, wandte sich ihr Raphael zu. »Die Schiffe fahren in internationale Gewässer, wo Gesetze über Euthanasie und Selbstmord keine Gültigkeit haben. Eine Luxuskreuzfahrt ohne Wiederkehr. Man kann wählen zwischen einer tödlichen Injektion oder einer Kammer im Schiff, in die Kohlenmonoxyd geleitet wird. Ein schmerzloser, kollektiver Tod. Das ist inzwischen ein Riesengeschäft geworden. Soweit ich weiß, sind die Reisen immer ausverkauft, und es gibt lange Wartelisten. Ganz neu ist das alles nicht mehr, das ging schon vor ein paar Jahren los.«

»Da wäre mir schon das System dieser agnostischen Sekte in England lieber«, warf Don José ein. »Wenn jemand beschloß, sich das Leben zu nehmen, unterschrieb er einen Vertrag. Einer der anderen übernahm dann die Aufgabe, ihn zu töten. Der Todeswillige wußte jedoch nicht, wann und wie er sterben würde. So etwas wie eine Nachbildung des Lebens selbst. Ein kreativeres Konzept.«

»Welch angenehme, aufmunternde Unterhaltung!« rief Maclovio ironisch.

»Ich stimme nur selten mit Maclovio überein«, meldete sich wieder Hermann zu Wort. »Aber in dem Punkt hat er recht. – Was macht denn deine Arbeit, Morris?«

Er sei kurz davor, seine Untersuchung über den Giftgehalt des in Faguas gelagerten Mülls abzuschließen, antwortete Morris, doch habe er noch nicht die eindeutigen Beweise, die er brauche, damit sein Bericht vor den Vereinten Nationen den gewünschten Effekt hätte.

So ging die Unterhaltung angeregt weiter, während die Tischgesellschaft die Hühnchen verzehrte, die Mercedes mit einer Behendigkeit geköpft, gerupft und gekocht hatte, die allein ihr eigen war und die dem Großvater Anlaß zu Frotzeleien gab, wenn er sie davon zu überzeugen suchte, sie müsse in einem früheren Leben ein Restaurant gehabt oder die Küche eines Gefängnisses oder eines Hotels geleitet haben.

Melisandra verwickelte die Holländerinnen in ein Gespräch und erfuhr, daß die beiden auf der Suche nach traditionellen Kulturen waren, die ihnen Wissen über exotische Kräuter und deren heilende Eigenschaften vermitteln konnten. Dieses Wissen sollte später dazu dienen, Arzneien für Menschen herzustellen, die der herkömmlichen Medizin mißtrauten. Sie lebten, wie sie sagten, in einer »Matria«, wo die Frauen versuchten, zu einem vorpatriarchalischen Lebensstil zurückzufinden und unter anderem erneut gesellschaftliche Anerkennung für Heilerinnen und Naturheilkunde zu gewinnen.

Auf dieser Reise jedoch, so vertrauten sie ihr an, wollten sie Timbú besuchen; sie hofften, dort ein Adoptivkind zu finden. Sie hatten sich nicht auf einen Spender bei einer der Samenbanken einigen können, und weil sie außerdem kein Kind haben konnten, das biologisch von beiden stammte, zogen sie es vor, daß es von keiner wäre.

Raphael hörte mit abwesendem Gesichtsausdruck zu. Melisandra bemerkte, daß er in den Anblick ihrer Hände versunken war und nicht aufhörte, die Luft in ihrer Nähe einzuatmen, zu schnuppern, als verströme sie einen besonderen Geruch.

»Und Sie, Raphael, was ist Ihr Beruf?« fragte sie schließlich.

»Ich? Ich bin Journalist«, antwortete er.

»Na so was!« rief Don José aus. »Journalisten habe ich hier wirklich lange nicht mehr gesehen, ich kann mich kaum noch daran erinnern. Sie hatten irgendwann sogar unsere langweiligen Kriege satt. Wen interessieren schon Nachrichten über uns ...«

»Was übrigens die Kriege angeht«, meinte wieder Raphael, »viel von bewaffneten Auseinandersetzungen ist hier nicht zu spüren. Ihr scheint eigentlich ganz friedlich zu leben.«

»Der Fluß ist neutrales Gebiet«, erklärte Melisandra. »Vor Jahren schon kam man zu der stillschweigenden Übereinkunft, hier keinen Krieg zu führen. Das hätte sonst entsetzliche Auswirkungen auf den Regenwald, und Sie wissen ja, wie die Umweltgesellschaften sich darum kümmern. Und trotzdem ...«

»Dieses Land kann anscheinend ohne Krieg nicht mehr leben«, unterbrach sie Don José. »Mir kommt es fast so vor, als wäre der Frieden eine Katastrophe. Die übrige Welt scheint auch so zu denken. Es wird seinen Grund haben, wenn in unsere Gegend all die Waffen geschickt werden, die woanders nicht mehr zu gebrauchen sind. Doch laßt uns nicht vom Krieg reden, der Krieg hat mich nie interessiert. Ich bin ein Verehrer der Zivilisation, des menschlichen Fortschritts, der Künste. Mit dem Krieg habe ich nichts zu schaffen. Der Krieg ist für die Militärs, für die Leute, die nicht denken. Er ist das Gegenteil des Denkens, des Wortes, des Dialogs. Im Krieg spricht niemand. Alle schießen. Bringen sich gegenseitig um, ohne sich zu kennen. Sie wollen sich ja nicht einmal kennen. Vielmehr fliehen sie voreinander, verstecken sich hinter ihren Gewehren; verstecken sich vor den Worten, vor dem Dialog. Könnten sie miteinander sprechen, gäbe es keinen Krieg. Doch für viele liegt darin so etwas wie Würde. Uralt ist er, dieser Kult der Waffen und des Todes. Obwohl ich euch nicht sagen könnte, was schlimmer ist, der Krieg oder die Raffgier. Wenigstens ist in Faguas so gut wie kein Geld mehr in Umlauf. In einer Gesellschaft, die durch den Krieg so zerrüttet ist wie diese, kann man mit Geld nicht viel anfangen. So tauschen wir halt ...«

Während der Großvater sprach, konnte Melisandra in Ruhe die Gäste beobachten. Ihr Tischnachbar hatte sie aus der magnetischen Strahlung seiner Blicke entlassen und lauschte versunken der Brandrede des Alten, angezogen wie alle von diesen leidenschaftlichen Worten eines Akrobaten, eines Zauberers. Oft genug fragte sie sich, warum der Großvater die Besucher wirklich vermißte: wegen der Nachrichten, die sie mitbrachten, oder weil sie das Publikum waren für die Ausschweifungen seines Geistes, der nie müde wurde, Gedanken zu produzieren, zu überlegen, zu spekulieren.

Der Alte beendete seinen Vortrag über die Raffgier und das Geld, doch wandte er sich, plötzlich an den Ausgangspunkt seiner Rede erinnert, Raphael zu, der ihn, beeindruckt von solch geschliffenem und hellsichtigem Monolog, ununterbrochen angeschaut hatte. Ob es indiskret sei, wollte Don José wissen, was ihn hergeführt habe.

»Aber keineswegs«, lächelte Raphael höflich. »Jemand, der hierher gereist ist, hat mir erzählt, daß in Faguas ein phantastischer Ort existiere, die letzte Utopie: Waslala.«

Melisandra fuhr zusammen. Nie zuvor war jemand mit dem einzigen Ziel hierher gekommen, Waslala zu finden, und ausgerechnet jetzt tauchte er auf und schlug ihr auch noch vor, sie zu begleiten. Wieder trafen sich ihre Blicke, wieder schienen sie sich zu erkennen. Ihre Gedanken drängten sich wie eine Menschenmenge, die mit einem Schub durch eine schmale Tür schlüpfen will.

Hermann, Maclovio und Morris richteten ihre Augen auf Don José. Sie hatten Raphael davon erzählt, daß der Alte mehr über Waslala wußte als irgend jemand sonst. Jetzt warteten sie auf den Beweis. Stille machte sich breit.

»Ah!« rief Don José schließlich aus. Er lehnte sich in seinem Sessel zurück und rieb sich mit abwesendem Gesichtsausdruck die Nasenspitze. »Waslala! Wer in Faguas möchte nicht Waslala finden!«

»Vielleicht möchte mich ja jemand begleiten. Ich werde einen Führer brauchen«, sagte Raphael vorsichtig und sah dabei Melisandra an, die spürte, daß ihr der Blick tief in die Glieder fuhr. »Wenn Sie mir jemanden nennen könnten ...«

»Sie müssen Engracia in Cineria besuchen«, sagte der Alte. »Die wird Ihnen bestimmt helfen können.«

Alle dachten, Don José würde jetzt fortfahren, doch seltsamerweise schwieg er. Er wirkte abwesend. Die augenzwinkernde Art hatte einer unübersehbaren Melancholie Platz gemacht. So hatte Melisandra ihn noch nie in Gegenwart von Gästen gesehen. Nur wenn er mit ihr über Waslala sprach, versank er zuweilen in solche kummervollen Tiefen. Dann dachte er an die verschwundene Tochter und den Schwiegersohn, ihre Eltern. Sein Schmerz erschreckte sie immer wieder, vor allem weil er ihren eigenen Gefühlen so sehr zuwiderlief. Statt Liebe empfand sie eher einen heimlichen, unklaren Groll gegenüber diesen Personen, die in ihrer Erinnerung verblaßt waren. Sie mußte das Geheimnis lösen, nicht wegen ihnen, sondern um ihrer selbst willen. Ob ihr Großvater etwas ahnte? Hatte er begriffen, was sie aus den Worten Raphaels heraushörte?

»Morris kennt Engracia sehr gut«, sagte Maclovio mit leicht schlüpfrigem Unterton, der mehr andeutete als das, was er eigentlich sagte. Offensichtlich wollte er die Anspannung lösen, die sich plötzlich und unerklärlich über die Tischgesellschaft gelegt hatte.

Morris ging auf die Anspielung nicht ein. »Es geht nicht darum, einen Punkt auf der Landkarte zu finden«, sagte er. »Es ist viel komplizierter.«

»Es geht um einen Mythos«, pflichtete Hermann bei.

»Morgen ist noch genug Zeit, darüber zu reden«, sagte Don José, wobei er sich abrupt erhob. »Es ist spät geworden. Ihr müßt alle sehr müde sein, ihr habt eine lange Reise hinter euch. Auch ich bin müde, und dabei bin ich nur durch diesen Tag gereist.«

Mit diesen Worten setzte er sich die Baskenmütze auf, nahm seinen Gehstock und zog sich ohne ein weiteres Wort in sein Arbeitszimmer zurück.

3. Kapitel

Ganz in schwarz gekleidet, eine abgelegte Baskenmütze des Großvaters auf dem Kopf und die Hände tief in den Taschen vergraben, so schlüpfte Melisandra leise aus ihrem Zimmer, durchquerte das Eßzimmer und schlich die Stufen hinter dem Haus hinab. Die Nacht war kühl. Die Regenzeit hatte vor mehr als einer Woche aufgehört, doch hielt die Erde noch die Feuchtigkeit. Rasch ging sie den Pfad hinunter, der zu dem etwas abseits gelegenen Haus Joaquíns führte, und vergewisserte sich dabei, daß niemand sie sah. Wenn sie nicht aufpaßte, konnte das jeden Tag geschehen.

Joaquín hatte die Tür nicht verriegelt. Rauchend saß er am Tisch und schliff eine Machete. Als sie eintrat, sah er sie mit einem Blick an, als habe er sie nicht erwartet, fast so, als komme sie ungelegen. Warum es nur immer gleich ablaufen mußte, dachte sie. Ohne ein Wort zu sagen, legte sie den Riegel vor, nahm die Mütze ab und setzte sich auf den klotzigen Stuhl ihm gegenüber. Joaquín senkte den Blick noch tiefer, so als konzentriere er sich ganz auf seine Machete. Weshalb besuchte sie ihn überhaupt, fragte sie sich. Unweigerlich erzeugte dies ein Gefühl von Demütigung. Sie verspürte den Drang, aufzuspringen, wegzulaufen und nie wieder herzukommen. Es war wie ein perverses Spiel, etwas Animalisches, das sie erregte. Obwohl sie wußte, wie es sein würde, kam sie immer wieder, trotz der Wut, die sie ergriff, wenn sie nur daran dachte.

Sie stand auf und trat ans Fenster.

»Wenn du zu tun hast, kann ich ja wieder gehen«, sagte sie schließlich.

»Du kannst Wasser aufsetzen und mir einen Kaffee kochen«, gab er kalt zurück. »Oder haben dich deine Gäste zu sehr angestrengt?«

Sie schwieg und hantierte zur Entgegnung nur laut klappernd mit den Töpfen, als sie das Wasser für den Kaffee aufsetzte.

»Wieviele sind's denn diesmal?«

»Hermann, Maclovio, Morris, ein Mann und zwei Frauen, die ich nicht kenne.«

»Pedro hat's mir schon erzählt.«

»Ich weiß. Was ich nicht weiß: warum du mich dann noch fragst.«

»Nur um was zu sagen. Du beschwerst dich doch dauernd, daß ich so wenig rede. Was haben sie mitgebracht?«

»Keine Ahnung. Wohl dasselbe wie immer: Bücher für den Großvater, Lebensmittel, Medizin für Mercedes, Khakikleidung für mich, Schokolade ...« Sie lächelte und stellte den Kaffee auf den Tisch. »Das ist mir das Wichtigste von allem: Schokolade«, betonte sie, wie um zu provozieren.

»Für mich ist das Wichtigste die Munition. Sie geht uns nämlich langsam aus. Es wäre ganz schön gefährlich, wenn wir uns nicht mehr verteidigen könnten. Was erzählen sie denn für Neuigkeiten?«

Joaquín war kräftig gebaut, ein Mann in den Vierzigern. Er hatte muskulöse Arme und große Hände mit dicken Fingern. Sein Gesicht jedoch schien für einen anderen Körper gemacht zu sein: Die feinen, scharfgeschnittenen Züge waren von glattem, schwarzem Haar umrahmt; seine dunklen Augen blickten mißtrauisch wie die eines weidwunden, gehetzten Tieres, das immer auf der Hut und bereit zum Sprung ist.

Seine anfängliche Gleichgültigkeit verflog rasch. Jetzt sah er sie schon ganz sanft an, aber auch mit einem kaum verhohlenen Hunger in den Augen. So war Joaquín: Engel und Teufel zugleich. Übergangslos konnte er vom einen zum anderen wechseln.

Sie berichtete ihm von der Unterhaltung beim Abendessen. Die Geschichte vom kollektiven Selbstmord schien ihn zu amüsieren.

»Das ist doch wohl der Gipfel, was?« meinte er. »Sie haben alles, was man sich wünschen kann, und nun langweilen sie sich.«

Der Journalist sei auf der Suche nach Waslala, fuhr Melisandra fort und bemühte sich dabei um einen möglichst zwanglosen Ton. Es sei ein glücklicher Zufall, daß ausgerechnet jetzt, wo sie zu reisen entschlossen war, jemand aus der Gruppe das gleiche Ziel hatte. »Er sagt, er braucht einen Führer. Ich werde ihm vorschlagen, daß er mich mitnimmt.«

»Mach dich nicht lächerlich. Du bist noch nie im Landesinnern gewesen. Wenn er dich mitnimmt, dann höchstens wegen was anderem.«

»Du bist ja bloß eifersüchtig.«

»Von mir aus kannst du machen, was du willst. Dein Leben ist deine Sache.«

»Aber versteh doch, Joaquín, das ist meine große Chance. Bisher ist noch keiner hier vorbeigekommen, der nichts anderes als Waslala sucht. Ich muß einfach mit. Ich glaube, sogar Großvater spürt das. Er war nach dem Essen so seltsam einsilbig. Ganz so, wie wenn er an meine Eltern oder an Großmutter denkt.«

»Du bist und bleibst ein Dickschädel. Diese Reise kann dir wohl keiner mehr ausreden. Schon als du noch ganz klein warst, mußte man dich ständig im Kautschukwald suchen. Wer weiß, wie deine Großmutter dich immer gefunden hat.«

Er hob die Kaffeetasse und trank sie in einem Zuge leer. Dann stand er auf und trat hinter sie. Mit einem Griff in ihr Haar drehte er ihren Kopf und küßte sie auf den Mund.

»Du mußt mir helfen, Joaquín«, sagte sie, befreite sich aus seinen Händen und stand auf. »Nur wenn du mir hilfst, kann ich beruhigt gehen.«

»Dieser Typ gefällt dir. Mir machst du nichts vor«, sagte er, während er ihr folgte und sie wieder bei den Schultern faßte.

»Red' keinen Unsinn«, lächelte sie kokett und sah ihn direkt an; es gab nur eine Art, Joaquín zu beruhigen. »Für diesen Mann sind wir hier doch nur Wilde. Der macht seine Reportage und verschwindet wieder. Wir aber müssen bleiben.«

Sie nahm seinen Kopf in die Hände und zog ihn an ihr Gesicht. Sie küßte ihn, ließ ihre Fingernägel über seinen Rücken streifen. Joaquín spannte seinen Körper an und atmete heftiger, doch da löste sie sich erneut aus seinem Griff und lief um den Tisch. Es begann ein Verfolgungsspiel quer durch den kleinen Raum, bei dem sie die wenigen Möbelstücke hin- und herrückten. Melisandra lachte vergnügt, Joaquíns Blick war amüsiert und wütend zugleich.

Sie sei genau wie ihre Großmutter, stieß er zwischen den Zähnen hervor; nichts und niemand konnte sie aufhalten, halsstarrig wie sie war.

»Nur ich weiß dich zu zähmen, Melisandra.« Mit diesen Worten packte er sie schließlich, hob sie empor und hielt sie umschlungen, während sie um sich schlug und sich zu befreien versuchte. So trug er sie zum Feldbett. Dort rangen sie weiter, lachten und knurrten dabei wie zwei spielende Wildkatzen. Joaquín löste ihre Gürtelschnalle, seine Liebkosungen wurden stürmischer. Als er merkte, daß sie zu spielen aufhörte und sich ganz ihren Gefühlen überließ, wurde auch sein Rhythmus langsamer, küßte er sie sanfter, bedächtiger, griff in ihr Haar, biß leicht in ihre Brüste, entkleidete sie ganz, drang in sie ein, brachte sie unter heftigen Stößen zum Orgasmus und hielt sie fest umschlungen, als sie in langen Krämpfen zuckte. Sie schloß die Augen und vergrub das Gesicht in seiner Schulter. So fühlte er sie, heftig zitternd gegen sich gepreßt, ein Vogel, den er nicht mehr halten konnte.

4. Kapitel

Melisandra wartete auf den Tagesanbruch, den Nebel über dem Fluß, das Krähen der Hähne. Sie hatte nicht einmal das Bett aufgedeckt, hatte sich bei ihrer Rückkehr nur auf die Laken gelegt, doch konnte sich ihr Körper, satt vom Speichel und vom Samen, diesmal nicht entspannen. So döste sie nur leicht und spähte nach der Sonne, richtete sich auf dem Ellenbogen auf, um zu sehen, ob sich der Morgen schon über dem Wasser zeigte. Um fünf Uhr duschte sie, eine halbe Stunde später klopfte sie an die Zimmertür des Großvaters.

Als sie eintrat, fand sie ihn auf der Bettkante sitzend, den Stock in der Hand, in weiten, weißen Unterhosen, die bis an die Knie reichten, und einem ebenso weiten und weißen Unterhemd. Er sah ganz zerbrechlich aus, wie er da so ungekämmt und mit grauen Bartstoppeln im Gesicht vor ihr saß.

Sie ging zu ihm hin und gab ihm einen Kuß auf die Wange. Dann setzte sie sich neben ihn. Für gewöhnlich trat sie um diese Zeit nicht in sein Zimmer. Die Einsamkeit und die Erinnerungen, die förmlich in der Luft zu spüren waren, wirkten beklemmend.

Auf der Kommode, in der seine Hemden ihren Platz hatten, standen die vergilbten Fotos der Großmutter. Schnell wandte Melisandra den Blick ab. Auf dem

Nachttisch ein zur Hälfte geleertes Glas Wasser, die Brille, das Büchlein für die Notizen.

»Wußtest du eigentlich, daß jeden Abend, wenn ich schlafen gehe, das Bett warm ist«, sagte er. »Sie ist hier bei mir.«

Melisandra lächelte und drückte seine Hand. Sie fühlte sich schmal und weich an in der ihren.

»Du hast Glück, Großvater. Ich habe meine Mutter noch nie spüren können. Meine Laken sind immer kalt.«

»Sicher, weil sie noch am Leben ist. Das hoffe ich jedenfalls. Manchmal stelle ich sie mir vor, wie sie in diesem Windkorridor die Wäsche trocknet.« Er schwieg ein Weilchen. »Na, was ist los?« fragte er dann plötzlich und sah sie an. »Was treibt dich so früh hierher?«

»Ich will mit dem Journalisten fahren, Großvater. Ich werde ihm vorschlagen, daß er mich als Führer mitnimmt.«

Der Alte steckte den Stock in eine seiner Latschen, hob sie in die Luft und ließ sie wieder fallen.

»Hab' ich mir gedacht«, sagte er. »Gestern abend hat er dich gemeint, als er davon sprach. Er hat es für dich gesagt. Ganz ohne Zweifel. Was für Zufälle es gibt, nicht wahr? Er heißt Raphael. Der bei Thomas Morus, der die Insel Utopia entdeckte, hieß auch so … Ich weiß aber nicht, wie du ihm helfen willst.«

»Er wird niemanden finden, der soviel über Waslala weiß wie ich.«

Engracia könne ihm einen Führer suchen, meinte er. Melisandra brauche sich nicht mit jemandem in Gefahr zu begeben, den sie kaum kannte. »Schlag es dir aus dem Kopf, Töchterchen. Es geht uns doch gut hier. Waslala ist der Ort, der nicht ist. Du darfst mir doch nicht auch noch verlorengehen.« Eindringlich und voller Angst sah er sie jetzt an, seine Augen starr und glänzend.

»Ich geh' schon nicht verloren, Großvater. Du bist ja auch nicht verlorengegangen. Du bist zurückgekehrt. Auch andere sind zurückgekehrt. Ich muß es tun. Jetzt. Ich kann nicht länger warten.«

Sie wisse ja nichts von den Gefahren, die sie erwarteten, meinte er. Und dachte, wenn doch nur seine Frau da wäre. Er, er hatte nicht ihre Kraft. Er verstand Melisandra viel zu gut. Er selbst hatte ihr ja, um die Abwesenheit der Eltern zu erklären und sich selbst zu rechtfertigen, die silberne Stadt gezeichnet, den Mythos, den Traum. Zu spät hatte er begriffen, daß sich die Geschichte seiner Tochter wiederholen konnte; daß er seine Enkeltochter nicht davon abbringen, sondern sie nur ermutigen würde. Ah! Wenn doch nur seine Frau noch lebte!

»Laß mich mal mit diesem Raphael reden«, sagte er und strich sich mit der Hand das Haar glatt. »Laß mich erst einmal mit ihm reden. Ich brauche Zeit. Gib mir ein bißchen Zeit.«

Melisandra ging hinaus. Der Alte stützte den Kopf auf den Griff seines Spazierstocks und schloß die Augen. So oft war ihm nichts anderes übrig geblieben als dieses: die Augen schließen, nichts sehen, fliehen. Man konnte nicht leben, wenn man sich nicht vor gewissen Schmerzen hütete und so tat, als beträfen sie jemand anderen, jemanden, der einem zwar ähnelte, der jedoch weit weg war, auf der anderen Seite des Spiegels, während auf dieser Seite der Eigentümer des Bildes wieder zu sich kam, vom Bett aufstand und sich ankleidete. Seit er am Abend zuvor Raphael zugehört und das Gesicht seiner Enkelin gesehen hatte, beobachten konnte, wie die Blicke der beiden sich trafen, von Mal zu Mal inniger wurden, die Augen leuchtender von der Erregung, sich gegenseitig gefunden zu haben – dieses unergründliche Ahnen von Mann und Frau, im anderen den Partner gefunden zu haben, noch bevor es richtig bewußt wird –, da war ihm klar, daß nichts sie aufzuhalten vermochte: Diesmal würde sie die Reise antreten, die sie Jahr für Jahr heimlich vorbereitete, seit sie fünfundzwanzig war. Mußte er endlich zulassen, daß sie ging? Mußte er noch einmal so allein bleiben wie beim Tode seiner Frau, als er trotz der Gesellschaft anderer Menschen und trotz Melisandras Trost keine Ruhe fand als in seinem Zimmer, wenn er sie sich wieder lebend vorstellte und mit ihr sprach, zum Entsetzen der anderen, die meinten, der Schmerz habe ihm den Verstand geraubt?

Ihm blieb nichts anderes übrig, als zu warten und sich in sein Schicksal zu fügen, so wie damals, als seine Tochter mit dem Schwiegersohn ging und das dreijährige Mädchen zurückließ, das nicht aufhören wollte, zu weinen, nicht schlafen wollte, bis die Großmutter ihr schließlich Milch mit Zucker und ein wenig Rum zu trinken gab.

Niemand außer ihm war schuld daran. Er seufzte. Dann ging er ein paar Schritte auf der Veranda, ohne zu wissen, wohin, so als hätte er tatsächlich die Gewalt über sich selbst jemand anderem überlassen.

5. Kapitel

Raphael erwachte bei Tagesanbruch. Er hatte nur wenig geschlafen. Beim Zubettgehen war er so erschöpft gewesen, daß er meinte, er würde einschlafen, sobald er den Kopf aufs Kissen legte, doch dann hielt ihn die Stille wach. Diese lebendige Stille. Er konnte hören, wie sich das Leben im Wald und am Fluß regte, die Insekten, Frösche, Eulen. Die urwüchsige, unberührte Nacht. Er hatte den Kopf unter das Kissen gesteckt, um nicht mehr denken zu müssen, um nicht mehr den Widerhall der Worte Melisandras und des Alten zu hören. Was war es, das dieses Mädchen so anders machte? Woher der Drang, sie zu beriechen, zu beschnüffeln wie ein Tier?

Jetzt würde Melisandra vielleicht mit ihm kommen, er hatte sie gebeten, ihn zu führen, ohne recht darüber nachgedacht zu haben. Er hatte so ein Gefühl, als müsse er sie retten, ihr ein Seil zuwerfen. Doch wovor, weshalb? Ein paar Worte hatten genügt, daß er sie gut zu kennen glaubte. Seit er sie auf dem Anlegesteg neben dem makellos gekleideten Alten gesehen hatte, meinte er, ihr schon einmal begegnet zu sein. Er hatte das seltsame Gefühl, ein anderes Wesen rette ihn durch seine Anwesenheit vor der Einsamkeit.

Vielleicht war er zu weit gegangen, als er Melisandra in das verwickelte, was eigentlich nur den wahren Grund seiner Reise verbergen sollte. Ihre Anwesenheit würde ihn sicher zwingen, seine Pläne zu ändern, und vielleicht würde das Abenteuer zum Fiasko geraten. Doch er mußte seinem Instinkt vertrauen, und dieser Instinkt sagte ihm, daß er durch Melisandra, durch Waslala, zum Philin gelangen würde. Möglicherweise würde er unterwegs sogar noch seiner rätselhaften Eingebung auf die Spur kommen, die ihm bisher das Erstaunlichste dieser Reise zu sein schien.

Brad würde zweifellos Einwände erheben, doch blieb ihm nichts anderes übrig, als Raphael zu vertrauen. Wie beinahe immer.

Um sieben Uhr stand er auf. Das einfache Fenster mit dem Fliegengitter wies nicht zum Fluß hinaus, sondern auf einen kleinen Garten mit Rosen, deren Blüten schon welk waren, dahinter eine tiefviolette Bougainvillea, die sich ein Geländer hinaufwand. Er zog sein Sportzeug an, wusch sich das Gesicht am Waschbecken und trat ins Eßzimmer hinaus. Dort traf er auf Mercedes, die gerade dabei war, das Haus zu fegen.

»Guten Morgen«, grüßte er. »Ich will erstmal ein bißchen Frühsport treiben.«

»Unten am Fluß geht ein Pfad entlang, direkt unterhalb der Hacienda. Sie stoßen drauf, wenn Sie zum Bootssteg hinuntergehen. Dem folgen Sie am besten, dann können Sie sich nicht verlaufen. Vielleicht sehen Sie ja sogar ein paar Seekühe. Manchmal kommen sie morgens 'raus, um sich zu sonnen.«

»Seekühe? Ich wußte nicht, daß es hier Seekühe gibt!«

»Früher gab es noch mehr davon. Keine Ahnung, was mit ihnen passiert ist. Man sieht aber immer noch welche. Wollen Sie nicht erst einmal frühstücken?«

»Nein danke, lieber später.«

Sie sah ihm nach, wie er durch die Fliegengittertür hinausging, und bemerkte seine kräftigen Beine. Dann wandte sie sich wieder nachdenklich ihrem Besen zu. Schade, daß Melisandra nicht so einen Mann fand, der sie woandershin mitnahm. In ihrem langen Leben hatte sie eine Menge junger Frauen nach Norden auswandern sehen. Später kamen dann immer die Briefe und die Nachrichten von Hochzeiten. Inzwischen gab es diese Chance aber kaum noch. Jetzt war es gefährlich, auszuwandern. Und es war schwierig und mit gewaltigen Risiken verbunden. Fast niemand schaffte es mehr, den großen Zaun zu überwinden.

Als Melisandra ins Eßzimmer kam, fand sie dort Don José ins Gespräch mit Mercedes vertieft; sie unterhielten sich über den Metallarm von Morris, der Don José zufolge ein solch hochentwickelter, komplizierter Apparat war, daß man damit sogar die Anzahl der Mikroben und chemischer Teilchen in einem Glas Wasser messen konnte.

»Die Wissenschaft schreitet unaufhaltsam voran, Mercedes. Den Tod wird es bald nicht mehr geben. Professor Morris erzählt, daß man jetzt schon mechanische Herzen einpflanzt.«

»Man stelle sich vor, was für ein Unsinn! Das nenne ich wirklich Gott versuchen; Ihm das Recht streitig machen, einen zu sich zu holen, wann Er es will!« antwortete sie und versuchte, die Schreckensvision aufgeblähter Brustkörbe zu verdrängen, die ihr der Gedanke an mechanische Herzen vermittelte. »Das verstößt doch gegen die Natur!«

»Was ist schon natürlich und was unnatürlich? Elektrischer Strom ist auch nicht natürlich ...«

Melisandra gab dem Großvater einen Kuß auf die Wange und schenkte sich wortlos eine Tasse Kaffee ein. Dann setzte sie sich zu dem Alten an den Tisch, während

Mercedes sich daran machte, Spiegeleier zu braten. Dabei murmelte sie, die sich nicht so leicht geschlagen geben wollte, vor sich hin, man könne elektrischen Strom doch nicht mit künstlichen Herzen vergleichen, doch war sie ganz offensichtlich verwirrt durch die Bemerkung des Alten.

»Sind denn unsere Gäste noch nicht aufgestanden?« fragte Melisandra.

»Der Journalist ist vor einer Weile zum Frühsport nach draußen gegangen. Er hat gemeint, er wolle hinterher frühstücken.«

Melisandra sah den Alten an. Sie würde nicht nachgeben, dachte er.

»Warum gehst du nicht ein bißchen spazieren, Großvater? Vielleicht findest du ihn ja.«

»Ach, mein Töchterchen, du erinnerst mich so sehr an deine Großmutter. Habe ich dir mal davon erzählt, wie sie hier in der Nähe einen Jaguar erlegte? Sie ganz allein. Sie band ihn hinten am Jeep fest und schleifte ihn bis hierher. Er hatte uns eine Menge Vieh gerissen. Ich sehe sie noch vor mir, wie sie frühmorgens angefahren kam, mit ihrer roten Mähne wie eine Löwin, eine Staubwolke wirbelte hinter dem Jeep auf. Und die Kinder liefen ihr hinterher, um den toten Jaguar zu sehen. Aus seinen Zähnen machte sie deiner Mutter eine Halskette. Oh, was für Frauen seid ihr nur! Was soll man da machen!«

Er war stolz auf sie, dachte Melisandra und sah, wie er den Kopf als Zeichen seiner Hilflosigkeit hin- und herbewegte. Hirte der Amazonen. Seine blauen Augen glänzten, als er aufstand, sich die Baskenmütze auf den Kopf setzte, das weiße Hemd in die Hose stopfte, nach seinem Gehstock griff und mit dem unvermeidlichen Schlagen der Tür das Haus verließ.

Don José fand Raphael auf dem Anlegesteg, wo er abwesend ein Libellenpaar beobachtete, das schnell und schamlos brummend im Flug kopulierte.

»Mens sana in corpore sano. Na, haben Sie nicht Lust, Ihre Leibesübungen bei einem Spaziergang mit mir fortzusetzen?« sagte der Alte, auf seinen Gehstock gestützt.

Raphael folgte ihm den Uferpfad hinunter.

»Was sind das für Türme, die man dort in der Ferne sieht?« fragte er. »Sie sehen aus wie eine alte Burg ...«

»Das ist eine Festung aus der Kolonialzeit. Von hier aus kontrollierten die Spanier die Schiffahrt auf dem Fluß und verhinderten, daß die Engländer flußaufwärts kamen und in ihre Territorien eindrangen. Die Engländer beherrschten Greytown, wo ihr gelandet seid. Dort hatten sie ihren Hafen am Atlantik. Ursprünglich war das mal ein Piratennest, bis Lord Nelson höchstpersönlich aufkreuzte. Auf diesem Fluß, den Sie hier vor sich liegen sehen, segelte einst der Bezwinger Napoleons. Hier begann er seine Laufbahn, die ihn einmal bis nach Trafalgar bringen sollte ...«

Indem er seinen Gehstock wie ein Professor als Zeigestock und gleichzeitig als Werkzeug benutzte, um das Gebüsch zu teilen, schritt Don José langsam, doch sicheren Schritts voran und erzählte dabei fast ununterbrochen von jenem ruhigen Fluß, auf dem sich in vergangenen Jahrhunderten Spanier und Engländer erbitterte Schlachten geliefert hatten. Eine der berühmtesten, so berichtete er, war die von Rafaela Herrera gewesen, einer Sechzehnjährigen, die sich, als ihr Vater bei einem der Angriffe auf das Fort gefallen war, zu ergeben weigerte und auf die englische Flotte brennende Bettlaken herabwerfen ließ, die die Schiffe in Brand setzten und die Engländer zur Flucht zwangen.

»Dieser Fluß ist immer schon voller Legenden gewesen, junger Freund. Von hier aus sind zahllose Rebellionen unternommen worden. Banditen und Söldner sind von hier losgezogen, um Städte zu brandschatzen und sich zu Präsidenten unseres Landes ausrufen zu lassen, auch wenn es nur für eine kurze Weile war; Guerilleros sind von diesem Fluß aus aufgebrochen, um mit langen und blutigen Tyranneien Schluß zu machen. Hier sind auch die Männer durchgezogen, die im Wahn des Goldrausches einen sicheren Weg von New York nach Kalifornien suchten; und es kamen auch solche vorbei, die verfolgt wurden, einsame Helden, die sich vor den Generälen von Faguas in Sicherheit bringen mußten. Und sogar einer, der auf dem Fahrrad von Alaska nach Feuerland unterwegs war. Ja, und auch Mark Twain kam hier vorbei; ich habe seine Reiseaufzeichnungen in meiner Bibliothek.«

»Und heute sind es die Schmuggler«, warf Raphael ein.

»Nicht alle, die vorbeikommen, sind Schmuggler. Wir sind ehrliche Menschen hier, wissen Sie. Wir haben bei uns immer nur eine ausgewählte Gruppe dieser Reisenden untergebracht, die, wie ich finde, eher so etwas wie *traders* sind, moderne Händler, die umständehalber auf den Tausch zurückgreifen. Ich habe Ihnen ja schon erzählt, daß Geld hier wenig taugt.«

»Sie haben auch vom florierenden Waffenhandel gesprochen; von den nutzlos gewordenen Waffenarsenalen.«

»Ich glaube, Maclovio hat mit solchen Dingen zu tun. Ich bin mir nicht sicher, doch meine Enkelin findet, daß er von allen, die wir kennen, der Undurchsichtigste ist. Mir gefällt seine Art, Geschichten zu erzählen. Er hält uns über die neuesten technischen Entwicklungen auf dem laufenden. Und er hat die Feinfühligkeit eines

Lateinamerikaners, zu wissen, was uns am phantastischsten erscheinen mag.«

»Ich frage mich, was Maclovio hier wohl für seine Waffen bekommen mag«, meinte Raphael und bückte sich, um eine kleine gelbe Waldblume zu pflücken.

»Das weiß Gott allein, mein Sohn, Gott allein! Es gibt Gerüchte, daß man im Landesinnern mit genetischen Mutationen von Pflanzen handelt, die für Wunderheilungen gebraucht werden.«

»Es heißt, in Faguas werden sehr begehrte Drogen produziert ...«, sagte Raphael, indem er sich dem Alten zuwandte.

Don José blieb stehen und faßte sich an die Nase.

»Drogen? Soweit ich unterrichtet bin, hat der Hunger nach den Drogen, die hier früher angebaut wurden, mit dem Aufkommen der synthetischen Rauschmittel stark nachgelassen. Stimmt das etwa nicht?« – Bei diesen letzten Worten nahm er den Gang wieder auf.

Die synthetischen Drogen, die Bewußtseinsveränderungen versprachen, ohne süchtig zu machen oder andere Gesundheitsschäden hervorzurufen, hatten nicht den erwarteten Erfolg gehabt, erklärte Raphael.

»Das Verbotene, Don José, das Risiko, der riesige Gewinn für einige Wenige, all dies hat zur Folge, daß es immer noch einen großen Markt für die anderen Drogen gibt. Haben Sie schon einmal von Philin gehört?«

»Philin? Was soll das sein?«

»Eine genetische Mutation. Eine Mischung aus Marihuana und Kokain.«

»Der Name kommt mir bekannt vor, aber sonst, nein, eigentlich kann ich Ihnen sonst nichts dazu sagen. Vielleicht weiß Melisandra mehr als ich. Ach, übrigens, was halten Sie von meiner Enkelin?« fragte er und richtete seine funkelnden Augen direkt auf ihn.

»Eine sehr interessante Frau«, antwortete Raphael. »Anders als viele andere.«

»Ich habe mein Leben damit zugebracht, ihr alles beizubringen, was ich weiß. Aber Sie sehen ja selbst, es ist sehr einsam hier am Fluß. Sie ist jung. Sie muß den Dingen auf den Grund gehen ...«

»Und ihre Eltern?«

»Meine Tochter und mein Schwiegersohn verschwanden auf der Suche nach Waslala. Sie kehrten nie zurück.« Er zeigte mit seinem Stock auf den Anlegesteg, dem sie sich jetzt wieder näherten. »Von hier aus sind sie damals losgefahren. Melisandra war drei Jahre alt. Drei oder vier.«

»Und wie erklären Sie sich, daß sie nie wiederkehrten?«

»Ich hoffe, Sie begreifen, daß es ungeahnte Gefahren in sich birgt, Waslala zu finden, es der Welt zu geben«, sagte Don José ausweichend und mit feierlicher Stimme. »Es ist wie eine Büchse der Pandora, die nach wie vor geschlossen bleibt ... möglicherweise aus gutem Grund.«

»Vielleicht kann ihre Enkeltochter sie öffnen.«

»Meine Enkeltochter ist noch nie im Landesinnern gewesen. Ein Führer mit mehr Erfahrung wäre besser für Sie.«

»Wenn sie nicht mit mir kommt, dann geht sie mit einem der nächsten, die hier durchreisen. Das wissen Sie doch selbst.«

»Wer hat Ihnen eigentlich von Waslala erzählt? Noch nie ist jemand mit dem ausschließlichen Ziel hier vorbeigekommen, Waslala zu finden.«

»Ich weiß es von einem Freund, der schon mal hier gewesen ist, Alan Tomlimson.«

»Alan, der Engländer?«

Raphael nickte.

»Ich habe damals lange mit Alan darüber gesprochen. Ich glaubte, er würde es wagen, Waslala zu suchen, doch kam er nie hierher zurück. Ein besonderer Mensch, dieser Alan. Der ist also Ihr Freund … Na, sehen Sie mal, was es alles gibt …«

»Als Studenten waren wir Zimmergenossen auf dem Campus. Er hat mir soviel von Waslala erzählt, daß er mich schließlich überzeugt hatte, herzukommen und die Geschichte aufzuschreiben«, sagte Raphael und dachte: natürlich, warum war er nicht gleich darauf gekommen. Wer sonst als Don José konnte der alte Mann sein, von dem Alan gesprochen hatte. Der erleuchtete Alte, der Utopist, dem sein Freund die Fertigkeit zuschrieb, nicht nur ein Kaninchen, sondern eine ganze Welt aus dem Ärmel zaubern zu können.

Sie waren inzwischen an dem Punkt angelangt, wo der Pfad zum Haus abbog. Don José hob die Augen und sah mit abwesendem Gesichtsausdruck zu den Inseln im Fluß hinüber.

»Vielleicht bleibt mir nur, darauf zu vertrauen, daß Ihr Name ein gutes Omen ist.«

»Mein Name?« fragte Raphael lächelnd.

»Die Figur bei Thomas Morus; der Seemann, der die Insel entdeckt, Utopia; der hieß auch Raphael, Raphael Hythloday.«

6. Kapitel

Später am Morgen warf Melisandra einen Blick ins Arbeitszimmer des Großvaters und fand ihn am Schreibtisch sitzend, den Blick starr auf seinen gläsernen Briefbeschwerer gerichtet. Er hatte nicht einmal bemerkt, daß seine Gäste ihr kybernetisches Gerät in Betrieb genommen hatten, was sonst nie seinen Eindruck auf ihn verfehlte und ihn eifrig und neugierig um sie herumstreifen ließ, wie nur er es zu tun vermochte. Sie betrachtete ihn eine Weile von der Schwelle aus. Sie hätte alles gegeben, ihn nicht leiden zu sehen, und doch konnte sie es jetzt nicht verhindern.

Da spürte sie, wie jemand ihren Arm berührte. Raphael stand neben ihr. Ob alles in Ordnung sei, wollte er wissen. Ja, antwortete sie lächelnd und tauchte aus ihrer Versunkenheit auf. Gemeinsam schlenderten sie über die Veranda.

»Ich wollte dich nicht in Schwierigkeiten bringen …«, begann er.

»Das hast du auch nicht«, unterbrach sie ihn. »Ich fahre mit dir. Ich weiß vielleicht nicht viel über das Landesinnere, aber ich bin sicher, daß ich Waslala finden werde. Mein Großvater war immerhin einer der Mitbegründer. Wenn ich dabei bin, wird die Reise für dich leichter. Es nützt uns beiden, du wirst nicht bedauern, es mir vorgeschlagen zu haben.«

Sie traten wieder ins Haus. Don José stand hinter Morris, dessen Kommunikator gerade einen langen Papierstreifen ausspuckte. Er wandte sich zu ihnen um und sah Melisandra an. Sie senkte die Augen. Es würde schrecklich sein, sich von ihm zu verabschieden. Ihr Großvater war sehr alt, vielleicht wäre er bei ihrer Rückkehr nicht mehr da. Sie mußte sich ablenken, die Gedanken aus dem Kopf vertreiben.

Der Großvater trat zu ihnen. »Morgen kommt Pedro zurück«, sagte er leise. »Heute abend möchte ich Raphael und dir von Waslala erzählen.«

Wenig später verließ Melisandra das Haus und lief zum Platz vor der Hacienda, wo der Kiesweg endete, der quer über das Anwesen führte und es zur Landseite hin mit den Nachbargehöften verband. In der Mitte des Rondells stand ein altes, rostiges Raupenfahrzeug, über und über mit tiefblau blühenden Schlingpflanzen bewachsen. Ihr Großvater hatte es dort im Gedenken an seine Frau aufstellen lassen, die erste und einzige Person, die das Monstrum je gefahren hatte. Zur Rechten befand sich in einem offenen Schuppen eine weitere Reliquie der Hacienda: ein elektrischer SAM-Jeep jenes Typs, den einst die Regierung verschenkt hatte. Melisandra setzte sich hinter das Steuer und fuhr in einer Staubwolke davon.

Sie fand Joaquín im Kautschukwäldchen, wo er wieder einmal die Wasserleitung reparierte, die das Geflügelgehege versorgte. Als sie aus dem Wagen stieg, sah sie ihn schon auf sich zukommen und dabei den Strohhut abnehmen.

»Na, was führt dich hierher?« fragte er.

»Morgen gehe ich fort, Joaquín«, antwortete sie so sanft wie möglich. »Ich möchte dir alles klar und ordentlich hinterlassen.«

Schweigend standen sie sich gegenüber. Joaquín zog ein großes, blaues Taschentuch hervor und trocknete sich, ohne sie anzusehen, den Schweiß ab.

»Dein Großvater kann von heute auf morgen sterben. Hast du das schon mal bedacht?« sagte er schließlich und blickte sie mit harten Augen an.

»Er wird nicht sterben«, entgegnete sie. »Versuch nicht, mich zu erpressen.«

»Du könntest wenigstens warten, bis er tot ist. Es werden schon noch andere Männer vorbeikommen. Dieser Reporter ist doch nicht der einzige.«

»Ich habe keine Zeit mehr für Eifersuchtsszenen, Joaquín. Du hast versprochen, mir zu helfen.«

Es war ihre eigene Schuld, dachte sie. Sie hätte sich nie mit Joaquín einlassen dürfen; dann bräuchte sie jetzt nicht mit einem Mann zu streiten, der sie zurückzuhalten versuchte, der wollte, daß sie sich in ihre Großmutter verwandelte: die Starke, die Überlegene, die allen zu dem Leben verhalf, das sie sich wünschten.

»Natürlich, jetzt soll ich dir auch noch helfen. Mich um alles kümmern, während du dein großes Abenteuer erlebst.«

Es war, als spuckte er seine Worte heraus. Joaquín war ein schlechter Verlierer; die Regeln ihrer Beziehung waren von Anfang an klar gewesen: keine Erwartungen. Immerhin hätte er vom Alter her fast ihr Vater sein können. Er hatte sie aufwachsen sehen, hatte ihr geholfen, auf der Hacienda die Zügel in die Hand zu nehmen. Er selbst gab zu, daß sie ein beinahe inzestuöses Liebesverhältnis hatten. Und sie wußte nicht mal, ob sie in ihm einen Vater oder einen Liebhaber sah.

Melisandra sagte nichts, sondern malte nur mit ihrem Fuß Kreise in den Sand.

»So versteh doch, daß ich dich nur schützen will«, meinte er.

Wenn sie es schaffte, zu schweigen, nicht auf das Spiel einzugehen, dann würde er aufhören, ihr zuzusetzen, würde sich eher noch schämen. Joaquín wußte sich nicht zu zügeln, das war sein Problem. Er verletzte andere Menschen, beschimpfte sie, und dann tat es ihm wieder leid.

»Sollen wir jetzt reden, oder möchtest du, daß ich später wiederkomme?« fragte sie ruhig und ging auf den Jeep zu. Er folgte ihr.

»Und was mache ich, wenn dein Großvater tatsächlich stirbt?«

»Dann beerdigst du ihn neben meiner Großmutter, Joaquín.«

»Mit oder ohne Pfarrer?«

»Mit Pfarrer natürlich, wie es sich gehört.«

Sie stiegen in den Wagen und fuhren über die Hacienda. Das Bestellen der Felder war unter mehreren Familien aufgeteilt, denen der Großvater Schutz gewährt hatte, nachdem eine Malariaepidemie in den umliegenden Dörfern gewütet hatte. Mit einfachen Mitteln, doch unermüdlicher Arbeit entlockte man der Erde ausreichend Korn und Gemüse für die Ernährung der Bewohner. Es gab auch eine Geflügel- und eine Schweinezucht sowie einen bescheidenen Rinderbestand für die Versorgung mit Fleisch und Milch. Melisandra berichtete jeder Familie von ihrer bevorstehenden Reise. Nun ging sie also doch Waslala suchen. Niemand wunderte sich darüber. Man begegnete ihr mit verhaltenem Neid und leichter Wehmut. Die Menschen waren es gewohnt, daß die jungen Leute fortgingen. Laufend zogen junge Männer in den Krieg. Melisandra hatte selbst oft genug die Toten in Empfang nehmen und Begräbnisse ausrichten müssen.

Die Mütter getröstet. Ja, sie führten ein hartes Leben, doch ging es ihnen immer noch besser als den Menschen im Landesinneren. Nur ab und zu kamen bewaffnete Männer vorbei und versuchten, Anhänger für ihre Sache zu gewinnen. Manchmal mußte man sie dann mit Gewalt vertreiben. Das Gebiet am Fluß war neutral, doch verlangte die Neutralität, daß sie in der Lage waren, sich zu ernähren und notfalls auch zu verteidigen.

Auf dem Heimweg kamen sie wieder durch den Kautschukwald mit seinen riesigen Bäumen voll sattglänzender Blätter. Als noch keine Kunststoffe auf dem Markt waren und Faguas noch Gummi exportierte, hatte sich der Wald einmal über viele Hektar erstreckt. Jetzt war nur noch dieses verwilderte Fleckchen übrig, in dem sich Melisandra als kleines Mädchen immer versteckt hatte, wenn sie trotzig und gegen das Verbot der Großmutter losziehen wollte, ihre Eltern zu suchen.

»Du wußtest immer, wo du mich finden konntest, Joaquín«, sagte sie, zu ihm gewandt.

Er blickte in ohnmächtigem Zorn zur Seite.

7. Kapitel

Maclovio traf Fermín in einiger Entfernung vom Anlegesteg auf dem Pfad. Auf einem der Inselchen im Fluß landeten zwei Seekühe und robbten schwerfällig über den Sand, um sich zu sonnen.

Der Argentinier vergewisserte sich, daß niemand sie beobachtete, und zog dann ein Päckchen aus seinem Rucksack, um es dem Jungen zu geben.

»Ich glaube, diesmal wird nichts draus«, sagte der abwehrend.

Maclovio ließ den Arm sinken. Dann holte er eine Packung Zigaretten aus der Brusttasche seines Hemdes und bot dem Jungen eine an; der nahm sie mit einer schnellen Geste, als fürchte er, das Angebot könne gleich wieder zurückgezogen werden.

»Was ist denn auf einmal los?« fragte Maclovio und versuchte, seine Stimme nicht ungeduldig klingen zu lassen. Fermín war sein Informant und Komplize. Er kümmerte sich um den Transport der Waffen von Greytown ins Landesinnere. Während der letzten Reisen war er immer widerwilliger geworden. Jedes Mal hatte der Argentinier seine ganze Überredungskunst aufwenden müssen. Er bemühte sich, nicht heftig zu werden. Die Kontakte den Fluß hinauf waren für seine Geschäfte lebenswichtig; für den Waffenhandel ebenso wie für den Transport der Philinernte.

Er hatte Jahre dazu gebraucht, im Umkreis der Hacienda ein gut funktionierendes Netz aufzubauen, das die Waffen im Hafen abholte und in einer einsamen Bucht stromaufwärts, in der Nähe von Las Luces, wieder an Land brachte. Wenn er allerdings diese Schwierigkeiten mit den Risiken verglich, die das Verteilen der Droge in New York mit sich brachte, so war das Überreden von Fermín nur ein Kinderspiel. Eigentlich überhaupt kein Grund zur Panik, dachte er, nur daß Faguas gerade in einer Art Kriegspause steckte, in der das Waffengeschäft so richtig aufblühte. Deshalb auch waren seiner Geduld gegenüber Fermín Grenzen gesetzt; immerhin schienen seine Kunden in ihrer Gier nach Waffen fast schon bereit, die eigene Mutter gegen ein gutes Gewehr einzutauschen.

Er habe Angst, entdeckt zu werden, sagte Fermín. Es sei immer offensichtlicher, daß Melisandra Verdacht geschöpft habe. Sie verhielte sich ihm gegenüber mißtrauisch und ließe ihm nachspionieren. Er bezweifelte, daß er unbemerkt das große Boot der Hacienda würde benutzen können, das sie für den Transport brauchten. Wenn Melisandra Wind davon bekam, würde sie ihn und die anderen beiden von dem Stück Ackerland verjagen, das man ihnen überlassen hatte. Sie müßten dann in die Stadt gehen und dort als Söldner in einem der Kriege anheuern.

»Nur noch diese eine Reise, Fermín«, sagte Maclovio. »Ihr könnt mich doch nicht ausgerechnet jetzt hängen lassen, wo ich die größte Ladung auf dem Schiff habe, die je gekommen ist. Der Kapitän wird nicht allzu lange warten. Er wird das ganze Zeug ins Meer werfen und ablegen, wenn ihr es nicht in den nächsten Tagen abholt ... Melisandra wird schon nichts merken ...«

Sie könnten sich doch diese Gelegenheit nicht entgehen lassen, fügte der Argentinier noch hinzu.

»Sie kennen sie nicht gut genug. Sie erfährt einfach alles. Sie wirkt so sanft, doch hier wissen alle, daß sie knochenhart sein kann, wenn sie zu handeln beschließt. Mich hat sie einmal eine ganze Nacht allein neben der Leiche meines Bruders sitzen lassen, damit mir die Lust auf das Kriegspielen verginge, wie sie selbst sagte. Mein armer Bruder, er roch ja schon ganz übel ...«

»Na, das scheint ja gewirkt zu haben«, gab Maclovio barsch zurück. »Doch wenn Melisandra etwas weiß, dann seid ihr bestimmt selber schuld.«

Sicher hatten die Jungen selbst Melisandras Verdacht geweckt. Die Wirkung der leichten Drogen, die er ihnen mitbrachte, oder der Whisky, die Zigaretten und Konservendosen mußten sie verraten haben. Das Mädchen war nicht dumm und konnte sich ausrechnen, daß dafür eine Gegenleistung verlangt worden war. Geduld, sagte sich Maclovio noch einmal angesichts der Versuchung, seinen versöhnlichen, fast bittenden Ton in Drohungen und Gewalt umschlagen zu lassen. Verfluchte Jungs, verfluchtes Mädchen. Wenn er die Waffen nicht lieferte, würde er seine Verpflichtungen nicht einhalten können; dann war sein Leben in Gefahr. Es war weiß Gott kein Spiel. In zwei Monaten erwartete man ihn in New York zurück mit der Ladung von Philinblättern. Ohne die Waffen würden ihn die Espada-Brüder nicht damit ziehen lassen; oder schlimmer noch, irgendeine bewaffnete Gruppe, die sich betrogen fühlte, konnte die Pflanzungen in Brand stecken, seine Pflanzungen, sein kleines Imperium.

»Tut mir eigentlich leid für euch«, fuhr er jetzt fort. »So kommt ihr nie zu was. Wenn ihr nur genug aufpaßt, wird euch schon nichts passieren.«

»Die Frauen dieser Familie sind halbe Hexen«, antwortete Fermín. »Alle Welt hatte Angst vor der Großmutter. Sie haben leicht reden, weil Sie sie nicht kennen.«

Fermín sah ihn nicht an bei seinen Worten, sondern blickte zu Boden, auf seine klobigen Füße. Nie sahen einem diese verdammten Kerle in die Augen.

»Also ich, ich habe keine Angst vor ihr«, meinte Maclovio. »Ich werd' mir schon was einfallen lassen, um sie abzulenken. Übermorgen fahrt ihr zum Schiff, und ich kümmere mich darum, daß Melisandra nichts erfährt. Da, nimm, das ist für euch.« Er gab ihm das Bündel. »Und sag den anderen, sie sollen sich bereit halten.«

Fermín hob die Augen und sah ihn ungläubig an. Ein Reiher flog am Ufer des Flusses auf und glitt flügelschlagend über sie hinweg.

8. Kapitel

Als Melisandra zur Hacienda zurückkehrte, traf sie Morris, den Wissenschaftler, an das Geländer der Veranda gelehnt. Die Hitze schien ihm zu schaffen zu machen, denn er blickte auf den Fluß hinaus, als dächte er, das strömende Wasser könne ihm das Gefühl nehmen, sich im heißen Nachmittagsdampf aufzulösen. Sie fragte sich, ob sein Metallarm wohl auf die Hitze reagiere und ihn stören würde. Wie mochte es wohl sei, mit einem Stück Maschine am Körper zu leben? Sie blieb einen Augenblick stehen und begrüßte ihn. Morris erzählte ihr, daß ihn die Hitze an seine Kindheit in Washington, D.C., erinnere, jene feuchtheißen, kaum erträglichen Sommer, in denen die Menschen einander umbrachten, weil sie die gegenseitige Nähe nicht ertrugen, und er vor seiner Mutter floh, die entsetzliche Launen bekam und ohne ersichtlichen Grund auf ihn und seine Brüder losging. Sie hätte ihm gern noch länger zugehört, entschuldigte sich aber mit der Erklärung, daß sie die Reisenden am nächsten Tag ins Landesinnere begleiten wolle und vor der Abfahrt noch die Angelegenheiten der Hacienda regeln müsse.

Der Wissenschaftler sah ihr nach, wie sie ins Haus ging, und wandte sich dann wieder dem Fluß zu. Unbesiegbar war sie, die Natur, dachte er und fühlte sich müde und alt dabei, während er sich fragte, wie lange er noch die Ausdauer für diese Reisen hierher haben würde. Mehr als die körperliche Anstrengung machte seinem Forscherherz die Erkenntnis zu schaffen, daß Technik und wissenschaftlicher Fortschritt die Welt nur noch tiefer gespalten und sie in zwei nie mehr vereinbare Teile geteilt hatten. Der eine Teil der Welt war so weit weg von jenem anderen. Die riesige Kluft. Unüberwindbare Ströme. Und er, der sie befuhr und sich einredete, daß vielleicht doch noch etwas zu machen sei; er, der von einem Ufer zum anderen reiste. Er dachte an Engracia und ihre Müllhalde. Um diese Zeit wühlte sie bestimmt mit ihrem Trupp junger Leute in dem Fusselstaub der Altkleiderballen herum, in dem ranzigen, hartnäckigen Gestank, der immer erst nach Monaten verflogen war. Dabei öffneten die Horden Jugendlicher die versiegelten Container und klaubten die Dinge heraus, die noch zu gebrauchen waren. Ihn wunderte inzwischen nicht mehr, was hier alles noch Verwendung fand von dem, was die zivilisierte Welt weggeworfen hatte. Seit ein cleverer Unternehmer auf die Idee gekommen war, mit dem Müll auch ausrangierte Gegenstände, nutzlos gewordenes Zeug, Sperrmüll zu schicken, hatten sich die Türen der Unterentwicklung erst richtig für den Abfall geöffnet. Alles war ihnen recht in Faguas. Die Häuser waren möbliert mit den abgewetzten Sesseln aus den Containern, mit den kaputten Fernsehgeräten, die man leicht reparieren konnte, mit den Tausenden und Abertausenden von Gegenständen, die noch sehr gut zu benutzen waren, auch wenn die Wegwerfgesellschaft sie durch neue, modernere Dinge ersetzt hatte. Das Problem war nur, daß skrupellose Unternehmen im Haufen der harmlosen Dinge, die auf den Containerschiffen hergebracht wurden, von Zeit zu Zeit auch gefährlichen Giftmüll versteckten. Er hatte in den vergangenen

Jahren eine Menge Beweise dafür zusammengetragen. Vielleicht würden sie zu irgend etwas nütze sein. Vielleicht war aber auch der einzig wahre Grund, weshalb er immer wieder nach Faguas zurückkehrte, seine Liebe zu Engracia.

Unten auf dem Uferweg kam jetzt Fermín vorbei, der eine Herde Kühe zur Tränke am Fluß trieb. Der Junge saß auf seinem Ackergaul und wirbelte die Peitsche kreisend durch die stickige Luft. Er ritt barfuß und mit nacktem Oberkörper und saß auf etwas, das nur entfernt an einen Sattel erinnerte. Abgelenkt durch den Anblick, merkte Morris kaum, daß Maclovio die Veranda betreten hatte. Erst die Stimme des Argentiniers ließ ihn zusammenfahren.

»Nichts Neues am Fluß, was?« scherzte Maclovio.

Morris mochte den Mann nicht. Er hatte ihn bei einer früheren Reise ins Landesinnere kennengelernt und wußte immer noch nicht genau, was er eigentlich trieb, was er verschob. Engracia hatte ihm, als sie sich näherkamen, anvertraut, daß Maclovio ein bedingungsloser Verbündeter der beiden Espada-Brüder war.

»Du weißt nicht zufällig, wo Melisandra steckt?« fragte der Argentinier und bemühte sich, möglichst zwanglos zu klingen.

»Sie sagte, sie wolle die Angelegenheiten der Hacienda in Ordnung bringen, um morgen mit uns zu reisen«, antwortete Morris.

»Mit uns reisen? Hat sie das tatsächlich gesagt?« fragte Maclovio verblüfft.

»Genau das hat sie gesagt. Stört es dich etwa?«

»Nein, natürlich nicht. Aber du mußt zugeben, daß das nicht das Übliche ist ... Soweit ich weiß, hat uns noch nie jemand von hier ins Innere begleitet«, gab der Argentinier sarkastisch zurück.

Es war genau das, was er gebraucht hatte. Er hatte keine Ahnung, was die Göre gestochen haben mochte, doch paßte es ihm wunderbar ins Konzept. Zwar hatte er Fermín gegenüber so getan, als habe er alles unter Kontrolle, doch war ihm bei allem Grübeln nicht eingefallen, wie er das Mädchen aus dem Verkehr ziehen konnte. Niemals hätte er gedacht, daß sie selbst ihm den Gefallen tun würde, zu verschwinden und ihm den Weg für das termingerechte Entladen freizumachen. Er würde Anweisung geben, in der Nacht nach ihrer Abreise mit der Aktion zu beginnen, und wenn die Waffen im Binnenhafen Las Luces ankämen, könnte er sie sogar selbst in Empfang nehmen und sich so darum kümmern, daß alles nach Plan verlief.

Später würde man sehen, wie sich diese glückliche Fügung noch besser ausnutzen ließe. Im Landesinneren hatte er genügend gute Kontakte. Es würde nicht schwer sein, sie eine gehörige Zeitlang von hier fernzuhalten, wenn sie überhaupt noch zurückkäme.

9. Kapitel

Es war spät am Abend. Nur die Schreibtischlampe erleuchtete das Arbeitszimmer von Don José. Dem Alten gegenüber saßen Melisandra und Raphael, die ihm gebannt zuhörten. Das unablässige Surren der kleinen Insekten um den Lampenschirm und das sanfte Rauschen des Flusses in der Nacht waren die einzigen Geräusche, die seine Worte begleiteten.

»Wer meint, die Einsamkeit sei das unvermeidliche Los derer, die sich der Meditation und der Forschung verschreiben, der irrt. Mein Leben ist immer voller Menschen gewesen. Dichter, Denker, Persönlichkeiten aus der Literatur haben mich so wahrhaftig begleitet, als seien sie in Fleisch und Blut an meiner Seite gewesen. Manches Mal hat mein Hirn so laut vom Lärm der Stimmen gebrummt, daß ich ans Flußufer hinuntergehen und die Stille des Wassers anrufen mußte, um sie zum Schweigen zu bringen. Es hat Zeiten gegeben, da haben sich jene Wesen meiner Phantasie mit solcher Gewalt bemächtigt, daß ich, neben Odysseus an den Schiffsmast gebunden, den wahnsinnig machenden Gesang der Sirenen hörte und aus einer Ecke von Ödipus' Gemach heraus den Selbstmord der verzweifelten Iokaste mit ansah. Ich litt unter Halluzinationen, während derer ich mit Mrs. Dalloway und Mrs. Ramsey sprach. Nächtelang unterhielt ich mich mit Cervantes und Borges über die

Möglichkeit, den Don Quijote neu zu schreiben, ohne ihn je gelesen zu haben. Um diese Zeit war es, daß mich meine Frau für einige Monate ins Sanatorium von El Chapuis in Costa Rica steckte, weil sie dachte, ich hätte den Verstand verloren. Doch natürlich war ich nicht verrückt, das mußten schließlich auch meine Frau und die Ärzte einsehen; ich fand nur keinen Platz mehr in meinem Kopf, dessen begrenzten Raum ich mit zu vielen anderen Stimmen teilen mußte. Mitunter vergegenständlichten sich die Landschaften, in denen die Seelen von Heathcliff und Cathy umherirrten oder die spanischen Galeonen von García Márquez auf Grund liefen, der breite Magdalena-Strom und seine Sümpfe nahmen Gestalt an, wie alternative Dimensionen der Wirklichkeit, durch die ich stundenlang und endlos wandern oder segeln konnte.

So litt ich also ganz offensichtlich unter dem Syndrom, das auch Alonso Quijano einst bedrängte, und es dauerte nicht lange, da zog ich aus, meine eigenen Windmühlen zu suchen. Damals war Faguas auf Karten noch als aufstrebendes Land verzeichnet. Die Kriege waren noch nicht zu Seuchen geworden. Tyrannen wurden von mittelmäßigen Präsidenten abgelöst, die sich auf die Gunst der Militärs stützten. Unter diesen kraftlosen, unscheinbaren Regierungen gab es Freiräume, in denen sich klug dünkende Intellektuelle und Politiker zusammenkommen konnten, die so mir nichts, dir nichts erklärten, sie seien im Besitz der Zauberformel, die dem Land Stabilität und Fortschritt schenken würde. Als ich ihre Unfähigkeit und ihren Opportunismus erkannte, hielt ich es für meine Pflicht, eine Diskussionsrunde einzuberufen, die ausschließlich aus Dichtern bestand und in der nach einer anderen Methode, nämlich mittels Phantasie, Mythologie und den kollektiven Erfahrungen der Menschheit, die in Prosa und Poesie aller Epochen enthalten sind, ein revolutionäres Gesellschaftsmodell entworfen werden sollte, das Macht und Herrschaft ablehnt und jedem einzelnen Verantwortung für die Gemeinschaft zubilligt.

Das waren Tage und Nächte aufregender Versammlungen, in denen wir, laut durcheinander redend, über die Möglichkeiten der Verwirklichung unserer grandiosen, fernen Träume stritten und dabei manchmal auch an den Hindernissen verzweifelten. Bewaffnet mit aller utopistischen Literatur, die wir auch nur zusammentragen konnten, entwickelten wir jedes nur denkbare Modell und machten zahllose Planspiele, für die wir von überall her Versatzstücke borgten. Wir schliefen kaum, ganz benebelt vom Dunst, den die Raucher verbreiteten, und den Äthyldämpfen derer, die ohne eine ordentliche Dosis Alkohol im Blut nicht denken konnten. Es war nicht so einfach, eine Gruppe Dichter aufeinander loszulassen und zu erwarten, sie würden sich wie kühle Soziologen verhalten«, lachte Don José.

»Zwei Monate hatten wir so unter hitzigen Diskussionen zugebracht, als mein guter Freund Ernesto, ein stiller, kluger Kopf mit großem Wissen über Physik und den Kosmos, uns auf das hinwies, was er für das Grundproblem unserer Vorschläge hielt: Wir müßten mit unseren Plänen wieder ganz von vorn anfangen, beim Nullpunkt der Menschheit. Unser Modell sei nur anwendbar auf eine hypothetische Entstehung der Welt. ›Ihr wollt ja fast zum Urknall zurück‹, sagte Ernesto zu uns und schlürfte dabei philosophisch langsam und ohne sonderliche Gemütsregung einen Schluck puren Rum. ›Oder in eine Zeit nach dem Atomkrieg oder irgendeiner anderen Katastrophe, die die Menschen dazu zwingt, sich die Frage nach der Form ihrer Existenz neu zu stellen.‹ Später gestand er mir, er habe die ganzen zwei Monate nur damit verbracht, darüber nachzudenken, wie man diesen aseptischen, hypothetischen Beginn simulieren könnte, der in unseren Entwürfen fehlte, meinte er doch, dieses Mittel sei unverzichtbar für den Erfolg unseres Experimentes.

›Wir brauchen einen Ort, an dem wir Utopia bauen können‹, sagte er. ›Wir müssen den Urkern entwerfen und ihn mehrere Generationen hindurch reinigen, entseuchen, bis er nur noch aus Frauen und Männern besteht, die niemals die Gier nach Macht und Geld kennengelernt haben, die Gewalt, das Böse.‹ – ›Es geht sozusagen darum, die Urzelle neu zu schaffen, das Teilchen, den ersten lebenden Organismus‹, rief Fernando aus, der nicht nur Dichter, sondern auch Arzt war.

Diese Zelle müßte sich jedoch, so fuhr Ernesto fort, in einer keimfreien Umgebung entwickeln, in einem Vakuum ... auf einer Insel wie der, die einst Raphael Hythloday entdeckt hatte, und sie müßte für unbestimmte Zeit dem natürlichen Fortpflanzungstrieb entsagen. Über diesen letzten Punkt konnten wir allerdings kaum eine Einigung erzielen.

Während wir noch eifrig debattierten, kam es abermals zu einem Staatsstreich und einem weiteren Krieg. Der neue Diktator beschloß, die Geschichte des Landes radikal umzulenken und ein- für allemal jegliches Streben nach Demokratie zu unterbinden. Die Unterdrückung, die nun begann, war schrecklich. Von unseren Verstecken aus beobachteten wir die Ereignisse mit zwiespältigen Gefühlen. Einerseits wollten wir unser Land nicht einem so traurigen Schicksal überlassen, andererseits spürten wir, daß sich mit dem Zerbrechen der alten Ordnung ein Raum für unser Experiment auftat, jener geistige Freiraum, der einer Gruppe von Leuten in dieser ausweglosen Lage den Mut verlieh, sich der bedingungslosen Suche nach dem Neuen zu verschreiben: aus der Asche des Alten heraus und dort anknüpfend, wo alle bisher bekannten Alternativen aufhörten.

Mein Freund Ernesto, der auf eigene Faust die Suche aufgenommen hatte, während seine Idee mit der Urzelle noch reifte, berichtete uns von einem Ort im Norden des Landes. Er beschrieb uns die große Schönheit der dortigen Natur, die Flüsse, die Berge, den herrlichen Tropenwald. Dorthin, so erzählte er uns, hatte er sich einmal zurückziehen wollen, um sich seiner Berufung als Lehrer zu widmen und der Landbevölkerung Unterricht im Malen, Dichten und Holzschnitzen zu erteilen. Es sei ein Ort mit ungewöhnlich frischem Klima, fügte er noch hinzu – ich erinnere mich gut –, ein Ort, wo die Träume ganz lebendig und phantastisch seien. Eines Nachts, als er sich dort aufhielt, träumte er von einer silbernen Stadt, deren Name in den Stamm eines der alten, riesigen Kapokbäume geritzt war: Waslala.

Wir kamen zu dem Schluß, daß sein Traum als Vision zu deuten sei und Waslala der Ort war, den wir aufsuchen mußten, wollten wir nicht in irgendeinem Verlies enden, entsetzlich gefoltert oder gar ermordet.«

Das Licht der Schreibtischlampe beschien sanft die Gesichter der drei. Draußen rauschte das Wasser des Flusses. Es war eine klare, böige Nacht, doch Raphael und Melisandra waren viel zu versunken in die leise gesprochenen Worte von Don José, als daß sie von den übrigen Geräuschen etwas wahrgenommen hätten.

Von Zeit zu Zeit hob der Alte unter dem Eindruck seiner Erinnerungen die Stimme und stützte sich auf seinen Stock, als wolle er sich erheben, doch rief er sich sofort wieder zur Ordnung und kehrte zum roten Faden seiner Rede zurück. Schließlich wollte er das Ende seiner Geschichte erreichen, ohne sich von seinen Emotionen überwältigen zu lassen.

»Von verschiedenen Punkten der Stadt aus gelangten wir auf geheimen Wegen und unter zahllosen Gefahren nach Waslala. Nur zwei Dichter, die unterwegs von der Armee aufgegriffen wurden, kamen dabei um, doch nahmen sie ihr Geheimnis mit in den Tod.

Es dauerte mehrere Tage, bis wir alle versammelt waren. Die Verheirateten unter uns kamen mit ihren Familien, und anfangs fanden wir Schutz unter einfachen Laubdächern, die wir gemeinsam errichteten.

Laßt mich euch nun erzählen, wie Waslala aussah: Ich erinnere mich vor allem an die riesigen Kapokbäume. Dort, wo die Ebenen der Pazifikküste auslaufen, jenseits der Vulkankette, die das Land in zwei Hälften teilt, inmitten ausgedehnter Regenwälder und zwischen zwei Tälern, ziemlich genau im Zentrum unseres Landes, befand sich dieser von der Natur so begünstigte Ort. Nach Norden hin lagen die Wälder des Waiki-Flusses, nach Osten ein fruchtbares Tal von ganz schwarzer Erde, nach Westen erstreckte sich ein riesiger Kiefernwald, und im Süden grenzten das Zentralmassiv und der Río Humo an. Am Schnittpunkt so verschiedener Landschaften gelegen, besaß Waslala ein seltsames und einzigartiges klimatisches Phänomen: Ein paar Schritte nur, und man wechselte vom tropischen ins gemäßigte Klima, voneinander getrennt durch einen unsichtbaren Korridor, in dem der Wind einen großen Wirbel bildete. So errichteten wir das Dorf unserer Gemeinschaft auf der kühleren Seite, bauten dort die Häuser, den Marktplatz und legten auch einen Park an. Im Windkorridor trocknete die Wäsche in wenigen Minuten und bildete dabei ein fröhliches Durcheinander bunter Stoffe, ähnlich den Stoff-Fischen, die die Japaner bei Kinderfesten vor ihren Häusern aufhängen.

Die Grenzen unserer Gemeinde wurde von vier riesigen Kapokbäumen markiert. Als wir mit unseren Siebensachen ankamen, berieten wir uns erst einmal mit dem Bürgermeister des Bauerndorfes, das an einem Berghang im Süden lag. Er war es auch, der uns, einer Weisung folgend, die er vor langer Zeit im Traum erhalten hatte, jenen Platz zeigte, nicht ohne zuvor mit uns eine Zeremonie abzuhalten, in der wir die uralten Bäume um Erlaubnis baten, in ihren Lebensraum einzudringen.

Ach, wie soll ich euch die Erlebnisse, die Erfahrungen jener Tage beschreiben? Von den Verfolgungen erlöst und besessen von unserem Pioniergeist, vom Altruismus und Idealismus unseres Vorhabens, bemühten wir uns nach Kräften zusammenzuarbeiten, Empfindlichkeiten und Charakterschwächen zu ignorieren und uns so zu verhalten, wie wir es für eine Gruppe von Menschen angemessen hielten, die nicht nur ein materielles, sondern auch ein spirituelles Zusammenleben plant.

Ich errichtete meine Hütte am Ufer eines Baches, um nicht unablässig dem Flüstern des Wassers nachtrauern zu müssen, und ich gab mir Mühe, sie so anzulegen, daß sie die Bäume und anderen Pflanzen integrierte. Weil ich in all den Jahren zuvor sitzende Tätigkeiten ausgeübt hatte, fiel mir die körperliche Arbeit zunächst recht schwer. Mit Hilfe der anderen nahm mein Haus jedoch nach und nach Gestalt an, und ich baute mir sogar ein Arbeitszimmer, das diesem hier ähnelte.«

»Dieses Talent zum Architekten kannte ich ja gar nicht an dir«, meinte Melisandra leise und lächelte dabei.

»Du hättest mich in jenen Tagen nicht wiedererkannt ... Ich rupfte vielleicht nicht gerade Hühner oder stand am Herd und kochte, aber ich habe mich sonst vor keiner Arbeit gescheut: Ich half, Leder zu trocknen, Steine für die Fundamente der Häuser zu schleppen, schnitt Holz zurecht ... Ich fühlte mich jung und stark. Die Flüsse im Norden und Süden von Waslala waren für mich Euphrat und Tigris des irdischen Paradieses. Ich kann ohne Übertreibung sagen, daß ich mich damals wirklich und vollständig glücklich gefühlt habe.«

»Und Ihre Frau?« fragte Raphael.

»Daß sie nicht bei mir sein konnte, war das einzige, was mich bedrückte. Mehrere Monate waren wir nun schon voneinander getrennt. Ich wußte, daß sie hier am Fluß in Sicherheit war. Doch ich hatte keinerlei Möglichkeit, sie zu informieren, wo ich war, und konnte sie auch nicht holen oder nach ihr schicken lassen, ohne das Geheimnis unseres Aufenthaltsortes zu gefährden. Also konzentrierte ich mich auf die Arbeit und sagte mir, daß ich auf einen günstigeren Augenblick warten mußte.

Wir experimentierten mit den unterschiedlichsten Formen sozialer Organisation. Zum Spaß spielten wir sogar längst überholte Modelle durch, bis wir die Theorie bewiesen, daß die hierarchische Organisation, wenn nicht jede Form von Organisation, nichts weiter ist als ein Versuch der Kommunikation zwischen Wesen, die sich nicht mehr miteinander verständigen können.

Es erschien uns deswegen um so wichtiger, nicht nur die Lüge zu überwinden, sondern alle indirekten Arten, Dinge auszudrücken; so verzichteten wir auf Floskeln und Diplomatie und nahmen uns vor, alles, was wir fühlten, direkt zu sagen und ohne oberflächliche Höflichkeiten, die nur verwirren konnten und falschen Interpretationen Vorschub leisteten. Jeder verpflichtete sich, ganz er beziehungsweise sie selbst zu sein, und auch wenn es dem geschwisterlichen Miteinander schaden sollte, nicht zuzulassen, daß sich ein solcher Umgang zu einem Hindernis für den Ausdruck tatsächlicher Gefühle entwickelte.

Wir übten uns auch neu im Gebrauch der Sprache als vornehmstem Mittel menschlicher Kommunikation; so hielt ich zum Beispiel einen Semantik-Kurs ab, in dessen Verlauf wir, durch Assoziationen und Vergleiche, ein ganzes Lexikon von Wörtern diskutierten, die für das Funktionieren unserer Gemeinschaft grundlegend waren, bis sich die Werte, die ein jeder von uns einer bestimmten Vokabel zuordnete, einander anglichen und wir die genauen Bedeutungen bestimmter Schlüsselbegriffe für das Erreichen eines Gruppenkonsens' festlegen konnten.

So verging ein gutes Jahr, da erfuhren wir von einem Bauern aus der Umgebung, daß der General, der uns immer verfolgt hatte, von seinen Untergebenen ermordet worden war und man es nun wieder mit Freiheit und Demokratie versuchen wollte. Als ich beschloß, meine Frau zu holen, hatte in Waslala schon ein Alltagsleben begonnen. Unsere Gemüsegärten im tropischen und kühlen Klima brachten Ernte hervor, unsere Kaninchen- und Hühnerzucht vergrößerte sich rasch, die Lederwerkstatt, die Tischlerei, die Schmiede, die Küche und die Kunsthandwerkstatt funktionierten genauso gut wie unsere kleine Schule. Wir lebten in Heiterkeit und Frieden, umgeben von den Kapokbäumen und einer Natur, deren Schönheit zu unseren Fenstern hereinleuchtete, wir gaben uns an den Abenden nach der Arbeit langen Unterhaltungen hin und machten an den Wochenenden erholsame Wanderungen und Erkundungsgänge. Mein Freund, der Dichter, und ich wurden des Staunens nicht müde darüber, wie gut unser Experiment funktionierte. Er konnte jetzt schon die ganze Nacht über beruhigt schlafen. Ich hingegen war zwar erfreut, aber nicht wirklich glücklich. Mich beunruhigte diese sanfte Seligkeit, in der wir immer mehr versanken. Ich wurde das Gefühl nicht los, daß wir der Versuchung erlagen, uns so sehr von der Außenwelt abzukapseln, daß sogar unsere Kontakte zum benachbarten Bauerndorf abreißen würden. Ich begann mich zu fragen, ob sich die Keimzelle tatsächlich eines Tages reproduzieren würde oder ob nicht eher die Gefahr bestand, daß wir uns vollends abschotteten und so etwas wie ein modernes Avalon würden, eine für jeden normalen Sterblichen unerreichbare Insel in den Nebeln, eine uneinnehmbare Festung. Der Gedanke gefiel mir überhaupt nicht. Als jemand, der die Entwicklung neuer Ideen, den Reichtum des Exotischen und die Vielfalt der Kulturen immer geliebt hat, empfand ich vielleicht eine vorschnelle Melancholie bei dem Gedanken, wir würden für immer so allein und außerhalb des Brutkastens leben, in dem neue und interessante Denkströmungen entstehen. Ich sprach darüber mit meinem Freund, der mich wegen meiner Ungeduld schalt. Ich würde, so meinte er, in Waslala nie ganz glücklich werden, wenn ich nicht unseren grundlegenden Plan akzeptierte, daß Waslala zunächst in einem praktisch sterilen Umfeld wachsen sollte, abseits vom Trubel äußerer Konflikte. Wir müßten, so fuhr er fort, in der Lage sein, unseren intellektuellen Durst zu opfern, wollten wir tatsächlich die Generation hervorbringen, die ohne unsere Defizite das wirkliche Utopia errichten könnte.

Ich kehrte hierher an den Fluß zurück, holte meine Familie und machte mich mit ihr erneut auf den Weg nach Waslala. Doch so sehr ich auch suchte, ich fand es nie wieder. Oft habe ich dies Scheitern auf die Zweifel zurückgeführt, die ich in den letzten Tagen vor meiner Abreise gehegt hatte. Auf seltsame Weise spürte ich, diese Unsicherheit war dafür verantwortlich, daß ich nie wieder zurückfand, niemals mehr die Kapokbäume sah und auch nicht die Sonnenuntergänge, wenn der Wind im Korridor zu wirbeln begann.«

Urplötzlich schwieg Don José, und für lange Zeit war im Arbeitszimmer nur das Zirpen der Grillen und das Quaken der Frösche zu hören. Der Schein der Petroleumlampe ließ die Gesichter im Halbdunkel verschwimmen. Melisandra sah in die feuchtglänzenden Augen des Großvaters und meinte in ihnen – ganz weit in der Ferne – die Flüsse von Waslala zu entdecken, den sattgrünen Regenwald, die Luft, von der der Großvater behauptet hatte, sie sei so rein, daß man in ihr mit bloßem Auge die roten Meere auf dem Mars und die Ringe des Saturn sehen konnte. Wieviel Poesie hatte er doch um jenen Ort gewoben, um ihn für ihre Augen so herrlich zu machen, ihn in ihrer Phantasie so klar zu zeichnen, daß sie ihn deutlich vor sich sah.

Raphael, der sich auf seinem Kommunikator unentwegt Notizen gemacht hatte, hielt inne und wartete darauf, daß der Alte seine Rede wieder aufnähme, wollte aber auch dessen Schweigen nicht unterbrechen. Er betrachtete ihn und die junge Frau und spürte, daß ihm das Glück zuteil wurde, an einem Ritual teilzunehmen, einer Art beschwörendem Gesang, der jenen geheimnisvollen Ort zum Leben erwecken sollte; seinen Namen auszusprechen und seine Eigenschaften zu benennen, um ihm Existenz zu verleihen. Trotz der exakten Beschreibung der geographischen Grenzen von Waslala – die die Suche nach dem Ort erleichtern mochte – waren die Worte des Alten wie von Nebel verhüllt, von vagen Andeutungen.

»Wie war es denn aber möglich«, wagte Raphael schließlich zu fragen, »daß Sie nie wieder nach Waslala zurückfanden, obwohl Sie doch so genau wußten, wo es lag?«

»Ich fand ja zurück«, antwortete Don José, den Blick abwesend auf einen imaginären Punkt im Raum gerichtet. »Den geographischen Koordinaten nach gelangte ich genau an den Ort, wo Waslala gewesen sein mußte. Rätselhaft war nur« – jetzt wandte er sich wieder Raphael zu –, »daß der Ort nicht mehr da war. Die Flüsse waren nicht mehr am selben Platz; es gab kein Tal mehr zwischen ihnen, und auch nicht zwischen dem Regenwald und den Bergen. Ich fand weder die Kapokbäume noch den Windkorridor wieder.

Nur den alten Bauern fand ich, jenen Bürgermeister, der uns den Ort gewiesen hatte; er wirkte genauso verloren wie ich. Er erkannte mich nicht wieder, und ich erfuhr von ihm nur, was ich selbst schon wußte: daß Waslala verschwunden war. ›Die Kapokbäume waren es‹, sagte er wieder und wieder, ›die Kapokbäume haben sie mitgenommen.‹ In seiner Mythologie, die auf die Mayas und Azteken zurückgeht, ist der Kapok ein heiliger Baum, der Baum, der die Welt trägt. Wenn er verschwindet, verschwindet auch die Welt, die er trägt.«

»Aber wie kann denn etwas einfach so verschwinden?« beharrte Raphael.

»Die Mythen der Völker sind voll von solchen Orten«, gab Don José zu bedenken. »Es ist aber nicht unwahrscheinlich – und zu dieser Theorie tendiere auch ich –, daß das, was wir für Klimaphänomene hielten – der Windkorridor und die Klimaunterschiede in Waslala –, nichts anderes waren als die Zeichen für einen

Riß zwischen Raum und Zeit. Waslala könnte in eine andere Dimension gewechselt haben.«

»Es gibt aber doch Leute im Landesinneren, die sagen, sie hätten es gesehen, nicht wahr?« fragte Raphael.

»Es gibt Berichte von Reisenden, das stimmt; sie behaupten, einen oder zwei Tage in Waslala verbracht zu haben, nur um sich dann, meist bei Tagesanbruch, allein in einer anderen Landschaft wiederzufinden ...«

»Das heißt, es ist keine Frage guter Landkarten oder eines guten Führers«, schloß Raphael.

»Genauso ist es. Auf den Instinkt kommt es an; man muß in die ungefähre Nähe gelangen und sich dann von seiner Intuition leiten lassen, oder von seinem sechsten Sinn, was weiß ich. Ich bin wohl nicht die geeignete Person dafür. Ich habe ja nie zurückgefunden. Vielleicht gibt es Waslala auch gar nicht mehr. Vielleicht wird es für euch da sein. Vielleicht muß man die Augen dafür besitzen, es zu sehen ... Wer kann das wissen! Wenn meine Frau nicht gewesen wäre, würde ich wohl immer noch umherirren und danach suchen, nach den Madroños, den riesigen Kapokbäumen ...«

Don José schwieg, setzte seine Baskenmütze auf und rieb sich müde die Augen.

»Waslala wurde zur Legende unseres Landes«, nahm Melisandra seinen Faden auf. »Der Ort, den keiner je erreichen konnte. Außer denen, die behaupten, in Waslala gewesen zu sein, als sie sich verirrten, gibt es nämlich auch andere, die berichten, sie hätten es zwischen Nebeln liegen sehen, oder am Ende eines Weges, der nie kürzer wurde, solange sie ihm auch folgten. Eine unserer zahllosen Regierungen hatte den Plan, die führenden Köpfe Waslalas in die Hauptstadt zu holen, damit sie die Kunst der Staatsführung lehrten. Die ausgesandten Suchtrupps konnten es aber auch nicht finden und kehrten nur mit weiteren Legenden und phantastischen Geschichten zurück. Eine andere Regierung erklärte Waslala für tot, verbot jegliche Erwähnung des Namens und steckte alle ins Gefängnis, die sich auf die Suche danach machten. Die Folge war, daß Männer, Frauen und Kinder, darunter vor allem jene, die das Verbot verhängt hatten, Nacht für Nacht von Waslala träumten, als seien sie davon besessen. Zu dieser Zeit verschwanden auch meine Eltern. Möglicherweise sind sie heute noch dort.«

»Möglich ist alles«, unterbrach Don José.

»Ein kleiner Spaziergang wird uns jetzt guttun«, meinte Raphael zu Melisandra, als sie das Arbeitszimmer des Alten verließen. Sie liefen zum Uferpfad hinunter. Das helle Licht des Mondes erleuchtete die Nacht, und sie ging festen Schrittes vor ihm her, den runden Kopf eingerahmt vom rötlichen Schein ihres Haars. Der Wind ließ die Palmen leise rauschen und die hohen Äste der Bäume knarren. Keine virtuelle Realität konnte dies nachahmen, dachte er, und doch wurde er das Gefühl nicht los, er sei einem Spiel seiner Einbildung erlegen; einer Wirklichkeit, deren ausgefranste Randzonen die Phantasie streiften und sich mit ihr verwoben. Was war phantastischer, Waslala oder das Philin? Welche Story war wichtiger?

Würden sich vielleicht beide im Landesinneren kreuzen? Wenn sie überhaupt dorthin gelangten, hieß das. Und begann der Riß in der Zeit nicht schon hier? Sie kamen zum Anlegesteg. Melisandra kletterte die Holzstufen hinauf, ging bis zur Spitze vor, setzte sich auf die Kante und ließ ihre Beine über dem Wasser baumeln. Raphael nahm neben ihr Platz.

»Du denkst sicher, wir sind verrückt«, meinte sie.

»Nein, nein«, antwortete er schnell. »Nur glaubt bei uns kein Mensch mehr an Utopien. Deshalb beschäftigt mich die Frage, ob dein Großvater seine Phantasien vielleicht allzu ernst genommen hat. Doch genau darum geht es. Wir werden sehen. Wir selbst müssen es herausfinden.«

»Mein Großvater hat mir erzählt, daß du Alan kennst. Du hast seiner Geschichte geglaubt, sonst wärst du ja nicht hier ...« Melisandras Lächeln leuchtete weiß in der Dunkelheit.

»Ich bin nicht einer von diesen skeptischen Journalisten. Das ist meine große Schwäche, doch auch meine Stärke«, antwortete er mit einem Augenzwinkern.

»Deine Bescheidenheit beeindruckt mich wirklich«, scherzte sie.

»Bescheidenheit ist eine mittelmäßige Tugend.«

Melisandra lachte.

»Du bist sehr schön«, sagte er mehr zu sich selbst und sah sie aufmerksam an.

»Der Fluß wird mir fehlen«, meinte sie nur und sah auf den Widerschein ihrer Füße im Wasser.

10. Kapitel

Das ferne, heisere Röhren von Pedros Muschelhorn weckte sie im Morgengrauen. Sie trat ans Fenster und sah am gegenüberliegenden Ufer das rötliche Licht des anbrechenden Tages über den Silhouetten der Palmen spielen. Melisandra schüttelte den Kopf und fuhr sich mit der Hand durchs Haar. Sie hatte nur kurz und zudem schlecht geschlafen. Die wunderbare Erzählung ihres Großvaters hatte Einzelheiten über die Entstehung von Waslala offenbart, die auch ihr bis jetzt unbekannt waren, und sie hatte in ihr ein süßes Gefühl von Stolz und Heimweh hinterlassen. Später, als sie sich von Raphael verabschiedet hatte, nahm dies Gefühl noch zu und mischte sich mit dem intensiven Verlangen, das seine Nähe auf dem Anlegesteg in ihr wachgerufen hatte. Das, was hätte geschehen können, was sie so leicht hätte provozieren können und was ohne Zweifel geschehen würde, hatte bewirkt, daß sie sich unruhig im Bett hin- und herwälzte und keinen Schlaf fand.

Sie warf einen Blick in die Runde. Binnen kurzem würde dies Zimmer für sie nur noch Erinnerung sein, genau wie das Gesicht ihres Großvaters, wie Joaquín und auch der Fluß, der ihr Leben lang die verläßliche Nabelschnur zur einzig möglichen, einzig erlaubten Welt gewesen war. Sie spürte ihre Nervosität und Müdigkeit, und die Ungeduld, möglichst bald stromaufwärts zu fahren, den Abschied schon hinter sich zu haben.

Als sie ins Eßzimmer trat, saß da ihr Großvater in frisch gebügelter schwarzer Hose und weißem Hemd, nach Rasierwasser duftend, die Baskenmütze auf dem Kopf und den Gehstock quer über den Knien. Sie gab ihm einen Kuß, setzte sich zum Frühstücken neben ihn und wünschte auch Mercedes einen guten Morgen.

»Du kannst es dir immer noch anders überlegen, Melisandra«, meinte das Hausmädchen. »Die ganze Nacht habe ich nicht schlafen können, weil ich immerzu daran denken mußte, was für ein Unsinn diese Reise doch ist.«

Der Alte musterte seine Enkeltochter genau. Die Hoffnung, sie könne sich vielleicht doch noch anders entschieden haben, schwand schnell aus seinem Blick.

»Jeder muß das tun, was er tun muß«, sagte er orakelhaft.

Das Blöken von Pedros Muschel kam näher und näher. Als seien sie von einem Zauber geweckt und herbeigerufen worden, so traten jetzt nach und nach die Reisenden in den Raum und legten ihre Rucksäcke und Geräte auf Stühlen oder auf dem Boden ab. Raphael näherte sich Don José und Melisandra; es fiel ihm auf, wie makellos der Alte gekleidet war, und der Gedanke, er wolle, daß seine Enkelin ihn so in Erinnerung behielte, rührte den jungen Mann zutiefst an. Es mußte dem Alten ungeheuer schwer fallen, sie gehen zu lassen. Einen Augenblick lang fühlte Raphael sich schuldig, wie der Bösewicht, der die Dorfschöne entführt. So zog er es vor, höflich zu schweigen.

Das Frühstück war eben beendet, da legte Pedros Bongo unten am Steg an.

Mercedes trocknete sich die Hände an der Schürze ab

und trat neben Don José auf die Veranda, um von dort aus die Reisevorbereitungen zu beobachten und zuzusehen, wie die Ruderer das Bongo an den Steg brachten, es vertäuten und mit dem Gepäck der Reisenden zu beladen begannen. Von jetzt ab würde sie auf der Hacienda die Rolle der großen Mutter übernehmen, sich die Klagen anhören, Streit schlichten, den Alten beraten, Joaquíns Launen ertragen. All das machte ihr nichts aus, wenn nur ihre Melisandra wohlbehalten zurückkehrte. Was sie nicht ertragen konnte, war der Gedanke, dem Mädchen würde dasselbe Schicksal widerfahren wie seinen Eltern. Mercedes betete im Geiste, während sie Melisandra hin und her gehen und hantieren und mit den Vorarbeitern und Frauen reden sah, die alle zum Abschied auf dem Anlegesteg versammelt waren.

»Mach dir um Melisandra keine Sorgen«, hörte sie plötzlich Hermann, den Deutschen, leise hinter sich sagen. »Die ist keine von denen, die verloren gehen.«

»Wenn Sie sie nur vor diesem Maclovio beschützen«, flüsterte Mercedes zurück. »Der Mann gefällt mir überhaupt nicht.«

»Du mußt dir klarmachen, daß Faguas voll ist von diesen Maclovios«, gab Hermann ernst zurück und ließ seinen Blick über die auf dem Steg versammelte Gemeinde schweifen.

Jetzt kamen die beiden Holländerinnen an ihnen vorbei, die Rucksäcke geschultert. Die beiden hatten den Besuch auf der Hacienda nur damit zugebracht, auszuruhen, zu schlafen und lange Spaziergänge zu unternehmen, ohne für irgend jemanden besonderes Interesse zu zeigen. Eingehüllt in ihre geheimnisvolle Art, verschwanden sie jetzt wieder, als seien sie nie dagewesen.

Mercedes warf einen fragenden Blick auf Hermann, um seine Meinung über die beiden Frauen zu erfahren.

»Wegen denen brauchst du dir keine Sorgen zu machen«, meinte er. »Die wollen nur Mütter werden. Erstaunlich ist es schon, daß sie in diesen Zeiten ein Waisenkind einem Retortenbaby vorziehen.«

»Ich weiß nicht, was das ist, und ich will es auch gar nicht wissen«, antwortete Mercedes, »aber diese beiden kommen mir wirklich nicht sehr mütterlich vor.«

»Oh, Mercedes, Mercedes!« rief Hermann aus. »Du bist aber wirklich hart gegenüber deinem eigenen Geschlecht.«

»Ich bin vom alten Schlag, Hermann. Ich kann diese neumodischen Paare, die nur aus Männern oder nur aus Frauen bestehen, nicht begreifen. Meinetwegen können sie machen, was sie wollen, nur sollen sie von mir kein Verständnis erwarten.«

Hermann, der genau wußte, daß es keinen Zweck hatte, sie eines Besseren belehren zu wollen, zuckte nur mit den Schultern und beugte sich dann nieder, um sie zum Abschied zu umarmen. Dabei versprach er ihr, alles zu tun, was in seiner Macht stand, damit Melisandra nichts geschah.

Auch Morris kam herüber, um sich von ihr zu verabschieden. Der Wissenschaftler gefiel ihr. Er war zwar schweigsam und unzugänglich, doch machte er den Eindruck eines ehrlichen Mannes. In dieser Herde Besucher war Maclovio wirklich das einzige schwarze Schaf.

»Adios, Mercedes-Schatz«, rief der ihr scherzend zu, während er über den Steg kam, und sie hob die Hand und winkte ihm zögernd zu, um seinen Gruß nicht unerwidert zu lassen und ja keinen Konflikt heraufzubeschwören, vor allem jetzt nicht, da er mit Melisandra reisen würde.

Pedro hörte sich geduldig alle Ermahnungen Don Josés an, gut auf sein Enkelkind aufzupassen. Er sollte sie, zusammen mit Raphael und Morris, zu Engracia bringen. Die würde sich um sie kümmern und dafür sorgen, daß sie weiter ins Landesinnere reisen könnten. Der Schiffer beäugte Raphael mißtrauisch; er hatte nicht damit gerechnet, daß Melisandra sie begleiten würde, obwohl er ihre Sehnsucht nach dieser Reise zur Genüge kannte.

Es war schon gegen neun Uhr morgens, als sie sich endlich von allen Frauen, Männern und Kindern verabschiedet hatte, die gekommen waren, ihr eine gute Reise zu wünschen und sie flußaufwärts lossegeln zu sehen. Joaquín war nicht unter ihnen.

Die übrigen Passagiere, mit Ausnahme von Raphael, der ihr den Vortritt lassen wollte, hatten bereits im Heck des Bongos Platz genommen. Pedro mahnte zum Aufbruch, und Melisandra ergriff die Hand des Großvaters, um von ihm zum Boot geführt zu werden. Dort verabschiedeten sie sich endgültig. Mercedes drückte das Mädchen unter Tränen so fest an sich, daß Melisandra den Duft ihres einfachen Parfüms riechen konnte. Dann umarmte sie den Großvater und hielt ihn solange umschlungen, bis ihr der Kopf schmerzte von der Anspannung, mit der sie ihm ihre Liebe und die Kraft geben wollte, auf sie zu warten und nicht zu sterben, bevor sie zurückkäme. Don José bemühte sich, bis zuletzt seine aristokratische Würde zu bewahren, und nur die Art, wie er sich wieder und wieder an die Nase faßte, ließ seine Rührung erahnen.

»Ich möchte nicht den Rest meines Lebens auf dich warten müssen, Töchterchen«, sagte er. »Komm bald wieder«, fügte er dann hinzu und nahm sich die Baskenmütze ab mit einer Geste, die, so schien es Melisandra, seine Art war, in der Öffentlichkeit zu weinen.

Pedro nahm jetzt das Steuer, und unter der strahlenden, heißen Sonne jenes blauen Oktobermorgens dröhnte unwiderruflich das rauhe Röhren der Meeresmuschel. »Uuuu-paaa!« riefen die Ruderer wie aus einem Munde und teilten das Wasser. Das Bongo drehte die Nase in die Strömung und begann, flußaufwärts zu fahren.

Stromaufwärts

11. Kapitel

Pedros Bongo, die »Reina«, war ein Boot von großen Ausmaßen, lang und tief im Wasser liegend; eine kleinere, schmalere Ausgabe der Arche Noah. Es war aus Zedernplanken gezimmert und trug eine Besatzung von zehn Ruderern, fünf an jeder Seite; sie saßen eng an der Bordwand auf Bänken, die vom Bug an quer durch das Boot verliefen und bis zur Passagierskajüte reichten. Pedro, Kapitän und Steuermann zugleich, hielt den Ruderstand besetzt, den höchsten Platz des Schiffes, eine enge Kommandobrücke hinter der Kajüte, von wo aus er durch die Töne seiner Muschel Kursbefehle erteilte.

Trotz aller Versuche, die Schiffahrt auf dem Fluß zu modernisieren, hatte nichts und niemand die primitiven, aber nützlichen Bongos verdrängen können. Ihren Eigenschaften verdankten sie es, sich problemlos den verschiedenen Strömungen und Untiefen des Flusses wie auch den unterschiedlichen Erfordernissen der Besatzungen anpassen zu können. Eine nordamerikanische Firma hatte vor vielen Jahren Propellerboote mit Flugzeugmotoren eingeführt, die über die Wasseroberfläche dahinglitten, doch war von ihnen nichts mehr geblieben als die verlassenen Rümpfe, auf denen sich Flußkrebse und Kinder vergnügten. Sie fielen der Gedankenlosigkeit einheimischer Kapitäne und Mechaniker zum Opfer, die nie richtig verstanden, welche Mischung aus

Öl und Benzin sie brauchten, oder die sie an den Felsen zerschellen ließen, wenn sie sich mal im Alkoholrausch für Elias auf dem Feuerwagen hielten. Die Bongos hingegen lebten fast unverändert fort. Schon in Reiseerzählungen aus dem 19. Jahrhundert konnte man sie beschrieben finden, allerdings waren inzwischen einige Verbesserungen vorgenommen worden: So bestand das Kajütendach der »Reina« aus durchsichtigem Plastikmaterial, das den Passagieren die Aussicht auf die Landschaft ermöglichte und sie gleichzeitig vor den schädlichen Strahlen der Sonne schützte. Der Raum für die Passagiere hatte sich nicht wesentlich vergrößert. Tagsüber konnten sie sich zwischen den Ruderern bewegen, sich in der Mitte auf den Bänken niederlassen oder auf dem Kajütendach ein Sonnenbad nehmen. Eine leichte, wiederaufladbare Batterie erzeugte den Strom für eine Kette kleiner Glühbirnen, die nachts für Beleuchtung sorgten.

Der Kapitän hatte keinerlei Hemmungen, von Beginn der Reise an deutlich zu machen, daß Melisandra für ihn diesmal der wichtigste Passagier war. Alle anderen konnten sich ihren Platz suchen, wo sie wollten, ihr aber wies er den Raum unter der Kommandobrücke zu, ganz hinten im Heck, dort, wo die Rundung der Bordplanken eine bequeme, schützende Höhle bildete. Melisandra nahm die besondere Rücksicht gern an. Sie verstaute ihr Gepäck, und nach einigem Hin und Her hatten auch die anderen Passagiere in der Kajüte ihre Plätze gefunden und durch ihre Rucksäcke voneinander abgeteilt. In wenigen Minuten würde die Hacienda und mit ihr auch der Alte aus dem Blickfeld verschwinden, und es bliebe nur noch der Fluß, die Gegenwart, der Klang des Lebens, das ungewissen Ufern entgegenströmte. Mit feuchten Augen blickte Melisandra ein letztes Mal zur Hacienda, dem Anlegesteg, den immer kleiner werdenden Menschen. Das Uferstück, an dem das Wohnhaus lag, öffnete gerade mal einen kleinen freien Streifen im Waldesdickicht. Der rohe Steg mit den rotgestrichenen Pfosten sah wie ein Arm aus, der ein »Adios« herüberwinkte. Das Bongo umschiffte die Inselchen in der Mitte des Flusses, auf denen sich faul die Seekühe sonnten. Jetzt lag der Strom in seiner ganzen strahlenden Herrlichkeit vor ihnen, nur hier und da verdunkelten flüchtig die Vogelschwärme sein Wasser, die sich vor dem dahingleitenden Boot in die Luft erhoben.

Melisandra schloß die Augen. So hörte die Hacienda auf, zu existieren. *Ojos que no ven, corazón que no siente*, so lautete das alte Sprichwort: Aus den Augen, aus dem Sinn. Ihr war, als könnte sie so jenes bisherige Leben und ihre Erinnerungen irgendwo in sich bewahren und doch, frei davon, ein anderes Dasein beginnen. Wenn sie die Augen öffnete, dann wäre sie neu geboren. Ohne Vergangenheit. Würde aus den Wassern auftauchen, als Schaumgeborene, um die Welt neu zu schaffen, eine Welt nur für sich selbst. Sie spürte die Leere, das Ende der Geborgenheit. Jetzt war sie ganz allein. Wenn sie die Augen wieder aufschlug, dann war sie nichts weiter als eine Frau, die in einem Bongo flußaufwärts fuhr. Irgendeine Frau, genau wie die beiden unbekannten Holländerinnen. Das Leben gab einem nichts, ohne dafür etwas zu nehmen. Man mußte wählen. Vielleicht würde ihr Großvater bei ihrer Rückkehr nicht mehr da sein, und seine Gespräche, sein Leben, alles, was er gesehen und erlebt hatte, würde mit ihm für immer verloren sein. Sie konnte nicht ewig im Widerschein seines Lichts leben, sich selbst als Teil seines Lebens sehen, sich hinter Phantasien ohne Risiko verbergen. Es fiel ihr schwer, sich die Hacienda ohne den Großvater vorzustellen.

Wenn er einmal stürbe, dann gäbe es niemanden mehr, der sich so kleidete wie er, gäbe es keine Baskenmütze und keinen Gehstock mehr, und auch keine selbstgenügsamen, stundenlang allein geführten Unterhaltungen. Sie betete zu ihrer Großmutter, daß sie ihn beschützen möge. Die Hacienda, das wußte sie, war in Joaquíns Händen gut aufgehoben. Joaquín war nicht erschienen, um sich von ihr zu verabschieden, und ihre Reise sollte auch das Ende dieser hemmungslosen, beschämenden Beziehung sein. Sie stellte ihn sich vor, wie er allein in seinem Häuschen saß und alles mögliche tat, nur nicht zugab, daß ihn der Abschied schmerzte, und sie verspürte ein Gefühl der Trauer, aber auch der Befreiung.

Sie schlug die Augen wieder auf. Der Anlegesteg war inzwischen nicht mehr zu sehen. Vor ihr wurde der Fluß jetzt schon schmaler, vom Ufer beugten sich die Bäume auf ihn nieder und warfen dunkle Schatten auf das Wasser. Sie tat einen tiefen Atemzug, um den Ring zu sprengen, der sich um ihre Brust gelegt hatte.

Da stand plötzlich Raphael neben ihr, nahm ihre Hand und drückte sie leicht.

»Du wirst schon wieder hierher zurückkehren, ganz bestimmt«, sagte er dann. »Und dein Großvater wird da sein und dich erwarten. Er wird doch wissen wollen, was aus Waslala geworden ist.«

»Ich danke dir«, erwiderte sie mit dem Anflug eines Lächelns. »Aber ich habe dir ja schon erzählt, wie alt er ist. Und wer weiß, wie lange er noch zu leben hat.«

»Noch lange. Neugier verjüngt. Mein Lieblingsonkel ist auch schon sehr alt, doch oft genug kommt er mir verdammt jung vor.«

»Was macht denn dein Onkel?« wandte sie sich ihm ganz zu und wischte die düsteren Gedanken fort, das schlechte Gewissen.

»Früher war er Professor, jetzt widmet er sich seinem Hobby, der Kybernetik. Er schreibt Programme. Und baut Computer auseinander und wieder zusammen. Von ihm habe ich den ersten Rechner bekommen, als ich diesen Beruf ergriff.«

»Kybernetik«, seufzte Melisandra und sah auf den Fluß. »Das klingt so weit weg hier. Es gab eine Zeit, da haben mich sämtliche Maschinen fasziniert. Ich bedrängte alle Besucher, mir die Geräte zu zeigen, die sie bei sich hatten. Bis ich eines Tages verstand, daß das für mich eine sinnlose Beschäftigung ist und zu nichts führt.«

»Da hast du wohl deine Neugier bezähmt, was?«

»Diese Art von Neugier. Ich muß immer zuerst das Naheliegende begreifen. Versteh mich nicht falsch, doch ich glaube, das reine Anhäufen von Wissen führt zu nichts. Wissen um des Wissens willen. Mein Großvater träumt unablässig von der Zivilisation, und doch verachtet er sie.«

»Das geht uns wohl allen ein bißchen so. Es überrascht uns, daß die Fähigkeit, mit der wir die Materie unter Kontrolle bringen, uns nicht zugleich eine größere Beherrschung unserer Natur beschert.« Raphael drehte an der Linse der kleinen Kamera, die er vors Auge hielt und mit der er unablässig filmte.

»Ich sehe schon, allzu sehr wird mir mein Großvater nicht fehlen«, lachte sie. »Du philosophierst genauso gern.«

»Beim Philosophieren kommen mir die besten Ideen für meine Reportagen. Gegensätze sind da eine unerschöpfliche Quelle ... Sieh mal hier zum Beispiel«, sagte er und zeigte zum Flußufer. »Da fahren wir durch diese unglaublich schöne Landschaft, und doch wird, soweit ich weiß, die Fruchtbarkeit der Tropen dazu genutzt,

Genexperimente mit Pflanzen durchzuführen und starke Drogen herzustellen.«

»Ich glaube, mein Großvater hat sich vor Jahren freiwillig angeboten, ein Medikament zu testen, das das Leben verlängern soll. Unter den Reisenden war ein Arzt, mit dem er sich stundenlang in sein Arbeitszimmer einschloß. Ich erinnere mich noch gut an seinen triumphierenden Gesichtsausdruck, als er mir später sagte, die Wissenschaft komme einem Sieg über Alter und Tod immer näher. Seit zwei Jahren ist der Arzt nicht mehr bei uns gewesen. Ich frage mich, ob die Freiwilligen jetzt langsam zu sterben beginnen.«

»Es kann gut ein, daß skrupellose Gesellen herkommen, um neue Präparate an Menschen zu testen, als seien es Versuchskaninchen. In der modernen Welt wird Tierquälerei immerhin bestraft. Immer mehr Menschen sind dagegen, sie in Laborversuchen einzusetzen. Doch was mit euch geschieht, interessiert kaum jemanden. Da gibt es zum Beispiel eine Genmutation aus Kokain und Marihuana, das Philin, das angeblich in Faguas entwickelt wurde. Allmählich verdrängt es die synthetischen Drogen, die man den schädlichen Substanzen entgegensetzen wollte.«

Melisandra fuhr unmerklich zusammen und warf einen Blick durch das Kajütendach. Morris und Hermann unterhielten sich gerade. Die Holländerinnen und Maclovio saßen auf den Bänken im Bug des Bongos.

»Ich habe schon von dieser Droge gehört«, sagte sie und senkte dabei die Stimme. »Pedro vermutet, daß größere Mengen davon flußabwärts nach Greytown transportiert werden, wir haben der Spur aber nicht nachgehen wollen. Es ist sehr gefährlich. Mit den Espada-Brüdern ist nicht zu spaßen.«

Es sei zwar bedauerlich, fügte sie noch hinzu, aber in Faguas kümmere sich eben jeder nur um seine Angelegenheiten. Damit hatten sie schon genug zu tun.

»Laß uns lieber von etwas anderem reden«, flüsterte sie dann. »Maclovio ist Geschäftspartner der Espadas.«

Sie fuhren jetzt so nah am Ufer entlang, daß man auf den umgestürzten, halb im Wasser liegenden Baumstämmen die großen Augen der dort dösenden grünen, runzligen Kaimane ausmachen konnte.

Raphael sah auf den breiten Rücken Maclovios. Er war die Schlüsselfigur, da gab es keinen Zweifel, und er war sehr gerissen. Raphael hatte versucht, ihn durch einfache, naive Neugier in die Enge zu treiben, doch wußte sich der Argentinier geschickt aus der Affäre zu ziehen. Perfekt spielte er die Rolle des harmlosen, freundlichen Gauners. Ohne Umschweife gab er zu, in den Waffenhandel verwickelt zu sein. »Von nichts kommt nichts, mein Lieber. Und man darf schließlich nicht päpstlicher sein als der Papst.« Wie er sagte, tauschte er die Waffen gegen Antiquitäten ein. Echte Kostbarkeiten, die er auf den internationalen Kunstmärkten sehr gut verkaufen könne. Er rette diese Stücke vor der Zerstörung, meinte er. Das sei also keine Ausplünderung, sondern Schutz der Kultur. In Faguas interessierten diese Stücke niemanden. Als sie auf der Hacienda waren, ließ sich Maclovio bereitwillig und anscheinend gern mit Raphael sehen. Er hatte ihn sogar zum nahen Dorf begleitet. Der beobachtete Beobachter, dachte Raphael und kicherte ironisch in sich hinein. Er war nicht dumm. Der Argentinier hatte ihn sogar gefragt, warum er die Reportage über Waslala schreiben wolle. Interessiere sie seinen Chefredakteur denn wirklich, hatte er mit unverhohlener Skepsis gefragt.

»Um auf das Thema mit dem Altern zurückzukommen«, fuhr Melisandra fort. »Glaubst du denn nicht, daß die Lebenserwartung einfach größer sein könnte? Daß in Gesellschaften wie der deinen große Anstrengungen unternommen werden, sie zu verlängern?«

»Gott sei Dank! Es gibt ja wenig genug junge Leute.«

»Vielleicht steckt ja Absicht dahinter, vielleicht denken die Alten, es ist einfacher, die Natur zu korrigieren – die Tatsache, daß wir, kaum richtig erwachsen geworden, schon wieder gebrechlich werden und sterben –, als immer neuen Massen unerfahrener junger Leute Platz zu machen, die nur wieder und wieder die gleichen Fehler begehen.«

»Nun, hier zumindest vermehren sich die Menschen ja wie die Kaninchen«, lachte Raphael.

»Aber es bedrohen uns Krankheiten, Kriege und Armut ... Unser Bevölkerungswachstum wird brutal, aber wirksam eingedämmt.«

»Willst du damit andeuten, daß es auf der Welt eine Elite alter Leute gibt, die diese Situation absichtlich erhält?« fragte Raphael. »Ich weiß gar nicht, weshalb ihr Latinos einen solchen Hang zu Verschwörungstheorien habt ...«

»Es muß nicht unbedingt eine Verschwörung sein. Vielleicht meinen sie ja, eine Welt voll reifer Menschen, ohne jugendliche Leidenschaften, sei eine harmonischere Welt.«

»Da könnten sie sogar recht haben.« Raphael grinste ironisch. »In den Industrieländern begann die Gewalt vor ungefähr zehn Jahren abzunehmen, und zwar proportional zum Rückgang der jugendlichen Bevölkerung.«

»Hier in Faguas dagegen gibt es wenig alte Menschen. Man lebt einfach nicht so lange. Damit geht viel Weisheit verloren«, sagte Melisandra und sah zu den jungen Ruderern hinüber, die bei ihrer Arbeit schwitzten. »Vielleicht haben wir deshalb andauernd Krieg.«

»Mir scheint, dir gefällt der Gedanke an eine Überlegenheit der Alten«, lachte Raphael spitzbübisch.

»Na, sieh dir doch meinen Großvater an.« Melisandra beantwortete sein Lachen mit einem eher traurigen Gesicht. »Viele hier würden ohne Zögern die Dinge in die Hände von Alten wie ihm legen. Doch geht es ja gar nicht darum, ob ich das gut oder schlecht finde ... Ich stell' mir nur so einige Fragen. Zum Beispiel: Warum hat man wohl in Ländern wie dem deinen die Einwanderung so radikal gestoppt? Etwa deshalb, weil die, die aus der Dritten Welt stammten, sich so rasend vermehrten? Jetzt hat man uns besser unter Kontrolle. Wir selbst kümmern uns darum, uns zu vernichten. Und dort weiß man kaum noch was von unserer Existenz.«

»Und wir dagegen wählen alte Männer zu Präsidenten ... Greise, die seltsamerweise nie senil werden ... Wenn deine Theorie stimmt, dann – wer weiß? Am Ende müssen die Alten doch sterben, und die Welt gehört euch. Auf lange Sicht seid ihr die Gewinner.«

»Werd bloß nicht zynisch.«

»Zynisch? Ich?« lachte Raphael. »Ja, meinst du denn, ein Zyniker würde Waslala suchen gehen?«

»Was käme einem zynischen Journalisten mehr gelegen als die Story, daß man ausgerechnet in dem Durcheinander hier die perfekte Gesellschaft hat entwickeln können?«

»Ich sollte deine Intelligenz wirklich nicht unterschätzen«, gab er mit ironischem Unterton zu. »Und ich darf nicht vergessen, daß Frauen die besseren Beobachter sind. Jetzt werde ich aber mit deiner Erlaubnis meine elektronische Post durchsehen. Mein Chefredakteur ist ein sehr ungeduldiger Mensch.«

Mit diesen Worten schwang er sich vom Dach ins Innere des Bongos hinunter, wo die anderen Reisenden, jeder an seinem Platz, schon mit ihren elektronischen Geräten beschäftigt waren. Die Ruderer hatten ein eintöniges Lied angestimmt, mit dem sie ihre rhythmischen Bewegungen begleiteten. Melisandra legte sich auf den Rücken und atmete tief. Ihre Beklommenheit ließ nach, je weiter sie sich von der Hacienda entfernten. Es dauerte nicht lange, da fiel sie, durch das Rauschen des Wassers, den Wind und die ruhige Melodie in den Schlaf gewiegt, in einen leichten, erfrischenden Schlummer.

Unten in der Kajüte hob Hermann den Blick und sah durch den roten Schein von Melisandras Haar das Geflecht der Bäume, die ihre Äste von beiden Ufern aus über den Strom streckten; grüne Flammen, die einer Mitte entgegenzüngelten.

Der Fluß war seine liebste Landschaft. In Bremen, ob in seinem Haus oder wenn er im Winter über den Marktplatz mit seinen mittelalterlichen Gebäuden ging, ließ ihn die Erinnerung an diese Gegend oft genug ein kaum erträgliches Heimweh empfinden. Der graue Himmel über der Stadt kam ihm dann noch drückender vor, und es konnte ihm kein Trost sein, daß die Bürgersteige so sauber und die Menschen, die er traf, so ordentlich und wohlhabend aussahen. Die Technologie konnte ihn nicht annähernd so faszinieren wie die unbändige Natur. Auf den Feldern Deutschlands war es unmöglich, dem Gefühl zu entkommen, sie gezähmt, bezwungen zu haben. Alles war da so zivilisiert: die sterbenden Wälder waren unerbittlich in Grenzen gezwängt, die grünen Weiden ordentlich bewirtschaftet, die Parks sorgsam gepflegt. Hier hingegen brauchte man nur den Fluß ein Stück hinaufzufahren, um die verlorene Perspektive wiederzugewinnen und die Winzigkeit des Menschen angesichts der Üppigkeit des in Jahrhunderten gewachsenen Grüns zu begreifen. Dies hier mit den Grünflächen Deutschlands zu vergleichen hieß, die Schönheit eines wilden Löwen neben die eines kupierten Pudels zu stellen. Ein Glück, daß es diese Gegenden noch gab, in denen die Natur noch rebellisch und wild wachsen konnte. Seiner Meinung nach waren Don José, das Mädchen, Pedro und Mercedes längst Bewohner von Waslala und suchten es nur deshalb weiter, weil ihre Phantasie ein paar blinde Flecken besaß.

Als die Sonne hoch im Zenit stand, warfen die Ruderer unter dichten Palmwedeln Anker aus. Mit bis zu den Waden aufgekrempelten Hosenbeinen wateten sie auf den schmalen Uferstreifen, um dort das Mittagessen zu kochen. Dazu schnitten sie von der Bananenstaude, die an einem der Kajütenpfosten hing, ein Büschel ab und bereiteten über einem schnell entfachten Feuer ein Gericht aus gepökeltem Fleisch, gekochten Bananen und gedämpftem Reis.

Der Sand war dunkel und fein, und an den Spuren konnte man erkennen, daß sich hier gern Kaimane zum Sonnen niederließen. Maclovio erzählte, wie er das erste Mal, als sie dort zum Essen ankerten, versucht hatte, sich einen Weg zwischen den Palmenstämmen zu bahnen, ohne auch nur zwei Schritte vorwärts zu kommen. Die einzigen, die in diesem Dickicht hausten, meinte er mit Kennermiene, seien Guatuso-Indianer, die sich den Affen gleich in Schwärmen durch die Baumkronen hangelten, in denen sie vor allem während der Regenzeit wohnten. Diese Indianer waren vor ungefähr zweihundert Jahren von einem Kalifornier entdeckt worden, der ihr Gefangener wurde, jedoch das Glück hatte, daß sich die Tochter des Häuptlings in ihn verliebte und ihn so vor einem sicheren Tode rettete. Der Reisende nahm das

Mädchen zur Frau, doch als die Regenzeit kam und die Indianer ihr Affenleben auf den Bäumen begannen, machte er nicht mehr länger mit und ließ seine Prinzessin fluchtartig im Stich.

»Es gibt Tierschmuggler, die haben versehentlich Guatuso-Kinder mitgenommen und als Schimpansen verkauft«, fuhr er fort. »Die Käufer merken nichts, bis die ›Äffchen‹ den Mund aufmachen und um Bananen bitten ... Stellt euch nur vor, wie peinlich«, schloß er mit einem dröhnenden Lachen und ließ abrupt den Zauber der Prinzessinnengeschichte platzen.

»Das find' ich aber überhaupt nicht zum Lachen«, meinte Morris und stand auf, wobei er sich den Sand von seinem Metallarm klopfte.

»Ich lache doch nur über die Dummheit der Schmuggler«, verteidigte sich Maclovio.

»Vor solcher Dummheit fürchte ich mich, über die lache ich nicht«, gab Morris zurück und krempelte sich die Hose auf, um zum Schiff zurückzuwaten.

Hermann trank in einem Zug das gefilterte Wasser, das er in den Deckel seiner Thermosflasche gegossen hatte, und stand ebenfalls auf. Maclovio hatte ihn mit seinem schwarzen Humor schlagartig in die Wirklichkeit zurückgeholt und die heitere, romantische Stimmung, die ihn den ganzen Morgen über umgeben hatte, in tausend Stücke zerschlagen. Ja, sie waren wirklich wunderschön, diese Wälder, doch verlangte die Natur in ihrem Triumph von den Bewohnern einen hohen Preis, indem sie sie, wie alle anderen Wesen auch, der Gier von Plünderern wie ihnen aussetzte. Auch er würde Faguas ja wieder goldbeladen verlassen. Gold, das er im Tausch gegen wertloses Zeug erhielt, gegen veraltete Geräte, die er zu Spottpreisen auf Auktionen erstand. Da spielte es auch keine große Rolle, daß er bei jeder Reise freiwillig ein wenig mehr an Tauschware anbot. Der Unterschied war nur gering, und schließlich war auch er nichts weiter als ein Schmuggler wie die anderen.

Auch bei seinen ersten Reisen hatte er die braunen, nackten Kinder angesichts ihrer erstaunlichen animalischen Biegsamkeit mit Affen verglichen. Doch bei jeder Reise veränderten sich seine Vorstellungen von dem, was wild zu nennen war. Die protestantische Ethik nützte ihm hier nur wenig oder gar nichts. Nach der zweiten oder dritten Reise wurde ihm klar, daß er nicht nur der Geschäfte wegen immer wieder nach Faguas zurückkehrte, sondern auch wegen etwas anderem, das immer weniger mit dem Goldschmuggel zu tun hatte. Auch er wollte Waslala finden. Nicht das Waslala, das die anderen suchten, sondern sein eigenes.

Pedro ließ die Muschel röhren, und das Boot legte vom Ufer ab und begann, dem Schlag der Ruderer gehorchend, immer schneller über das Wasser zu gleiten.

Um fünf Uhr nachmittags stoppte urplötzlich der perfekt-gleichmäßige Rhythmus der Ruderer und der verhaltene Klang der alten, geheimnisvollen Melodie, mit der sie ihre Schläge begleitet hatten. Wie auf Kommando hoben sie die Ruderblätter aus dem Wasser, nahmen sich die Hüte oder Tücher vom Kopf und beteten ein heiseres, ehrfürchtiges Ave Maria, gefolgt von einem Vaterunser. »Gott schütze dich, Maria, gebenedeit seist du unter den Weibern ...«, erscholl der Chor der Besatzung.

Auch Melisandra nahm die Schirmmütze ab und wandte sich der Sonne zu. Sie empfand Stolz dabei, zum Fluß zu gehören und Teil dieses Ganzen zu sein. Es war ihr Privileg, ihr Erbe.

Ein Papageienschwarm flog über sie hinweg und machte fröhlichen Lärm, gerade als sie das Gebet beendeten. Die Männer der Besatzung setzten sich wieder und beugten sich über ihre Ruder, wobei sie in Gelächter und Gespräche ausbrachen. Die eben erlebte Feierlichkeit schien Raphael jetzt schon wie ein längst vergangener Traum, fast wie eine Halluzination.

»Es ist nicht unsere Art, für lange Zeit feierlich zu bleiben«, meinte Melisandra zur Erklärung, als sie das verwunderte Gesicht ihres Nachbarn sah.

»All dies erinnert mich immer an die Geschichten, die mein Großvater über die Dampfschiffer erzählte, die vor über zweihundert Jahren den Mississippi befuhren«, sagte Morris, der zu ihnen aufs Dach gestiegen war. »Ich bin nie dort gewesen, aber ich habe immer so etwas wie Sehnsucht nach diesen Menschen empfunden. Sie hatten ein schönes Leben. Dort erzählte man sich gern Anekdoten und Geschichten, die berühmten *tell-tales*.«

»Wenn Sie Geschichten hören wollen, müssen Sie nur bis zum Abend warten«, meinte Pedro vom Ruderstand aus. »Darin macht diesen Lügenbolden so leicht keiner was vor.«

»Außer mir!« rief Maclovio von unten herauf und steckte den Kopf hinter seinem MasterBook hervor, hinter dem er Schutz suchte, seit die anderen ihn wegen seiner geschmacklosen Geschichte über die Guatusos schnitten.

Sie ließen nun die schilf- und rohrbewachsenen Inseln im seichteren Teil des Flusses hinter sich, wo die Kaimane ins Wasser geglitten und auf sie zugeschwommen waren, um dann träge die riesigen Mäuler mit den eindrucksvollen Zahnreihen aufzusperren. »Na los, Maclovio, grüß gefälligst deine Verwandten«, hatte Hermann ihn aufgezogen und damit die Lacher auf seiner Seite gehabt.

Das Wasser zwängte sich jetzt zwischen hohen Ufern hindurch, die den Zusammenfluß mit dem Río Colorado ankündigten. Hohe Palmen mischten sich hier mit riesigen, jahrhundertealten Bäumen, auf deren mächtigen Stämmen Orchideen wuchsen und vielfältige Schlingpflanzen zum Licht emporkrochen. Von den Zweigen hingen lange Lianen herunter, so daß die Bäume aussahen wie riesige, reglose Fischer, die auf ewig über der Strömung standen. Schwärme von Vögeln mit glänzendem Gefieder stiegen aufgescheucht von den oberen Ästen auf, wie Blumen, die sich in die Luft erheben, was Raphael zu Ausrufen der Begeisterung und Bewunderung hinriß. Er saß neben Melisandra auf dem Verdeck und konnte sich nicht sattsehen an der Schönheit dieser Landschaft, die ihm im rötlichen Schein der untergehenden Sonne als die poetischste Vision erschien, die er je gehabt hatte.

Die Dämmerung hatte schon eingesetzt, als Pedro den Befehl gab, unter einem riesigen Baum zu ankern, der seine beeindruckende Krone über den Fluß breitete. Die Luft war mit Glühwürmchen und anderen, weniger hübschen und angenehmen Insekten gefüllt. Pedro schaltete die Lichterkette ein, deren Schein dem Schiff das seltsame Aussehen einer schwimmenden Dorfkirmes verlieh. Die Ruderer sprangen einer nach dem anderen ins Wasser. Vom Schweiß des Tages gereinigt, teilten sie dann das Abendbrot aus, Rationen von Tortilla und Käse. Danach machten sie es sich auf den Bänken bequem, zündeten ihre selbstgedrehten Zigaretten an und begannen, sich angeregt miteinander zu unterhalten.

Die meisten von ihnen waren kaum dreißig Jahre alt, doch hatte das Leben unter freiem Himmel, die tägliche Sonne sie früh faltig werden lassen, so daß sie älter aussahen. Sie alle waren noch kleiner als Pedro. Einige von ihnen besaßen die muskulösen Arme von Gewichthebern.

»Na, Jungs, laßt doch mal hören«, tönte Pedro vom Ruderstand aus, wo auch er eine Zigarette rauchte und es sich bequem gemacht hatte. »Unseren Passagieren gefallen sicher ein paar Flußgeschichten. Wie wär's, Filemón, willst du nicht das Märchen vom Gespenst von La Bartola erzählen?«

»Das ist aber kein Märchen«, antwortete der Matrose lachend, wobei er stolz drei Goldzähne zur Schau stellte. »Ich hab's mit eigenen Augen gesehen.« Seine Stimme senkte sich und nahm einen verschwörerischen Ton an, worauf die Passagiere näherrückten, um besser zuhören zu können. »Ich fuhr also einmal mit meinem Kahn mitten auf dem Fluß nach Las Luces hinauf.« Filemón hielt inne, um eine große Rauchwolke auszustoßen. »Da gab es plötzlich ein starkes Erdbeben, das alles durcheinanderschüttelte und das Wasser des Flusses von einem Ufer zum anderen schwappen ließ. Die Kaimane eilten vor Schreck an den Strand; die Affen brüllten entsetzlich. Es war furchterregend. Im Handumdrehen füllte sich mein Kahn mit Fischen, und vom Himmel fielen zwei tote Papageien so unvermutet auf mich herab, daß ich vor lauter Verwirrtheit kaum weiterrudern konnte. Die Strömung riß mich mit sich fort, und plötzlich merkte ich, daß eine riesige Welle, die das Beben hervorgerufen hatte, meinen Kahn ergriff und ihn geradewegs auf die Insel La Bartola trieb. Ich empfahl mich Gottvater, dachte ich doch, mein Körper würde nun an einer Kokospalme zerschmettern, doch als ich wieder zu mir kam, lag ich, halbtot zwar, auf dem Strand der Insel, um mich herum die Trümmer meines Kahns. Ich tastete meine Rippen und mein Gesicht ab, konnte ich doch kaum fassen, daß ich noch lebte. Zuerst dachte ich, der Tod mache sich über mich lustig und spiele mir einen Streich. Doch als ich schließlich begriff, daß ich wie durch ein Wunder gerettet worden war, schleppte ich mich so weit, daß mich das Wasser nicht mehr erreichen konnte, und blieb irgendwann mit dem Gesicht nach unten liegen.

Als ich wieder erwachte, war es Nacht geworden. Ich weiß noch, daß der Mond riesig wirkte und den roten Kranz trug, den er bei Erdbeben bekommt. Mir tat alles weh, vom kleinen Zeh bis zur letzten Haarspitze, und mir war entsetzlich kalt. Ich lag auf einem öden Strand, an dem es nur ein paar stachelige Bäume, Palmen und Büsche gab. Weil mir die Insel nicht vertraut war, suchte ich erst einmal Schutz zwischen Felsen. Ich riß ein paar Bananenblätter ab, um mich damit zuzudecken. Weiß Gott, ich bin kein Angsthase. Nicht einen Gedanken verschwendete ich an die Geschichten von den englischen Seeleuten, die auf La Bartola begraben sind und angeblich nachts aus ihren Gräbern kommen, um an einem Schiff zu bauen, mit dem sie nach England zurückkehren wollen. Doch glaubt mir, als mich plötzlich Schritte weckten, gefror mir das Blut in den Adern, und es fielen mir sofort die Spukgeschichten wieder ein. Ich wollte eigentlich gar nicht den Kopf hervorstrecken, doch war meine Neugier stärker. Vor lauter Aufregung klapperten mir die Zähne. Kaum hatte ich den Mann erblickt, der den Strand entlangging, da hörte ich ihn auch schon rufen: ›Wer da?‹ Statt mich wieder zu verstecken, sprang ich vor Schreck auf die Füße und stammelte, ich sei ein Schiffbrüchiger. Da stand er auch schon neben mir, sah mich hochmütig von oben bis unten an und befahl mir mit lauter Stimme:

›Sagen Sie gefälligst, wer Sie sind! Nennen Sie ihren Namen, ihr Woher und Wohin?‹

›Filemón Rivera, Matrose; unterwegs nach Las Luces.‹ Mehr brachte ich nicht hervor.

Der merkwürdige Kerl musterte mich weiter mit seinem herablassenden Blick und setzte sich auf einen Stein. Lange Zeit sagte er nichts; so lange, daß ich schon meinte, er habe jegliches Interesse an mir verloren. Ich bemerkte, daß er seltsam gekleidet war … lächerlich, müßte ich fast sagen: die blauen, weiten Hosen reichten nur bis kurz unter das Knie, die Unterschenkel steckten in weißen Strümpfen wie bei einer Frau, im breiten Gürtel steckte eine große Pistole, um seine Schultern hing ein roter Umhang, und auf dem Kopf trug er einen Hut, der wie ein umgedrehtes Schiff aussah. Dem Gesicht nach war er ein Ausländer: kantiges Kinn, große Nase und stechend blaue Augen. Wäre da nicht die Kleidung gewesen und hätte nicht jedesmal, wenn der Wind auffrischte, einer seiner Arme, ein Bein oder der halbe Körper zu verschwimmen begonnen, wie ein Schatten auf dem Wasser, dann hätte ich gar nicht gemerkt, daß es sich um ein Gespenst handelte, so echt war seine Erscheinung.

Nach einer ganzen Weile, während derer keiner von uns ein Wort sagte, dachte ich, wenn mich die Vorsehung schon in diese Lage gebracht hatte, dann wollte ich wenigstens ein paar Dinge in Erfahrung bringen, die nur die Toten wissen, und fing an, ihn auszufragen.

›Ich habe Ihnen meinen Namen genannt, Sie aber nicht den Ihren‹, sagte ich, um zu sehen, ob ich ihn zum Reden brachte.

›Erster Viscount Horatio Nelson, Baron vom Nil und von Burnham Thorpe, Admiral der Britischen Marine‹, antwortete er.

›Mit einem solchen Namen sollten Sie eigentlich nicht so weit von zu Haus weg spuken müssen‹, sagte ich.

›So weit, wie es die Seele mir erlaubt. Sie armseliger Teufel werden gewiß nichts von meinen Taten wissen‹, fuhr er in seinem überheblichen Ton fort. ›Wegen einer davon, meinem größten Sieg, bin ich hierhergekommen. Sie müssen nämlich wissen, daß man noch im Tode ungerecht behandelt wird ... als ich schließlich tot war, mußte ich mich hier vor diesem großmäuligen Zwerg verstecken. Stellen Sie sich vor ... verfolgt der mich jetzt schon mehrere Jahrhunderte lang!‹ empörte sich das Gespenst wutschnaubend.

›Aber wer verfolgt Sie denn? Und weshalb?‹ fragte ich und hatte doch kaum etwas verstanden.

›Er verfolgt mich, weil ich ihn vernichtend schlug, seine Armee aufrieb, ihn in den Staub beißen und in der Verbannung sterben ließ, auf einer Insel wie dieser hier‹, antwortete er, ohne daß ich dadurch mehr verstand.

›Wenigstens hat er guten Grund, Sie zu verfolgen‹, war das einzige, was mir zu sagen einfiel. Bei seiner Wut und dem Wind, der in Böen wehte, war das arme Gespenst schon dabei, sich aufzulösen. Große Stücke von ihm verschwanden in der Dunkelheit, weil es ihm plötzlich einfiel, beim Reden hin und her zu gehen.

›Wie will man denn von Gerechtigkeit reden, wenn es diesem Emporkömmling gelungen ist, mich hier festzunageln‹, klagte er, ›mich gezwungen hat, meine Ewigkeit auf dieser Insel zu verbringen, an dem Ort, wo das Gelbfieber einen meiner ersten Siege in eine Niederlage verwandelte. Berühmter als ich ist der Unselige sogar geworden! Die Franzosen haben ihm Museen und Denkmäler geweiht. Mich dagegen hat man in England nur auf eine Säule gestellt, wo mich die Tauben beschmutzen‹, so redete er, schlang seinen Umhang fester und trat so dicht an mich heran, daß ich seinen eiskalten Atem spürte.

Plötzlich blieb er stehen und sah mich an, als merke er zum ersten Mal, daß er mit mir redete. Dann sagte er, er verliere ja nur seine Zeit mit einem dahergelaufenen Schiffbrüchigen, und daß er seine Matrosen bei der Arbeit überwachen müsse, weil sie sonst faulenzten.

›Auf Nimmerwiedersehen!‹ verabschiedete er sich und verschwand«, beendete Filemón seine Geschichte, »löste sich in Luft auf, bevor ich ihn fragen konnte, was ich eigentlich wissen wollte. Der konnte nicht zuhören, der Mann. Man merkte, der war gewohnt, daß man ihm zuhörte.«

»Na, du hast aber eine ordentliche Phantasie, Filemón«, rief Maclovio. »Bei der nächsten Reise erzähle ich dir, was mir der Geist von Perón gesagt hat …«

»Immerhin solltest du wissen, Maclovio«, mischte sich Melisandra ein, »daß Lord Nelson wirklich hier am Fluß gekämpft hat. Die Schlacht von La Bartola fand 1780 statt. So steht es in den Geschichtsbüchern.«

»In den Geschichtsbüchern mag das wohl stehen«, gab Maclovio zurück. »Was ich nicht glaube, ist, daß Nelson sich hier herumtreibt.«

»Das liegt wohl daran, daß ihr inzwischen an nichts mehr glaubt … das Problem haben wir, Gott sei Dank, nicht«, meinte Melisandra mit ironischer Überlegenheit.

Die Ruderer boten noch weitere Geschichten an, doch war es inzwischen spät geworden, und Pedro hielt es für besser, wenn sie sich schlafen legten; am nächsten Morgen sollte es früh weitergehen.

Raphael teilte den Kajütenboden mit Maclovio, an den Seiten schliefen in Hängematten die Holländerinnen, Hermann und Morris. Melisandra streckte sich in ihrem Raum unter der Kommandobrücke aus. Die Ruderer legten sich auf den Bänken schlafen. Pedro schaltete die Lichter aus, und wenige Augenblicke später hörte man nur noch den Wellenschlag am Rumpf des Bongos und die leisen Rufe der Nachtvögel.

12. Kapitel

In seinen Netzschlafsack gehüllt, der ihn vor den Moskitos schützte, schlief Raphael tief und fest. Als er die Augen öffnete und nach Melisandra Ausschau hielt, sah er im Zwielicht der Morgendämmerung nichts weiter als ihre fein säuberlich gefaltete Decke. Das Bongo glitt lautlos unter den Schlägen der Ruderer dahin. Die übrigen Passagiere schliefen wie riesige Insekten in ihren Kokons. Er richtete sich auf und sah das Mädchen, in ein dunkles Schultertuch gehüllt, am Bug des Bootes stehen. Behende schlüpfte er aus seiner eigenen weißen Hülle, faltete sie auch sorgfältig zusammen, verstaute sie in seinem Rucksack und stand auf. Was er sah, ließ ihn an seinem Verstand zweifeln, und er mußte Halt suchen an einem der Pfosten, die das Kajütendach trugen: Sie fuhren nun durch eine Schlucht; hohe Wände aus dunkelroter Erde türmten sich zu beiden Seiten des Flusses auf, doch das Unwirklichste, Aufregendste war, daß sein Wasser hier knallrot gefärbt war. Kein bräunliches oder purpurnes Rot, sondern ein blutiges, ein Feuerrot von zähflüssiger, organischer Dichte. In dieser apokalyptischen Landschaft wurde es jetzt Tag, und das Rosa des Sonnenaufgangs überschwemmte sie mit einem Feuer, das die kühle Morgenbrise Lügen strafte. Das Grün der Bäume, die sich vom schmalen Uferstreifen aus über das Wasser neigten, war von einer irisierenden, satten Intensität, die scharf mit den weißlich-bleichen, in Nebelschwaden gehüllten Stämmen kontrastierte. Man hätte meinen können, sie kämen jetzt in eine tropische Hölle mit umgekehrten Vorzeichen: wo die Buße gegen Fleischeslust eingetauscht wurde und Pedro, in einen fröhlichen Fährmann Charon verwandelt, sie zum Fest der Sinne brächte, mit Melisandra, unbewegt aufrecht am Bug stehend, als herrlicher Galionsfigur.

Raphael stand in diesen Anblick versunken, ohne sich zu rühren, fürchtete er doch, die kleinste Bewegung könne das Trugbild zerstören. Er rechnete damit, daß das Sonnenlicht den Zauber bräche, doch je heller es wurde, desto stärker wurde das Rot des Flusses, so daß er endlich beschloß, nach oben zu gehen und Pedro nach der Ursache des Phänomens zu fragen.

»Pflanzliche Farbstoffe«, meinte der. »Vor etwas mehr als einer Stunde haben wir die Einmündung des Río Colorado passiert. Alle paar Jahre wird der Fluß ganz rot durch eine Blumenart, die wie Salatblätter aussieht und hier an den Ufern wächst. Das ist die wissenschaftliche Begründung … Ja, und dann gibt es natürlich die Meinung, das sei das Blut all derer, die hier umgekommen sind. Aber ich glaube eher an die Theorie mit den Salatblättern.«

Nach und nach wachten auch die anderen Passagiere auf und erschienen neben Raphael an der Reling, wo sie eine beinahe religiöse Andacht vor einer heiligen Vision packte. Nur Maclovio meinte vorwitzig:

»Nicht mal Moses hat in seiner ganzen Gnade je so etwas sehen dürfen, meine Lieben. Denn das Rote Meer ist ja in Wirklichkeit nicht rot, sondern noch viel schwärzer als unser guter Morris hier.«

»Kannst du nicht einfach mal den Mund halten«, seufzte der nur und machte eine unwillige Bewegung mit seinem Arm aus Metall.

Den ganzen Morgen über fuhren sie so auf dem roten Strom, versunken in eine Art Hypnose. Pedro blies unablässig leise auf seiner Muschel, um die Wirkung der intensiven Farbe auszugleichen. Zur Frühstückszeit brühte er für Reisende und Besatzung einen Tee aus blauen Blumen auf, der, wie er sagte, die Erinnerungen wach rufen sollte, um sie so vor dem Feuerrot der Gegenwart zu schützen.

Sie wußten nicht zu sagen, ob es am Tee oder an den magischen Eigenschaften des Flusses lag, daß jeder von ihnen in den gefärbten Wassern lang vergessene Bilder zu sehen begann, die über dem Fluß glitten oder über ihm tanzten. Melisandra und Raphael saßen nebeneinander und zeigten sich, so als seien es bunte Fische, ihre ältesten Erinnerungen, und es war auf diesem Stück der Reise, daß sie, über so wenige Meilen in Zeit und Raum, den Weg in die Intimität zurücklegten, für den andere Paare viele Tage und Nächte brauchen.

Raphael konnte die Großeltern Melisandras in ihren vertauschten Rollen beobachten, und sie sah die bedingungslose Liebe seiner Adoptiveltern und die schlaflosen Nächte seiner Kindheit, als er fürchtete, seine wirklichen Eltern könnten auftauchen, um ihn wieder zu sich zu nehmen.

Da war die Szene, als sein Onkel Andrés, ein Professor, ihm einen alten Computer schenkte, auf dem er ein Tagebuch zu schreiben begann und später Reportagen für die Schülerzeitung. Und sie sah auch, verstreut zwischen dem Uferschilf, die grauenhaften Bilder von Straßenkämpfen, sah Raphael, wie er sich in einer dunkel-düsteren Straße hinter ein paar Mülltonnen versteckte, während die Kugeln nur so an ihm vorüberpfiffen und ein Kind an ihm vorbeilief, fast in Reichweite seiner Hand, um wenige Meter vor ihm im Kugelhagel zusammenzubrechen.

»Ich habe es nicht gerettet«, sagte Raphael heiser. »Ich hätte es tun können, aber ich tat es nicht, ich weiß nicht warum. Ich machte meine Aufnahmen. Ich blieb wie erstarrt, als ob nur die Kamera da wäre und nicht ich selbst. Immer wieder sehe ich diesen Jungen vor mir. Lucho war sein Name. Seine Mutter kam gleich hinter ihm hergerannt. Die habe ich dann aufgehalten. Diese paar gefilmten Sekunden haben mich bekannt gemacht und mir unter den Kollegen meinen Ruf verschafft.«

»Warum bist du denn überhaupt dort gewesen?«

»Ich habe gut einen Monat bei einer Street Gang verbracht. *The coffins.* Das war wie Kriegsberichterstattung. Nur daß dieser Krieg mitten in den Armenvierteln stattfand. Ein Krieg um Symbole, um die Herrschaft über Straßenzüge, mit faszinierenden Ritualen.«

»Aber du hättest auch selbst umkommen können, wenn du dieses Kind gerettet hättest.«

»Das haben alle gesagt. Niemand hat mich kritisiert oder beschuldigt. Ich weiß aber, daß ich der einzige war, der es hätte retten können. Statt dessen habe ich seinen Tod gefilmt. Für meine Karriere war das glänzend.« Er lächelte mit schmerzverzerrtem Gesicht. »Ich wurde zu einem gefragten Mann, hatte plötzlich den Ruf eines harten Burschen. Das ist immer gut in diesem Gewerbe. Jetzt zwingen sie mich, ihre Erwartungen zu erfüllen, immer größere Risiken einzugehen. Inzwischen macht es mir Spaß, es verschafft mir ... Eigenständigkeit. Fast immer kann ich mir meine Themen aussuchen.«

»Und ist dann Waslala die Reportage, mit der du so etwas wie Buße tun willst?«

»Vielleicht.«

Schweigend verharrten sie und verglichen gedankenvoll ihr Leben; nur ab und zu tauschten sie ein paar Sätze aus, vertrauliche Geständnisse, schwiegen jedoch wieder, ohne Erklärungen zu fordern oder abzugeben, als das Wasser plötzlich Joaquín mit einer dunkelhäutigen Frau im Uferschilf treiben ließ.

Gegen vier Uhr nachmittags, als der Fluß schon langsam wieder seine grünlich-blaue Farbe annahm, gelang es ihnen für einen Augenblick, sich in den Sehnsüchten des anderen zu sehen. Als sie endlich aus ihrer Trance erwachten, fühlten sie sich angenehm ermattet, so wie nach einer Liebesnacht.

Mehrere Meilen hielt das Schweigen unter den Reisenden im Bongo an. Pedro wunderte sich selbst nach so vielen Fahrten noch über die hypnotische Kraft, die der rote Fluß und das Betrachten der Erinnerungen auf seine Passagiere ausübte. Ihm und seiner Mannschaft konnten die Visionen nichts mehr anhaben, hatten sie doch im Laufe der Jahre gelernt, daß man nur der Versuchung widerstehen mußte, das eigene Gesicht im Wasser zu sehen. Solange sie sich nicht selbst sahen, solange sie nicht die Sehnsucht nach längst vergangener oder verlorener Zeit überkam, konnten sie weiterrudern, ohne vom Kurs abzukommen. Wer hingegen arglos seinem Spiegelbild verfiel, brauchte Stunden, um wieder zu sich zu kommen; bei manchen dauerte es sogar Tage, bis sie zumindest dem Anschein nach wieder die alten waren. Pedro zufolge konnte niemand den roten Fluß befahren, ohne daß sich tief in seiner Seele etwas veränderte. Für ihn war es eine Erfahrung wie beim Sterben, wenn man mit den letzten Atemzügen noch einmal sein Leben an sich vorüberziehen sieht; in diesem Wasser konnte man es allerdings sehen, ohne daß einem der Todesengel auf den Fersen war, ohne körperlichen Schmerz, ohne beklemmende Angst. Die Erfahrung war zwar erholsam, aber auch mit Schwermut und sogar Trauer verbunden, und so bemühte sich Pedro, als sie die roten Wasser des

Colorado hinter sich gelassen hatten und wieder im blauen Fluß schwammen, das Bongo sanft zu führen. Den Ruderern befahl er, eine Fischsuppe zu kochen, die soviel Wärme produzierte, wie es unzählige Umarmungen taten, und die den Seelenschmerz in einem ordentlichen, erleichternden Schwitzbad auflöste; danach empfahl er den Reisenden, in die frischen und schon wieder ganz klaren Wasser des Flusses zu tauchen.

Nach Suppe und Bad vertieften sich Hermann und Morris, schlaff in einer Ecke des Passagierraums sitzend, in eine philosophische Unterhaltung über die Pfeilrichtung der Zeit, während Raphael und Melisandra sich zu Pedro am Ruder gesellten, um mit ihm über die Landung bei Engracia zu sprechen. Maclovio, der in Hermanns Hängematte lag und so tat, als schliefe er, hörte aufmerksam ihrer Unterhaltung zu, war er doch sehr interessiert daran zu erfahren, wie Melisandras Pläne für die Weiterreise aussahen.

Wenn sie bei Engracia blieben, so dachte er, dann würde es nicht so leicht werden, sie zu beaufsichtigen. Engracia war die einzige wirkliche Gegenmacht im Lande, nur sie ließ sich von den Espada-Brüdern weder bezwingen noch kontrollieren. Er konnte nicht umhin, sie zu bewundern. Sie war eine beeindruckende Frau, eine Feindin, die man achten mußte; die titellose Anführerin der Kommunarden, der sentimentalen Anhänger des angeblichen Vermächtnisses von Waslala. Er hatte nie verstanden, worum es bei diesem Vermächtnis eigentlich ging. Das einzige, was die Kommunarden taten, war, sich gegen die Brüder Espada zu verteidigen, die ihrerseits über die Anarchie im Lande walteten, indem sie Chaos verbreiteten und ihre Macht mit Feuer und Schwert durchsetzten. Die Espada-Brüder führten Krieg gegen alles und jeden, der es versäumte, ihnen Tribut zu zahlen oder Ehre zu erweisen. Sie setzten Regierungen ein oder stürzten sie, wie es ihnen beliebte, und kontrollierten Drogenhandel und Glücksspiel, das gängigste Vergnügen in Faguas, allnächtliches Geschäft der rivalisierenden Banden. Die beiden Brüder waren für Maclovio gute Geschäftspartner, seine besten Kunden beim Waffenhandel. Sein einziger Streit mit ihnen lag lange zurück. Damals hatte er sich geweigert, ihnen beim Handel mit Waisenkindern aus Timbú zu helfen, »seinem« Dorf, wie er es nannte, weil er dort einen Wohnsitz hatte, wie ein Häuptling geachtet wurde und Philinplantagen besaß. Niemals in all den Jahren, die er mit so vielen Gangstern zu tun gehabt hatte, war er mit einem solchen Pärchen zusammengeraten. Die Espada-Brüder zettelten unermüdlich Kriege an. Der Krieg war ihr Element, er erlaubte ihnen, ihre Macht auszubauen und zu nutzen. Ihre militärische Organisation kümmerte sich darum, daß sich die verschiedenen kleinen Gruppen unaufhörlich Scharmützel lieferten, und sie manipulierten und provozierten entsprechende Streitigkeiten. Es hieß, die beiden Brüder schliefen niemals, und tatsächlich hatte sie Maclovio, der manchmal wochenlang mit ihnen zusammengewesen war, nie schlafen gesehen, so sehr er sich auch anstrengte, für einen solchen Anblick wach zu bleiben. Schließlich zog er den Schluß, daß sie wohl wie Napoleon gelernt haben mußten, stehend und mit offenen Augen zu schlafen. Damian, der ältere der beiden, war eine Art falsch verstandener Don Quijote, der zwar immer die Befreiung der Armen und Unterdrückten predigte, doch in der Praxis alles Erdenkliche unternahm, damit sie es nur ja blieben und möglichst noch glaubten, daß dies die einzig würdige Art zu leben war. Antonio, sein jüngerer Bruder, verlor, pragmatisch und schlau wie er war, keine Zeit mit Romantik und war der effizienteste und aggressivste Zerstörer des Waslala-Mythos, der, wie er meinte, die gleiche einschläfernde Wirkung auf den Geist habe wie die Religion, »das Opium des Volkes«.

Und weil er ein so erbitterter Gegner Waslalas war, würde er, da war sich Maclovio sicher, gern mithelfen, Melisandra abzulenken und ihre Abwesenheit von der Hacienda zu verlängern. Mit dem Journalisten mußte vorsichtiger umgegangen werden, das spürte er instinktiv. Den mußte man für sich gewinnen, verführen, ihn in sein eigenes Alibi verstricken. Niemand konnte ihm erzählen, Raphael sei nur wegen der nebulösen Legende von Waslala hierher gekommen, doch war Waslala ein Trugbild voller Reize, und es war nur zu offensichtlich, daß er schon begonnen hatte, zumindest denen seiner Reisegefährtin zu erliegen.

13. Kapitel

Am Abend des folgenden Tages sollten sie Las Luces erreichen, und nach zwei oder drei weiteren Tagen auf dem Wasser schließlich Cineria. Durch seine Gespräche mit Pedro und Morris hatte Raphael eine ungefähre Vorstellung davon entwickelt, was ihn dort erwartete: eine Stadt der Vergangenheit, bewohnt von Wesen der Gegenwart. Ihre Einwohner, so hatte ihm der Wissenschaftler erklärt, wußten wohl, in welcher Zeit sie lebten, sie schafften es nur nicht, ihre Leben mit dem Heute in Einklang zu bringen. Sie wollten die Modernität, konnten sie jedoch nicht bekommen. Es fehlten ihnen einfach die Mittel dazu. Die einzigen Mittel, die ihnen zur Verfügung standen, brachten sie nur in die Vergangenheit zurück oder hielten sie allenfalls in einer Art Schwebezustand, in einem Zeitenrund, das sie im Kreis laufen ließ. Die Kriege waren verworren, die Parteien wechselten laufend, ihre Feindseligkeiten gehorchten nichts anderem als den Gesetzen des Zufalls. Es war unmöglich, Partei zu ergreifen, meinten die beiden. Die Kommunarden, die man noch als die Vernünftigsten bezeichnen konnte, diejenigen, die eine gewisse Ordnung anstrebten, waren so hoffnungslos von den Espada-Leuten unterwandert, daß sie einander schon nicht mehr trauen konnten. In Faguas fand man es wichtiger, ehrenvoll zu sterben, als ordentlich zu leben, sagte Morris.

Heldentum sei die einzige Tugend, die allgemein anerkannt und angestrebt werde.

Cineria ... In ihm rief dieser Name Erinnerungen an Marco Polo wach, an Cathay, an weit entfernte Regionen der Phantasie. Während seine Kollegen mit Experimenten beschäftigt waren, das Alltagsleben auf dem Mars zu simulieren, war er im Begriff, sich von allem zu lösen, was ihm vertraut und bekannt war, um in diese vergangene Welt einzutauchen, in der die Geschichte zwar nicht ihr Ende erreicht hatte, es aber niemanden mehr gab, der sie aufschrieb. Seltsamerweise wurde weder in seiner noch in dieser Welt mehr Geschichte geschrieben: Dort, weil man sie für beendet hielt, hier, weil es keine Historiker mehr gab.

Er sah Melisandra in der mondhellen Nacht schlafen. Jetzt konnte er sie in aller Ruhe betrachten. Das Verlangen, sie zu berühren, verursachte ihm beinahe Schmerzen in den Fingerkuppen. Er müßte eigentlich neben ihr liegen, sie im Arm halten. Es gab kaum einen Zweifel zwischen ihnen. Je länger sie zusammen waren, desto mehr verschwammen die Grenzen, die sie voneinander trennten. Sie mußten sie zwanghaft aufrechterhalten, doch gleichwohl berührten sie sich oft, näherten sich instinktiv einander, wollten mit dem Tastsinn in die Tat umsetzen, was die Augen längst offenbarten. Der Drang war so stark und ursprünglich, daß er die Stimme übertönte, die ihn ermahnte, sich zurückzuhalten und ihn vor seiner Neigung zum Unerreichbaren warnte. Amelia war die Frau gewesen, die Melisandra im roten Wasser gesehen hatte. Ihre Beziehung hatte im Cyberspace begonnen und endete in einem weißen Dorf der spanischen Sierra. Suche, das war es gewesen, ein Aufbegehren gegen fehlende Spontaneität, gegen tödliche Nüchternheit; das Paarungsritual mit komplizierten

Verhandlungen und Verträgen über Freiräume, Finanzen und Erwartungen, mit amtlichen Bescheinigungen über körperliche und geistige Gesundheit. Es reichte jedoch nicht, das Ritual einfach zu ignorieren. Sie betrogen sich selbst, als sie meinten, die Art ihrer Annäherung ändere auch das Ergebnis. Am Ende standen sie wieder am Ausgangspunkt, flüchteten sich in die Distanz, ein jeder unfähig, nachzugeben.

Er lehnte sich gegen den Kajütenpfosten, stellte sich Melisandras Körper vor, fest und glänzend, wie ein geschliffener Diamant. Er wandte den Blick ab. Die Holländerinnen schliefen nebeneinander in ihrer Hängematte, dicht aneinander gedrängt wie Mutter und Tochter. Die Paare gleichen Geschlechts funktionierten, während der Kampf um Raum zwischen Männern und Frauen unerbittlich war. Was mochte geschehen, wenn die Jungen und Mädchen aus den Matrias und Homopatrias erwachsen würden? Würde sich dann die Geschichte umkehren? Würden sich die Mütter- oder Väterpaare mit der Heterosexualität ihrer Kinder herumschlagen müssen? Endeten dann die Paarbeziehungen in der Onanie, der Einsamkeit des bilderspeienden Wirklichkeitssimulators? Die entkörperlichte, kopfbezogene, kybernetische Liebe?

Mit solchen und anderen Gedanken verbrachte Raphael die ganze Nacht, ohne richtig Schlaf finden zu können. Nur ab und zu nickte er ein, um dann wieder seltsam geformte Wolken über seinem Kopf vorüberziehen zu sehen, phantastische Bilder, die der tiefe Schlaf der anderen hervorbrachte.

Die Sonne schien schon auf den Fluß, als ihn ein lauter Schrei aus dem bleiernen Schlummer aufschrecken ließ, in den er schließlich im Morgengrauen gefallen war. »Tod den Engländern!« Sie fuhren gerade an einem unscheinbaren Inselchen vorbei, auf dem hohe Palmen aus einem dichten Wall üppiger Vegetation aufschossen. Die Ruderer hatten sich erhoben, standen jetzt auf ihren Bänken und riefen mit in die Höhe gereckten Armen und geballten Fäusten wie aus einem Munde wieder und wieder ihr »Tod den Engländern!«.

»Das ist ein alter Brauch«, hörte er Hermann Krista erklären. »An dieser Stelle haben die Engländer im Jahre 1800 den Einwohnern von Faguas eine schlimme Niederlage beigebracht. Seither ist es wohl üblich, sie zu schmähen und beschimpfen, wenn man hier vorbeifährt. Es gehört zum antikolonialistischen Erbe der Leute.«

»Wir mögen die nicht, die uns kolonisieren wollen«, rief Pedro vom Ruder her. »Sie sind die schlimmste Plage für unser Land gewesen. Erst haben sie uns zugrundegerichtet, und dann haben sie uns einfach vergessen ... Tod den Engländern!« fügte er noch mit entschiedenem Zorn in der Stimme hinzu.

»Tod den Engländern!« antwortete der Chor der Männer.

Nach dem Frühstück nahmen Pedro und die Mannschaft ein ausgiebiges Bad im Fluß, um frisch zu sein für die Durchquerung des Großen Strudels und der Stromschnellen, die vor El Castillo und Las Luces lagen. Als Melisandra sah, wie die kräftigen, kupferfarbenen Körper mit anmutiger Eleganz ins Wasser tauchten und darin herumschwammen, bekam auch sie Lust, sich hineinzustürzen. Die Ruderer machten ihr Platz, bildeten einen schützenden Ring um sie, in dem sie schwimmen konnte, und tollten dann mit ihr so fröhlich und ungezwungen umher, daß Hermann sich beinahe und ohne genau zu wissen, warum, so vorkam wie einer der alten Männer, vor deren begierigen Augen Susanna auf dem berühmten Bild badet. Er sah zu den anderen Passagieren hinüber und konnte an ihnen, sogar noch bei Maclovio, eine gewisse Verschämtheit feststellen. Das unschuldige Vergnügen der Ruderer mit dem Mädchen weckte Erinnerungen an eine längst verlorene Spontaneität. Verkehrte Welt, so dachte Hermann, in der die familiäre Vertrautheit von Melisandra und den Männern bei seinen Mitreisenden das unangenehme Gefühl hervorrief, in eine fremde Intimsphäre einzudringen und etwas Obszönes zu beobachten. Auch wenn keiner der Anwesenden es je zugeben würde, so war er sich doch ganz sicher, daß die Szene in ihrer Erinnerung mit deutlich erotischen Gefühlen verbunden sein würde, in einem Rahmen hoher, phallischer Palmen und anderer Bäume, die sich in ständigem Koitus zum Wasser herabbogen.

Als Melisandra ihr Bad beendete, stand Raphael da, ein Handtuch in seinen Händen, und hüllte sie mit einer Umarmung darin ein, eine Geste, die Morris gütig lächeln ließ.

Nach dem Bad im Fluß gingen Kapitän und Besatzung der »Reina« wieder in bester Laune an ihre Arbeit und sangen sogar in einem fort Seemannslieder, mit denen sie den Rhythmus der kräftig ins Wasser klatschenden Ruder unterstützten. Melisandra saß auf dem Plexiglasdach, fühlte sich frisch und leicht und suchte mit den Augen die Ufer ab, versuchte abzuschätzen, wann sie die Felsen erreichten, die die Nähe des Großen Strudels ankündigten.

»Seit ich das erste Mal diesen Fluß befuhr, macht mir der Große Strudel angst«, sagte sie zu Raphael. »Meine Hände sind schon ganz naß vor Schweiß.«

»Na, sag mal, warum denn.«

»Es heißt, ins Zentrum des Strudels zu blicken sei tödlich für jeden Menschen, weil sich der Blick, wenn er dort hineinfällt, in etwas Materielles verwandelt, einen Strick, eine unzerreißbare Schnur, nach der das Wasser wie eine eiserne Faust greift und festhält, bis das Opfer in seinem Schlund versinkt. Wenn auf einem Schiff auch nur eine Person sich nicht an die Vorsichtsmaßregeln hält, die hier ganz strikt zu befolgen sind, dann werden alle unweigerlich mitten in die wirbelnden Wasser gezogen, die über ihnen zusammenstürzen. Du wirst schon sehen.«

»Für Märchen habt ihr eine Menge übrig, was?«

»Es ist kein Märchen. Seit ich mich erinnern kann, habe ich unzählige Geschichten über Schiffe gehört, die vom Strudel verschluckt worden sind. Es gibt sogar eine richtige Vorschrift, wie man hier vorbeifahren muß. Es ist einfach sehr, sehr gefährlich.«

»Aber die Neugier wird dich umbringen, was?« lachte Raphael.

»Nein, aber nicht doch«, wehrte Melisandra ab. Sie wollte auf keinen Fall, daß Raphael davon angesteckt wurde, doch war in ihr die Versuchung gewachsen und beinahe unwiderstehlich geworden. Eines der ersten Anzeichen der Gefahr, so hieß es, sei das Zweifeln am Wahrheitsgehalt der Legende. Wer es wagte, am tödlichen Risiko, das der Blick in den Strudel mit sich brachte, zu zweifeln, der mußte erkennen, daß er schon Opfer der Anziehungskraft geworden war. Pedro empfand keinerlei falsche Scham dabei, zuzugeben, wie leicht es war, sich von diesem Übel anstecken zu lassen, und eben deshalb verlangte er von seinen Passagieren, sich die Augen verbinden zu lassen, damit sie nicht ihn, seine Mannschaft und sein Schiff in Gefahr brächten, nur weil sie sich für überlegen, gewitzter und gebildeter hielten.

»Heutzutage meinen die Leute, daß man alles verstehen kann. Dabei hat man noch nicht einmal das Grundlegendste erklären können: woher wir kommen und wohin wir gehen. Wenn irgend jemand meint, er könne gefahrlos ins Zentrum des Strudels sehen, dann soll er auf einem anderen Schiff fahren. Ich stelle den Geheimnissen der Natur nicht gern aufdringliche Fragen. Wer mit mir weiterfahren will, der soll sich die Augen verbinden.«

Melisandra akzeptierte das Verbinden der Augen selbst dann, wenn sie mit Fermín stromaufwärts fuhr, doch sie hatte sich auch schon dabei ertappt, daß sie unter dem Tuch hindurch auf die konzentrischen Kreise des Wassers starrte und sich ihr Blick, wie besessen vom Schrecken einer unaufhaltsamen Begierde, immer mehr dem Zentrum des Strudels näherte.

Bald nach Mittag sahen sie die riesigen, seltsamen Felsen auftauchen, die nicht zur Flußlandschaft zu gehören schienen, ja nicht einmal irgendeine Verwandtschaft mit dem Planeten Erde erkennen ließen. Sie waren schwarz, glatt und glänzend und erhoben sich in einer Biegung des Flusses, als seien sie von einem fremden, geheimnisvollen Stern gefallen. Der Große Strudel öffnete sich im schroffen Winkel der Strömung, den die Felsen durch das Sperren des Wassers bildeten. Um mit ausreichend Abstand vorbeizukommen, mußten die Schiffe sich sehr nah am gegenüberliegenden Ufer halten und sich an einem System von Seilen entlangbewegen, die von den Bäumen herabhingen.

Pedro gab die schwarzen Binden aus und befahl allen Passagieren, sich mit gut verbundenen Augen auf den Boden der Kajüte zu setzen. Er und die Ruderer stülpten sich Scheuklappen über, ähnlich denen, die man den Pferden aufsetzt, und nach diesen Vorsichtsmaßnahmen begann unter großer Anspannung die Umschiffung des Strudels.

Im Gegensatz zu dem Geräusch, das sie später bei den Stromschnellen hören sollten, war der Klang des Flusses auf diesem Abschnitt angenehm und verwirrend, beinahe einlullend; wie das Zischeln einer zweiköpfigen Riesenschlange, die sich von einem Kopf zum anderen Geheimnisse erzählt oder sich gurgelnd und sprudelnd selbst verschlingt.

Melisandra trat ihren Platz unter dem Ruderstand an die beiden Holländerinnen ab und ging nach vorn, um sich dicht am Bug auf eine der Bänke zu setzen. Eigentlich konnte man vom Innern des Bongos aus nur die Kuppel des Himmels über dem Fluß sehen, sie hatte jedoch bemerkt, daß es möglich war, von der Backbordseite aus durch eines der Ruderlöcher auf die Wasseroberfläche zu schauen, und so konnte leicht ein flüchtiger Blick auf den Strudel fallen, wenn nicht gerade in dem Augenblick ein Ruderer das Loch verdeckte. Niemals zuvor hatte sie einen so absoluten Drang verspürt, das Verbot zu mißachten. Auf gewisse Weise schien es ihr, als sei ein solches Übertreten eng verbunden mit der Suche nach Waslala. Diesen Ort zu finden bedeutete ja, etwas sehen zu können, was andere nicht sahen, etwas, das verwehrt, verhüllt, verborgen war. Wenn es ihr möglich wäre, ins Auge des Strudels zu blicken, ohne dem Zauber zu erliegen, dann konnte sie auch Waslala finden. Wenn sie jedoch der Anziehung des Strudels erlag, dann wollte sie ohne zu zögern ins Wasser springen, um das Bongo und seine Passagiere nicht zu gefährden. Das hatte sie im Bruchteil einer Sekunde beschlossen, plötzlich und ohne Überlegung, als gehorche sie den Befehlen eines höheren Wesens, das ihr ins Ohr flüsterte. Sie war die einzige, die im Bug des Bootes saß; die anderen waren allesamt im Heck versammelt und eifrig damit beschäftigt, ihre kybernetischen Geräte vor dem drohenden Geschaukel zu schützen.

Mit der Mittagshitze hatte sich eine zähe, nahezu greifbare Stille über den Fluß gelegt; der Gesang der Vögel war spärlich geworden und klang matt, wie ersterbend. Nur ab und zu waren die Schreie der Reiher und Möwen zu hören, die sich auf der Jagd nach den sagenhaften menschenäugigen Fischen in den Strudel hinunterstürzten.

Der Fluß war schmaler und dadurch auch schneller geworden, Pedros Muschel hingegen blökte jetzt in längeren Abständen, während er den Ruderern bedeutete, wie sie sich an den Seilen entlanghangeln mußten, um nicht in die Nähe des Strudels zu geraten.

Melisandra tat so, als säße sie ganz entspannt auf ihrem Platz, und versuchte gleichzeitig, möglichst genau durch das Ruderloch zu schauen, möglichst viel mit ihrem Blick zu erhaschen. Dies wurde ihr auch noch erleichtert, als der Ruderer dieses Platzes auf die andere Seite wechselte, um seinen Kameraden bei der Arbeit an den Seilen zu helfen. Je näher sie dem Strudel kamen, desto ruhiger wurde Melisandra. Eine kalte, harte Entschlossenheit hatte von ihr Besitz ergriffen. Sie konnte sehen, wie das Wasser schaumig an den schwarzen Felsen hochspritzte, zwischen denen sie hindurchfuhren. Sie mußte an ihren Großvater denken, der zu dieser Stunde sicher in seinem Schaukelstuhl Siesta hielt, den Kopf im Schlaf zur Seite geneigt, die Baskenmütze in den Händen auf seinem Schoß. Das Wasser floß jetzt glatt, nur leicht gewellt und spiegelte sich auf den schwarzglänzenden Felsen wie in einem Spiegel aus Glas. Vielleicht, so dachte Melisandra, war dies der Trick, vielleicht mußte sie das Zentrum des Strudels nur als Spiegelbild auf dem Felsen und nicht direkt ansehen. Vielleicht verlor er dann die tödliche Wirkung, seine mörderische Anziehungskraft. Schon konnte sie die nach innen immer enger werdenden Wirbel sehen, das zäh wie flüssiges Silber kreisende Wasser.

»Jetzt alle die Augen schließen«, ließ sich Pedro vom Ruderstand her dröhnend vernehmen.

Melisandra folgte dem Befehl nicht und hielt ihre Augen weit offen. Sie atmete durch den Mund, denn sie fühlte einen eisernen Ring um ihre Brust gelegt. Und da sah sie es endlich. Das Zentrum des Strudels war von einem schillernden Schwarz, in dem alle Farben einen winzigen Augenblick lang aufzuleuchten schienen, um sich dann ineinander aufzulösen. Lange Lianen und exotische Vögel schwebten auf unterschiedlicher Höhe und drehten sich schwindelerregend schnell im Kreis. Sie sah das lüsterne Gesicht eines Seemanns neben dem nackten Körper einer sehr hellhäutigen Frau, deren Schönheit sie vor Rührung erschaudern ließ. Sie sah Truhen und Boote und Stühle, Kommandobrücken von Geisterschiffen und ihre Kapitäne in der erhabenen Haltung, mit der sie sang- und klanglos untergegangen waren; sah ein ganzes, regloses Orchester mit seinen Violinen, Bratschen, glänzenden Flöten, sah Mütter, die sich über die Gesichter ihrer Kinder beugten, sah Landkarten versunkener Regionen, Fernrohre, herrliche Galionsfiguren, strahlend weiße Kerzen; sie sah Tausende von Sanduhren, die in endlosem Wechsel abliefen und sich wieder füllten, und sah schließlich die stille Iris des Wassers im Zentrum, herrlich wie eine Lagune am Ende der Welt. Es dauerte nur einen Augenblick, da hatte sie sich schon erhoben. Wollte mehr sehen, wollte die menschenäugigen Fische kennenlernen und die Meerjungfrauen singen hören. Nichts bedeutete mehr etwas, nur noch dies. Es war von einer solch ergreifenden Schönheit … war, wie in einen Mutterleib zu schauen und die Substanz von Leben und Tod gleichzeitig zu erblicken, Plankton,

Algen, die Architektur des Universums. Ach, könnte sie doch nur auf eine der Ruderbänke steigen, um besser zu sehen!

»Melisandraaaaaaaa!!!«

Pedros Schrei ließ die Zeit im Bongo stillstehen. Ein paar Tage später sollte ihnen Krista noch einmal jene klebrig-zähen Minuten in Erinnerung rufen, während derer sich jede Bewegung im Bongo nur unter größter Anstrengung ausführen zu lassen schien, so als sei die Luft zu Watte geworden und ein jeder in Regungslosigkeit erstarrt. Besatzung und Passagiere verstummten für einen Augenblick, genau den Augenblick, dessen es bedurfte, damit das Chaos wie durch eine schlecht geschlossene Tür hereinschlüpfen und dafür sorgen konnte, daß Kapitän und Ruderer die Konzentration verloren. Dann wurde die plötzliche Stille vom Durcheinander, den Schreien, der Verwirrung abgelöst.

»Niemand öffnet die Augen, niemand öffnet die Augen!« schrie Pedro mit einer Mischung aus Wut und Verzweiflung. Und zu den Ruderern gewandt: »Laßt nur ja nicht die Seile los!«

Raphael, der selbst schon, bis er den Schrei hörte, auf den Moment gewartet hatte, in dem er einen raschen Blick wagen konnte, riß sich ohne zu zögern die Augenbinde herunter und sah Melisandra den Fuß auf eine der Ruderbänke stellen. Das Bongo begann jetzt, sich stark zur Seite zu neigen.

»Haltet die Seile fest!« rief Pedro wieder. »Seht nicht in den Strudel! Alle zur anderen Seite sehen!«

Bevor von den Ruderern jemand seinen Platz verlassen konnte, um sie zu retten, war Raphael bei Melisandra und warf sich mit aller ihm zur Verfügung stehenden Kraft über sie. Ineinander verknäult, rollten sie über den Boden des Bongos, das sich langsam wieder aufrichtete.

Melisandra suchte sich aus Raphaels Umklammerung zu lösen, doch ließ er das nicht zu, sondern hielt sie auf den Planken des Schiffes umschlungen, ohne auch nur einen Augenblick lang nachzugeben. Ihm war, als hielte er eine Wildkatze in seinen Armen, doch dauerte es nicht sehr lange. Melisandra blieb plötzlich wie tot liegen.

Im schlingernden Bongo hatten sich inzwischen Maclovio, Hermann und Krista den beiden genähert; der Argentinier verfluchte dabei unablässig die Neugier der Frauen, die mit der Vertreibung aus dem Paradies wohl nicht genug bekommen hätten. Raphael, der immer noch am Boden lag und seine Gefangene festhielt, bedeutete ihnen mit einer kurzen Geste, an ihre Plätze zurückzugehen. Er war sich sicher, ihre Hilfe nicht mehr zu brauchen.

»Ich weiß gar nicht, warum ihr euch alle so aufregt«, sagte Melisandra aus ihrer Umklammerung in Raphaels Armen heraus. »Ich wollte mir doch nur die Landschaft ansehen.«

»Das erklärt dann wohl, was hier los ist«, antwortete Raphael trocken, wegen der Anstrengung heftig atmend, aber ohne sie loszulassen. »Jemand kann der Versuchung nicht widerstehen, sich die Landschaft anzusehen, und alle im Boot geraten außer Rand und Band und stürzen sich kopfüber in den Strudel …« Dann aber senkte er die Stimme und fragte sie, den Mund dicht an ihrem Ohr, ob sie etwas gesehen habe. Sie nickte. »Und wie war es?«

»Wie Anfang und Ende von allem«, antwortete sie nur.

14. Kapitel

Nach dem Zwischenfall behauptete Melisandra zur Erleichterung Pedros steif und fest, nichts gesehen zu haben, und beschrieb vielmehr mit beunruhigenden Worten das Schwindelgefühl, das sie ergriffen habe, als ihr Blick nur den Rand des Abgrunds streifte.

»Wenn ich nicht nur das Spiegelbild auf den schwarzen Steinen angeschaut hätte, dann wäre ich jetzt sicher gar nicht mehr hier, um euch davon zu erzählen«, meinte sie zu den anderen.

»Und wir nicht, um dir zuzuhören«, gab Maclovio lakonisch zurück.

Sie mochten den Kopf über sie schütteln, soviel sie wollten, dachte Krista, doch sie und Vera sahen Melisandra nun mit heimlicher Bewunderung an, und in dieser Nacht würde sie sicher wie eine tellurische Kraft in ihren Träumen erscheinen, eine Medusa, der rote Schlangen aus dem Kopf wuchsen.

Melisandra dagegen stand noch ganz im Bann der Macht, der Anziehungskraft dieser Visionen. Sie war sich nicht sicher, was geschehen wäre, hätte Raphael sie nicht daran gehindert, ins Zentrum des Strudels zu blicken. Jetzt, wo die Faszination, die sie betört hatte, einmal vorbei war, verspürte sie eine große Leere und Traurigkeit, aber auch die Erleichterung, noch am Leben zu sein.

Sie streckte sich in voller Länge auf dem Kajütendach aus und gab sich ganz dem Heimweh nach der Hacienda, nach ihrem Großvater, ja, sogar noch nach Joaquín hin. Es kam ihr wie eine Ewigkeit vor, daß sie sich von ihnen verabschiedet hatte, und sie erschrak fast darüber, wie schnell die Erinnerungen verblichen und die Gegenwart, dem Strudel gleich, die Bilder und Geräusche kaum vergangener Dinge in sich aufsaugte.

Raphael näherte sich ihr, immer noch sehr bewegt von den eben geschehenen Ereignissen. Er hatte sich noch nicht von dem Anblick erholt, wie sich Melisandra vom Boot ins Wasser stürzen wollte. Als er aufsprang, um sie zurückzuhalten, hatte er keinen Gedanken mehr daran verschwendet, in den Strudel hineinzublicken. Damit hatte es zum ersten Mal in sehr langer Zeit jemand geschafft, seinen Entdeckerinstinkt außer Kraft zu setzen.

»Na, geht's schon besser?« fragte er.

»Ich weiß nicht, ob es der Himmel oder die Hölle war«, antwortete sie, »doch ich bin sicher, das Tor zu einem von beiden gesehen zu haben. Von dieser Vision erholt man sich wohl nie mehr. Danke«, fügte sie dann beinahe zärtlich hinzu. »Du hast mir das Leben gerettet.«

Lange sahen sie sich in die Augen. Sie saßen sich ganz dicht gegenüber. Da fiel es Melisandra nicht schwer, die Arme auszustrecken und ihn zu umschließen. Die Umarmung war lang und heftig und ein bißchen unbeholfen.

»Ach, Melisandra«, seufzte Raphael nur und hielt ihren Kopf an seine Brust gepreßt.

Sie löste sich schließlich energisch und lehnte sich wieder auf das Verdeck zurück. Seine Hand spielte jedoch weiter mit ihrem kurzen Haar, zeichnete die Linien ihres Kopfes, ihrer Ohren nach, bis sie eingeschlafen war.

Raphael sah auf das letzte Stück des Flusses. Sein Wasser strömte jetzt ruhig dahin, in ihm spiegelten sich perfekt die Bäume und die bunten Vögel, die in lärmenden Scharen darüber hinwegflogen. Noch einmal dachte er an Amelia und die Nächte im strahlendweißen Haus von Las Alpujarras. Er hatte geglaubt, niemals mehr das fühlen zu können, was sie in ihm hervorgerufen hatte, doch erholte sich das Herz auf bemerkenswerte Weise.

Im Bongo waren die Passagiere in Schweigen verfallen. Nach drei Tagen auf dem Fluß standen ihnen die Ungeduld, endlich den Hafen zu erreichen, und die Strapazen der Fahrt ins Gesicht geschrieben.

Als er die Silhouette des Hafenstädtchens Las Luces im Licht der untergehenden Sonne vor sich liegen sah, konnte Raphael nicht verstehen, woher das Funkeln kam, das von dem Ort ausging. Es erweckte den Eindruck einer Stadt aus Spiegeln, auf denen die runde, rote Scheibe der Sonne wie in einem Kaleidoskop in tausend kleine Stücke zersprang. Raphael fragte sich, ob die Stadt vielleicht aus Aluminium erbaut war, doch verwarf er den Gedanken, weil das einfach zu verrückt und kostspielig gewesen wäre. Er wandte sich mit einem fragenden Blick zu Morris um, und der Wissenschaftler, das Gesicht vom Widerschein seines stählernen Armes beleuchtet, bedeutete ihm mit einer Geste, daß die Lösung des Rätsels nicht fern sei.

Pedros Muschel begleitete das Boot mit ihrem Tuten bis zum Anlegesteg und zog wie die Flöte des Rattenfängers von Hameln eine große Menschenmenge an. Die meisten davon waren Kinder oder Jugendliche, die sich darum balgten, die ersten zu sein, die sich der Neuankömmlinge annahmen.

Morris war erschöpft, was bei ihm meist dazu beitrug, daß ihn seine Gefühle überwältigten. Die traditionellen

Willkommenszeremonien der Einwohner, der alte Mann, der zur Begrüßung immer die Trompete spielte, die dicken Frauen mit den kräftigen Armen und runden Gesichtern, die ihnen in Körben frisches, duftendes Brot brachten, der junge Zollinspektor, der ihnen mit offizieller Miene die Formulare für die Zollerklärung reichte, die zu nichts weiter dienten als zu seiner eigenen Unterhaltung, las er doch mit großem Vergnügen die Namen ferner Städte und Länder, um sich Straßen vorzustellen, die er nie in seinem Leben kennenlernen würde: das alles trieb Morris fast die Tränen in die Augen. Doch mehr Gefühligkeit, als den Kindern und allen, die ihm ihre Dienste anboten, freundlich auf die Schulter zu klopfen, gestand er sich nicht zu. Er wollte sich nicht zu Mitleid hinreißen lassen und haßte den Paternalismus derer, die diese Menschen, egal welchen Alters, wie unschuldige, hilflose Wesen behandelten. Er sah zu, wie sie zusammenliefen und sich auf sie stürzten, um miteinander über den Transport des Gepäcks zur Pension zu streiten. Energisch wehrte er zwei Jungen ab, die ihn bedrängten.

Er sah Raphael mit staunendem Gesicht hinter Melisandra hergehen und erinnerte sich an sein eigenes Gefühl, als er das erste Mal hier an Land ging. Der Fluß war eine Sache, eine ganz andere aber das Landesinnere. Hatte man den alten Mann und seine Enkeltochter kennengelernt und fuhr dann flußaufwärts, konnte man meinen, versehentlich ins Wunderland geraten zu sein, mit einer rothaarigen Alice und einem ehrbaren, hellsichtigen, aber verrückten Hutmacher. Las Luces war tatsächlich das erste Fenster, das den Verfall ahnen ließ, der aus Vergessen und Verelendung resultierte; obwohl dies auch, das mußte er zugeben, wie alles in Faguas ein Denkmal der Kreativität und des Überlebenskampfes war.

Die Gruppe der Reisenden ging, gefolgt vom Tumult zerlumpter Kinder und den Trägern mit dem Gepäck, ins Dorf hinein. Maclovio trennte sich von den anderen mit der Bemerkung, er habe eine Einladung des Bürgermeisters, in dessen Haus zu übernachten.

Regenzeit und mangelnde Instandsetzung hatten die Hauptstraße in eine Kraterlandschaft verwandelt, deren Schlaglöcher notdürftig mit Geröll aufgefüllt waren. Ein paar uralte Modelle der elektrischen SAM-Jeeps fuhren gemächlich umher, doch waren Pferdewagen das bevorzugte Transportmittel. Raphael sah auch Leute auf Fahrrädern und solche, die ausrangierte Einkaufswagen schoben, die laut Morris Teil der Fracht waren, die in den Containern nach Faguas kam.

Die Häuser am Wegesrand waren Zeugnis der Kunstwerke, die sich mit dem Wohlstandsmüll bauen ließen: Ausrangierte Badewannen dienten an den Eingängen der Geschäfte als Pferdetränken, Oberlichte aus Milchglas oder ehemalige Computerbildschirme mußten als Fenster herhalten, während breite Türen aus unzerbrechlichem Glas als Dächer für die größeren Häuser benutzt wurden. Die Türen waren alle aus Aluminium unterschiedlicher Herkunft. So stammte die am Haus des Bürgermeisters von einem alten Atom-U-Boot, wie Morris zu berichten wußte, während andere Gebäude Türen aus Auto- oder Flugzeugschrott zur Schau stellten.

»Das sind die Lichter, die *luces* von Las Luces«, lächelte Morris.

»Vor vielen Jahren wurden die Türen noch aus Holz gezimmert, doch seit man das Holzschlagen verboten hat und uns dafür bezahlt, daß wir Sauerstoff produzieren«, sagte Melisandra, »hat man sich hier auf die Phantasie besonnen.«

»Und was gibt den Häusern diese erdige Farbe?« fragte Raphael.

»Man baut die Häuser wieder aus einer Mischung von Lehm und Stroh, die eigentlich aus der Mode gekommen war, weil sie den Erdbeben nicht standhielt«, erklärte wieder Morris. »Die Umweltbehörde hat mehrere Fabriken errichten lassen, die so etwas wie erdbebenfeste Lehmziegel herstellen.«

Eine Stadt aus Schlamm und Aluminium, dachte Raphael angesichts des Schrotts, der durchsichtigen Dach- oder Wandteile, der ausgeweideten Computer, die als Mülleimer oder Blumentöpfe herhalten mußten: eine Mischung aus menschlichem Lebensraum und Schrottplatz.

Am Ende der Straße, die vom Hafen den Hügel hinaufführte, lag die Pension »Zum Astronauten«, ein kleines, seltsames Gebäude. Sein Dach bestand aus drei riesigen Schüsseln von Parabolantennen, die zu Kuppeln umgedreht worden waren. Der Besitzer, Mr. Platt, kam ihnen schon zur Begrüßung entgegengelaufen, war aufrichtig erfreut, sie wiederzusehen und fragte Melisandra gleich nach dem Befinden ihres Großvaters. Mr. Platt war vor vielen Jahren als junger, eifriger Schmetterlingssammler nach Faguas gekommen, doch hatten die Liebe und die Landschaft seine Persönlichkeit und sein Schicksal in andere Bahnen gelenkt. Er und Mr. Davies auf seiner Festung waren so etwas wie Reliquien aus einer Zeit, als die fremden Glücksritter noch den Mut aufbrachten, sich wie Siedler unter den Menschen am Fluß niederzulassen.

»Wie schön, euch zu sehen!« rief er immer wieder aus und führte sie ins Haus, wobei eine stattliche Anzahl skurriler Objekte zu umgehen war. Die Holländerinnen, Morris und Hermann begannen sofort, angeregt mit ihm zu plaudern, während Raphael Melisandra nach drinnen folgte, die seit ihrer Kindheit das Haus kannte. Immer noch staunte sie über die Sammlung seltsamer Gegenstände, die Mr. Platt im Laufe der Jahre im Tausch gegen diesen oder jenen Gefallen von den Müllsuchern oder den Fischern, die früher im Atlantik nach Langusten tauchten, erstanden hatte. Raphael bewunderte die große Zahl von Messingfernrohren, ein jedes mit einem Schildchen versehen, wann und wo es gefunden worden war. Melisandra rief ihn herbei, um ihm ihr Lieblingsstück zu zeigen: einen Schaukelstuhl, dessen Kufen quergestellt waren, so daß man sich in ihm wie auf einem Schiff wiegen konnte. Die Sammlung enthielt alte Mikroskope, Schreibmaschinen, ausgediente Computertastaturen, Hämmer, Schiffsleitern, urige Kisten, Brotröster, Angelrutenrollen, Fahrräder, Sägen aus der Zeit, als man noch Holz schlug, verdrehte Elektrokabel ... Die Gegenstände hingen vom Dach herunter und an den Wänden oder reihten sich gegen diese gelehnt. Obwohl es ungeheuer viele waren und der Platz begrenzt, zeigte die peinliche Ordnung den disziplinierten Charakter von Mr. Platt.

»Diese Sammlung wird am ganzen Fluß hoch geschätzt«, meinte Melisandra zu Raphael. »Wenn man nur Geduld aufbringt, kann man hier die Teile finden, um beinahe alle Maschinen zu reparieren.«

Raphael sah aus dem Fenster und auf die staubige Straße hinaus, die spielenden Kinder, zwei Frauen, die nebeneinander her ins Dorf hinuntergingen; alles schien von derselben Farbe zu sein: die Kleider, die Gesichter ... Der Staub füllte auch die Luft in der Pension und ließ alles in einem fahlen, gelblichen Licht erscheinen, dem Licht vergangener Zeiten wie auf alten Fotos.

»Es ist heiß hier drin«, sagte er dann und wischte sich mit dem Unterarm den Schweiß von der Stirn.

Mr. Platt führte sie ins obere Stockwerk, wo man die Reparaturen und Anbauten erkennen konnte, die er für seine Frau Milagros vorgenommen hatte, als er sie kennengelernt und sich in sie verliebt hatte. Die Gäste fanden in drei Zimmern Platz: Melisandra mit Krista und Vera, Raphael mit Hermann; Morris mußte mit der »Zelle« vorliebnehmen, wie sie die Kammer nannten, in die mit Mühe ein Feldbett paßte.

Nach fast vier Tagen in der Enge des Bongos war Las Luces für Hermann beinahe so etwas wie Paris. Gutgelaunt pfiff er vor sich hin, während er die Batterien seines Kommunikators auflud, um mit Monika in Bremen Verbindung aufzunehmen. Als nächstes mußten sie, so meinte er dann zu Raphael, in die Bar »Zum Seiltänzer« gehen und aus dem Munde der Einwohner von Las Luces Brandneues aus Faguas hören. Dabei fuhr er sich erregt mit der Hand durchs ergrauende Haar. Er spürte, wie sehr er diesen Ort mochte, und zwar nicht seiner Vorzüge, sondern gerade seiner Sonderbarkeiten wegen.

»Macht es dir nichts aus, daß gar nicht mal so weit von all dem, was wir Zivilisation nennen, so große Armut existiert?« fragte ihn Raphael und beäugte mit kritischem Blick die vielfach geflickten Bettlaken, auf denen sie die Nacht verbringen sollten.

»Was würde das schon ändern«, antwortete der, während er sich, auf dem Bett sitzend, frische Socken anzog. »Ich hab schon lange aufgehört, Mitleid für die Leute hier zu empfinden. Eigentlich ist ihr Leben vom unseren gar nicht so verschieden. Und ich beneide sie manchmal sogar richtig um ihre Entbehrungen, ihre einfachen, so grundlegenden Sorgen. Wenn man sich um die elementaren Dinge des Lebens kümmern muß, bleibt einem keine Zeit für neurotische Ängste.«

»Die Armut erscheint dir also weniger neurotisierend und angstmachend? Ich bin mir sicher, die Leute hier sind da anderer Meinung. Die finden unsere Probleme bestimmt einfacher und erträglicher«, meinte Raphael und zog sich gleichfalls die Schuhe aus.

»Was ich sage, klingt absurd, ich weiß«, seufzte Hermann und zog ein frisches Hemd aus seinem Rucksack. »Oft genug führe ich diesen Streit mit mir selbst, und mein Kolonialromantizismus kommt mir dann wieder zum Kotzen vor.«

»An einem ist nicht zu zweifeln: Wir sind nie ganz zufrieden«, sagte Raphael lachend und klopfte Hermann auf die Schulter. »Wir hören nicht auf, an die Utopie zu glauben. Deswegen will ich auch unbedingt dieses Waslala finden.«

»Aha!« rief Hermann aus. »Der Skeptiker denkt also wirklich, daß es Waslala gibt!«

»*To strive, to seek, to find and not to yield* – man darf nie zu suchen aufhören. Je geheimnisvoller eine Frage, desto größer die Versuchung, eine Antwort darauf zu finden«, gab Raphael mit einer theatralischen, ironischen Geste zurück.

»Und wenn es Waslala nicht gibt, was ist dann mit deiner Reportage?«

»Allein die Reise den Fluß hinauf war ja schon eine Reportage wert. Allerdings wird mein Chefredakteur nicht so denken, da bin ich mir sicher. Vielleicht kann das Material einem Programmierer von virtuellen Reisen in die Tropen dienen ...«

Hermann mußte lachen. »Du solltest am besten mit mir in die Bar gehen«, meinte er dann und forderte ihn mit einer Geste auf, sich die Schuhe wieder anzuziehen. »Hier in Las Luces erfindet man die virtuelle Wirklichkeit ohne einen Funken Technologie.«

15. Kapitel

Die Bar »Zum Seiltänzer« war nach Lolo benannt, dem Papagei, der sich regelmäßig aus den Gläsern der Gäste betrank und dann in seinem Rausch auf einer Stange herumtorkelte, die zwischen den Dachbalken lag. Tagsüber sang Lolo mit kehliger Papageienstimme mexikanische Volkslieder, doch verstummte er abends, sobald ihm der Schnaps in den Adern floß, und balancierte stumm auf seinem Aluminiumstab, wo er wie ein Akrobat Pirouetten drehte und manchmal kopfüber wie eine große, bunte Fledermaus über den Köpfen der Gäste hängen blieb.

Der Papagei war die Attraktion für die Gäste: für jene, die sich unbeirrt an den Vollrausch herantranken, und auch für die anderen, die ein paar Gläschen als Vorwand benutzten, um nicht allein zu sein. Abgesehen von dieser Sehenswürdigkeit war das Lokal einfach, ja karg eingerichtet: Tische und Klappstühle aus Metall standen auf einem Boden aus gebrannten Tonziegeln, an den Wänden hingen vergilbte Werbetafeln für Bier- und Zigarettenmarken.

Als Raphael und Hermann eintraten, zogen sie sogleich die Aufmerksamkeit der Gäste auf sich. Wie Don José, so warteten auch die Einwohner von Las Luces ungeduldig auf die Ankunft der Schmuggler, damit sie ihnen halfen, das tägliche Einerlei zu durchbrechen.

»Wenn ich hierher komme«, so hatte Hermann vor dem Eintreten zu Raphael gesagt, »dann fühle ich mich manchmal wie ein Weltraumreisender in einer Siedlung auf dem Mond. Die Menschen sind begierig, zu erfahren, was draußen vor sich gegangen ist, obwohl sie manchmal gar nicht mehr die richtige Sprache beherrschen, um die entsprechenden Fragen zu stellen.«

Es war Freitagabend, die Bar bis auf den letzten Platz besetzt. Hermann steuerte gleich auf den Tresen zu, schüttelte Hände und beantwortete die herzliche Begrüßung derjenigen, die ihn im Handumdrehen umringt hatten, um in den Genuß seiner Nähe zu kommen.

»Hermann, Hermann! Kommt doch hier herüber!« rief vom anderen Ende des Tresens eine ungeheuer dicke Frau.

»Florcita!« rief Hermann freudig grüßend zurück und zog Raphael hinter sich her. »Du bist aber auch nicht viel schmaler geworden!«

»Man muß in dieser Welt seinen Platz einnehmen, Hermann«, sagte die Frau und lächelte gutgelaunt. »Na, komm schon und stell mir mal diesen jungen Mann hier vor. Sowas Gutes hab' ich schon lange nicht mehr gesehen.«

Fasziniert von der Freundlichkeit, die ihm aus jedem Pfund dieser Frau entgegensprang, näherte sich Raphael und schüttelte ihre mollige, merkwürdig weiche Hand.

»Du bist kein Händler, was?« sagte sie ohne Umschweife.

Er lächelte ein wenig überrascht und antwortete, das käme wohl darauf an, wie man die Dinge sähe.

»Raphael ist Schriftsteller«, warf Hermann erklärend ein, »Journalist. Er will über Waslala schreiben ... Wenn er es findet, heißt das.«

Die ganze Aufmerksamkeit der Kneipenbesucher lag jetzt auf den dreien. Raphael spürte förmlich die auf ihm ruhenden Blicke der anderen in der ranzigen Luft der Bar, wo es nach Rauch, Schnaps und stillgestandener

Zeit roch. Das Wort »Waslala« ließ alle wie aus einem Munde aufseufzen, so als hätten sie eine Extradosis Sauerstoff eingeatmet. Ihm war klar, daß Hermann Waslala nicht nur zufällig, sondern mit einer deutlichen Absicht erwähnt hatte.

»José«, befahl Florcita dem Mann hinter dem Tresen, »bring diesem Jungen hier mal einen Stuhl.«

Sofort boten einige der Umsitzenden den neu Hereingekommenen ihre Stühle an.

»Na, wie sieht's denn aus hier bei euch?« fragte Hermann.

»Wie immer, mein Lieber, wie immer«, antwortete die Frau salomonisch. »Die Espada-Brüder drohen mal wieder, den nächsten Schleppzug zu überfallen. Wenn sie weiter am Kanal Ärger machen, dann sollte es mich nicht wundern, wenn die Lastkähne bald bei uns durchfahren.«

»Die können niemals den Fluß heraufkommen, Florcita«, beruhigte Hermann sie. »Da müßten sie erst ordentlich ausbaggern, damit genügend Tiefgang wäre ... Außerdem könnten sie nicht am Strudel vorbei und über die Stromschnellen ... Ich glaube nicht, daß ihr euch darum viel Gedanken machen müßt.«

»Man kann nie wissen, Hermann, man kann nie wissen. In diesem Land passieren die merkwürdigsten Sachen«, antwortete Florcita und zog die Schultern hoch.

»Und die Regierung, was macht denn die?« mischte sich Raphael ein.

»Von welcher Regierung redest du, mein Junge!« rief Florcita belustigt aus. »Hier zählt die Regierung schon lange nichts mehr. Die einzigen, die hier was zu sagen haben, sind die Espada-Brüder. Wir anderen sehen alle nur zu, wie wir über die Runden kommen. Deshalb sind die Dinge ja so wie sie sind.«

»Hier würde sich Bakunin in seinem Element fühlen«, wandte sich Hermann Raphael zu. »In Faguas herrscht die schönste Anarchie. Der Staat hat schon lange aufgehört zu existieren.«

»Wir regieren uns ganz gut selbst, mein Kleiner«, stellte Florcita fest. »Der Bürgermeister und ein paar von uns entscheiden, was gemacht wird und was nicht. Wir schließen mit allen möglichen Seiten Verträge, damit man uns in Frieden läßt. Das nenne ich Kommunarde sein. Allerdings … wenn eines Tages jemand aus Waslala käme, dem würden wir schon zuhören.«

»Und warum?« fragte Raphael. »Weshalb meint ihr denn, daß die wissen, was zu tun ist?«

»Weil sie dort ein glückliches Leben führen«, meldete sich ein Mann mit schon leicht glasigem Blick zu Wort.

»Man führt keine Kriege in Waslala«, meinte José, der Barkeeper.

»Die Kinder dort wissen nicht einmal, daß es so etwas wie Gewalt überhaupt gibt«, fügte eine Frau mit groben Händen hinzu, während sie sich das Haar unter ihr Kopftuch schob. »Die streiten nie miteinander.«

»Dort hat man es geschafft, die schädlichen Instinkte des Menschen zu zähmen«, sagte Florcita wieder. »Waslala ist ein Ort sanfter Naturen.«

»Deshalb leben sie auch bis zu zweihundert Jahre lang«, sagte der Mann mit dem glasigen Blick jetzt. »Und sie fürchten sich überhaupt nicht vor dem Tod.«

»Keiner wird krank dort«, fiel José wieder ein.

»Aber woher wißt ihr das alles, wenn noch nie jemand dort gewesen ist?« fragte Raphael.

»Es stimmt ja nicht, daß nie einer dort war«, sagte Florcita. »Niemand hat dort bleiben können, doch hingekommen ist man schon. Andere sind verbannt worden aus Waslala. Sie sterben alle nach kurzer Zeit, welken wie Pflanzen ohne Wasser, doch bevor sie aus dem Leben scheiden, erzählen sie ganz überraschende Dinge.«

»Aber habt ihr denn jemals selbst so jemanden kennengelernt?« fragte Raphael beharrlich.

Alle schüttelten einträchtig den Kopf, wiesen aber gleichzeitig gestenreich die Unterstellung zurück, damit sei widerlegt, was sie für eine Tatsache hielten.

»Wir sind doch nicht so dickköpfig wie der ungläubige Thomas«, meinte Florcita. »Oder willst du mir jetzt etwa erzählen, daß man sehen muß, um glauben zu können? Ich muß meine Finger nicht in die Wunden Christi legen, damit ich weiß, daß sie echt sind. Es gibt genügend zuverlässige Leute, die Waslala gesehen und uns davon erzählt haben. Don José zum Beispiel ist dort gewesen.«

»Aber Don José ist ein Dichter«, gab Raphael verschmitzt lächelnd zurück. »Und Dichter haben für gewöhnlich ihre Visionen.«

»Bei uns glaubt man, daß Dichter sehr ernstzunehmende Menschen sind«, sagte ohne eine Spur von Humor in der Stimme der Mann mit dem glasigen Blick und sah Raphael durchdringend an.

»Also, dort wo ich herkomme, glaubt heute keiner mehr an das, was Dichter sagen«, antwortete der und sah augenzwinkernd zu Hermann hinüber.

»Wer weiß!« rief Florcita mit schlecht verhohlenem Ärger in der Stimme. »Vielleicht glauben sie nicht, aber sie möchten gern glauben. Außerdem geht es hier nicht nur um Dichter. Es gibt außer Don José genügend andere Leute, die davon erzählt haben, aber wenn Sie uns nicht glauben«, sie machte eine ausladende Handbewegung zur Tür hin, »dann fahren Sie lieber gleich morgen früh nach Haus zurück. Was wollen Sie sich noch weiter im Landesinnern in Gefahr begeben? Da ist es sehr gefährlich.«

»Ich glaub' euch ja, ich glaub' euch ja«, sagte Raphael, der merkte, daß die Zeit für Witze schnell zu Ende ging. »Aber man bezahlt mich nicht fürs Glauben. Man bezahlt mich fürs Zweifeln, dafür, die Leute zum Zweifeln zu bringen.«

»Also, wir zweifeln hier bestimmt an vielen Dingen, die wir sehen«, meinte Florcita, »aber an Waslala zweifeln wir nicht, auch wenn wir es nicht mit eigenen Augen gesehen haben.«

»Vielleicht läßt sich ja leichter an dem zweifeln, was man kennt. Das Unbekannte verlangt einem irgendwie mehr Achtung ab«, fuhr Raphael fort.

Einige der Gäste waren inzwischen wieder an ihre Plätze zurückgekehrt. Der Papagei stolzierte beschwipst und fröhlich auf seiner Stange hin und her.

»Die Menschheit hat schon an verrücktere und unwahrscheinlichere Dinge geglaubt«, setzte Florcita die Unterhaltung fort, nachdem sie den letzten Rest aus ihrem Schnapsglas hinuntergespült hatte, »und wir hier glauben eben an Waslala. An irgend etwas müssen wir doch schließlich glauben in diesem unseligen Land.«

»Was meint ihr denn, was die beste Art ist, dort hinzugelangen?« fragte Raphael.

Die Frau ließ eine dröhnende Lachsalve hören, die ihren Körper wellenförmig erschütterte wie einen See, in den man einen großen Stein wirft.

»Das ist die große Frage, mein Kleiner!« konnte sie gerade noch herausbringen, während das Lachen wie ein Strom Wasser aus ihr herausgurgelte. Genauso plötzlich, wie es angefangen hatte, endete es jedoch auch wieder. Sie sah ihn herausfordernd an und meinte: »Du mußt vor allem Vertrauen haben und glauben können.«

»Na, komm schon, Florcita«, mischte Hermann sich ein, »das hatten wir doch bereits. Gib uns nicht solche Rezepte. Denk dran, wir stammen aus einer Gegend, wo diese Worte aus der Mode gekommen sind, wo es Handbücher für alles gibt, wo man auf Knopfdruck jede Information bekommt. Antworte unserem Freund hier mit ein bißchen mehr Logik.«

»Was zum Teufel hat denn Logik damit zu tun«, gab die Frau zurück und hielt dem Wirt ihr leeres Glas hin. »Nicht alles läßt sich mit Landkarten entdecken. Es gibt keine Karten, um Waslala zu finden. Was soll ich ihm denn auftischen? Lügen etwa?«

»Was ist mit dieser Frau in Cineria?«

»Engracia? Alles, was man in Cineria wissen muß, weiß Engracia.«

»Das hat Don José uns auch schon erzählt«, gab Raphael zurück.

»Engracia ist unsere Generalin«, verriet Florcita, die sich jetzt, vom Wirt tatkräftig unterstützt, schnell einem Zustand fröhlicher Trunkenheit näherte. »Sie kontrolliert den Kanal, auf dem die Schiffe vom Pazifik in den See kommen. Es wird sie bestimmt freuen, einen Fremden kennenzulernen, der auf der Suche nach Waslala ist. Jawohl, das wird sie sicher freuen.«

»Und es wird sie freuen, Melisandra kennenzulernen«, fügte Hermann hinzu.

»Melisandra? Die vom Fluß?« fragte Florcita überrascht. »Sag bloß, sie hat sich endlich getraut, den Großvater allein zu lassen!«

»Ganz genau«, meinte Hermann. »Sie und Raphael haben denselben Weg vor sich.«

»Melisandra zieht also endlich los, Waslala zu suchen?« fragte der Mann mit dem glasigen Blick und sah abwesend den letzten Verrenkungen des Papageis zu, der jetzt das andere Ende der Stange erreicht hatte.

»Sie ist mit uns hier, in der Pension ›Zum Astronauten‹. Morgen fahren wir gemeinsam mit der ›Reina‹ weiter.«

»Na, dann will ich auf euren Erfolg trinken!« rief Florcita und hob ihr Glas, das José ihr beflissen nachfüllte.

»Ich schließ' mich an«, meinte der Mann.

»Und ich auch«, sagte José.

»So, Hermann, und jetzt erzähl uns mal von den neuesten Filmen«, sagte Florcita, nachdem sie getrunken hatten. »Laß dir noch einen einschenken und berichte uns, was in der Welt passiert ist.«

16. Kapitel

»Ja, meinst du denn, daß dieser Ort wirklich existiert?« fragte Krista im Halbdunkel.

In dem kleinen Raum waren die Lampen gelöscht, aber durch das Fenster fiel das weißliche Licht des Mondes und erleuchtete die Umrisse der drei Frauen: Krista, die Vera an sich geschmiegt hielt, und gegenüber auf ihrem Feldbett Melisandra, die Arme hinter dem Kopf verschränkt und die angezogenen Beine in der Luft gekreuzt.

»Mein Großvater ist dort gewesen«, antwortete Melisandra. »Und auch viele andere erzählen Geschichten von Waslala. Alle Menschen in Faguas wissen, daß es diesen Ort gibt.«

»Warum weiß dann aber niemand, wie man hinkommt? Warum ist es so schwer, ihn zu finden?« fragte Vera mit ihrer hohen, hellen Kinderstimme.

»Mein Großvater meint, daß sie, ohne es zu merken, die Gemeinschaft an einem Ort errichteten, wo die Zeit einen Sprung hat; so etwas wie eine Verwerfung in der Krümmung des Raums. Waslala besteht in einer Zwischenwelt weiter, hinter einer Art unsichtbaren Tür … Ich weiß nicht, es gibt viele Vermutungen. Diese ist meine liebste.«

»Und was, meinst du, wird dir die Kraft geben, durch diese unsichtbare Tür zu gelangen?« fragte Krista wieder.

»Mein Wunsch, mein Wille vielleicht«, antwortete Melisandra mit einer Portion Entschlossenheit in der Stimme. »Mit diesem Gedanken aufgewachsen zu sein. Meine Großmutter erzählte mir einmal von einer Frau, die, als sie schwanger war, nachmittags immer in einem Schaufenster in der Nähe ihrer Wohnung einen Teddybären betrachtete, der den Kopf unablässig auf und ab bewegte. Als das Kind dann zur Welt kam, bewegte es den Kopf genauso auf und ab wie der Bär. Ich glaube, meine Eltern träumten schon von Waslala, bevor sie mich zeugten. Es ist, als hätte ich es in meinen Genen. Ich weiß selbst nicht, warum ich so sicher bin. Das einzige, was ich weiß, ist, daß ich es finden werde.«

»Die Karte mit dem Versteck des Schatzes, die von Generation zu Generation weitergereicht wird«, meinte Krista, um dann nachdenklich hinzuzufügen: »Dein Großvater hat aber nicht dorthin zurückgefunden.«

»Und meine Eltern vielleicht auch nicht ... Wenn sie es aber nicht gefunden haben, warum sind sie dann nicht wiedergekommen? Findet ihr nicht auch, daß das logisch ist? Meine Intuition sagt mir, daß es Waslala irgendwo gibt.«

»Und du willst es mit purer Intuition finden ...?«

»Warum nicht?« entgegnete Melisandra und stützte sich auf ihren linken Arm.

»Weil du mit einem Mann unterwegs bist. Männer haben für Intuition gewöhnlich nicht viel übrig. Sie glauben nicht dran. Raphael wird dich dazu zwingen wollen, einer Logik zu folgen.«

»Ein bißchen Logik ist auch nicht schlecht ...«

»Mag sein, aber er wird versuchen, sich durchzusetzen.«

»Ich habe nicht den Eindruck, daß Raphael diese Art Mann ist.«

»Selbst noch die Jungen, die wir in den Matrias heranziehen, sind so. Sie haben es in den Genen, wie das Kind in deiner Geschichte. Du solltest lieber allein reisen.«

»Na, du schreibst ihnen aber viel Macht zu.«

»Die Männer nehmen einem zuviel Energie weg. Deswegen sage ich immer: Alles geht recht mit dem gleichen Geschlecht. Die Matrias und die Schwulengemeinschaften funktionieren viel besser als die Orte, wo die Geschlechter sich mischen. Du siehst es ja an diesem Land. Hier wird es niemals Frieden geben.«

»In Faguas kämpfen grad' soviele Frauen wie Männer. Das Schlimmste ist hier, daß niemand weiß, weshalb er kämpft.«

»Das ist das Patriarchat. Deshalb grenzen wir uns dagegen ab und ziehen das Leben in Matrias vor. Nicht, daß es in ihnen keine Probleme gäbe – von Anfang an war uns klar, daß sie nicht so sein würden wie dein legendäres Waslala –, doch wenigstens sind es unsere eigenen Probleme ...«

»Schhhhh ... schhhh«, zischte Vera und räkelte sich im Halbschlaf in Kristas Armen. »Redet morgen weiter, ich kann gar nicht schlafen«, sagte sie mit ihrer hohen, vor Müdigkeit trägen Stimme.

Krista streichelte ihr zärtlich den Kopf und zog sie näher zu sich heran.

»Laßt uns schlafen«, meinte Melisandra. »Morgen müssen wir ganz früh aufstehen.«

Das Licht des neuen Tages färbte kaum die Fensterscheibe ein wenig rötlichgrau, da erwachte Melisandra. Ohne sich zu bewegen, öffnete sie die Augen; etwas, das ihr wie ein tiefer Seufzer schien, hatte sie geweckt.

Als sich ihre Augen an das Halbdunkel gewöhnt hatten, sah sie die Umrisse der zwei nackten Frauen und begriff, daß Krista und Vera dabei waren, sich zu lieben. Schnell schloß sie wieder die Augen, weil sie sich als Eindringling fühlte, doch das unterdrückte Seufzen und Stöhnen der beiden schien nicht einfach im Raum zu schweben, sondern ihr direkt in den Bauch zu fahren und eine dunkle Hitze zwischen den Beinen zu entzünden. Unfähig, ihre Neugier im Zaum zu halten, stellte sie sich schlafend und öffnete die Augen einen Spaltbreit. Vera lag auf ihrem Rücken, einen Arm vor ihren Mund gepreßt, den anderen zwischen die Kissen gestreckt. Ihr nackter Körper war sehr schön: schlank, lang, mit steil aufgerichteten Brustwarzen auf den kleinen Brüsten, die in einen glatten, festen Bauch übergingen. Die fülligere Krista schien ihr zwischen den Beinen hervorzuwachsen; ihr Haar bedeckte Veras Hüften, und ihr Gesicht verlor sich im Schoß ihrer Gefährtin, die sich anspannte und immer mehr öffnen zu wollen schien, unter Seufzern und Zuckungen, die Krista wie ein fernes, drängendes Echo wiederholte. Melisandra schloß wieder die Augen, ohne unterdrücken zu können, daß ihre Hand zu ihrem eigenen Geschlecht niederfuhr und es fest mit den Fingern preßte, wie um es wiederzuerkennen oder zu schützen, das wußte sie selbst nicht so genau. Sie stellte sich Kristas Zunge vor, die diese Feuchtigkeit genoß, und obwohl sie anfangs einen Anflug von Ekel empfunden hatte, wich dieser sehr bald einer seltsamen, verbotenen Lust, die ihren ganzen Leib entzündete und ihr Geschlecht pulsieren ließ, als habe es ein Eigenleben.

Veras Stöhnen steigerte sich jetzt in einem furiosen Crescendo, während Kristas Kopf weiter zwischen ihren Beinen blieb und ihre Hände die Schenkel Veras anhoben, als sei ihr Körper ein Krug frischen Wassers inmitten einer Wüste. Melisandra öffnete und schloß die

Augen im unwiderstehlichen Verlangen, gleichfalls ihren Leib zu bewegen, sich hin- und herzuwerfen und zu winden, unter dem Einfluß der Energie, die wie Hitzewellen vom anderen Bett zu ihr herüberdrang. Nur mühsam bezwang sie sich, wollte die beiden anderen Frauen nicht in ihrer Intimität stören und hoffte, daß sie zum Ende kämen, ohne Melisandras heftiges Atmen hören zu können.

Als Vera mit ausgebreiteten Armen, das Gesicht vom bezerzausten Haar bedeckt, ihren Orgasmus wie eine Befreiung empfing, hatte Melisandra beinahe erschrocken auch ihren Höhepunkt. Niemand hatte sie berührt, und doch war da, zwischen ihren Beinen, das unzweifelhafte Gefühl, die Entladung, die sie beben, die sie schwindeln ließ. Noch einmal fuhr sie sich mit der Hand zwischen die Schenkel, als wollte sie sich vergewissern, daß dies alles keine Einbildung gewesen war. Sie fühlte das heftige Pochen, die Feuchtigkeit, das Zucken ihres Leibes, der aus einem langen, lustvollen Krampf auftauchte.

Als im Raum wieder Stille eingekehrt war und Krista und Vera ermattet, eine in der anderen Arm, schliefen, verharrte Melisandra in einer Art schlafwandlerischer Trägheit. Sie erinnerte sich an ihre letzte Nacht mit Joaquín, die überfallartige Brutalität, mit der er sie nahm. Nie hatte er auch nur versucht, ihren Körper zu verstehen, ihre Sehnsucht nach Zärtlichkeit. Sie war es, die sich an seine ruppige Art zu gewöhnen hatte, daran, daß die Leidenschaft das verliebte Tändeln ersetzte und sie ohne Übergang in den besinnungslosen Beischlaf geschleudert wurde. Wie mochte Raphael wohl sein, fragte sie sich und wälzte sich im Bett herum, stellte sich ihn vor, wie er nackt und zärtlich auf ihr lag.

Maclovio tauchte erst beim Frühstück wieder auf. Im engen Speiseraum der Pension waren die Reisenden dabei, sich mit großzügigen Portionen Rührei, Tortillas und Kaffee zu bedienen, während Pedro den schnell aus der Nachbarschaft herbeigerufenen Trägern laute Anweisungen gab, wie sie das Gepäck und die Verpflegung zum Hafen tragen mußten.

»Guten Morgen, guten Morgen allerseits«, grüßte der Argentinier mit seinem üblichen Spott. »Wie ich sehe, habt ihr gut gegessen und geschlafen. Sind alle bereit zu einer neuen Schaukelpartie auf der ›Reina‹? Ich für mein Teil habe nicht einen Augenblick aufgehört, mich wie auf hoher See zu fühlen!«

»Wie geht's dem Bürgermeister, Maclovio?« fragte Hermann, ohne auf die Albernheiten einzugehen.

»Der ist besorgt. Anscheinend gibt es ein Aufflackern von Ökoterrorismus. Die Terroristen haben mehrere Hektar Wald angezündet, doch hat die Umweltpolizei das Feuer vom Hubschrauber aus schnell löschen können. Dennoch wird das die kommenden Vertragsverhandlungen beeinflussen. Wenn die Bosse der Umweltgesellschaft kommen, werden sie bewaffnete Waldhüterpatrouillen fordern. Was natürlich für mich persönlich nicht schlecht ist …« Er grinste verschmitzt.

Morris erklärte Raphael, daß die Espada-Brüder, um die Gesellschaften zu direkten Verhandlungen mit ihnen zu bringen, solche Umweltterroristen bezahlten. Unter der Parole: »Wir tun, was wir wollen, dies Land ist unser!« steckten sie die Wälder in Brand, deren Schutz die wichtigste Bedingung dafür war, daß das Land weiter mit Strom und allem anderen versorgt wurde, was aus der Ersten Welt kam.

»Meine verehrten Herrschaften«, fuhr Maclovio fort, »ich glaube, meine Dienste werden in Cineria gebraucht.

Deshalb habe ich beschlossen, schon heute mit euch weiterzureisen und habe die Einladung des Bürgermeisters, für ein paar Tage hierzubleiben, ausgeschlagen ... Der ist auf jeden Fall über die Maßen bemüht, mich so zu bewirten, wie ich es verdiene«, grinste er wieder anzüglich, während er Platz nahm und sich eine Tasse dampfenden Kaffees einschenkte.

Die Übergabe der Waffen mußte in der letzten Nacht stattgefunden haben, dachte Raphael und sah verstohlen zu Melisandra hinüber, die aber aß, ohne sich viel um Maclovios Worte zu kümmern. Er wollte sie zu gegebener Zeit schon noch fragen, ob sie von den Geschäften des Argentiniers wußte oder ahnte, wenn der sich auch nicht sonderlich bemühte, sie geheimzuhalten. Vielleicht waren alle hier ja schon an diese Dinge gewöhnt, daran, mit Leuten zusammenzuleben und zu verkehren, die nicht ganz sauberen Geschäften nachgingen.

Mr. Platt erschien in seinem Mechanikeroverall mit schlurfendem Schritt, um sich von ihnen zu verabschieden. Der Alte machte kein Hehl aus seiner Abneigung gegen Maclovio. Mit einer Geste wie jemand, der eine Fliege verscheucht, wies er die überschwengliche Begrüßung des Argentiniers zurück und nannte ihn zwischen zusammengebissenen Zähnen einen Blutsauger. Er legte Melisandra, die sich im Stehen die Frühstückskrümel von der Hose schüttelte, die Hand auf die Schulter.

»Nimm dich in acht vor diesem Schwätzer«, sagte er, »und laß es dir gutgehen. Wir warten hier auf Nachricht von dir. Ich werde deinem Großvater noch heute melden lassen, daß ihr ohne besondere Vorkommnisse nach Cineria weitergereist seid.«

»Und man möge ihm von mir ausrichten, daß ich ihn sehr lieb habe«, bat sie und umarmte den alten Mann.

Dann verließ die Reisegruppe die Herberge und ging zum Anlegesteg hinunter, wo das Bongo schon wartete, gereinigt und mit neuem Proviant beladen, die Ruderer mit entblößten Oberkörpern auf ihren Plätzen.

17. Kapitel

Melisandra wandte den Kopf, um ein letztes Mal das gewundene Silberband des Flusses zwischen den Wäldern verschwinden zu sehen. Unermeßlich breit, fast wie ein Ozean, lag der See vor ihnen. »Süßes Meer«, hatten ihn die Spanier genannt angesichts der endlosen Wassermassen, deren gegenüberliegendes Ufer sie erst nach mehrtägigen Expeditionen erreichten. Mitten in der Mündung des Flusses in den See wiegten sich die Wracks alter Schiffe auf den Felsen, die einst gefährliche Stromschnellen bildeten. Zahllose Erdbeben hatten dafür gesorgt, die Erde so weit zu öffnen, daß der Fluß ohne Hindernis fließen konnte, doch blieben die Skelette der verunglückten Schiffe dort liegen, stumme Zeugen dessen, was einst ein Unternehmen voller Risiken bedeutete.

Als sie an den Felsen vorbeifuhren, sah Melisandra eine Gruppe Kinder, die sicherlich ohne Erlaubnis ihrer Mütter hierherkamen, um zu spielen und im Wasser zu tauchen, in der Hoffnung, im Schlamm des Grundes einen Schatz zu finden. Aus diesem Schlamm, so erzählte sie, zu Raphael gewandt, kamen viele der Fernrohre und anderen Gegenstände, die Mr. Platt in seiner Pension aufbewahrte.

»Carmelo, das erzähl' ich deiner Mutter!« rief einer der Ruderer, als er einen der naßglänzenden Jungen erkannte, doch der grüßte ihn nur ungerührt und lachend mit erhobener Hand, während die anderen im Chor schrien und zum Abschied spöttische Gesten machten.

Das Bongo fuhr, von den Schlägen der Ruderer rasch vorangetrieben, die Küste der kleinen Halbinsel entlang, auf der sich die Hafenstadt Las Luces erhob. Im hellen Tageslicht ging von ihren Türen und anderen Aluminiumteilen ein silberner Glanz aus.

Der Wind frischte auf, je weiter sie von der Flußmündung see-einwärts kamen. Die Ruderer richteten den Mast auf und setzten ein dreieckiges Segel, das sie vom Kai für die Überquerung des Sees mitgenommen hatten. Von hier aus konnte man in ihrer ganzen Pracht die drei Vulkane bewundern, deren gezackte, lavagraue Gipfel sie schon vom Fluß aus gesehen hatten. Hier begann für Melisandra *terra incognita*. Der See war von kleinen Wellen bedeckt, die sich endlos dahinkräuselten und das Boot auf und ab tanzen ließen. Krista und Vera schwiegen und hielten sich sehr dicht beieinander. Die Bilder der vergangenen Nacht flackerten in Melisandras Erinnerung auf. Fast fiel es ihr schwer, die sich so zärtlich-stürmisch liebenden Frauen mit diesen beiden gelassen-heiteren hier in Verbindung zu bringen. Sie hatten ihr die Sinne geöffnet, sie empfand ihren Körper auf einmal wie ein mächtiges Wesen, das danach verlangte, sich mit jemand anderem zu teilen. Verstohlen warf sie Raphael einen Blick zu, dem ahnungslosen Objekt ihrer Begierde. Der aber betrachtete interessiert ein Rudel Kaimane, die sich am Ufer sonnten.

Auf der Überfahrt nach Cineria ließen sich die Passagiere vom Wind durchwehen und den Wellen des Sees wiegen, gaben sich einem Zustand der Trägheit hin, den nur das plötzliche Auftauchen von ein paar dichtbewachsenen Inselchen mitten im See unterbrach; an einer von ihnen legten sie um die Mittagszeit zum Essen an.

Als es dunkel wurde, ankerte das Boot in einer kleinen, verlassenen Bucht, geschützt gegen die Wellen, deren gleichmäßiges, doch unablässiges Rollen Hermann und die beiden Holländerinnen den ganzen Tag über seekrank außer Gefecht gesetzt hatte, trotz der Escapolamin-Pflaster, die Morris an alle austeilte.

Nach dem Abendbrot erzählten Pedro und die Ruderer stundenlang Witze, über die sie sich ausschütteten vor Lachen. Das Echo ihrer Stimmen störte die Reisenden nicht etwa, sondern ließ sie vielmehr sichere Ruhe empfinden, dämpfte das Gefühl, inmitten dieser unendlichen Wasserwüste verloren in einer Nußschale zu treiben, wo sie stundenlang kein einziges Zeichen menschlichen Lebens gesehen hatten.

Raphael, der auf dem Verdeck zu Melisandras Füßen lag, spürte sie viel näher bei sich, und im Halbschlaf schien es ihm zuweilen, als streiften ihn ihre Füße wieder und wieder.

Das Licht des anbrechenden Tages zeichnete kaum die endlosen Kämme der Wellen, da blies Pedro seine unverzichtbare Muschel und weckte die Passagiere aus ihrem tiefen Schlaf. Die Ruderer hißten erneut das Segel, und sie setzten die Überfahrt nach Cineria fort. Gegen Mittag nahmen sie Kurs auf die Mitte des Sees, um ihn diagonal zu durchqueren. Ohne den Schutz des Ufers nahmen die Wellen an Höhe und Bedrohlichkeit zu. Das Boot schaukelte in der Dünung, und von Zeit zu Zeit durchnäßten große Brecher die Reisenden, die sich in der Kajüte zusammendrängten.

»Gott sei Dank vergesse ich das alles jedesmal wieder«, meinte Hermann bleich und lakonisch.

Melisandra empfand zum ersten Mal, wie klein und zerbrechlich das Bongo war. Sie dachte an Kolumbus, der in seiner unscheinbaren Karavelle den Atlantik überquert hatte, die Seefahrer des Altertums, die auf unbekannten Meeren ihr Leben aufs Spiel setzten, und sie fühlte sich als Teil dieses Geschlechts von Entdeckern, die im Laufe der Jahrhunderte losgezogen waren, um Trugbildern nachzujagen, ohne zu wissen, wohin sie am Ende gelangen sollten. Solcherlei Gedanken halfen ihr, die unbequeme Fahrt über den See als erfrischendes Erlebnis zu empfinden.

Als der Abend dämmerte, sahen sie am Horizont wie Zwillinge die Spitzen zweier Vulkane auftauchen.

»Es wird erzählt, daß die ersten Siedler, die nach Faguas kamen, von ihren Priestern den Auftrag hatten, nicht eher Halt zu machen, bis sie einen doppelten Berg auf einer Insel fanden«, wußte Pedro zu berichten. »Ich kann mir nur ausmalen, was sie gefühlt haben müssen, als sie diese Schönheit sahen.«

Die Vulkane waren zwei perfekte Kegel mit glatten, dunkelroten Hängen. Im scharfen Licht der Abendsonne sah man klar ihre Umrisse. Kleine Wölkchen schwebten um ihre Gipfel, und als sie näher kamen, sahen sie, daß die Insel, auf der die Berge sich erhoben, dicht bewachsen war mit tropischer Vegetation, grüner Schaum, aus dem diese beiden riesigen Brüste wuchsen.

Sie ließen die Insel hinter sich und nahmen Kurs auf das im Dunst liegende Ufer. Die untergehende Sonne entzündete die Landschaft im Feuer tiefgelber und purpurroter Töne. Raphael sah die entstehende Welt in den Wehen der Schöpfung.

Landeinwärts

18. Kapitel

Sie legten an einer rostigen Plattform an, die in einiger Entfernung vom Ufer auf den Wellen schaukelte. Die Nacht war plötzlich und sternenlos hereingebrochen, ließ die Gesichter verschwimmen und machte die Körper zu dunklen Schattenklumpen.

›Sieht aus wie das Dach eines entgleisten Eisenbahnwaggons‹, dachte Raphael, als er im Schein von Pedros Laterne die rechteckigen Umrisse und das rostige Rot des Pontons sah. Alte Autoreifen baumelten als Stoßdämpfer für anlegende Schiffe an seinen Seiten und verursachten, wenn sie im unablässigen Hin und Her von Wind und Wellen gegen das Eisen schlugen, den Klang eines untergegangenen Zuges, der davon träumte, noch immer auf seinem längst versunkenen Gleis zu fahren.

Pedro griff zur Muschel und ließ einen kurzen Ton hören. Das war das verabredete Zeichen. Von der anderen Seite der Plattform legte sofort ein Schlauchboot ab, das sich schnell näherte. Gleich darauf ging es längsseits zum Bongo, und dünne Strahlen von Taschenlampen kreuzten sich tanzend von Boot zu Boot.

Morris erkannte Josué, den jungen Helfer Engracias, der für sein Alter immer schon zu erwachsen aussah. Trotz der Dunkelheit konnte er erkennen, daß sich der Junge seit seinem letzten Besuch ordentlich entwickelt hatte und nun schon den Ansatz eines Bartes in seinem langen, bleichen Gesicht trug. Pedros Lampe tauchte es in einen gelblichen Schein und ließ seinen körperlosen Kopf wie eine Vision in der Nacht auf- und abtanzen.

»Ist Professor Morris bereit?« rief der Junge, nachdem er mit Pedro Begrüßungen und Einzelheiten über die Reise ausgetauscht hatte.

»Ja«, antwortete der und fügte dann hinzu. »Und ich habe noch zwei weitere Passagiere für dich: die Enkeltochter von Don José und einen Mann, der sie begleitet.«

»Das weiß ich schon«, sagte der Kopf von Josué, wie auf den Wellen treibend.

»Hallo, Josué!« grüßte jetzt auch Morris vom Bongo aus.

»Hallo, Professor!« rief Josué zurück. Auf seinem Gesicht erschien der Ausdruck verhaltener Freude, als er die Stimme des Wissenschaftlers hörte. Melisandra und Raphael verfolgten unterdessen vom Verdeck der »Reina« aus gebannt den beinahe surrealistischen Wortwechsel.

»Dann wollen wir mal«, meinte Pedro. »Melisandra steigt als erste rüber.«

Mit sicheren Bewegungen kletterte sie auf das Schlauchboot hinüber, wo sie der Junge stützte, bis sie auf dem Brett Platz genommen hatte, das in der Mitte als Sitzbank diente. Raphael folgte ihr, und als letzter kam Morris, dessen Gewicht die kleine Nußschale ordentlich ins Schwanken brachte, was dem Jungen aber nichts auszumachen schien; schnell balancierte er es aus und vermied ein Kentern.

Die beiden Boote lagen noch eine Weile längsseits aneinander, während sich die Passagiere ohne viel Worte voneinander verabschiedeten. Niemand, nicht einmal Maclovio, machte viel Aufhebens. Alle waren müde und wollten nur noch an Land gehen.

»Wir sehen uns sicher bald wieder«, rief Hermann, wie um zu zeigen, daß er der Trennung kaum Bedeutung beimaß. »Alle Wege kreuzen sich in Faguas.«

»So ist es«, antwortete Morris vom Schlauchboot aus, während er dem ernsten Josué mit ruppiger Zärtlichkeit durchs Haar fuhr, als wolle er ihn daran erinnern, daß er immer noch ein großes Kind war.

»Danke, Pedro«, rief Melisandra. »Und vergiß nicht, was ich dir aufgetragen habe.«

»Viel Glück!« gab der zurück. »Und mach dir darum keine Sorgen.«

Raphael winkte einen Abschiedsgruß hinüber. Die Lampen verloschen, und in der Dunkelheit entfernte sich das Schlauchboot rasch vom Bongo und glitt über die Wellen davon.

Melisandra sah zurück auf die dunkle Masse der »Reina« und spürte eine seltsame Wehmut. Das Bongo war das letzte Stück bekannten Bodens, gewissermaßen eine Verlängerung des Flusses. Von nun an würde alles unbekannt sein. Sie betrat fremdes Land, würde fremd sein unter Fremden. Sie suchte Raphaels Blick. Seine Augen glänzten im Dunkel wie die einer Katze und erwiderten wie zur Beruhigung ihren Blick. Sie lächelte und wußte nicht, ob er ihr Lächeln überhaupt sehen konnte. Sie saßen sehr dicht beieinander. Raphael streckte die Hand aus und berührte ihr Knie, so wie man einen Schoßhund tätschelt, um ihn zu beruhigen. Melisandra legte ihre Hand auf die seine und ertastete, einen nach dem anderen, seine Finger, strich über seinen Handrücken. Ihre Hände waren schmal und trotzdem kräftig. An Knöcheln und Fingerkuppen hatte die Feldarbeit ihre Spuren hinterlassen. Raphael spürte die kurzen Nägel und fuhr sanft durch die Mulde zwischen Daumen und Zeigefinger.

Unterdessen sprach Morris leise mit Josué darüber, wie die Dinge im alten Schulhaus liefen, in dem Engracia sich niedergelassen hatte, als sie vor vielen Jahren, wer weiß woher, nach Cineria kam. Ihr Unternehmen der Müllentladung und -entsorgung, das viele anfangs für reichlich verrückt hielten, war aufgeblüht, als sie Verträge aushandelte, in denen sich die multinationalen Gesellschaften dazu verpflichteten, Karosserien und andere ausrangierte Geräte unzerkleinert zu schicken. Das mitleidige Lächeln, mit dem die Einwohner von Cineria sie zunächst bedacht hatten, war längst Respekt und Anerkennung gewichen. Sie war zu einem Machtfaktor in der Stadt geworden. Die Dinge, die in den Containern nach Faguas kamen, erwachten, repariert und frisch gestrichen, zu neuem Leben und stellten große Verbesserungen für den Alltag der Menschen dar.

»Sie wissen ja, Professor«, meinte Josué, »wie gefragt unsere Ware ist. Wir haben jetzt sogar bewaffnete Patrouillen aufstellen müssen, um den Weg der Lastkähne vom Pazifik bis in den See zu bewachen. Unsere Leute stehen an den beiden Schleusen und auch die ganzen zwanzig Kilometer am Kanal entlang. Die Espada-Brüder tun so, als hätten sie von nichts eine Ahnung, aber natürlich sind sie es, die die Saboteure ausrüsten und bezahlen.«

»Was nicht anders zu erwarten war«, gab Morris lakonisch zurück. »Sie meinen, wenn sie Engracias Netz stören, dann werden die Gesellschaften ihre Mülladungen schon auf mehrere Kanäle verteilen. Aber das schaffen sie nicht«, fügte er dann mit Überzeugung hinzu, »selbst die Gesellschaften mißtrauen ja den Espada-Brüdern.«

»Auf jeden Fall haben wir die Wachen verdoppelt und sind auf der Hut. Unser Sicherheitsapparat ist seit Ihrem letzten Besuch erheblich verbessert worden. Wir haben jetzt einfach mehr Waffen, und das hilft uns, diejenigen bei der Stange zu halten, die früher zu den Banden liefen.«

Seit zwei Monaten, so erzählte Josué weiter, kam außerdem ein Chinese, der nachmittags mit seinem Fahrrad Gemüse und Feuerwerkskörper verkaufte und der ihnen Unterricht in Karate und anderen Kampfsportarten erteilte.

Morris mußte lächeln beim Gedanken daran, wie Engracia auf jedes Problem eine Antwort fand. Schon beim ersten Mal, als er noch in offiziellem Auftrag kam, die Müllverbrennung zu überwachen, hatte ihn die riesige Frau beeindruckt, deren Statur für diese Breiten völlig ungewöhnlich war. Die »Riesin« war sie seit Kindheitstagen in ihrem Dorf gerufen worden. Und tatsächlich maß Engracias robuster, erdfarbener Körper beinahe zwei Meter. Die Länge ihrer Hände und Füße entsprach diesem Unmaß, so daß ihr die Mutter von Jugend an verbieten mußte, die Küche zu betreten, weil sie kein einziges Stück Geschirr heil ließ. Auch bei anderen Hausarbeiten war ihr kein größeres Glück beschieden, und so mußte sie sich etwas einfallen lassen, um einen Platz in der Welt zu finden, an dem sie sich nützlich machen konnte.

Es war jedoch diese Aura von Einsamkeit, was Morris am meisten an ihr anzog. Nicht einmal sie selbst konnte mit ihrer freundlichen Art und ihrem scharfen Sinn für Humor die unsichtbare Mauer durchbrechen, an der selbst noch die Moskitos scheiterten: Wenn zur Regenzeit vom See die *chayules* heraufstiegen und man sich von Kopf bis Fuß mit Tüchern bedecken mußte, damit einem die winzigen Insekten nicht in Mund, Nase und Ohren fuhren, wunderten sich die Muchachos jedes Mal neu, wie sie eine Handbreit vor Engracia haltmachten, als sei ihr Körper von einem undurchdringlichen Ballon umgeben.

Nur Morris war es gelungen, den kalten Raum zu überwinden, der sie noch im heißesten Sommer veranlaßte, sich dick anzuziehen. Nur an seiner Seite wurde ihr warm, war sie für Augenblicke glücklich. Die Muchachos zollten ihm Sympathie und Anerkennung für die positive Wirkung, die er auf Engracia hatte, doch auch dafür, daß er die ganze Gruppe der Jungen geduldig in Feinmechanik unterwies und ihnen half, die Werkstatt einzurichten, in der sie vom Radio über Bügeleisen, Toaster, Mixer, Rasenmäher, Kaffeemaschinen, Mikrowellenherde, Haartrockner, Entsafter und Schreibmaschinen bis hin zu Fernsehapparaten alles reparieren konnten, all die seltsamen ausrangierten Gegenstände, die haufenweise in den Containern kamen, vermengt mit Bündeln von Wegwerfwindeln, Plastikflaschen, dem ganzen Alltagsmüll der Überflußgesellschaften. Für Morris war diese Hilfe ein freundlicher Wink des Schicksals, bis er dank der Wachsamkeit der Muchachos Mengen gefährlichen Giftmülls in den Ladungen entdeckte.

Seine Warnungen hatten keine allzu große Wirkung auf Engracia.

»Die Arbeit können wir deswegen auf gar keinen Fall einstellen. Wir werden Vorsichtsmaßnahmen ergreifen«, meinte sie. »Sag du uns, was wir tun müssen.«

Er besorgte ihnen Atemmasken und Schutzkleidung, die die Muchachos lachend »Taucheranzüge« nannten. Er bezweifelte jedoch, daß sie sie auch benutzten. So konzentrierte er seine Anstrengungen darauf, einen ausführlichen Bericht für die Gesellschaften anzufertigen. Die Unternehmensleitungen versicherten ihm, es handele sich um einen bedauernswerten Unfall, mehr nicht. Er klagte die Vorgänge vor internationalen Foren an. Man entließ ihn aus seiner Arbeit. Da gründete er eine Organisation, die derlei Informationen sammelte und auswertete. Es war die Arbeit eines Sisyphus, doch irgend jemand mußte sie tun.

»Habt ihr euch denn ein bißchen vorgesehen, wie ich es euch erklärt habe?« fragte er Josué.

»Letztes Jahr sind uns die Katzen verendet, nachdem sie eine Nacht lang in einem Container gespielt hatten, der gerade angekommen war«, antwortete der Junge. »Da wußten wir, daß darin etwas Gefährliches war, und wir haben den Container samt Katzen vergraben und uns dazu die Masken und die Taucheranzüge angezogen, wie Sie es uns gesagt haben. Seitdem passen wir auch noch besser auf.«

Sie näherten sich dem Ufer. Vom Wasser aus sah Morris den hohen Felsen, auf dem die Lichter des alten Schulhauses blinkten, wo Engracia ihn sicher schon erwartete.

19. Kapitel

Von seinem wackeligen Platz im Bug des kleinen Bootes aus sah Raphael die weiße Silhouette der Landungsbrücke. Im Unterschied zu denen, die er während der Reise gesehen hatte, war diese aus Beton und wirkte moderner, mit hohen Kränen an ihrer Spitze. Sie fuhren auf eine Leiter zu, die bis aufs Wasser hinunter reichte. Josué sprang aus dem Boot, kletterte die eisernen Stufen empor und verschwand in der Dunkelheit.

»Bin gleich wieder da«, sagte er dabei nur.

Melisandra sah oben am Hang die Lichter des Gebäudes, in dem sicher Engracia wohnte. Stille und Dunkelheit riefen ein Gefühl der Verlassenheit hervor; nur das leise Schmatzen der Wellen, die unablässig den Strand beleckten, war zu hören. Mehrere Minuten vergingen, dann wurden sie plötzlich in gleißendes Licht getaucht. Raphael stieß etwas aus, das wie ein englischer Fluch klang, während Morris nur ein Grunzen hören ließ. Mit zusammengekniffenen Lidern sahen sie Josué wieder auf der Kaimauer auftauchen und die Zähne in einem Lächeln zeigen, das ihn erneut wie ein Kind aussehen ließ.

»Na, wie finden Sie das, Professor? Jetzt können wir die Kähne auch nachts entladen. Wir haben die Lampen in einem Container gefunden. Engracia sagt, es sind Flutlichter aus einem Stadion. Wir haben sie nicht einmal reparieren müssen. Sie funktionieren perfekt. Weiß der Himmel, warum man sie weggeworfen hat.«

»Phantastisch«, meinte Morris und strich sich das Haar mit seinem Metallarm glatt, der im künstlichen Licht funkelte. »Nur sag uns das nächste Mal früh genug Bescheid, damit wir die Augen vorher schließen können. Du hast uns ganz schön geblendet.«

»Das Licht dient uns auch als Waffe«, erklärte Josué, während er auf sie zukam. »Wir schalten es einfach an, wenn wir meinen, es nähert sich jemand Ungebetenes. Die Eindringlinge sind so überrascht, daß sie nicht reagieren können, und ehe sie sich's versehen, sind sie schon umzingelt. So können wir sie verjagen, ohne Munition verschießen zu müssen. Ich wollte euch nur eine kleine Kostprobe geben«, fügte er augenzwinkernd hinzu.

Dann half er ihnen, sicher die Stufen der Leiter zu erreichen und lud das Gepäck aus. Sie hatten kaum den letzten Koffer auf der Kaimauer abgestellt, da tauchte ein roter SAM-Jeep auf. Es entstieg ihm ein weiterer junger Mann, der, als er vor ihnen stand, Professor Morris ebenfalls herzlich begrüßte.

Im Licht des Fahrzeugs hatten sie erkannt, daß sie am Fuße eines Abhangs gelandet waren, der zum alten Schulhaus hinaufführte. Der Strand war hier breit, sein Sand dunkel und mit seltsamen, tiefgrünen Pflanzen bedeckt, die über die Brandung hinaus in den See hineinwuchsen. Den Kai entlang liefen Schienen, auf denen die Container bewegt wurden, wenn sie mit den Kränen aus ihren Schleppkähnen gehoben worden waren. Gemeinsam gingen sie eine Art Rampe zum Fahrzeug hinunter, das auf dem kleinen, asphaltierten Vorplatz stand, von dem aus der Weg den Hang hinauflief.

»Eine solche Landungsstelle habe ich noch nie gesehen«, meinte Melisandra. »Wer hat die denn gebaut?«

»Die Gesellschaft, die uns den Müll schickt«, gab Josué zurück. »Sie erleichtert uns die Arbeit ganz gewaltig.«

Kurz darauf fuhren sie durch das Eisentor vor dem alten Schulhaus, das von einer hohen Mauer umgeben war; trotz der Dunkelheit konnte man sehen, daß sie über und über mit Schriftzeichen und Graffiti bedeckt war. Das Fahrzeug folgte dem gewundenen Weg, der in einem kleinen Vorplatz vor dem Haupteingang mündete. In seiner Mitte befand sich die Statue eines hageren, kahlköpfigen Priesters, der mit frommem Gesichtsausdruck den Besuchern einen Katechismus entgegenhielt. In der Dunkelheit fiel es schwer, sich eine genaue Vorstellung von den Ausmaßen des Gebäudes zu machen. Raphael konnte nur erkennen, daß sich in dem Bau neoklassizistische Elemente mit spanischem Kolonialstil mischten. Das Haus bestand aus zwei Stockwerken; das Erdgeschoß besaß zum See hin an seiner gesamten Front Arkaden mit engen Bögen. Im oberen Stockwerk lief ein Balkon mit einer Balustrade aus kleinen, runden Säulen von einem Ende der Fassade zum anderen. Den Haupteingang krönte ein Frontispiz mit einem Relieffries, das Szenen aus dem missionarischen Wirken des Priesters vom Vorplatz zeigte.

Morris hatte erwartet, daß Engracia am Eingang stehen und ihn mit dem ironischen Gesichtsausdruck mustern würde, mit dem sie für gewöhnlich die Wiedersehensfreude verbarg, aber sie war nicht da. Von Josué und dem anderen Muchacho begleitet, der den Jeep gefahren hatte, gingen sie in das Gebäude hinein. An die jungfräulichen Düfte des Flusses gewöhnt, nahm Melisandra sofort den seltsamen Geruch war, der hier in der Luft lag. Sie liefen einen breiten Gang entlang, der in einer Art Portal endete, und gelangten auf einen Innenhof, der von einer Reihe nackter Glühbirnen nur notdürftig erhellt wurde. Überall häuften sich bizarre Objekte, deren Formen im Halbdunkel nur schwer auszumachen waren. Es herrschte eine Atmosphäre wie in einem verlassenen Lagerschuppen oder einer alten Fabrik. Es gab kaum Anzeichen von Leben. Räume, die einst Klassenzimmer gewesen sein mußten, umgaben den Hof mit einer endlosen Reihe von Türen.

»Wo ist Engracia?« fragte Melisandra.

»Morgen werdet ihr sie kennenlernen«, antwortete Josué. »Heute abend wollte sie mit dem Professor allein sein. Außerdem dachte sie, daß Sie beide sich erst einmal von der Reise erholen möchten.«

Melisandra und Raphael tauschten mit Morris ein Lächeln aus. Dann verschwand Josué mit ihm und überließ sie der Obhut des anderen Begleiters, der ihnen sehr freundlich erklärte, man habe ihnen im oberen Stockwerk einen Raum zum Schlafen hergerichtet, von wo aus sie, wenn sie wollten, auch auf die Dachterrasse gelangen könnten, um vor dem Schlafengehen noch ein bißchen frische Luft zu schöpfen.

Der Raum, zu dem er sie führte, war völlig leer, bis auf zwei schmale Matratzen am Boden, einen Krug Wasser, zwei Gläser und einen Korb mit Brot und Früchten. Nachdem er ihnen eine gute Nacht gewünscht hatte, ließ der Junge sie allein.

»Seltsame Begrüßung«, meinte Raphael, indem er sich ihr zuwandte und sich mit ironischem Lächeln umsah. »Woher sie wohl wußten, daß wir kommen würden?«

Melisandra hob zum Zeichen ihrer Ahnungslosigkeit die Schultern.

»Vielleicht hat Mr. Platt Bescheid gegeben«, spekulierte sie, während sie zum Fenster hinüberging und die

Läden aufschlug. Vom See drang das Geräusch der Wellen mit einem frischen Luftzug ins Zimmer.

»Wie merkwürdig es hier riecht«, sagte sie dann.

»Der Geruch von prozessiertem Müll, angeblich geruchsfrei«, antwortete Raphael und sah auf die nebeneinander liegenden Matratzen. Sein Blick entging ihr nicht.

»Laß uns auf die Terrasse hinausgehen«, meinte sie. »Von dort aus können wir die Lichter von Cineria sehen.«

Raphael kramte nach der Taschenlampe, die in seinem Rucksack steckte. Sie traten auf den Gang hinaus. Am Fuß der Treppe trafen sie eine Katze, die sich bei ihrem Auftauchen aber nicht rührte. Die Stufen führten nach oben zu einer Eisentür, die sie unverschlossen fanden, und dann auf das große Flachdach des Gebäudes, das durch eine niedrige Balustrade aus kleinen, weißen Pfosten zur Terrasse gemacht worden war. Auf ihr waren in unregelmäßigen Abständen Zementbänke aufgestellt, die von der Witterung geschwärzt waren. Eine frische Brise drang sanft und angenehm vom See herauf und vertrieb den süßlichen Geruch nach Müll, den Melisandra noch in der Nase spürte. Sie nahm einen tiefen Atemzug und ging, die Arme weit ausgebreitet, ein paar Schritte. Der Himmel hatte sich etwas geklärt und ließ ein paar Sterne sehen. Raphael folgte ihr an den Rand der Terrasse. Auf einer der Bänke kniend, sahen sie zu den Lichtern hinüber, die in der Ferne leuchteten.

»Cineria!« seufzte Melisandra. »Die große, hochherrschaftliche Stadt, die älteste Stadt von Faguas; mehr als einmal gebrandschatzt und wieder aufgebaut, von Piraten geplündert. Hier ist Großvater geboren. Soviele Geschichten habe ich über Cineria gehört ... Ich kann kaum glauben, daß ich es jetzt wirklich vor mir sehe.«

»Was ich kaum glauben kann, ist, daß du noch nie hier gewesen sein sollst.«

»Als die Kriege zu Seuchen wurden, beschloß meine Großmutter, daß es eine Sache des Prinzips sei, sich an den Fluß zurückzuziehen und keinen Fuß mehr hierher zu setzen. Ich glaube, es war auch ihre Art, meinen Großvater davon abzuhalten, weiter nach Waslala zu suchen. Ihre letzte Reise hierher machten sie, als meine Eltern verschwanden. Ich begleitete sie damals, doch war ich noch sehr klein. Ich erinnere mich an nichts mehr.«

»Du hast isoliert vom Rest des Landes gelebt, stimmt's?«

»Eigentlich gar nicht mal so sehr. Auch auf der Hacienda haben wir unser Teil Mißgeschick abbekommen. Die jungen Leute ziehen in den Krieg und kommen als Leichen zurück. Ich muß die Familien trösten, Begräbnisse organisieren, die Brüder davon abhalten, auf Rache auszuziehen. Der Fluß ist an sich neutrales Gebiet, doch ziehen ständig bewaffnete Banden durch. Wir haben Waffen, verteidigen uns, so gut es geht ... Es sieht nur so aus, als führten wir ein paradiesisches Leben.« Sie schwieg einen Augenblick. »Oh, mein armes Land«, seufzte sie dann nachdenklich, »wer weiß, wann wir jemals aus diesem Schlamassel herauskommen!«

Sie flüsterte diese Worte in einer Mischung aus Melancholie und Müdigkeit, fast so, als spräche sie zu sich selbst. Das Interesse an den Lichtern in der Ferne schien sie jetzt völlig verloren zu haben; sie kniete, den Bauch gegen die Rückenlehne gepreßt, auf der Bank und ließ sich den Nachtwind ins Gesicht wehen. Raphael kniete in der gleichen Haltung neben ihr und stellte keine Fragen mehr.

»Mir kommt es immer noch so vor, als wäre ich auf einem Schiff«, sagte sie auf einmal. »Wie mögen sich wohl die Menschen gefühlt haben, die früher ganze Ozeane auf Segelschiffen überquerten?«

»Die würden sich wundern, wie klein und feindlich die Welt geworden ist«, antwortete Raphael. »Wenigstens konnte man zur Zeit der Segelschiffe noch neue Länder entdecken. Heute gibt es nichts mehr zu entdecken ...«

»Das müssen wir erst noch sehen«, lächelte sie und sah ihn dabei an. »Ich jedenfalls hoffe, daß ich Waslala entdecke.«

»Nun ja, irgendein Geheimnis wird es immer zu lüften geben. Und wenn es sie nicht gäbe, dann würden wir sie sicher erfinden. Eins meiner liebsten Gedichte endet so: ›*To strive, to seek, to find and not to yield*‹. Streben, suchen, finden und nicht resignieren. Der Dichter denkt an Odysseus, wie er sich nach seiner Rückkehr in Ithaka langweilt und erneut Penelope und seine Heimat verläßt.«

»Kennst du das Gedicht auswendig?« fragte Melisandra.

»Früher habe ich es mal gekannt, aber ich weiß nicht, ob ich es noch ganz behalten habe, ich habe es lange nicht mehr aufgesagt ... *It little profits that an idle king* ...«, begann er stockend, suchte zögernd jede Zeile. Die ersten Strophen kamen langsam, doch je mehr er sich dem Ende näherte, desto sicherer wurde seine Stimme, flüssiger die Aussprache, größer seine Lust, die Worte auszusprechen. Melisandra hörte gebannt zu und schloß die Augen, um ihn besser zu verstehen. Als Raphael geendet hatte, berührte er leicht ihre Schulter. Sie öffnete die Augen.

»Heute gibt es solch epische Ausbrüche nicht mehr«, sagte er.

»Vielleicht fasziniert dich deshalb der Gedanke an Waslala so«, meinte sie.

»Mag sein«, antwortete er. »Schwerer fällt es mir, Sympathie dafür zu empfinden, daß man bestimmten modernen Kampagnen den Charakter von Kreuzzügen andichten will: der Sache der Vegetarier oder der Gesundheitsapostel. Weil es keine wirklich heroischen Ziele mehr gibt, kämpfen die Leute halt für irgend etwas, egal was.«

»Das Gedicht ist sehr schön. Du schienst mir gar nicht die Art von Mensch zu sein, der Gedichte auswendig lernt. Ich mußte an meinen Großvater denken. Der zitiert auch immer Dichter.«

»Die Poesie zählt zu meinen heimlichen Leidenschaften.«

»Ich bin damit aufgewachsen«, sagte sie, »für mich ist Poesie etwas ganz natürliches.«

Lange schwiegen sie. Lehnten sich leicht aneinander. Dann drehte sich Melisandra zu ihm hin, sah ihn mit ruhigem Blick an und sagte:

»Mir ist kalt, und es ist spät. Laß uns schlafen gehen.«

Er zog sich die Jacke aus, legte sie ihr um die Schultern und hielt sie darin umschlungen. Melisandra ließ ihn gewähren und schmiegte sich eng an ihn, während sie langsam zur Treppe hinübergingen. Raphael rieb ihr den Rücken, um sie zu wärmen; seine Bewegungen waren zärtlich, doch nahmen sie an Ungeschicklichkeit, an Verlegenheit zu, je mehr aus der körperlichen Nähe eine Intimität erwuchs. Die Flüsse in Raphaels Innern bewegten sich in engen Deichen, dachte sie, doch gefiel ihr sein zärtlicher Blick von Mal zu Mal mehr. Als sie wieder in ihrem Zimmer waren, schloß er die Fensterläden, ließ sich auf eine der Matratzen fallen, verschränkte die Arme unter dem Kopf und redete von allem möglichen. Sie stand da und hörte ihm nur mit halbem Ohr zu.

»Wenn es dir nichts ausmacht, werde ich mich jetzt ausziehen«, sagte sie plötzlich und zog den Reißverschluß ihrer Jeans herunter. »Ich hab' einfach keine Lust, noch eine Nacht in den Kleidern zu schlafen.«

Sie setzte sich auf ihre Matratze, zog sich die Schuhe aus, stand wieder auf und ließ ihre Blue Jeans zu Boden fallen. Dann streifte sie sie mit einer Bewegung des Fußes vollständig ab und legte sie sorgfältig beiseite. Nur noch mit ihrem T-Shirt bekleidet, schaltete sie das Licht aus und legte sich neben ihn. Sie erwartete, daß er sie in der Dunkelheit suchen würde, doch blieb er regungslos liegen und atmete nur heftig.

»Du atmest nicht gerade besonders ruhig«, meinte sie belustigt und sah seine Augen im Halbdunkel glänzen.

»Ich würde dich so gern berühren«, sagte er. »Ich kann mich kaum beherrschen.«

»Was hält dich ab?« fragte sie trocken.

»Ich weiß nicht, wie man das hier macht. Ich weiß nicht, ob man hier vorher auch verhandeln und diskutieren muß. Tut mir leid, das kommt dir sicher komisch vor«, stammelte er, als er ihr verständnisloses Gesicht sah.

Plötzlich mußten sie beide aus vollem Halse lachen, und lachend rissen sie sich die letzten Kleider vom Leib, ließen endlich der so lange unterdrückten Begierde ihren Lauf, wälzten sich am Boden, feierten sich wie zwei Liebende, die sich nach Jahren wiedersehen, küßten sich wild und zärtlich, während ihre Hände die Formen fanden, zeichneten und maßen, die der eine beim anderen suchte, verweilten hier ein wenig, dann dort, besahen sich von Kopf bis Fuß, berührten, berochen und bereisten einander mit der Zunge von den Schultern über den Hals, die Augenhöhlen, Nasenlöcher, Ohrmuscheln, Hand- und Fußgelenke, Ellbogen und Knie, die Wirbelsäule und den Rücken hinab zur schmalen Taille, dem Bauch mit seinem Nabel, der Scham, der Brust. So liebten sie sich auf jede nur erdenkliche Art, wild und zärtlich, staunend vor Freude, wie gut sich ihre Körper fanden. Murmelten, was der Körper ihnen eingab. Die Worte flossen aus dem Mund mit einer Liebe, die sie selbst nicht ahnten, und widersprachen, trotzten aller Berechnung, aller Vorahnung, all der Vergänglichkeit und Flüchtigkeit dieser Begegnung, die begonnen hatte, als ihre Augen sich auf der Veranda der Hacienda wiedererkannten.

Nach dem letzten Orgasmus setzte sich Melisandra plötzlich auf, hob die Arme, bog den Rücken wie eine Katze und ließ die Luft mit einem langen, urwüchsigen Schrei aus ihren Lungen.

Raphael nahm sie in den Arm. »Was war denn das?« fragte er.

»Ich will nicht, daß du wieder gehst. Ich möchte dich behalten.«

20. Kapitel

Die Muchachos werden morgen behaupten, das war die Cegua, das Frauengespenst, das rufend in der Nacht seine Kinder sucht, aber ich glaube, das war ein Lustschrei«, meinte Engracia. »Also keine Sorge, bleib wie du bist, mich hat schon lange niemand mehr so in den Armen gehalten.«

Morris lehnte sich in den Kissen zurück, und Engracia konnte sich wieder in seinen einzigen Arm kuscheln. Sie hatte ihm nie erlaubt, mit dem Metallarm ins Bett zu kommen, so sehr er auch bekräftigte, er gebrauche ihn so natürlich, daß sie es nicht einmal merken würde. Die Prothese lag auf dem Nachttischchen. Morris nahm es seinerseits nicht hin, sich allzu weit von seinem mechanischen Körperteil zu entfernen.

»Meinst du nicht, daß da irgendwas los ist?« fragte er, immer noch in leichter Sorge.

»Ich hab dir doch gesagt, was es war«, antwortete sie schläfrig. »Heute nacht bin ich die einzige, die Probleme hat. Ich bin einfach todmüde.«

Sie setzte sich im Bett auf und schüttelte heftig ihren langen, schon von grauen Strähnen durchwirkten Schopf, der ihr bis auf den Rücken reichte und den sie am Tag in einen dicken Zopf flocht.

»Möchtest du Kaffee?« fragte sie, als sie aufstand und zu einem Tisch ging, auf dem eine Kanne stand.

»Warum nicht? Tu dir keinen Zwang an, es macht ja nichts, daß ich die ganze Woche keine Nacht durchgeschlafen habe.«

»Schlafen ist Zeitverschwendung«, gab sie zurück, während sie die Tassen füllte und zum Bett zurückkehrte. »Das einzige, worum ich die Espada-Brüder beneide, ist, daß sie angeblich keinen Schlaf brauchen. Obwohl ich fast fürchte, daß das nur eine Legende ist. Wieviel Stunden schlief ich, als wir uns das letzte Mal sahen?«

»Vier.«

»Na siehst du. Jetzt bin ich schon bei drei. Das ist zwar keine allzu große Verbesserung, doch immerhin etwas.«

»Mit mir mußt du Geduld haben. Ich brauche noch fünf Stunden.«

Engracia war völlig nackt. Auch wenn ihr Körper nicht mehr ganz jung war, so sah sie doch noch kräftig und imposant aus. Sie hatte schlanke, hohe Beine, auf denen die schmalen Hüften ruhten, und große, schwere Brüste, die sie mit derselben Natürlichkeit von einer Seite zur anderen schaukeln ließ, mit der sie ihren Haarschopf schüttelte. Morris war sie immer wie eine verirrte Amazone vorgekommen, gut konnte er sie sich vorstellen, wie sie, braun und nackt und mit nur einer Brust, Pfeil und Bogen trug.

»Bist du sicher, daß du nicht noch mehr gewachsen bist, Engracia? Du kommst mir größer vor.«

»Ich weiß nicht. Kann sein. Meine Füße sind auf jeden Fall gewachsen. Mir paßt kein Paar Schuhe mehr«, antwortete sie, hob einen Fuß und drehte ihn hin und her, wobei sie ihn musterte, als befürchte sie, sie könne ihn wachsen sehen, noch während sie sprach.

»Wohin hast du meine Begleiter geschickt?«

»Ich hab sie schlafen geschickt, sie sind gut untergebracht, in einem Zimmer ganz für sich allein. Ich hatte keine Lust, dich förmlich zu empfangen, und ziehe es vor, in der Öffentlichkeit nicht allzu überschwenglich zu wirken. Das untergräbt meine Autorität.« Sie lächelte ironisch.

Morris lächelte zurück. Es wunderte ihn nicht, daß sie um seine Begleiter gewußt hatte. Engracia schien immer alles zu wissen. Morgen würde noch Zeit genug sein, daß sie mit ihnen sprach, dachte er. Unterdessen war es gut, sie für sich allein zu haben; von den Monaten zu erzählen, die sie sich nicht gesehen hatten, von seinem Heimweh. Sich gemeinsam zu erinnern, sich Dinge längst vergangener Zeiten zu erzählen. Von der Zukunft sprachen sie nur wenig. Sie wußten, daß sie vor allem Freunde waren, und das war für beide genug. Normalerweise laugte ihn Engracia in den ersten Tagen völlig aus. Sie befriedigte sich und kehrte danach wieder zu ihrem Amazonendasein zurück, den Lüsten des Fleisches gegenüber völlig gleichgültig. So durchliefen sie in wenigen Wochen im Eiltempo die Bahn der Liebe, von den Flitterwochen bis zum friedlichen Miteinander eines alten Ehepaars.

Auf ihren Ellbogen gestützt, rauchte Engracia jetzt eine Zigarette und blies große Rauchringe zur Decke.

»Maclovio hat eine riesige Ladung Waffen mitgebracht«, sagte sie. »Ich weiß nicht, ob dem Mädchen vom Fluß überhaupt klar ist, daß er ihre Hacienda als Zwischenlager benutzt. Ich habe davon erfahren, als ihr in Las Luces wart. Die Espada-Brüder erwarten ihn schon mit großem Empfang, aber er hat auch mir einen Teil der Ladung angeboten.«

»Melisandra ahnt vielleicht etwas«, antwortete Morris, »aber ich glaube nicht, daß sie etwas Genaues weiß, und ich bin mir auch nicht sicher, daß wir es ihr sagen sollten. Don José ist bei den Leuten auf der Hacienda geblieben. Für ihn besteht wohl keine Gefahr, solange Maclovio sich nicht entdeckt fühlt. Es scheint mir wichtig zu sein, daß sie ihre Reise nach Waslala fortsetzt. Wenn irgend jemand diesen Ort zu finden vermag, dann ist sie es.«

»Leicht wird das nicht werden für sie«, urteilte Engracia. »Ich habe den Verdacht, daß Maclovio und die Espada-Brüder versuchen werden, es zu verhindern. Ich bin sicher, sie hätten es am liebsten, daß sie sich verirrt und nie wieder zurückkehrt, wie einst ihre Eltern.«

»Dann müssen wir uns eben etwas einfallen lassen, um den Plan der Gauner zum Scheitern zu bringen. Du kannst ihr sicher helfen.«

»Ach, Professor, ach, Professor!« rief Engracia aus, während sie aufstand und sich Kaffee nachschenkte. »Ich weiß nicht, ob ich dazu tauge! Je länger ich lebe, desto klarer wird mir, daß Waslala unvereinbar ist mit der menschlichen Natur. Wir Menschen sind nicht von Natur aus gut. Wären wir es, dann würden wir uns sicher entsetzlich langweilen. Nur wenn wir tot sind, tun wir keinem mehr was zuleide. Deshalb gehört der Himmel auch den Toten.«

»Aber Waslala ist der Himmel auf Erden. Ohne Harfenmusik, natürlich.« Morris grinste anzüglich. »So hast du es mir selbst zumindest mal beschrieben.«

»Ich bin eben manchmal romantisch, leiste mir ein wenig Idealismus ... Gott sei Dank passiert mir das immer seltener. Mitten im Müll zu leben läßt einen die Dinge ziemlich klar sehen ...« Engracia hob die Brauen und sah ins Leere. »Natürlich wäre es phantastisch, wenn sie Waslala fänden. Als Einwohnerin von Faguas würde mich das sehr stolz machen; je mehr Müll ich sehe, desto besser verstehe ich, daß diejenigen, die alles haben, genauso arm dran sind wie die, die nur den Abfall davon bekommen. Doch selbst wenn sie Waslala fänden, wären damit noch längst nicht alle Probleme gelöst!«

»Mir würde es völlig reichen, zu wissen, daß Waslala möglich ist. Nichts weiter. Es spielt keine Rolle, ob ich jemals dorthin gelange oder nicht«, sagte Morris und sah das verzerrte Spiegelbild seines Gesichts im Metall der Prothese.

»Und genau deshalb liebe ich dich so sehr, Professor«, lächelte Engracia und gab ihm einen Kuß auf seinen Armstumpf. Ihr Gesicht, aus dem plötzlich alle Härte gewichen war, schien ihm ein junges und wunderbar sanftes Antlitz zu sein.

21. Kapitel

Am nächsten Morgen erwachten Raphael und Melisandra durch die kehligen Schreie des chinesischen Karatelehrers. Schnell zogen sie sich an und traten auf den Gang über dem Innenhof hinaus. Sie waren noch warm und schläfrig von der Nähe ihrer ineinander verschlungenen Körper im Halbdunkel des Zimmers, und so standen sie zunächst wie geblendet vom grellen Morgenlicht.

Ungefähr zwanzig junge Männer, einer abenteuerlicher gekleidet als der andere, hatten in Reih' und Glied unter dem Balkon des ersten Stocks Aufstellung genommen und machten die Schreie und Fußstöße des Kampfsportlehrers nach. Dessen Fahrrad mit einem überdachten Anhänger für den Gemüseverkauf stand an eine Säule gelehnt und gab der Szene einen häuslichen, leicht komischen Beigeschmack. Doch waren der Chinese und die Muchachos das am wenigsten seltsame Detail des Bildes, das sich ihnen bot: Der riesige Hof hinter dem Schulhaus war der Strand, an den die moderne Zivilisation die Überbleibsel ihres Untergangs geworfen hatte. Teile aller nur vorstellbaren Gegenstände lagen zu großen Haufen getürmt und formten riesige, bizarre Skulpturen, Gebilde aus einer anderen Welt, die sich erst nach längerem Betrachten als die Ansammlung von Tausenden Fenster- und Türrahmen, unzähligen eisernen

Bettgestellen, Bergen von Matratzen und Autofelgen entpuppten, Waschmaschinen, Kühlschränke, Fernsehgeräte, Computerbildschirme, Rollstühle, Tonnen von Glasflaschen, die dem Recycling entkommen waren, Büromöbel, Autokarosserien, Ladenregale, Industriemaschinen, Klimaanlagen, Kronleuchter ... Zwischen den Massen von Gegenständen sah man zu mittelgroßen Flächen zusammengestellte Tische und Stühle oder durchgesessene Sofas, auf denen die weniger voluminösen oder schwerer zu klassifizierenden Artikel aufgeschichtet lagen. Überall wuchs hohes Unkraut; beißender Rauch stieg vom hinteren Teil des Hofes auf, wo sich die primitive, retortenförmige Müllverbrennungsanlage befand. An der Hofmauer waren zahllose Abfallballen aufgereiht. Über dem Maschendraht des ehemaligen Baseballplatzes der Schule hingen große Mengen von Kleidungsstücken zum Trocknen in der Sonne, von denen sich im Wind weißliche Fussel lösten.

Auch der sichtbare Teil des weitläufigen Gebäudes war mit Gegenständen vollgestopft, die Wände unter der Sperrmüllawine kaum auszumachen. Raphael hatte die absurde Vision einer riesigen Planierraupe, die auf dieses Fleckchen Erde allen Schrott der Welt vom Himmel herunterregnen ließ.

Sie stiegen die Treppe hinunter, und Melisandra ging auf den nächstgelegenen Haufen zu, auf dem sich Bettgestelle und Matratzen türmten. Die Muchachos machten mit ihrem Training weiter, warfen ihr jedoch argwöhnische Blicke zu, während sie die Muskeln spannten, um die vom Chinesen gezeigten Haltungen einzunehmen. Raphael umschritt den Berg aus Betten, ohne Melisandra aus den Augen zu verlieren, die jetzt beinahe fasziniert in einem Faß herumstocherte, das mit Badeartikeln gefüllt war: Seifenschalen, Klopapierhalter,

Handtuchständer. Der Chinese war mit seiner Unterrichtsstunde fertig. Die Muchachos verbeugten sich, die Hände vor der Brust zusammengelegt, vor ihrem Meister, der kurz darauf wieder das Aussehen eines ganz normalen chinesischen Gemüsehändlers annahm und auf seinem Fahrrad davonfuhr.

Josué löste sich von der Gruppe und schlenderte herüber, um ihnen einen guten Morgen zu wünschen und einen Rundgang über das Gelände anzubieten. Als sie ihn näherkommen sah, wandte sich Melisandra ihm zu.

»Was macht ihr mit all dem Zeug?« fragte sie mit einer Mischung aus Neugier, Bewunderung und Staunen. »Da sind eine Menge nützliche Sachen ... und Dinge, die ich noch nie gesehen habe.«

Sie sprach die Worte nicht, so lächelte Raphael in sich hinein, mit soziologischem Interesse. Wenn Melisandra einen Einkaufswagen gehabt hätte, um mit ihm zwischen den Schrotthaufen umherzugehen, sie hätte ihn im Handumdrehen gefüllt.

»Das hier ist eine Goldmine. Ihre Ausbeutung mag recht schwierig sein, doch was man erhält, lohnt die Mühe. Die meisten der Apparate hier zum Beispiel« – Josué wies mit dem Finger auf die Waschmaschinen und anderen Haushaltsgeräte – »funktionieren noch tadellos.«

»Ich dachte, in Cineria benutzt niemand diese Maschinen zum Wäschewaschen«, warf Melisandra ein.

»Aber natürlich werden sie benutzt«, gab Josué mit beleidigtem Unterton zurück. »Anfangs wollte sie niemand haben, das ist wohl richtig, doch jetzt ist die Nachfrage kaum zu stillen, vor allem nach denen, die mit Sonnenenergie laufen. Du solltest dir auch mal eine anschaffen. Pedro kann sie dir sicher auf die Hacienda bringen.«

Raphael grinste belustigt, als Melisandra die Waschmaschine öffnete, auf die sie sich gelehnt hatte, und prüfend in sie hineinsah. Es schien, als habe Josué das Geschäft des Tages abgeschlossen.

»Sag mal, Raphael«, fragte Melisandra, »warum landen diese Maschinen auf dem Müll, wenn sie noch so gut funktionieren?«

»Weil die Hersteller jedes Jahr bessere Modelle anbieten, mit noch mehr Vorzügen, und die Leute immer das Beste vom Besten, das Neueste vom Neuesten haben wollen ...«

»Was für eine unglaubliche Verschwendung. Welch eine Sünde!« empörte sich Melisandra.

Raphael zuckte resignierend die Schultern. »Wenn die Leute nicht bereit wären, das Alte gegen Neues zu tauschen, dann hätten die Hersteller auch keinen Ansporn, bessere Maschinen zu bauen. So hat alles seine Vor- und Nachteile.«

»Also, wir haben nichts dagegen«, mischte sich Josué ein. »Wenn wir diese Sachen aus zweiter Hand nicht hätten, dann wären wir, wie Engracia immer sagt, schon längst wieder in der Steinzeit!«

Er bedeutete ihnen, ihm zu folgen; ein guter Unterhalter zu sein, hatten für ihn nicht gerade Priorität.

Auf der gesamten Länge des Gebäudes befanden sich, untergebracht in den ehemaligen Klassenzimmern, die Sortierkammern. Die größeren Gegenstände wurden auf dem Hof gelassen, doch die Abfallballen wurden zum Aussortieren in die Räume gebracht. Je näher sie kamen, desto stärker wurde der Gestank. Josué schien ihn gar nicht zu bemerken, doch Melisandra und Raphael konnten ihren Ekel kaum verbergen.

Im ersten Raum, wo es am übelsten roch, wurden die Ballen geöffnet und der kompostierbare Müll herausgelesen. Dann wurde der Ballen in den nächsten Raum gebracht, wo sich eine zweite Gruppe Muchachos, auf kleinen Bänken sitzend, daran machte, ihn genau zu untersuchen und alle verwertbaren Gegenstände aus ihm herauszuklauben. Das, was sie fanden, warfen sie in große Körbe, die dann ins nächste Zimmer zu weiterer Sortierung getragen wurden. Am Ende eines jeden Tages kontrollierte Engracia höchstpersönlich das Ergebnis und entschied, was aufgehoben und was endgültig in die Verbrennungsanlage geworfen wurde.

Die Muchachos, deren Zahl nur schwer zu schätzen war, bewegten sich emsig von Raum zu Raum, zwischen Stößen glattgestrichenen Papiers, plattgedrückten Blechdosen und übelriechenden Lumpen. Einige von ihnen trugen Masken vor Mund und Nase; andere hatten sich nur wie die Cowboys im Wilden Westen ein Taschentuch vors Gesicht gebunden.

Ja, es war sicher eine schmutzige Arbeit, meinte Josué; alles war in diesen Ballen zu finden. Wenn jedoch erst einmal der unbrauchbare Müll herausgeholt war, begannen sich die Überraschungen zu zeigen, die Schätze aufzutauchen. Sie hätten ja keine Ahnung, was man alles fand.

Er führte sie zu einer Tür am Ende des Ganges, die mit einem schweren Vorhängeschloß verriegelt war; er öffnete es mit einem der Schlüssel des Bundes an seinem Gürtel.

Als sie eintraten, sahen sie Regale aller möglichen Größen, die in Zweier- und sogar Dreierreihen mit Büchern vollgestellt waren. Die Fenster waren geschlossen, und das einzige Licht fiel durch die halb offenstehende Tür herein. Leise, fast auf Zehenspitzen, traten sie ein. Josué schloß die Tür hinter ihnen und schaltete eine Neonröhre ein, die an die Wand geschraubt war.

»Dies hier ist unsere Bibliothek«, verkündete er mit vom Neonlicht grünlich gefärbtem Gesicht. »Wir haben hier sogar Ausgaben aus dem Jahre 1920. Das Ganze ist eine Idee von Professor Morris.«

Melisandra verschwand zwischen den Regalen und begann, Bücher in die Hände zu nehmen, die sie vorsichtig öffnete. Raphael tat es ihr nach. Noch nie hatte er soviele Bücher real vor Augen gehabt. Für gewöhnlich besuchte er nur virtuelle Bibliotheken. Es war längst nicht mehr notwendig, selbst zu gehen. Man bekam alle Bücher durch das sogenannte MasterBook, ein elektronisches Grundmodell, das wie ein Buch aussah und sich so las. Den Text konnte man außerdem an die Wand werfen, wenn man zum Beispiel in der Badewanne lesen wollte, oder sich vorspielen lassen, wenn man noch etwas anderes zu tun hatte, wie Autofahren oder Kochen. Es war kaum noch vorstellbar, wieviel Raum früher allein darauf verwandt worden war, die Bücher aufzubewahren, und wieviel Zeit verschwendet wurde, in der man nur las, ohne etwas anderes zu tun, vom Papierverbrauch ganz zu schweigen. Er stellte sich die Unmengen Exemplare vor, die von jedem der hier versammelten Bücher gedruckt worden waren, die abgeholzten Wälder. Das MasterBook brauchte weder Papier noch Platz.

Als er die ersten paar Bücher in die Hand nahm, ertappte sich Raphael dabei, wie er den Knopf suchte, um die Schrift zu vergrößern und so besser lesen zu können. Er mußte über seinen Reflex lachen. Was man auch über diese archaische Bibliothek sagen mochte, so mußte er doch zugeben, daß von diesem Raum etwas Feierliches ausging, wie von einem Tempel, etwas, das eine instinktive, atavistische Ehrerbietung weckte; das seltsame Gefühl der Rührung angesichts der Mühen des Menschen um das Wissen. So ging er zwischen den Regalen auf und ab, berührte hier und da Buchrücken und öffnete die Seiten mit den verschiedenen Schriftbildern. Im Master-Book waren alle Bücher gleich, hatten die gleiche Schrift; ohne Zweifel war es sinnlicher, die Hand über diese Seiten gleiten zu lassen. Jeder Buchantiquar würde hier glatt verrückt werden. Er dachte an den Alten, der Tag für Tag im Worldnet die Rückkehr des Buches und seinen Schutz als aussterbende Art forderte, stellte sich vor, wie seine müden, geröteten Augen vor Freude zu leuchten begannen angesichts dieses Raumes.

Melisandra dachte an ihren Großvater. Vielleicht konnte sie hier Bücher in Spanisch finden, oder in Französisch und Italienisch, alles Sprachen, die er beherrschte. Heutzutage wurde kaum noch darin publiziert, Bücher in diesen Sprachen zu finden wurde immer schwieriger. Doch diese Bücher hier stammten noch aus der Zeit, bevor man die englische Sprache zur offiziellen Weltsprache erklärt hatte.

»Kannst du mir sagen, Josué, ob es hier auch Bücher auf spanisch gibt?« fragte sie den Jungen.

»Die bringen wir alle zu Engracia. Die hebt sie bei sich in ihrer Wohnung auf.«

»Aber wer liest denn diese Bücher überhaupt?« fragte Raphael.

»Nun, ich für mein Teil komme gern hierher, um die Bücher zu riechen«, antwortete Josué, nahm ein Buch aus einem der Regale und steckte die Nase zwischen die geöffneten Seiten. »Ich liebe den Geruch so sehr. Er beruhigt mich irgendwie. Manchmal blättere ich auch darin herum, aber eigentlich haben wir hier immer zuwenig Zeit zum Lesen.«

Auch Melisandra nahm jetzt ein Buch und hielt es sich nahe vors Gesicht, wobei sie die Augen schloß. Sie mochte ebenfalls diesen Geruch, er brachte sie an den Fluß zurück, in die Tage ihrer Kindheit, als sie im Arbeitszimmer ihres Großvaters spielte, während er schrieb und sich oft unterbrach, um mit ihr zu reden, sie als Gesprächspartnerin wählte, als sei sie eine Erwachsene und nicht das kleine Mädchen, das nur verständnislos und staunend seinen Worten zuhörte.

»Hier bewahren wir auch die Familienfotos auf«, unterbrach Josué ihre Gedanken und zeigte auf eine breite Truhe, deren Schubladen mit Fotos vollgestopft waren.

»Fotos von welcher Familie?« fragte Raphael.

»Das wissen wir auch nicht. Es sind Fotos, die wir im Müll finden und die uns gefallen. Ich schaue mir gern an, was die Leute so anhaben auf den Fotos und stelle mir vor, wie sie wohl gelebt haben mögen. Das ist sehr unterhaltsam. Es sind auch sehr schöne Landschaften und Städte drauf.«

Während Raphael, an ein Regal gelehnt, scheinbar ein paar Bücher untersuchte, sie in Wahrheit jedoch nicht aus den Augen ließ, trat Melisandra zu Josué an die Truhe und begann, einen Blick auf die Bilder zu werfen. Wie hypnotisiert ließ sie langsam ein Foto nach dem anderen durch ihre Hände gleiten, so, als erblicke sie einen unbekannten Planeten. Was mochte sie denken, fragte sich Raphael und näherte sich den beiden, um ebenfalls die Schnappschüsse anzuschauen, Familien, in Gruppen aufgestellt, Hunde mit ihren Herrchen, dicke, krabbelnde Babies, ein Paar vor einem großen Kiefernwald, eine Frau, die die Straße einer großen Stadt überquert, vielleicht New York. Mit der Hand fuhr er durch den Stapel der Bilder, viele von ihnen mit umgeknickten Ecken, verblaßt, unscharf. Wer von den Menschen auf den Fotos hätte wohl je vermutet, daß er dereinst mit diesen jungen Leuten, Bewohnern einer Müllhalde, die Intimität seiner Hochzeit teilen sollte, seines Geburtstages, der bis in die letzte Einzelheit geplanten Ferien?

Er spürte einen Kloß im Hals, lange schon hatte ihm das Menschliche der Menschen nicht mehr so gerührt wie jetzt. Sie war absurd, diese Bibliothek, deren Bücher keiner je las, und absurd auch der Gedanke, diese alten Fotos aufzuheben. Es war absurd, doch auch ergreifend, verursachte ihm einen süßen Schmerz. Wie etwas, das für immer umgeknickt, gebrochen ist und doch versucht, sich aufrecht zu halten. So sind wir nun einmal, mußte er denken, voller Sehnsucht, Spuren zu hinterlassen, unser Spiegelbild im anderen zu sehen, um uns verstehen zu können, um uns nicht allein zu fühlen, um nicht den Glauben zu verlieren, daß wir einander folgen auf diesem Weg ins Nirgendwo.

So standen sie lange schweigend, bis Josué schließlich meinte, es sei Zeit, Engracia zu besuchen. Um elf würde der Markt geöffnet, und dann könne sich niemand mehr um sie kümmern.

22. Kapitel

Josué ging schnell vor ihnen her. So kamen sie zum gegenüberliegenden Gebäudeflügel, in dem Engracia wohnte. Die Anhäufung von Müll wurde hier weniger, die Dinge waren einer strengeren Auswahl unterzogen worden. Eine Reihe Kronleuchter verschiedenen Stils hing hintereinander von der Decke herunter, kaum zerschlissene Möbel standen an der Wand entlang und zwischen den Säulen, die den Innenhof säumten. Auf einem langen Regal waren Uhren und aller mögliche Nippes zu bewundern, ausgefallene Flaschen, Blumenvasen, goldumrandete Bilderrahmen ohne Fotos, Kissen, Statuen von Buddhas und Löwen, Gemälde von Meeres- und Herbstlandschaften.

Melisandras Augen sprangen von einem Apparatehaufen zum anderen. Nie würde sie dies alles beschreiben können, kam ihr in den Sinn, als sie sich dabei überraschte, wie sie dem Großvater in Gedanken einen Brief schrieb. Es wollte ihr einfach nicht in den Kopf, wie man dies alles wegwerfen konnte, wie man zu Abfall erklären konnte, was noch völlig brauchbar war. Raphael versuchte erneut, ihr zu erklären, daß die Technik nun mal immer weiter voranschritt und das Vorhergehende veralten ließ. Zum Beispiel die Computer, sagte er. Niemand benutzte in seinem Land mehr die Modelle, die hier herumlagen. Ihre Funktionen waren immer komplexer, die Geräte dabei immer kompakter geworden und ermöglichten eine Kommunikation mit modernster virtueller Kapazität und Hyperebenen der Interkonnexion.

»Was früher vier oder fünf Maschinen machten, das schafft heute dieser kleine Kommunikator«, zeigte er auf sein eigenes Gerät.

Sie folgte ihm eher höflich als interessiert, mit einem Blick, der sagen wollte, daß sie ihn unmöglich für so entfremdet halten mochte, nicht zu merken, daß all dieser Müll, diese Haufen von Apparaten und Geräten so etwas ähnliches waren wie die Spuren, die ein Mörder hinterließ. Er will es von mir erklärt haben, dachte sie, ich soll ihm den Sinn von all diesem auseinanderlegen.

»Ich weiß nicht, was ich dir sagen soll, Melisandra. So ist das System eben, es fordert seinen Preis. Entwicklung ohne Abfall, ohne Verschwendung, die gibt es nicht.«

»Es ist aber nicht logisch.«

»Sehr wohl ist es das, sogar das Chaos hat seine Logik.«

Sie hatten inzwischen die Tür von Engracias Wohnung erreicht. Raphael sah durch die sich öffnende Tür den Metallarm von Morris blitzen. Gleich darauf überquerten sie die Schwelle des ehemaligen Klassenzimmers, das hier in ein Büro umgewandelt war.

»Da seid ihr ja!« rief Engracia mit lauter Stimme und umfing sie mit ihrem forschenden Blick. Melisandra war sichtlich überrascht. Die Frau erhob sich und beobachtete amüsiert die Wirkung, die ihr plötzlicher Anblick hervorrief.

Gullivers Schwester im Lande der Liliputaner, dachte Raphael und hob den Kopf, um der Frau zuzulächeln, die hinter dem Schreibtisch hervorkam und ihnen eine lange, große Hand entgegenstreckte.

»Dich kenne ich ja schon lange«, sagte Engracia zu Melisandra, »nur, daß wir uns noch nie gesehen haben.«

Sie lud die beiden ein, in die Privaträume mitzukommen. Trennwände waren dort herausgenommen worden, so daß ein Apartment mit verschiedenen Stilrichtungen entstanden war. Je nach Stimmungslage konnte es wie ein altmodisches Boudoir oder ein Beduinenzelt oder die Gemächer des Scheichs aus Tausendundeiner Nacht wirken. Die Sessel waren mit unterschiedlich bedruckten Stoffen bedeckt. Auf allen möglichen Arten von Tischen standen Lampen mit Tiffany-, Art déco- oder Fin de siècle-Schirmen.

In der Mitte des Raums stand ein Bett, dessen Maße denen der Besitzerin angepaßt waren und das auf Messingpfosten einen Baldachin trug, an dessen Seiten mit Arabesken bemalte Stoffe herabhingen. Das Zimmer war voller Pflanzen. Ein Papagei stolzierte vergnügt zwischen den Möbeln umher.

»Wie man sieht, macht mir das Einrichten Spaß«, bemerkte Engracia stolz, während sie sich auf dem einzigen modernen Möbelstück niederließ, einem Sofa, das sich vermittels eines Hebels in seiner Armlehne zurückklappen, verbreitern, verlängern und kreisen lassen ließ.

»Dieses Zimmer ist ja phantastisch!« rief Melisandra aus.

»Na ja, an einem Ort wie diesem zu leben, kann ganz schön nerven«, antwortete Engracia leutselig. »Man muß sich manchmal vom Rest abschotten können, die Bedingungen schaffen, um sich ganz weit weg zu fühlen.«

Trotz ihrer Aura von Einsamkeit besaß Engracia die Gabe, fest mit beiden Beinen auf der Erde zu stehen. Sie war schlicht und direkt in ihrem Auftreten und neigte kaum zu übertriebener Feierlichkeit. Sie lachte gern und laut und machte aus ihrem Hang zum Spielerischen kein Hehl. Es dauerte nicht lange, da fühlten sie sich bei ihr wie zuhause. Melisandra überraschte sich bei dem Gedanken, ob sie diese Frau nicht von irgendwoher kenne, ob sie nicht vielleicht die Mutter oder Schwester von jemand Bekanntem wäre. Unterdessen bot Engracia ihnen Früchte, honiggefüllte Tortillas, eingemachte Chilischoten und riesige süße Feigen an.

»Wenn ihr verstehen wollt, was in Cineria und weiter im Land drinnen wirklich los ist, müßt ihr schon ein paar Tage hier bleiben«, sagte sie. »Ihr könnt nicht einfach so weiterreisen. Waslala zu finden, hängt davon ab, ob ihr die Zeichen zu lesen versteht. Das ist jedenfalls meine Theorie. Aber ich habe natürlich nichts, um sie zu untermauern. Ich selbst bin ja nie in Waslala gewesen, hab' nicht einmal versucht, dorthin zu gelangen. Wie alle hier in Faguas habe ich jedoch viel darüber nachgedacht, wie ich es anstellen würde.«

Die Leute brachten Jahre damit zu, sich in der Phantasie Expeditionen auszumalen, erzählte sie weiter. Das war ein Zeitvertreib, den die Eltern ihren Kindern weitergaben, ein Spiel, das die Kinder von klein auf spielen lernten. Es war ein altes Rätsel, fuhr sie fort, die Suche nach dem verlorenen Paradies, der verlorenen Zeit, nach allem, was die Menschheit verloren hatte, noch bevor sie es überhaupt zu benennen lernte.

»Die Utopie zu suchen, ist ein altes Spiel«, schloß sie ihren Monolog, »doch ist es eine Sache, zu spielen, aber eine ganz andere, sich ernsthaft auf die Suche zu machen, so wie ihr es vorhabt.«

»Mit anderen Worten: du glaubst nicht an Waslala«, unterbrach sie Raphael.

»Aber natürlich glaube ich daran«, antwortete sie und blies Rauchringe in die Luft, »aber ich muß es nicht gesehen haben, um daran glauben zu können. Es ist mir gleich, ob es wirklich existiert oder nicht. Ich begnüge mich mit dem Spiel.«

»Aber weshalb denn?« drang jetzt Melisandra in sie ein. »Warum sich mit einem Spiel begnügen, wo es Belege dafür gibt, daß es wirklich existiert?«

»Wir werden schon noch genug darüber philosophieren«, lächelte Engracia. »Wenn ich die Enkeltochter deines Großvaters wäre, würde ich vielleicht auch so handeln wie du. Weil ich aber die bin, die ich bin, habe ich nicht die Zeit dazu. Und begnüge mich damit, euch ein wenig zu helfen.«

Raphael berührte plötzlich etwas Hartes unter dem Sofa, auf dem er saß, etwas, das vor seinem Schuhabsatz davonglitt. Er beugte sich nieder, um zu sehen, was es war. Engracia sah seine Geste.

»Das sind Bücher«, sagte sie. »Die liegen hier unter allen Möbeln. Ich wußte einfach nicht mehr, wohin damit. Die, die ich gerade lese, liegen unter meinem Bett. Ihr könnt euch auch welche holen, wenn ihr was lesen wollt.«

23. Kapitel

Gegen Mittag hatte sich der Hof der alten Schule in einen riesigen Basar verwandelt; Gruppen von Menschen jeden Aussehens und Alters schlenderten aufmerksam suchend zwischen den Sperrmüllbergen umher, wobei sie alte Einkaufswagen vor sich herschoben, in denen sie ihre Kinder oder mitgebrachte Tauschartikel verstaut hatten. Die miteinander feilschenden Stimmen und das Weinen und Schreien der Kinder mischten sich mit dem Gackern von Hühnern, dem Quieken von Schweinen und dem Blöken von Kälbern, die mal hierhin und mal dorthin gezerrt wurden. Der ranzige Müllgeruch vermengte sich jetzt mit dem Duft nach Kräutern, Gemüse und Blumen, die die Kunden mit sich umhertrugen, während sie ihre Geschäfte tätigten. Hinter einem breiten Tisch aus massivem Holz saß Engracia mit Josué und ein paar weiteren Helfern und entschied, ob das, was angeboten wurde, dem Wert des Gewünschten entsprach. Der Handel ging mit gemächlichem Tempo vonstatten, begleitet von Unterhaltungen über den Tisch hinweg, in deren Verlauf nicht nur um Preisnachlaß gefeilscht, sondern Engracia auch über das Neueste von Bekannten, Missetaten der Espada-Brüder und die letzten Scharmützel ins Bild gesetzt wurde. In kurzer Zeit konnte Raphael beobachten, wie sich der Gang unter den Arkaden mit großen

Mengen Gemüse, Eiern, Stoffen, Haustieren, Milchkannen, Käse, Butterfässern, Tortillas, Brot, Körben voller Orangen, Mangos und Avocados, Eisquadern und dickbauchigen Korbflaschen mit Saft füllte.

Sie hätte den ganzen Tag über dort bleiben und fasziniert das Treiben auf diesem urwüchsigen Markt beobachten mögen, doch war Melisandra allzu begierig, Cineria kennenzulernen, und so nahm sie mit Raphael das Motorrad in Empfang, das Engracia ihnen angeboten hatte; Josué hielt es schon auf dem runden Vorplatz am Eingang des alten Gebäudes für sie bereit.

Das Motorrad war der ganze Stolz des Jungen. Er hielt es ständig blitzsauber, gut geölt, mit bis an den Rand aufgeladenen Stromzellen und einwandfrei funktionierendem Keramikmotor.

»Der Positionsbestimmer geht auch noch ganz genau«, sagte er jetzt. Raphael drehte eine Runde auf dem Gefährt und betrachtete es staunend, aber auch mißtrauisch. Melisandra dagegen untersuchte es fachmännisch, meinte, sie würde es gern fahren und lobte Josué für seine gute handwerkliche Arbeit; sie verstünde auch etwas von Maschinen, erklärte sie ihm.

»Die hier ist manchmal ein bißchen bockig, und der Weg ist nicht gerade in bestem Zustand«, meinte der Junge, der ganz offensichtlich erwartet hatte, daß Raphael das Motorrad steuern würde.

»Ich habe volles Vertrauen in die Fahrkünste dieser Frau«, antwortete der nur und schwang sich auf den Rücksitz, während Melisandra schon den Lenker umklammert hielt.

Unter Josués kritischen Augen drehten sie ein paar Runden auf dem Vorplatz, um wenig später durch das Eisentor zu fahren und den staubigen Weg nach Cineria einzuschlagen. Raphael umschlang mit beiden Händen

Melisandras feste, schmale Taille; er brauchte nicht lange, um sich zu entspannen und die Fahrt zu genießen. Es war kein Anzeichen von Unsicherheit in ihren Bewegungen zu entdecken, im Gegenteil: Wie sie, den Wind im Gesicht, das Fahrzeug steuerte und sich dabei von Zeit zu Zeit an ihn zurücklehnte, als wolle sie ihn mit ihrem Rücken liebkosen, wirkte sie wie eine Amazone, die ein wildes Pferd zureitet. Ohne miteinander reden zu können, gaben sich die beiden ganz der Sinnlichkeit des gemeinsamen Ritts über den holprigen Sandweg hin.

Seit er in Greytown angekommen war, hatte er mehr angenehme Erfahrungen gemacht als Schwierigkeiten erlebt, dachte Raphael. Brad sah ihn sicherlich alle möglichen Härten erleiden, während für ihn die Reise zu einem Wiederentdecken der unerschöpflichen Fähigkeit des Menschen geworden war, sich den widrigsten Umständen anzupassen und dennoch die Essenz, die Freude des Daseins zu bewahren. Von allen nur denkbaren Annehmlichkeiten umgeben, betrachtete man in New York mit nicht geringem Entsetzen oder Mitleid die Einwohner dieser so exotischen, doch vergessenen Gegenden und brach den Stab über sie, weil sie nicht in der Lage waren, zu produzieren, und weil sie keinen Zugang zu materiellen Gütern hatten. Von dort aus war es unmöglich, die Vorzüge dieses Lebens zu begreifen, das keinen Überfluß kannte; zum Beispiel zu verstehen, wie angenehm und beruhigend es sein konnte, eine größere Abhängigkeit von zwischenmenschlichen Beziehungen zu spüren, sich auf die Zuneigung anderer verlassen zu müssen, die gegenseitige Verletzlichkeit zu bedenken und die Solidarität untereinander zu brauchen. Sogar noch zur Unterhaltung hing man hier voneinander ab, erinnerte er sich lächelnd an das Geschichtenerzählen von Don José und den Matrosen. Dort, wo er lebte, war man hingegen immer abweisender im Umgang miteinander, eigenbrötlerischer und auf Unabhängigkeit bedacht. Für ihn jedoch brachte die radikale Aufgliederung der Gesellschaft in Matrias, Homopatrias, ethnische und religiöse Rückzugsgebiete und sogar noch Gruppen, die sich wegen ihrer Ernährungsgewohnheiten abgrenzten, die Notwendigkeit mit sich, den Sinn für die Gemeinschaft wiederzufinden. Auch wenn die Teilung von äußerster Brutalität begleitet war, von Massakern und Aufständen, die Regionalkriege wie die von Faguas als Kinderspiele erscheinen ließen, so hatte am Ende doch jede autonome Gemeinschaft lernen müssen, für sich zu funktionieren, ohne andere für ihre Probleme verantwortlich machen zu können. Inzwischen waren Sozialpakte in Mode gekommen, mit denen das friedliche Zusammenleben neu ausgehandelt werden sollte. Man lebte in Gemeinschaften, die von hohen Mauern umgeben waren, doch bedeutete die Annäherung der Gruppen, die sich mit Gewalt so etwas wie eine Identität geschaffen hatten, immerhin eine Art authentischer Gleichheit, die ihn hoffen ließ. Die Welt, in der sie lebten, stand Kopf, so dachte er und sah auf den See und die Reihen von ärmlichen Hütten zu beiden Seiten des Weges. Aus solchem Elend resultierten die Überlegenheitsdünkel der Überflußwelt. Ohne Skrupel hatten sie diese Gegenden sich selbst überlassen. In den Medien wurde höchstens noch über ihre Seuchen und Katastrophen berichtet. »Jede Nation für sich selbst«, so lautete in seinem Land das Motto, seit die Versuche fehlgeschlagen waren, in fremden Konflikten Polizei zu spielen. Das wäre ja in Ordnung gewesen, hätten die Politiker nicht den Fehler begangen, mit einem Schlage alle Hilfsprogramme einzustellen und die Lösung der Probleme des halben Erdballs den transnationalen Unternehmen zu überlassen.

»Sauerstoffproduzierende Nationen« nannte man sie von da an. Nicht einmal für exotische Abenteuer brauchte man sie jetzt mehr. Mit den Möglichkeiten virtueller Technik florierten die Agenturen für Scheinreisen, aseptisch und ideal für die Opfer der paranoiden Angst vor ansteckenden Krankheiten. Die Wirklichkeit aber sickerte durch die Ritzen natürlich doch herein und gab Raum für allerlei illegale Geschäfte, vom Handel mit menschlichen Organen bis zum Schmuggel von Genmutationen, von denen das Philin eine der begehrtesten war. Immer lauter wurden die Gerüchte von Manipulationen der Fortpflanzung, des Lebenszyklus'; von Experimenten mit neuen Pharmaka, Viren und ähnlichen Dingen, in Laboratorien, die unwissende, schutzlose menschliche Wesen für ihre Versuche benutzten. So kam es auch, daß langsam, beinahe widerstrebend, das Interesse der Medien wieder zunahm, Kundschafter, Abenteurer, Pioniere wie ihn zu schicken, um zu recherchieren und wie Detektive Spuren zu verfolgen. Er würde sich Zeit nehmen für seine Arbeit. Die Menschen hier interessierten ihn tatsächlich. Er drückte Melisandra an sich und gab ihr einen Kuß in den Nacken, schmeckte das Salz ihrer Haut und roch den Wind vom See, der den Geruch nach Algen mit heraufbrachte. Dann nahm er einen tiefen Atemzug, erleichtert, den Gestank von Müll nicht mehr in der Nase zu haben.

Das Motorrad ließ bei Melisandras rascher Fahrt eine dichte Staubwolke hinter sich aufsteigen, doch war jetzt schon das Ende der Schotterpiste und der Beginn einer asphaltierten Straße zu sehen. Raphael und Melisandra klopften sich ohne anzuhalten den Staub von den Kleidern und fuhren, froh darüber, nicht mehr durchgeschüttelt zu werden, in die Stadt hinein. Den eleganten Gebäuden, an denen sie vorüberkamen, war der spanische

Kolonialstil noch gut anzusehen, doch waren die Häuser, wie schon in Las Luces, mit Mengen bizarrer Metallteile repariert und ihre Fassaden außerdem, Straße für Straße, mit Schriftzügen und allen möglichen skurrilen Zeichen bemalt, die sich über die Gehsteige, Bordsteine und bis auf die Straßen erstreckten und die architektonischen Strukturen auftauchen und wieder verschwinden ließen, so daß der Eindruck einer Halluzination entstand, ein Trugbild, eine Stadt hinter der Stadt. Politische Parolen, Werbesprüche, Eigennamen, Liebesschwüre, Einladungen zu Veranstaltungen, Hochrufe auf die Espada-Brüder. Umweltbotschaften ließen, in mehreren Lagen übereinander auf die Wände geschrieben, eine Geschichte anscheinend voneinander unabhängiger Bilder entstehen, die in ihrer Folge von Straßenzug zu Straßenzug zur unfreiwilligen, spontanen Chronik wurden. So fuhren sie auf der gleichen Straße immer weiter aufs Zentrum zu, dessen Nähe sie zu ahnen glaubten, als die Häuser stattlicher, die Reparaturen und Anbauten an ihnen aufwendiger, die Türen breiter, die Bürgersteige schmaler und abgetretener und die Pflanzen auf den Balkonen armseliger zu werden begannen. Und hier roch es auch schon nach Verkehr, nach Menschenansammlung, nach Brot, das irgendwo gebacken oder verkauft wurde. Es mochte an der Tageszeit liegen, daß sie bis jetzt nur zwei alte Frauen gesehen hatten, die sich im Schatten eines Hauseingangs in Schaukelstühlen wiegten, einen Schnürsenkelverkäufer, einen eilig einherschreitenden Priester und einen Mann mit einem kleinen Kind auf dem Arm. Jetzt sah man schon Gruppen von Frauen, Straßenhändler, Männer mit Aktentaschen oder Rucksäcken.

Die Stadt wirkte hier weniger verschlafen, die Straßen lagen im Schatten weitausladender Bäume auf den Gehsteigen. Die Bemalung der Mauern sah so üppig und kunterbunt aus, daß sie völlig unlesbar geworden war und die Fassaden fast wie moderne Kunstwerke wirken ließ, so als habe sich ein einheimischer Pollock an ihnen ausgelassen.

Die Spuren von Krieg waren überall sichtbar. Cineria schien wie die Mayatempel auf immer neuen Ruinen übereinander erbaut zu sein, die plötzlich und unerwartet ihre Umrisse erkennen ließen: Dort hatte jemand aus dem Granatloch in einer Wand ein Fenster gemacht und es sogar mit Vorhängen versehen, hier diente eine halbzerstörte Mauer als Trennwand zwischen zwei Gärten. In einem Hinterhof spielten Kinder in etwas, das einmal eine Kapelle gewesen sein mußte. An zahlreichen Wänden oder in die Gehsteige gerammt sah man Kreuze, auf deren Querbalken mit ungelenker Schrift die Namen der Gefallenen geschrieben standen und die Kränze aus verwelkten Blumen oder solchen aus Papier trugen. Viele der Häuser waren auch mit Wellblechplatten oder Teilen von Autokarosserien notdürftig repariert worden, während andere ohne jegliche Scham ihre Löcher zeigten, so daß man im Inneren die Familien ihren Alltagsbeschäftigungen nachgehen sah, völlig gleichgültig gegenüber der Neugier der Passanten.

Alle Straßen führten, wenn man sich stets links hielt, schließlich zum Marktplatz, hatte Josué ihnen bedeutet. Sie folgten diesem Rat und trafen am Ende einer engen Gasse endlich auf ein Fahrzeug. Raphael sah fasziniert auf die Kutsche, die nichts anderes war als ein uraltes Automobil, das man auf der Höhe des Motorraums abgesägt hatte und das von einem Pferd gezogen wurde. Der Kutscher saß auf dem Fahrersitz, während die Fahrgäste es sich auf der hintersten Sitzbank bequem gemacht hatten. Die gelbgestrichene Karosserie trug an der Tür die Aufschrift: TAXI.

So gelangten sie schließlich zum Marktplatz und dem angrenzenden Park, wo sich die Menschen in großen Massen drängten. Riesige Lorbeer-, Guanacaste-, Chilamate- und Malinchebäume machten mit ihren Kronen den Balkonen der Gebäude um den Park herum den Platz streitig; einige der ausladenden Zweige wuchsen ungerührt bis auf die Balkone und ließen diese so aussehen, als schwämmen sie inmitten des Grüns wie riesige Vogelkäfige oder schwerelose Gartenhäuschen. Die Melodie eines modernen Musikstückes für Synthesizer und Trompete drang von irgendwoher in Fetzen durch das Laub der Bäume. Neben einem gelbgestrichenen Kiosk wartete eine Schlange abenteuerlich aussehender Taxis.

Die Menschen gingen umher, als bewegten sie sich in einer Zeit, die nur hier existierte. Die Vegetation wuchs so üppig, daß es unmöglich war, genau zu bestimmen, wo der Park aufhörte und die Gebäude anfingen, die ihn umgaben und von denen einige nicht mehr als Ruinen waren, in denen ungehindert die herrlichsten Bougainvilleen blühten.

Melisandra und Raphael parkten ihr Gefährt und schlenderten langsam zwischen den Zementbänken umher, von denen die blaue Farbe abblätterte und auf denen dichtgedrängt die Menschen saßen und sich unterhielten, lasen oder einfach ihre Umgebung betrachteten. Gruppen von Männern und Frauen spielten Karten, Dame oder Schach auf den gepflasterten Wegen, die den ganzen Park durchzogen. Das größte Gedränge herrschte in dem Teil des Parks, der den Glücksspielen vorbehalten war: Roulette, Backgammon, Würfelspiele, Monopoly, Bingo. Prostituierte jeden Alters bewegten sich unter den Spielern, die um sie wetteten, indem sie auf den Tischen Kleidungsstücke für Damen setzten. Kinder spielten Fangen oder kletterten in den Bäumen herum. Fliegende Händler verkauften Erfrischungsgetränke und Eis mit Tamarindensirup. In der Mitte des Parks, in einem Pavillon, der einmal bessere Zeiten gesehen haben mußte, bot ein ärmlich gekleideter Mann die Dienste zukunftslesender Papageien an, die in einem rohgezimmerten Käfig unablässig kreischten und von Stange zu Stange hüpften. Das Bild des Parks in seiner Mischung aus Müßiggang und Laster wurde noch verschärft durch die große Zahl von Kriegsversehrten, die mit ihren Bein- und Armstümpfen ein trauriges Zeugnis vom Mißbrauch der Waffen ablegten.

Es war Raphael, der Maclovio als erster sah. Der Argentinier saß im Schatten eines Baumes und wirkte wie ein Lehrer im Kreis seiner Schüler. Als er die beiden bemerkte, erhob er sich und verscheuchte die Jungen um ihn her wie lästige Insekten.

»Na, seid ihr endlich aus dem Bauch des Wals heraus!« rief er und näherte sich mit seinem breiten Grinsen. »Ich wußte doch, daß ihr irgendwann wieder frische Luft atmen mußtet. Wie findet ihr Cineria? Phantastische Stadt, nicht wahr? Voller Geschichte. Leider wird es jedes Jahr feuchter und heißer hier ... Gestattet mir, daß ich euch auf einen Schluck ins Hotel Europa einlade, es ist ganz in der Nähe.«

»Ja, laß uns was trinken gehen, Raphael«, meinte Melisandra und überwand ihre übliche Abneigung gegen den Argentinier. »Ich komme um vor Durst.«

»Bin ganz deiner Meinung«, stimmte Raphael zu.

Wenig später saßen die drei auf der Terrasse des Hotels und betrachteten durch das Laub der Bäume und Büsche die Menschen im Park, unter ihnen den Mann mit den zukunftslesenden Papageien.

»Der da mit der großen Nase und den langen Haaren« – Maclovio wies auf einen Mann, der sich jetzt dem

Vogelkäfig näherte – »das ist ein Maler. Wenn er sich gegen Mittag einigermaßen von seinen nächtlichen Trinkgelagen erholt hat, kommt er immer, noch bevor er geduscht hat, hier in den Park und läßt sich von den Papageien die Zukunft lesen.«

»Ich hab' noch nie davon gehört, daß Vögel einem die Zukunft vorhersagen können«, meinte Raphael.

»Hier findest du jede Menge Zauberer und Wahrsagerinnen, mein Lieber«, antwortete Maclovio. »Für diese Menschen gibt es keine verläßlichere Zukunft als die, die sich durch Zauberei vorhersagen läßt.«

»Sei nicht so überheblich, Maclovio. Wenn ihr so weitermacht, gibt es bei euch auch bald keine Gewißheiten mehr ... Ist denn der Park immer so voll?« fragte Melisandra.

Nur wenige Menschen in Cineria hatten Arbeit, erklärte Maclovio, die meisten stellten irgend etwas her, das sie zum Tausch anbieten konnten. »Man muß zugeben, das Elend fördert die Kreativität«, sagte er in versöhnlichem Ton.

Das Tauschsystem beruhte auf Wetten und auf dem Glücksspiel, und das Zentrum dieser Beschäftigungen war der Park. Die Einwohner von Cineria hatten viel Phantasie, was das Wetten anging. Außer den klassischen Hahnenkämpfen setzte man auf das Geschlecht der Kinder bei Geburten, die Dauer von Krankheiten, die Zahl der Jungen einer Hündin oder einer Katze, darauf, wer beim Roulette gewinnen oder verlieren würde, die Zahl der Tropfen, mit denen man ein Glas füllen konnte, wer in den Bandenkriegen über wen siegen würde. Das nahm überhaupt kein Ende, meinte Maclovio. Man verwettete die Ernte, die Hühner samt Eiern, die Hunde, die Katzen, das Mobiliar, die Ehefrauen und Ehemänner und sogar noch die Kinder. In Faguas zirkulierte nur sehr wenig Geld, und das wurde auf dem Schwarzmarkt der Güter, Artikel und Medikamente ausgegeben, die das Land als Entschädigung für die Erhaltung der Luft und den Import von Müll erhielt.

»Aber ist es denn nicht Sache der Regierung, das alles zu verteilen?« fragte Raphael.

»Nun ja … einen Teil vielleicht. Der andere versickert irgendwo«, antwortete Maclovio vage.

»Nun mach aber mal ’nen Punkt, Maclovio«, unterbrach ihn Melisandra. »Du weißt so gut wie jeder hier, daß die, die das alles kontrollieren, die Espada-Brüder sind. Sie verhökern es auf dem Schwarzmarkt. Die Leute bringen sich unter anderem auch deshalb gegenseitig um, weil sie sich gut mit ihnen stellen und am Handel mit dem teilhaben wollen, was uns eigentlich allen gehört.«

»Die Espada-Brüder machen mit diesen Sachen dasselbe wie deine Freundin Engracia mit dem Müll, meine Liebe. So hat eben jeder sein kleines Monopol. Du willst doch nicht die einen beschuldigen und die anderen freisprechen.«

»Du hast vielleicht Vergleiche!« rief Melisandra empört aus. »Die Espada-Brüder sind Gangster. Wegen Engracias Müll bringt niemand den anderen um. Die Espadas handeln nicht mit Müll, die verschieben neue Ware, Medizin, Ersatzteile, Impfstoffe, Düngemittel, Saatgut … Sie zwingen die Leute dazu, ihre Polizisten zu sein, ihre bedingungslosen Verbündeten, sie nehmen ihnen Tribut ab und spielen sie gegeneinander aus …«

»Nun mal langsam, meine Liebe«, war es jetzt Maclovio, der Melisandra wild gestikulierend unterbrach. »Man sieht, daß auf deiner Hacienda nur das bekannt wird, was man hören will. Ohne die Espadas wäre die Anarchie in diesem Land nur noch größer. Nicht, daß ich sie bis aufs Messer verteidigen will, nur weil sie meine Geschäftspartner sind, doch wer auf ihrer Seite steht, und das sind ziemlich viele, braucht sich nicht gerade zu beklagen. Wenigstens zahlen sie gut für erwiesene Treue. Und außerdem sind sie die einzigen, die so etwas wie Nationalstolz haben. Sag mir mal, wer von denen, die Macht haben, behandelt nicht seine Verbündeten gut und seine Feinde schlecht?«

»Du willst mir doch nicht etwa erzählen, daß du den Espadas ihren Sermon von armen Don Quijotes glaubst, die nur um das nationale Wohl besorgt sind? Sie predigen das doch nur, um den Leuten einen Grund für ihre Kriege zu geben und um Engracia und ihre Kommunarden zu isolieren. Sie wären nur allzu gern dazu bereit, den Handel mit dem Müll an sich zu reißen.«

»Was hat es denn auf sich mit diesen Predigten der Espada-Brüder?« fragte Raphael in den Disput der beiden hinein.

»Sie sagen, wir hätten das Land an die multinationalen Konzerne verkauft, doch unter der Hand machen sie Geschäfte mit ihnen. Sie wiegeln die Leute mit nationalistischen Parolen auf, um ihre eigenen Interessen voranzutreiben und ihre Winkelzüge wie die Verteidigung unserer Ehre aussehen zu lassen«, schimpfte Melisandra aufgebracht.

»Und den Drogenhandel, haben sie den auch in der Hand?« fragte Raphael weiter.

»Aber natürlich«, stieß Melisandra hervor.

»Was mich betrifft, so weiß ich davon überhaupt nichts«, sagte Maclovio. »Ich verkaufe ihnen nur ein paar Waffen. Ich bin nicht ihr Anwalt. Was ich euch anbieten kann, ist, euch zu ihnen zu bringen, damit ihr sie selbst kennenlernt. So könnt ihr euch selbst eine Meinung über sie bilden. Außerdem sind sie ganz sicher in der Lage, euch bei eurer Suche nach Waslala zu helfen«, fügte er hinzu und sah, ohne mit der Wimper zu zucken, Raphael an.

»Das finde ich eine großartige Idee, Maclovio«, ergriff Raphael die Gelegenheit beim Schopf. »Meine Reportage wäre ohne die Espada-Brüder nicht komplett.«

»Ich glaube nicht, daß sie uns helfen können, Waslala zu finden«, sträubte sich Melisandra. »Antonio Espada ist einer seiner schärfsten Widersacher.«

»Nun zier dich nicht so, meine Liebe«, beharrte Maclovio. »Was ich euch anbiete, ist eine gute Gelegenheit. Heißt es denn etwa nicht, im Krieg käme es darauf an, den Gegner gut zu kennen?«

Melisandra sah zum Park hinüber. Der Vorschlag zog sie an und stieß sie gleichzeitig ab.

»Nun komm schon, Melisandra«, bedrängte sie jetzt auch Raphael. »Wir haben ja nichts zu verlieren.«

»Laß dir bloß nicht einfallen, zu filmen oder irgendeinen Apparat hervorzuholen«, warnte ihn Maclovio.

24. Kapitel

Damian Espada hatte das Aussehen eines Erleuchteten. Er betrachtete seine Umgebung wie jemand, der alles mit großer Distanz wahrnimmt. Es fiel schwer zu sagen, ob man einen Heiligen vor sich hatte oder einen gewissenlosen Schurken, dem die Fähigkeit, sich als fehlbar zu erkennen, völlig abhanden gekommen war und dessen Arroganz solche Ausmaße erreichte, daß sie schon wieder wie Bescheidenheit wirken konnte. Der Mann redete mit leiser, leicht gequälter Stimme, so leise, daß man ganz still sein mußte, um ihn verstehen zu können. So sprach er von der historischen Mission, die er erfüllen müsse, und davon, wie traurig ihn die bedauernswerten Fehltritte Engracias stimmten. Seine Leibwächter, die sich diskret im Hintergrund hielten, hörten ihm respektvoll zu und verharrten in einer Haltung der Bewunderung und des absoluten, fanatischen Glaubens an seine Worte. Raphael beobachtete interessiert die stumme Kommunikation zwischen dem Chef und seinen Untergebenen. Mehr noch als an die Besucher richtete sich Espada an seine eigene Gefolgschaft; deren Ehrerbietung war sichtbar der Brennstoff, der seinen Worten die Kraft gab. Es mußte dies eine lang gepflegte Angewohnheit, so etwas wie eine Berufskrankheit sein. Noch wenn er allein war, hatte er so ein Minimalpublikum, das ihm zujubelte.

Maclovio hatte sie quer durch die Stadt hierhergebracht, vorbei an Straßensperren und immer schärferen und komplizierteren Kontrollen und Sicherheitssystemen, bis sie schließlich im Hauptquartier der Espada-Brüder angekommen waren. Es handelte sich um einen ehemaligen Armeestützpunkt, eine Mischung aus Festung, Kasematte und unordentlicher Kaserne, zu dem man über eine Schotterpiste gelangte, die von der Hauptstraße nicht nur steil zu einer Hügelkuppe hinauf-, sondern auch in eine mittelalterliche Welt hineinführte, in der eine Gruppe von Landsknechten herumsaß und auf den Krieg wartete. Nur in der näheren Umgebung der Arbeits- und Privaträume der Espadas wich die Atmosphäre der Langweile einer konzentrierten Spannung, hatten die Soldaten wieder ein martialischeres Aussehen, erst dort herrschten Disziplin und militärischer Gehorsam, als handele es sich um eine besondere Welt in dieser anderen, die sie umgab.

»Die einzige Art, wie wir uns den Handel mit dem Müll vorstellen können, wäre, wenn er dem Wohl aller diente; wenn man damit nicht Geschäfte machen würde. Es ist schon unwürdig genug, daß man ihn uns schickt. Aber auch noch Geschäfte damit machen? Sich am Elend anderer bereichern? Das können wir nicht gutheißen! Wir haben unser Leben dem Kampf für die Würde unseres Volkes geweiht. Unermüdlich arbeiten wir dafür, daß unser Vaterland das Joch ausländischer Herrschaft abschütteln und sich mit den anderen Völkern der Erde von einer Position gegenseitiger Achtung aus verständigen kann. Wie sollen wir das jemals erreichen, wenn wir weiter hinnehmen, daß man über uns bestimmt, daß man uns befiehlt, wie wir unsere Naturschätze, unsere Rohstoffe, unsere Luft zu behandeln haben, daß man uns als Schuttabladeplatz benutzt, uns das Recht abspricht, überhaupt zu existieren?«

»Aber man existiert hier doch«, warf Raphael ein. »Irgendwie findet man einen Weg ...«

»Wir sind Experten bei der Suche nach Lösungen«, lächelte Espada. »Die Armut macht erfinderisch ...«

»... und skrupellos. Damit meine ich nicht Sie«, fügte Raphael eilig mit einem höflichen Lächeln hinzu. »Es heißt aber, daß sich Länder wie Faguas mehr und mehr auf illegale Geschäfte spezialisieren, den Handel mit menschlichen Organen, Drogenmutanten ...«

»Lügenmärchen, Propaganda, Rechtfertigungen, um sich weiter bei uns einzumischen ...«

Damian Espada zündete sich eine Zigarette an und legte die Beine auf den Schreibtisch, der geschickt aus einer Flugzeugtragfläche gefertigt worden war und auf stabilen Chromstützen stand. Seine glattpolierte Oberfläche spiegelte Espadas kantiges Gesicht, in das nur schlecht die fleischige Nase paßte, die er mit seinem buschigen, auf Lippenbreite zurechtgestutzten Schnauzbart wohl zu kaschieren suchte. Die traurigen Augen darin waren ohne Leben und sahen sehr müde aus. Die unablässig gerunzelte Stirn gab seinem Gesicht den Ausdruck andauernder Sorge, es zeigte nicht den Hauch von Humor. Er fuhr sich mit der Hand durchs kurze, gewellte Haar und strich sich die olivgrüne Uniform glatt.

Er will wie ein von Idealismus erfüllter Revolutionär wirken, dachte Raphael, doch war sein altmodisch-nostalgisches Aussehen eher von einer gewissen Lächerlichkeit, die im Betrachter Mitleid und Melancholie hervorrief. Es wäre nutzlos, auf dem Drogenthema zu beharren, zumindest bei diesem ersten Treffen.

Melisandra hatte sich vorgenommen, zu schweigen, seit sie den Blick von Damian Espada gesehen und den

Eindruck gewonnen hatte, daß er ohnehin nur die eigene Stimme hörte. Jetzt konnte sie sich jedoch nicht länger zurückhalten.

»Niemand auf der Welt denkt überhaupt noch an uns, und Sie meinen immer noch, daß andere für unsere Probleme verantwortlich sind. Kein ausländischer Soldat kämpft mehr in unseren Kriegen«, sagte sie und sah ihn fest dabei an. »Die Zeiten sind doch längst vorbei.«

»Wir sind nie die Verantwortlichen gewesen«, gab Damian Espada zurück. »Wir waren immer Opfer und sind es auch heute noch. Wenigstens sollten wir untereinander zusammenhalten, teilen, was wir haben und nicht das Spiel der Ausländer mitspielen, ihre Interessen verteidigen wie Ihre Freundin Engracia. Sie ist es, die den Handel mit dem Müll aufrecht erhält.«

Espada mußte sich klar darüber sein, wie sehr er log, dachte Raphael. Ob es Engracia gab oder nicht, war den Umweltgesellschaften völlig gleichgültig. Zu behaupten, sie sei für das Fortbestehen des Müllhandels verantwortlich, war eine gigantische Verdrehung der Tatsachen. »Der Erfolg der Espadas liegt in der Vereinfachung«, hatte Morris ihnen erzählt. »Sie sind Meister im Finden von Schuldigen, von Sündenböcken, und darin, die Aggressionen ihrer Anhänger auf klar benannte Ziele zu lenken. Engracia ist so ein Ziel.«

Das Ironische an der Sache war – Raphael sah sich im Büro von Damian Espada um –, daß sein Quartier genügend Zeugnis davon ablegte, um wieviel stärker als die Ideen praktische Notwendigkeiten sein konnten. Die gesamte Einrichtung des Arbeitszimmers, die, sorgfältig ausgewählt, einen Eindruck von »High Tech« vermitteln sollte, stammte ohne jeden Zweifel aus den Containern. Engracia hatte ihnen genügend von den Überfällen der Espada-Brüder auf die Lastkähne erzählt, wenn sie vom

Pazifik durch den Kanal in den See geschleppt wurden. Richtige Feste organisierten sie, so berichtete Engracia, wenn ein geraubter Container entladen wurde. Die Töchter von Damian Espada waren berühmt für ihre extravagante Garderobe, die sie aus der Beute der beiden Brüder bezogen.

»Wir sind nicht hergekommen, um Schelte auf Engracia zu hören«, meinte jetzt Melisandra, deren Geduld sichtbar am Ende war.

»Ich weiß, ich weiß«, lächelte Damian Espada müde. »Ich bedaure, über Ihre Freundin in so wenig positiven Worten reden zu müssen. Sie werden jedoch verstehen, daß es für Ihre geplante Reise nach Waslala nicht ohne Bedeutung ist. Wir denken anders, und unsere Methoden, unsere logistischen Strukturen sind anders. Wir könnten Ihre Fahrt durchs Land viel effektiver unterstützen. Ohne Schutz durch Faguas zu reisen, kann sehr gefährlich sein, das wissen Sie sicher. Wenn man sie mit unseren Möglichkeiten vergleicht, sind die von Engracia lachhaft.«

»Und welchen Preis fordern Sie?« fragte Melisandra argwöhnisch. »Ich vermute, daß Sie uns Ihre Hilfe nicht nur deshalb anbieten, weil Sie ein so gutes Herz haben.«

»Ich will den Beweis, daß es Waslala wirklich gibt«, antwortete Espada, während er sich erhob und im Zimmer auf- und abzugehen begann. »Das ist alles. Einen schlagenden Beweis. Nicht, um ihn für irgend etwas zu benutzen, verstehen Sie mich recht, sondern nur, um mich selbst davon zu überzeugen. Um Ihnen die Wahrheit zu sagen, habe ich schon lange aufgehört, an Waslala zu glauben. Es gab eine Zeit, da glaubte ich fest an seine Existenz, doch bin ich inzwischen zu der Überzeugung gelangt, daß mein Bruder recht hat und Waslala eine Fata Morgana ist. Doch ganz will ich das auch nicht wahrhaben. Etwas in mir wehrt sich dagegen, zu glauben, es sei nur ein Produkt kollektiver Phantasie gewesen, eine naive Legende, die über Generationen hinweg weitergegeben worden ist.«

»Es wäre ja nicht das erste Mal«, ließ sich Maclovio jetzt hören, der die ganze Zeit über in einer Ecke gesessen und geschwiegen hatte.

Das Goldene Vlies, Atlantis, El Dorado. Der Argentinier hatte recht, dachte Raphael. Je primitiver, ursprünglicher die Umgebung, desto einfacher war es wohl, an Mythen zu glauben, magische, unberührte Orte des vollkommenen Glücks. Waslala konnte in Faguas wirklich existieren. In seinem Land dagegen hatten das wissenschaftlich-nüchterne Denken, die Technik, die Bildung den Mythen ein Ende bereitet. Der Fortschritt war der Feind der Phantasie.

»Einen schlagenden Beweis«, sagte Damian Espada noch einmal.

»Und was sollte das sein?« fragte Melisandra argwöhnisch und ironisch zugleich. Irgend etwas an diesem Mann mit der theatralischen Art ließ sie an ein ungezogenes und zugleich hilfloses Kind denken. »Soll ich Ihnen die Luft von Waslala in einer Flasche bringen? Oder ein paar Fotos?«

»Es heißt, es gäbe dort eine Bibliothek«, antwortete Damian Espada. »Bringen Sie mir ein Buch von dort mit.« Dabei strich er sich mit Daumen und Zeigefinger über den Schnauzbart.

Melisandra war es nicht entgangen, daß jedes Mal, wenn sie ihrem Gegenüber widersprach oder spöttisch antwortete, die Leibwächter sie mit Blicken bedachten, die nichts Gutes verhießen. Wenn es Damian Espada gefiel, würden sie sich ohne Mitleid auf sie stürzen. Nicht einmal nach ihrem Namen würden sie fragen. Sie existierte allein als Spiegelbild in den Augen ihres Chefs. Nur das, was er dachte, hatte für sie Bedeutung, so als hätten alle ihre Seele ihm verschrieben und die Fähigkeit verloren, ohne ihn zu existieren. Sie stand auf, strich sich die Bluse glatt und warf Raphael einen Blick zu, der bedeuten sollte, komm, laß uns gehen.

»Ich glaube nicht, daß mich Ihr Angebot interessiert«, meinte sie, zu Espada gewandt. »Aber ein Buch werde ich Ihnen trotzdem mitbringen.«

»Ich würde gern ein wenig mehr wissen über Ihre Arbeit, über Ihre Geschichte«, sagte Raphael. »Wären Sie mit einem Interview einverstanden?«

»Schon möglich«, antwortete Damian Espada und stand auf. »Wir sehen uns sicher bald wieder.«

25. Kapitel

Engracias Zimmer war rauchgefüllt. Morris stand am Fenster und sah in den Hof hinunter. Die Luft roch drinnen wie draußen gleich schlecht, doch hatte er schon lange aufgehört, sich um seine Lunge zu sorgen. Engracia lag auf dem Sofa und rauchte. Vom Fenster aus sah er ihre Zigarette in der Dunkelheit aufglimmen. Draußen hielt die Dämmerung noch an, doch hier drinnen war es schon Nacht geworden. Die Möbel verströmten die Hitze, die sie den ganzen Tag über aufgenommen hatten, den Geruch nach Staub und Rauch. Engracia ruhte gern um diese Stunde ein wenig, lag auf dem Sofa, bis die beiden Nächte – die drinnen und die draußen – eins geworden waren. Schweigend ließ sie dann den Tag an sich vorüberziehen, um zu sehen, was davon wert war, behalten zu werden. Diese Angewohnheit mochte von ihrer Arbeit herrühren, diese Sucht, zu sortieren. Sie hatte mit Morris unten am Seeufer gepicknickt, zwischen den Farnen, die den ganzen Strand überwucherten. Morris konnte nicht leben, ohne das Bild zu schaffen, in dem sie alles mögliche sein konnten, nur nicht das, was sie wirklich waren. Er hatte ihr von früher erzählt. Seine Erinnerungen klangen wie Geschichten, er erzählte sie so, als wären sie jemand anderem passiert und nicht ihm selbst. Das tat er, damit er nicht weinen mußte, hatte er ihr gesagt. Wenn ihm plötzlich einfiel, daß er die Hauptperson seiner Erinnerungen war, mußte er weinen. Er weinte, auch wenn es schöne Erinnerungen waren, weil er, wie er sagte, sein ganzes Leben als ein einziges großes Heimweh empfand.

Er hätte einen Sohn haben können. Das erzählte er ihr beim Picknick unten am See. Wenn er die Muchachos sah, wie sie mit ihren jungen Armen, Gesichtern, Körpern den Müll ausluden, dann dachte er an seinen Sohn. In jedem Jungen so um die fünfundzwanzig sah er ihn. Zwei Wochen lang hatte er, ohne Grenzen zwischen Tag und Nacht, mit der Frau darüber geredet, die die Mutter gewesen wäre. Sie hieß Rachel und war ein kräftiges Mädchen mit breiten Hüften. In den kleinen Cafés der Bronx tranken sie Tasse um Tasse Kaffee und überlegten hin und her. Es war Winter und eisig kalt draußen. Sie trafen eine Entscheidung, gingen auf die Straße hinaus, liefen über U-Bahn-Schächte hinweg, aus denen weißer Dampf in die kalte Luft stieg, trafen auf ein Paar, das einen Kinderwagen schob. Rachel sah das kleine, runde Gesicht, das aus seinem Winteranzug lugte. Ich kann es nicht tun, sagte sie. Und sie tranken noch eine Tasse Kaffee. Diskutierten in einem anderen Café weiter und kehrten in ihr ärmliches Zimmer zurück, wo sie sich vor den Spiegel stellte, sich die schweren Brüste betastete und zu weinen anfing. Schließlich überzeugte er sie. Er wußte nicht wie, doch irgendwann hatte sie zugestimmt, und er brachte sie im Morgengrauen in eine Klinik. Er schlief im Wartezimmer, als sie, bleich und stumm, aus der Behandlung kam. Sie berührte ihn am Arm, sagte, daß sie jetzt gehen konnten.

Der Wind spielte im Farn am Seeufer. Raaas, raaas, scharrten die langen Wedel über den Sand. Engracia biß in eine Banane, kaute langsam, den Blick auf den See gerichtet. Morris wußte dies alles sehr genau zu erzählen.

Die Klinik. Der Arzt. Kaffee auf Kaffee. Und er, der daran dachte, wie sich die Zellen teilten, die Formen von Tag zu Tag klarer wurden und deren Gegenwart ihn mit einer Plötzlichkeit bedrohte, die sein Leben völlig auf den Kopf stellen würde. Der Mensch war nicht dazu geschaffen, Gott zu spielen, sagte er. Man überredete sich selbst, solche Entscheidungen treffen zu können, treffen zu müssen, doch dann spürte man, wie einen die Schuld überkam, die Alpträume, die Wehmut, der Anblick der Muchachos, der sich mit Reue mischte.

Solange kannte sie Morris schon, und noch nie hatte er davon gesprochen. Sie stand auf und umarmte ihn schweigend.

»Ich glaube, ich werde eine Suppe aus dem Fisch kochen, den Josué mitgebracht hat«, sagte sie dann. »Etwas Heißes wird uns jetzt guttun.«

26. Kapitel

Raphael schlief mit offenem Mund. Kaum fiel er in den Schlaf, da lockerte er auch schon die Umarmung und zog sich in seine Träume zurück. Sie war nicht müde. Mit hinter dem Kopf verschränkten Armen betrachtete sie die Schatten an der Decke. Sie dachte an Joaquín. Jetzt, wo sie mit Raphael zusammen war, fiel es ihr schwer zu verstehen, wie sie einmal in ihrem Leben diese Beziehung voller Schweigen und verhaltener Aggressivität hatte zulassen können. Es mußte die Einsamkeit gewesen sein, dachte sie, die Dämpfe, die der Fluß verströmte, die wollüstige Vegetation, die in ihr Fleisch eindrang und sie dazu brachte, sich von ihm demütigen zu lassen, mit der Absicht, ihn so vielleicht von seinen Ängsten zu befreien und dazu zu bringen, sie zu lieben, ohne zu meinen, sie zähmen zu müssen. Sie bewunderte Joaquíns Mut, seine unbeirrbare Stärke, die Entschlossenheit, mit der er die einfachsten Aufgaben anpackte und jeder Arbeit dadurch einen Wert gab, daß er sie achtete. Mit Joaquín konnte sie nach dem Tode der Großmutter die Verwaltung der Hacienda in Ordnung bringen und dafür sorgen, daß in Sicherheit gesät und geerntet wurde. Doch hatte er nicht akzeptieren können, daß sie mit einem Mal allein fertig wurde und ihn nicht mehr brauchte. Trotz allem, so dachte sie jetzt, liebte sie ihn. Und würde vielleicht nie aufhören, ihn zu lieben. Seine

Einsamkeit rührte sie an, er war, trotz all seiner Fehler, ein guter, aufrechter Mann. Zwischen ihren Auseinandersetzungen, diesem ständigen Kräftemessen, seiner blindwütigen Verteidigung einer vermeintlichen Unabhängigkeit und einer Härte, die keine Frau je in Gefahr bringen durfte, hatte die beiden eine tiefe Freundschaft, ja Komplizenschaft verbunden, eine seltsame, ursprüngliche Anziehung, die vielleicht erst mit der Zeit ausgeglichener werden würde. Ja, das hoffte sie, daß Zeit und Entfernung geschwisterliche Ruhe in ihre Beziehung bringen würden.

Raphael fiel nicht so abrupt von einem Gemütszustand in den anderen. Bei ihm mußte sie nicht andauernd auf der Hut sein und befürchten, daß er plötzlich und ohne ersichtlichen Grund auf sie losging. Bei Raphael fühlte sie sich sicher, konnte sie ganz sie selbst sein, ihre Zärtlichkeit aufblühen lassen. Joaquín tat ihrer Seele weh. Sie konnte nicht im dauernden Wechselbad leben, in einer Realität, in der man nie wußte, was wahrhaftig war, Aggressivität oder Zuneigung, ob Joaquín sie liebte oder haßte. Vielleicht kehrte sie gerade deshalb immer wieder zu ihm zurück, vielleicht war dies die Falle: sie zu zwingen, ständig nachzuforschen, nach des Rätsels Lösung zu suchen.

Sie mußte aufhören, die beiden miteinander zu vergleichen. Obwohl es ihr manchmal so schien, als sei dies eines der Ziele ihrer Reise: den Bann zu brechen, die zwanghafte Idee, Joaquín verstehen zu wollen. Er würde ihr niemals verzeihen, daß sie mit Raphael fortgegangen war. Davon würde ihn auch die Tatsache nicht abbringen können, daß Raphael nur ein flüchtiges Abenteuer sein konnte, ein Fremder, der wieder in seine zivilisierte Welt zurückkehren und sich an sie nur als die Wilde aus seiner Reportage erinnern würde, die Guatuso-Prinzessin, die im Regenwald lebte und höchstens eine Liebe möglich machte, die zum Scheitern verurteilt war. Er würde sie vergessen, sobald er wieder bei seinen kybernetischen Freundschaften war, in seinem autonomen Haus, in dem Roboter alle Arbeiten erledigten und sogar noch Blumen in die Vasen stellten. Sie drehte sich auf die Seite, um ihn anzusehen. Ihre zärtlichen Gefühle drangen mit einer Heftigkeit aus ihren Poren, die ihr ein Kitzeln verursachte. Raphael umgab eine gewisse Unschuld. Er bemühte sich, sein Staunen unter Kontrolle zu halten und gelassen, ja manchmal auch skeptisch zu wirken, doch konnte er vor ihr sein tiefes Bedürfnis nicht verbergen, an etwas zu glauben, den Edelmut des Menschen bestätigt zu finden. Ihm würde es schwerer fallen als ihr, sich wieder an das Alltagsleben zu gewöhnen, nachdem sie Waslala gefunden hätten. Er war zerbrechlich, trotz all seiner Anstrengungen, anders zu wirken. Alles, was er ihr von sich erzählt hatte, zeigte in letzter Konsequenz seine Unfähigkeit, sich an jene Welt anzupassen, deren Daseinslogik er so überzeugend vertreten konnte. Die Suche nach Waslala paßte zu seiner Persönlichkeit wie der Ring auf einen Finger. Sie war gewissermaßen die unbewußte Metapher seines Lebens.

Sie rutschte näher zu ihm hin und schmiegte sich leicht in seine Arme. Er drückte sie an sich, ohne aufzuwachen.

27. Kapitel

Alle Tage waren Sonnentage in diesen Breiten, bemerkte Raphael. Niemand sprach je über das Wetter, alle nahmen die tägliche Sonne als gegeben hin. Darauf hatte ihn schon Don José am Fluß aufmerksam gemacht: »Hier sind die bewölkten Tage was Besonderes«, hatte er ihm gesagt.

Die Zeit verstrich gemächlich in Cineria. Mehr als eine Woche war es jetzt her, daß das Bongo sie abgesetzt hatte. Melisandra verbrachte den größten Teil des Tages mit Engracia oder in der Bibliothek, wo sie in Büchern und Fotografien stöberte. Raphael hingegen fand keine entscheidenden Spuren. Alle Wege führten zu den Espada-Brüdern, doch gerade deshalb stießen alle Fragen über Drogen, jede Erwähnung des Philin, auf eine Mauer des Schweigens. Vielleicht mußte er mehr wagen, ein größeres Risiko eingehen, die Karten offen auf den Tisch legen und sehen, wie die Reaktion sein würde. Er ging ins Bücherzimmer, um Melisandra zu holen. Maclovio wartete in der Stadt auf sie, um noch einmal mit ihnen ins Hauptquartier der Espadas zu gehen.

Im Park bewegten sich die Menschen mit der gleichen stoischen Muße wie am Vortage: die Jüngsten spielten auf dem Gehsteig mit Murmeln, die Ältesten saßen einfach reglos und nachdenklich unter den Bäumen. Die Spieler und die Prostituierten umlagerten die Spieltische.

Die Wettagenten boten an den Ecken lauthals ihre Wetten an.

Melisandra und Raphael trafen Maclovio am Käfig mit den weissagenden Papageien. Er lud sie ein, sich die Zukunft lesen zu lassen und bot dem Mann mit dem undurchdringlichen Gesicht Zigaretten an, der, wenn gerade kein Kunde in Sicht war, mit seinen Vögeln redete, ihnen Kinderreime vorsagte und auf seiner Zeigefingerspitze Kügelchen aus Maisbrei hinhielt. »Wählen Sie selbst Ihren Vogel aus«, sagte der Mann und griff zu dem an einer Seite des Käfigs hängenden Sack mit den Papierröllchen, auf denen die Weissagungen standen.

Sie sehen alle gleich aus, dachte Raphael, mußte sich jedoch korrigieren, als er sich die Papageien genauer besah. Melisandra ging ein paar Mal um den Käfig herum und zeigte dann mit dem Finger auf einen von ihnen, der mit schläfrigem Ausdruck auf einem Bein auf der höchsten Stange des Käfigs saß und sich mit den Flügeln gegen die Stäbe lehnte.

»Das Fräulein hat ein gutes Auge. Schlafmütze irrt sich nur selten«, sagte der Mann. Dann holte er geschickt den Papagei aus dem Käfig, hielt ihn auf einem Finger und bot ihm mit der anderen Hand den Beutel mit den Papierröllchen dar. Schlafmütze ließ sich Zeit. Melisandra lächelte Raphael zu und dachte dabei, daß diese Szene sich gut in seiner Reportage machen müßte. Sie paßte bestens zu diesem Park mit den ungezähmten Bäumen und den sich sonnenden Tagträumern.

Endlich senkte der Vogel seinen Schnabel und schnappte nach einem Röllchen.

»Na, dann woll'n wir mal sehen«, meinte der Mann vielsagend und zögerte das Vorlesen hinaus, bis der Vogel wieder gemütlich auf seiner Stange saß. Mit genau berechnetem Nervenkitzel öffnete er dann den Zettel und las feierlich vor:

»Nie hören wir zu suchen auf. Und am Ende allen Suchens gelangen wir wieder an den Anfang und sehen ihn, als wär's das erste Mal.«

»T. S. Eliot. Die vier Quartette. Das ist ja besser als chinesische Glückskekse.«

Sichtbar enttäuscht fragte Melisandra Raphael, ob er schon seinen Glücksvogel ausgesucht habe. Der Papagei Raphaels trug den Spitznamen »Dickerchen« und war natürlich ebenfalls unfehlbar. Sein Besitzer wiederholte die Operation. Das Dickerchen zögerte keinen Augenblick. »Es gibt keinen blinderen Blinden als den, der nicht sehen will«, stand auf dem Zettelchen.

»Beliebte Volksweisheit«, sagte Melisandra lachend. »Dieses Spiel ist fast wie I Ging«, fügte sie dann hinzu. »Es hat gar zuviele mögliche Auslegungen.«

»Die Zukunft zu lesen ist eine schwierige Angelegenheit«, meinte orakelhaft der Mann mit den Papageien. »Deshalb habe ich auch nicht allzu viele Kunden. Die Leute ziehen es vor, sich die Karten legen und Lügen erzählen zu lassen. Ihr werdet irgendwann schon noch einen Sinn finden in dem, was ihr gerade gezogen habt.«

»Na siehst du, mein Lieber, ich habe es dir doch gesagt«, schalt ihn Maclovio, um dann, zu ihnen gewandt, fortzufahren: »Jedesmal, wenn ich komme, rate ich es ihm erneut. Diese Papageien sind einfach zu intellektuell. So wird nie was werden aus seinem Geschäft.«

»Aber sie irren sich nie«, gab der Mann mit traurigem Lächeln in seinem braunen, von unzähligen Falten zerfurchten Gesicht zurück.

Vom Park aus machten sie sich mit Maclovio noch einmal auf den Weg zum Hauptquartier der Espadas. Diesmal wollte sie Antonio Espada sehen, sich mit ihnen unterhalten. Mit ihm lohnte es sich tatsächlich zu reden, meinte Maclovio, der arme Damian war ein Träumer, ein gutmütiger Kerl, doch mit begrenzter Intelligenz. Er hatte seinen Stoff gut auswendig gelernt, war aber nicht in der Lage, die Schattierungen, die feinen Unterschiede wahrzunehmen, die bedeuteten, daß man auf diese Situation nicht genauso reagieren konnte wie auf jene. Sicher, er war beim Volk beliebter als Antonio, hatte ein beinahe religiöses Charisma. Er war ein Glaubender, und die Menschen sehnten sich nach jemandem, der glaubte und ihnen die Illusion verschaffte, daß es in Faguas noch Dinge gab, für die es sich zu kämpfen lohnte.

»Mit Antonio kommt man leichter zurecht. Das ist der richtige Geschäftspartner für mich, mein Lieber. Mit Damian bin ich nie richtig warm geworden. In einem Winkel meines Herzens zweifle ich einfach daran, daß jemand in diesem Jahrhundert noch soviel Naivität besitzen darf.«

Vom Park bis zum alten Fort war es ein ordentliches Stück Weg. Jetzt am frühen Nachmittag waren kaum Menschen auf den Straßen unterwegs. Nur an den Straßensperren, die durch Barrikaden aus Pflastersteinen, Tischen, Stühlen und Sandsäcken einen Stadtteil vom anderen trennten, lungerten Grüppchen bewaffneter Jugendlicher, deren Körper meistens von den Narben selbst beigebrachter Wunden bedeckt waren, bleiche Linien, die ungelenke Kreuze bildeten, groteske Parallelogramme.

Eigentlich nichts anderes als Tätowierungen, meinte Maclovio. Nur daß man hier nicht zu einem Spezialisten ging und sich vorsichtig die Poren färben ließ. Diese Narben verlangten mehr kaltblütigen Mut: zum Messer greifen, sich die Haut ritzen, das Blut fließen lassen.

Melisandra rieb sich instinktiv die Arme. An jeder Straßensperre wiederholte Maclovio die Parole. Man ließ ihn durch, man kannte ihn ganz offensichtlich gut.

Das Büro von Antonio Espada war klein und von einer peinlichen Ordnung. Der Schreibtisch aus Holz zeigte, daß sich dieser Mann nicht an die Regeln zu halten brauchte; er war aus einer ehemaligen, herrlichen Tür gezimmert, man konnte noch die Spuren der Angeln und Schlösser sehen. Ein Adjutant führte sie herein und bedeutete ihnen, auf den Stühlen aus Holz und Leder Platz zu nehmen. Auf dem Fensterbrett blühten in Blumentöpfen Begonien. Es roch sauber. Auf einem kleinen Beistelltisch stand unter einer durchsichtigen Plastikhülle ein alter Computer. Maclovio und der Adjutant ließen sie allein.

»Ich weiß immer noch nicht so genau, was wir hier eigentlich wollen«, sagte Melisandra. »Was haben wir denn davon, daß wir mit Antonio Espada reden? Ich wäre lieber zurückgefahren und hätte beim Entladen des Containers zugeschaut. Dieses Büro läßt mich frösteln.«

»Dazu wird schon noch Zeit sein«, antwortete Raphael. »Dinge können niemals interessanter sein als Menschen.«

»Dir hat es nie an Dingen gefehlt«, gab Melisandra zurück. »Ich dagegen habe immer unter vielen Menschen gelebt.«

Antonio Espada trat leise, fast geräuschlos ein und schloß die Tür hinter sich ohne einen Laut – jemand, der es gewohnt war, sich unter Feinden und Verrätern zu bewegen. Er war groß, schlank und sehr bleich. Er vermittelte weder den Eindruck körperlicher Kraft noch besonders guter Gesundheit, und dennoch konnte man, kaum daß man Blickkontakt mit ihm aufgenommen hatte, gewahr werden, daß ein Teil der Macht dieses

Mannes damit zu tun hatte, wie schlecht dieser Körper zu seiner Seele paßte, mit dem Widerspruch also zwischen einem hitzigen, rastlosen Geist und der schwächlichen, gebrechlichen Hülle, in der er hausen mußte. Antonio Espada kam mit ausgestreckter Hand und einem Lächeln auf sie zu, das nicht erkennen ließ, ob er freundlich sein oder sich lustig machen wollte. Melisandra gab ihm die Hand und erwiderte das Lächeln, augenblicklich unangenehm berührt durch die Art, wie er ihre Hand länger als nötig festhielt und so dem einfachen Akt der Begrüßung einen anderen, nicht nur sexuellen, sondern auch komplizenhaften Beigeschmack geben wollte. Es fiel ihr auf, daß er mit Raphael genauso verfuhr, so als wolle er sie beide durch seine Berührung ertasten, als habe er statt seiner Hand einen Blindenstock ausgestreckt, mit dem er die genaue Beschaffenheit des vor ihm liegenden Hindernisses bestimmen könne.

Ohne den Blick von ihnen zu wenden und unter Beteuerungen, wie sehr er sich freue, sie endlich persönlich kennenzulernen, nahm er hinter seinem Schreibtisch Platz. Dann schwieg er einen Augenblick, anscheinend abgelenkt durch einen Stapel Papiere, die dort vor ihm lagen.

»Mir ist zu Ohren gekommen, daß es Ihrem Großvater nicht besonders gut geht«, sagte er plötzlich und hob den Kopf, um Melisandra genau anzuschauen.

»Was haben Sie gehört?« fragte die und sprang erschrocken auf.

»Seine Arthritis zwingt ihn dazu, das Bett zu hüten.«

Melisandra seufzte erleichtert und nahm wieder Platz. Sie hatte Schlimmeres befürchtet, ein Arthritisanfall war nichts Besonderes. Der Großvater hatte das mindestens einmal im Jahr, und Mercedes wußte genau, was zu tun war.

»Ah!« stieß sie hervor. »Wieder mal die Arthritis!« Er hat es gesagt, um mich zu erschrecken, um mich weichzukriegen, dachte sie dann.

»Nun ja, Sie wissen ja, daß in seinem Alter diese Dinge normalerweise nicht gerade besser werden«, fuhr Antonio Espada fort und holte eine Zigarette aus der Tasche, die er umständlich anzündete. Nach dem ersten Zug stieß er eine dicke Rauchwolke aus.

»Ich habe Sie nicht erschrecken wollen«, sagte er dann. »Ich dachte mir nur, daß Sie unterrichtet sein möchten.«

»Aber natürlich, selbstverständlich«, lächelte Melisandra und mühte sich, ihr Gleichgewicht wiederzufinden. Die Erwähnung ihres Großvaters hatte ihr für einen Moment den Fluß mit all seinen Gerüchen zurückgebracht, das Bild von Baskenmütze und Spazierstock, den Klang der zuschlagenden Verandatür am Morgen.

Raphael beugte sich auf seinem Stuhl leicht nach vorn, um seine Rückenmuskeln zu entspannen. Auch ihm war der Schreck in die Glieder gefahren. Jetzt war ihm klar, wie das Spiel lief: Antonio Espada war noch nicht richtig im Zimmer, da hatte er schon die erste Runde gewonnen. Die Gestalt des bedrohten Don José schwebte mit dem Zigarettenrauch durch den Raum.

»Wie haben Sie denn davon erfahren?« fragte Melisandra, und ihre Frage klang nicht naiv, sondern eher sarkastisch.

»Sehen Sie, genau das ist der Grund, warum Ihnen mein Bruder gesagt hat, daß Sie gut beraten wären, unsere Strukturen zu nutzen, wenn Sie diesen mythischen Ort finden wollen, nach dem Sie so eifrig suchen. Ich will nicht behaupten, daß wir alles wissen, aber fast alles ist mir auch schon genug.«

»Was nichts anderes bedeutet, als daß Sie meinen Großvater überwachen lassen. Das soll wohl eine Drohung sein«, sagte Melisandra mit kaum unterdrückter Empörung.

Antonio Espada erhob sich von seinem Platz hinter dem Schreibtisch und trat zu den Begonien am Fenster. Leicht berührte er eines ihrer Blätter und wandte sich dann wieder zu ihnen um.

»Ich habe es kaum nötig, Ihnen zu drohen. Sie stellen keine Gefahr für mich dar. Waslala gibt es nicht. Und selbst wenn es Waslala gäbe, würde mir das auch nicht den Schlaf rauben.«

»Warum wollen Sie dann Zeit und Anstrengungen auf uns verschwenden, auf unsere Suche? Sie haben doch sicher Wichtigeres zu tun …«, warf Raphael spöttisch ein.

»Ich habe da einen Geschäftspartner«, antwortete Espada, »für den ist es von gewisser Bedeutung. Außerdem gibt es dabei für mich nichts zu verlieren. Es kostet mich nichts weiter, als Ihnen einen Führer zuzuweisen, unterwegs für Ihre Unterkunft zu sorgen, Sie zu schützen und Sie wissen zu lassen, welche Wege Sie weiter von Ihrem Ziel wegbringen und welche Sie ihm nähern. Wir haben ein ziemlich lückenloses Archiv mit Erzählungen und Berichten derer, die angeblich dort gewesen sind. Die Frau meines Bruders ist sehr ordentlich, und ihr Zeitvertreib ist das Schreiben. Ich brauche nicht einmal eine Abteilung meiner Armee zu Ihrer Begleitung abzukommandieren. Es ist also eine ziemlich einfache Angelegenheit für mich. Doch wenn Sie es vorziehen, auf mein Angebot zu verzichten – bitte schön, es liegt ganz in Ihrem Ermessen …«

»Die Strukturen, von denen Sie sprechen, wozu dienen die denn normalerweise?« fragte Raphael und fühlte sich plötzlich, ohne recht zu wissen, weshalb, viel besser in seiner Haut.

Espada lächelte. Er war unterdessen hinter seinen Schreibtisch zurückgekehrt und spielte mit zwei Bleistiften, die er wie Schwerter gegeneinander richtete.

»Früher, da wurden die Kriege gewonnen oder verloren«, sagte er. »Heute sind sie eine Frage der Kontinuität. Es gibt keine klar erkennbaren Feinde oder Freunde mehr. Die Anforderungen an die Strategie sind komplexer geworden. Es wird an vielen Fronten gleichzeitig gekämpft, und an jeder aus verschiedenen Gründen. Außerdem können die Gegner von heute die Verbündeten von morgen sein. ›Fließenden Krieg‹ nenne ich das. Er verlangt viel kollektive Erinnerung.«

»Was ist denn aber der letzte Grund dafür? Sie scheinen ein intelligenter Mensch zu sein. Meinen Sie nicht, daß in der heutigen Realpolitik die vollständige Unabhängigkeit, die völlige nationale Souveränität unvorstellbar geworden ist?« fragte Raphael.

»Ich wüßte nicht, weshalb«, antwortete Espada. »Sie glauben ja auch daran. Was ist denn sonst Waslala, wenn es überhaupt existieren sollte, als eine unabhängige, abgeschlossene Gemeinschaft, die in einem gesellschaftlichen Freiraum existiert.«

»Aber technisch gesehen ist Faguas nicht einmal mehr ein richtiges Land. Die Grenzen sind in dieser ganzen Region offiziell abgeschafft.«

»Was Sie da sagen, bestätigt ganz meine Meinung«, lächelte Espada. »Technisch sind sie vielleicht abgeschafft, aber nicht dem Konzept nach.«

»Soll das heißen, daß Sie für ein Konzept kämpfen, auch wenn es keinen konkreten Anlaß gibt?« ließ Raphael nicht locker.

»Wer war es doch gleich, der gesagt hat: ›Gebt mir eine Idee, und ich werde die Welt aus ihren Angeln heben‹?« gab Espada ungerührt zurück.

»Aber was ist mit den Toten in diesem fließenden Krieg? Sie selbst geben ja zu, daß er nicht zu gewinnen und nicht zu verlieren ist. Es ist ein Krieg, der vielleicht einmal vor langer Zeit einen Grund gehabt haben mag, der aber jetzt um sich selbst kreist; sich selbst nährt, sich selbst neu erfindet. Im Grunde erfüllt sich dadurch nur eine selbstzerstörerische Bestimmung!« mischte sich Melisandra ein.

»Es ist alles eine Frage der Macht«, meinte Espada, wobei er wieder aufstand und sich die Hände rieb. »Der Kontrolle der Macht. Sie haben recht damit, daß Konzepte allein nicht ausreichen. Man muß auch die Macht haben. Das ist es, was mich von den anderen, den Idealisten unterscheidet. Ich bin nicht selbstzerstörerisch.«

»Meinen Sie damit Ihren Bruder?« fragte Melisandra.

»Mein Bruder ist ein Don Quijote, er hat zuviele Ritterromane gelesen. Allzu oft betrügt er sich selbst und meint, die Wirklichkeit wäre formbar, ganz wie er es will. Das ist eine nationale Krankheit. Es gibt zuviele Dichter in diesem Land. Wem, wenn nicht den Dichtern ist Waslala eingefallen? Und die Idee hat gezündet. Wie sollen die Leute denn auch nicht an eine verzauberte Welt glauben, in der es keine Konflikte, keine Widersprüche gibt? In einem so fluchbeladenen Land wie dem unseren ist das eine unwiderstehliche Vorstellung. Nur daß es leider eine Lüge ist.« Er hob plötzlich die Stimme und änderte den Ton seiner Rede. »Die einzige mögliche Wahrheit, die einzige Gewißheit ist die, Macht zu besitzen, stark zu sein, die Spielregeln bestimmen zu können, einer der wichtigsten Spieler des Spiels zu sein. ›Wenn zwei sich streiten, freut sich der Dritte‹, das ist eine

Weisheit, die nur wenige anerkennen wollen, doch bei Ihnen glaube ich kein Blatt vor den Mund nehmen zu müssen.«

»Ich habe da noch ein persönliches Anliegen«, meldete sich Raphael zu Wort. »Es wird von gewissen Dingen erzählt, die in Regionen und Ländern wie Faguas geschehen, eben weil die Strukturen und Grenzen hier so fließend sind, Experimente, die hier unternommen werden. So sind wir zum Beispiel in den letzten Jahren von einer Drogenmutante überschwemmt worden, dem Philin, das angeblich hier produziert wird. Und man spricht vom Handel mit menschlichen Organen, Versuchen mit tödlichen Viren. Was können Sie mir darüber sagen?«

Antonio Espada lächelte hintergründig. Maclovio hatte sich also nicht geirrt.

»Hab' ich mir doch gedacht, daß man Sie nicht nur wegen Waslala hierher geschickt hat. Wen interessiert schon, ob Utopia existiert oder nicht? Das Makabere ist ein besserer Nachrichtenstoff.«

»Mein Chefredakteur ist ein sehr feinfühliger Mensch«, gab Raphael mit einer Spur Sarkasmus zurück. »Stellen Sie sich vor, in seiner Freizeit malt er sogar. Mein Interesse an dieser Frage ist ein rein persönliches. Eines meiner Spezialgebiete sind die Riten, Kulte und Geschäfte der Straßenbanden, unter denen vielerlei Gerüchte kursieren.«

»Ich will Ihnen nicht vorspiegeln – wie das vielleicht mein Bruder tun würde –, daß das alles reine Erfindungen unserer Feinde sind. Wir kennen das Philin und wissen auch, daß es hier angebaut wird. Was wir nicht wissen ist, wo, obwohl wir gelegentlich versucht haben, den Handel damit unter Kontrolle zu bekommen. Was Viren und Organhandel angeht, so kann ich Ihnen dazu nichts sagen. Faguas verfügt nicht über die notwendigen

Bedingungen für diese Industrie. Über die Rohstoffe schon, hier gibt es mehr als einen, der mit dem größten Vergnügen die Leber eines Widersachers oder sogar seine eigenen Nieren verkaufen würde, doch ist die Logistik kompliziert. Es ist lange her, daß wir hier ein Flugzeug gesehen haben. Die Landebahn des Flughafens ist ja schon völlig zugewachsen. Die Seewege sind weniger kontrolliert als der Luftweg, deshalb ist die Sache mit dem Philin auch eher möglich, doch ist das nicht mein Metier, ich habe, wie Sie ja sehen konnten, andere Probleme. Da werden Sie sich auf Ihrer Reise nach Waslala schon selbst umtun müssen. Fragen Sie einfach. Fragen kostet ja nichts, wenigstens nicht das Leben. Jedenfalls nicht sofort«, fügte er noch mit einer gehörigen Portion Gehässigkeit hinzu.

Melisandra folgte dem Wortwechsel mit gespannter Sorge. Spätestens jetzt konnte sie nicht mehr glauben, daß Raphael nur zufällig so beharrlich nach den Drogen fragte. Ob das der eigentliche Grund seiner Reise war? Er sprach die Spieler im Park darauf an, die Muchachos von Engracia; untersuchte hier und da Pflanzen und Sträucher. Sie mußte sich vergewissern, daß sein Interesse daran zweitrangig war, denn sie konnte keine Eskapaden gebrauchen, die sie von Waslala ablenkten oder sie auf ihrer Reise gefährdeten. Gerade jetzt geriet die Unterhaltung in eine gefährliche Bahn, und es bestand das Risiko, daß die beiden Espadas sich durch soviel Schnüffelei bedroht fühlten. Außerdem war es spät geworden. Morris wartete wohl schon im Hotel auf sie.

»Entschuldigt, wenn ich unterbreche«, sagte sie deshalb schnell in eine Pause hinein. »Ich glaube, wir müssen jetzt wirklich gehen.«

Raphael sah auf seine Uhr und konnte nur kopfnickend zustimmen. »Wir haben noch nichts verabredet, was Ihre Reise angeht«, meinte Espada seelenruhig und zündete sich eine weitere Zigarette an, so als habe er alle Zeit der Welt.

»Besten Dank, aber ich glaube, wir müssen das schon allein machen«, gab Melisandra ohne zu zögern zurück. »Wir wollten eigentlich nur aus Neugier ein bißchen mit Ihnen plaudern.«

Raphael grinste und tat so, als müsse er sich einen Fussel von der Hose zupfen, damit Antonio Espada nicht sah, wie sehr ihm die Unerschrockenheit Melisandras gefiel.

Als sie Espadas Büro verließen, war Maclovio nirgends zu sehen. Ein Wachsoldat riet ihnen, wieder den gleichen Weg zu nehmen, den sie gekommen waren. Niemand würde sie aufhalten. Dann führte er sie durch feuchte Korridore bis zu dem Portal, von wo aus der Weg in die Stadt hinunterführte. Um diese Tageszeit war der Blick vom Hügel durch das gelbliche Licht des beginnenden Sonnenuntergangs gefärbt. Von hier aus wirkte Cineria wie irgendeine freundliche Stadt irgendwo auf der Welt. Von weitem sah man die weißleuchtenden Türme der Kathedrale vor der dunklen Kette der Berge, die hinter dem See aufstiegen. Faguas war ein Land voller Vulkane, voller Stacheln wie ein unheimliches Meerestier. Die Menschen mußten sich auf den Ebenen dazwischen niederlassen, auf den gebirgigen Hängen, mußten auf der Magma leben, die brodelnd unter ihren Füßen floß. Etwas von dieser Hitze, diesem Brand war auch in den Bewohnern, dachte Melisandra und erinnerte sich an die durchdringenden, stechenden Augen Antonio Espadas. Ihn mußte man sicher mehr fürchten als seinen Bruder Damian, und doch zog sie ihn vor. Die Tatsache, daß er so gebrechlich war, sorgte dafür, daß man Nachsicht mit ihm hatte. Außerdem war er kein solcher Aufschneider wie sein Bruder, verwandelte sich nicht plötzlich in einen Würgeengel.

»Melisandra, ich glaube, wir müssen miteinander reden«, unterbrach Raphael ihr Schweigen auf dem Weg in die Stadt hinunter.

»Du sprichst mir aus der Seele. Ich möchte auch mit dir sprechen.«

»Worüber denn? Mal seh'n, ob wir das gleiche denken.«

»Nein, sag' du mir, was du auf dem Herzen hast.«

»Also gut. Wir vergeben uns nichts, wenn wir das Angebot der Espadas annehmen. Hier geht es nicht um Moral, um hehre Ziele, sondern nur darum, miteinander auszukommen«, erklärte Raphael seinen Standpunkt.

»Ich bin nicht deiner Meinung. Das würden sie dich vielleicht gern glauben machen. Das sind ganz üble Gesellen!«

»Mal sehen, ob wir uns verständigen können«, antwortete Raphael und sprang auf einen Stein mitten auf dem Weg. »Die Kriege wüten hier, solange ihr denken könnt. Alle Welt weiß, daß die Begründungen vage sind, daß es nur darum geht, Macht um der Macht willen anzuhäufen. Das Gesetz des Stärkeren.«

»Es sind Kriege ohne Ziele.«

»Nicht unbedingt. Der Punkt ist, daß das Ziel nichts mit der Nation, der Gesellschaft zu tun hat. Es sind Individualkriege, Kriege mächtiger einzelner gegen andere mächtige einzelne, in denen es um Macht geht. Feudalkriege, Kriege von Familien, von Gruppen, von Stämmen, ohne irgendein nationales Konzept.«

»Und wenn es keine Ziele gibt und kein Konzept von Nation, dann gibt es auch keine Regeln; ist es das, worauf du hinauswillst? Daß es egal ist, ob sie uns helfen oder jemand anderem?«

»Weder Regeln noch irgendeine Möglichkeit, Partei zu ergreifen. Ganz genau. Es gibt nicht die, die besser sind als andere, und auch keine gerechten oder ungerechten Standpunkte. Deshalb ist es gleichgültig, ob sie uns helfen oder nicht. Aber ich werde nicht auf meinem Standpunkt beharren, ich weiß, daß Engracia dir mehr Vertrauen einflößt. Und mir ja auch, da gibt es keinen Zweifel. Aber die Situation ist klar: Es gibt keine Guten und keine Bösen. Es geht nur um die Frage, was uns mehr nützt.«

»Dir mag es ja nützen, dich wegen deiner anderen Reportage an die Espadas zu halten. Aber das ist nicht meine Situation. Sie sind sichtlich nervös. Aus welchen Gründen auch immer gibt es Erwartungen in bezug auf meine Reise. Man meint offensichtlich, daß ich als Enkelin dieses Großvaters und wegen meiner Eltern Waslala eher werde finden können als andere.«

»War es das, worüber du mit mir reden wolltest?«

»Ganz genau. Wir haben eine Verpflichtung. Ich weiß nicht, ob es dein wirklicher Auftrag war, Waslala zu finden. Jetzt können wir auf jeden Fall nicht mehr zurück und können uns auch nicht davon ablenken lassen. Wenn du weiter auf der Geschichte mit dem Philin beharrst, bringst du uns bestimmt in Schwierigkeiten.«

»Die beiden Reportagen sind, sagen wir es so, nicht unvereinbar.«

»Vielleicht ist das richtig, vielleicht aber auch nicht. Für mich ist, sagen wir es so, Waslala wichtiger. Wenn es sein muß, können wir uns gleich hier trennen.«

»Auf keinen Fall«, lenkte Raphael hastig ein. »Ich bin ein Mann, der Wort hält.«

»Du bist Journalist«, antwortete Melisandra.

»Du mußt verstehen, daß es für mich nicht leicht gewesen ist, hierher zu kommen«, sagte Raphael fast flehend und blieb stehen. »Du kannst mir nicht vorwerfen, daß ich mehrere Reportagen mache, wenn ich die Möglichkeit dazu habe. Immerhin ist es mehr als unwahrscheinlich, daß man mich bald wieder nach Faguas schickt … Glaub mir, Melisandra, ich würde nie deine Reise nach Waslala in Gefahr bringen wollen.«

Sie erreichten jetzt die Asphaltstraße und liefen in die Stadt hinein. Diesmal hatten sie das Gefühl, an den Straßensperren erkannt zu werden. Viele Menschen wußten schon von ihrem Plan, Waslala zu suchen. Mehrfach hielt man sie kurz an, um ihnen Fragen zu stellen oder einen Rat zu geben. Sie sollten nicht zuviel Gepäck mitnehmen, meinte einer, man hätte noch von keinem gehört, der mit viel Gepäck Waslala erreicht hätte; die dort hingelangten, taten dies plötzlich, aus Versehen, ohne vorbereitet zu sein, ohne lange überlegt zu haben. Sie müßten auf den Wind achten, meinte ein anderer. Es hieß, in Waslala wäre der Wind ganz anders. An einer der Sperren wartete eine uralte Frau auf sie mit einem Foto von ihrem verschollenen Mann. Irgend jemand hatte ihn in Waslala gesehen. Sie bat darum, ihm zu sagen, daß sie noch lebe, daß sie auf ihn warte, um in Ruhe sterben zu können. Raphael ließ keine Gelegenheit aus, Fragen über die Espadas zu stellen, über die Kommunarden, ihre Auseinandersetzungen. Man sprach von beiden Seiten mit dem gleichen Respekt, ohne für eine von beiden besonders Partei zu ergreifen. Versatzstücke der Ideen von Damian Espada und von Engracia vermischten sich zu einem Wust der Begründungen für ihren Krieg gegeneinander. Man identifizierte die Espadas mit dem Nationalismus und Engracia mit dem Ziel, eine weltoffene Gemeinschaft zu bilden.

»Siehst du«, meinte Raphael zu Melisandra, »keiner ist für keinen, und alle sind für alle. Feindschaften oder

Freundschaften hängen nur davon ab, wie man meint, ein Gleichgewicht zwischen den beiden Seiten herstellen zu können.«

Melisandra schwieg. Für sie war es das Wichtigste, festzustellen, daß aus Gründen, die keine Logik erklärte, jeder in Faguas zu denken schien, daß nur die Entdeckung von Waslala das Land von seinem Kriegsfluch erlösen und es einer ehrbaren Sache zuführen könne. Man hielt Waslala für die letzte Bastion der Ordnung, das einzige, das Faguas die Perspektive einer anderen Lebensweise wiedergeben konnte. Oder war es, wie Joaquín meinte, nur die letzte gemeinsame Vision, nachdem sich alle anderen wie Illusionen verbraucht hatten? Auf jeden Fall war es eine Fata Morgana, der sich niemand in Faguas entzog. Und sie war Teil dieser Fata Morgana, war es immer gewesen. Ob sie wollte oder nicht.

28. Kapitel

Als sie das Hotel betraten, brannten dort schon die Lichter des riesigen Kronleuchters in der Eingangshalle. Jaime, der Geschäftsführer, hatte ihn mit Engelsgeduld repariert, nachdem er ihn von Engracia im Tausch gegen Unterkunft und Verpflegung erhalten hatte. Der Kronleuchter strahlte die Atmosphäre einer anderen Zeit aus, so als habe sich das 19. Jahrhundert hier niedergelassen und weigere sich, fortzugehen. Schwere alte Sessel mit abgenutzten Bezügen, doch auf Hochglanz polierten Holzteilen standen in den Ecken und vermittelten den Eindruck längst vergangener Größe und Würde. Genauso glänzte auch das Holz der Rezeption, wo eine nicht mehr ganz junge Frau in Verwaltungsarbeiten vertieft zu sein schien. Raphael und Melisandra empfanden beide den Drang, auf Zehenspitzen einzutreten; die Frau bemerkte sie jedoch, noch bevor sie irgendeinen Laut von sich geben konnten, und hieß sie freundlich willkommen.

Raphael überließ es Melisandra, nach Morris zu fragen, vertiefte sich in die Betrachtung seiner Umgebung und konnte nicht umhin, eine Verbindung zu dem Gespräch zu entdecken, das sie vor Betreten dieses Gebäudes geführt hatten. Koloniale Kultur und Art déco existierten hier nebeneinander, und das mit der gleichen wirklichkeitsfremden Selbstverständlichkeit, mit der auch alle Einwohner Cinerias zusammenzuleben schienen. Angezogen von einer außergewöhnlichen, ja exotischen Sauberkeit, fuhr er mit der Hand über den im Kronleuchterlicht glänzenden Schreibtisch und schnalzte mit den Fingern. Alles schien hier vor Sauberkeit zu glänzen: die alten Silberaschenbecher, die Spiegel, die Fensterscheiben, durch die man die Bäume im Park mit ihren ineinander verwachsenen Kronen sehen konnte. Die Dame am Empfang hatte jetzt ihren Platz hinter der Theke verlassen, und als sie davonging, konnte Raphael ihr ordentliches Aussehen bewundern, das schwarze Kostüm, die Nylonstrümpfe, die Schuhe mit den halbhohen Absätzen. Während ihrer Reise auf dem Fluß hatte Hermann ihm schon ausführlich von Jaime und seinem Hotel erzählt und es als Musterbeispiel für die Fähigkeit der Einwohner Cinerias bezeichnet, sich eine Zeit jenseits derer zu schaffen, in der sie wirklich lebten. Es war die Fähigkeit eines Zauberkünstlers, meinte er. Jaime hatte es sich zum Ziel gesetzt, seinen Gästen den Eindruck zu verschaffen, sie befänden sich irgendwo auf dieser Erde, nur nicht in Faguas. Sein Personal zeigte soviel Anstand und Würde, die Zimmer, die Tischtücher des Restaurants, die Möbel waren von einer solchen Sauberkeit, daß sich der Gast nach kurzer Zeit fragte, ob die Eigenarten seiner gewohnten Umgebung nicht Auswüchse seiner Phantasie waren. Wie groß auch immer seine Verwirrung sein mochte, am Ende blieb ihm nichts anderes übrig, als anzuerkennen, daß es Professionalität und Berufsehre noch unter den widrigsten Umständen geben konnte. Laut Hermann hatte er einige der hartgesottensten Schmuggler weinen gesehen angesichts dieses ganz besonderen Heldentums, und er selbst zollte Jaime seinen Tribut, indem er ihm auf jeder Reise Livréen und Uniformen für seine Bediensteten oder einschlägige

Bücher mitbrachte, die seine an sich schon beträchtliche Bibliothek von Werken über das Hotelgewerbe und Biographien berühmter englischer Butler vergrößern sollten. Die Empfangsdame kehrte bald zurück und führte sie in ein kleines Büro, wo sie Morris in Jaimes Gesellschaft fanden. Raphael konnte nicht genau sagen, ob seine Erwartung dafür verantwortlich war, daß ihm Jaimes Züge das klassische Aussehen derjenigen zu sein schienen, die ihr Leben dem Dienst an anderen gewidmet haben. Sein Benehmen war reserviert und respektvoll, seine freundlichen Augen ließen die Fähigkeit erkennen, fremde Wünsche zu erahnen, seine schmalen Lippen verrieten eine Leidenschaftslosigkeit, wie sie in einem solch diskreten Gewerbe erforderlich war, und seine zarten, gepflegten Hände rundeten ein Bild der Eleganz ab, das jeden Besucher aufforderte, seinerseits ein gutes Benehmen an den Tag zu legen und sich der Aufmerksamkeiten würdig zu zeigen, die ihm mit großem Ernst und ohne eine Spur von Unterwürfigkeit dargeboten wurden. Als er sich so umsah, fragte sich Raphael, woher dieser Mann die Überzeugung gewonnen haben mochte, daß der Dienst an anderen zu einer Kunst erhoben werden konnte. Jaime bat sie, Platz zu nehmen und zeigte überhaupt eine zwanglose Freundlichkeit, mit der er ihnen Kaffee und Kuchen anbot. Auch das Büro war gepflegt und sauber. Eine der hohen Wände bedeckte in voller Höhe ein Regal, das die Bücher barg, von denen Hermann erzählt hatte. An einer zweiten Wand hing eine umfangreiche Sammlung von Fotos, auf denen die Renovierung des alten Gebäudes, seine Einweihung als Hotel und einige der berühmtesten Gäste abgebildet waren, unter ihnen Gerard Shummer. Er hatte als erster den Mars umkreist, später, auf Einladung des Präsidenten der Vereinigten Staaten, in einer Art

Goodwill-Tour die wichtigsten vergessenen Regionen der Welt besucht und dort über die Wunder des Kosmos gesprochen. Jaime gab seiner Hochachtung für Melisandras Familie Ausdruck. Er erinnerte sich noch gut an Doña María, ihre Großmutter, als sie sich in jungen Jahren in der Gesellschaft ihrer Verwandten zu langweilen pflegte und bei den Festen lieber mit dem Dienstpersonal plauderte und als erste die Speisen probierte, die aus der Küche kamen. Sie war eine Dame von Welt gewesen, meinte er, auch wenn sie nie mit einer solchen verwechselt werden mochte und alles in ihrer Macht Stehende tat, nicht so auszusehen. Leider, so fügte er hinzu, wollten in diesen Zeiten in Cineria viele mehr scheinen, als sie waren, und er selbst war es schließlich müde geworden, diejenigen gut zu bedienen, die eine Fischgabel nicht von einer Salatgabel zu unterscheiden wußten. Deshalb hatte er nicht eher geruht, bis das Leben ihm erlaubte, dieses Haus zu kaufen, in dem er endlich seine beruflichen Qualitäten zeigen konnte, ohne daß ihn provinzielle Ignoranz oder die Abhängigkeit von einem Gehalt dazu zwangen, die strengen Normen seines Gewerbes zu verletzen.

Jaime redete recht geschwollen, und seine stets übertriebene Art mochte Ausdruck einer leicht neurotischen Mentalität sein, die für ihren Drang nach Perfektion noch die ungewöhnlichsten Felder suchte, dachte Melisandra. Doch lag in seiner unbestreitbaren Besessenheit genauso unbestreitbar auch ein großmütiger Geist, eine instinktive Weisheit; das Bewußtsein davon, daß ein Stück Erlösung darin liegen mochte, daß jemand Sinn und Würde dabei finden konnte, seine Arbeit gut zu tun, so unwichtig sie anderen auch erscheinen mochte.

Der Hotelier erzählte ihnen eine Reihe Geschichten von Gästen seines Hauses, die behaupteten, in Waslala gewesen zu sein. Viele waren es nicht, meinte er, vielleicht drei oder vier Fremde, die er nie wiedersah, doch alle hatten sie bekräftigt, durch die Erfahrung verändert worden zu sein, und alle sprachen von einem Ort im Norden des Landes, an den sie durch Zufall gelangt waren und der sich, während sie schliefen, auf geheimnisvolle Weise wieder in Luft auflöste.

Während Jaime mit ruhiger Stimme erzählte, sah Morris andauernd auf die Uhr in seinem Metallarm, konnte er doch kaum seine Ungeduld zügeln, wieder zu Engracia zurückzukehren. Er hatte den Nachmittag bei einem befreundeten Uhrmacher zugebracht, um mit dessen feinen Werkzeugen seine Instrumente neu einzustellen und die Ladung Müll, die die Muchachos um diese Zeit sicher schon unten am Kai entluden, genau untersuchen zu können. Die Ankunft von Melisandra und Raphael zögerte mehr als erwartet das heraus, was er als kurzen Höflichkeitsbesuch bei Jaime geplant hatte. Die Nacht zog schnell herauf, und er hatte einen langen Arbeitstag vor sich.

Dennoch mochte er den Vortrag nicht unterbrechen. Er wußte um die Faszination, die Jaime und sein Hotel in jener chaotischen Umgebung hervorrufen konnten, wo dieses Haus nicht nur eine Insel der Ordnung und Tüchtigkeit, sondern auch so etwas wie eine Reliquie längst vergangener und vergessener Zeit darstellte. Außerdem war Jaime schon für sich allein genommen eine interessante Person. Trotz der langen Zeit, die er ihn kannte, wußte Morris nicht genau zu sagen, ob der Hotelier eine Art Vernunft im Wahn gefunden hatte, oder ob es die absolute Logik seines Wahns war, die den Eindruck von Vernunft entstehen ließ. Es gelang ihm nicht zu entscheiden, ob die Welt, die der Hotelier sich schuf, ihn verdammte oder ihn erlöste.

Er beschloß, noch eine weitere Viertelstunde Zeit zu geben; dann stand er auf und bedeutete Melisandra und Raphael, daß sie jetzt unbedingt fahren müßten.

Morris hatte sie an diesem Tag in dem alten SAM in die Stadt gefahren, der, im Gegensatz zu Melisandras Jeep auf der Hacienda, keine so liebevolle Pflege erhielt und entsprechend heruntergekommen und schmutzig aussah. Sie verließen das Hotel, als es schon dunkel wurde und ein kalter Wind vom See heraufzuwehen begann, der die Feuchtigkeit noch stärker spüren ließ. Melisandra kreuzte die Arme vor der Brust und drückte sich gegen die Rückbank des Jeeps, um sich in dem offenen Fahrzeug gegen die kühle Brise zu schützen. Raphael saß auf dem Beifahrersitz neben Morris. Die Köpfe der beiden sahen wie Knospen einer seltsamen Blume aus. Sie unterhielten sich über die Espadas, doch riß der Wind ihre Worte mit sich fort, und Melisandra konnte nur ab und zu eine Silbe aufschnappen, wenn ihr der Wind in einer Kurve die Wortfetzen zuwehte. Sie hätte sich nach vorn beugen können, um besser zu hören. Statt dessen zog sie es vor, den Kopf auf die Metallstrebe zu legen, die aus dem Sitzpolster hervorlugte, und zum Nachthimmel hinaufzusehen. Joaquín hätte über die Espadas ganz anders geurteilt als Raphael. Für ihn gab es nur zwei Sorten von Menschen, und die Espadas gehörten zur ihm entgegengesetzten Kategorie. Das mochte eine grobe Vereinfachung sein, war aber auch sehr effektiv. Mit Raphael ging nichts so einfach, und vielleicht war es gerade das, was sie so an ihm anzog: seine Neugier, sein Bemühen, die geheimen, ureigensten Beweggründe der Menschen zu verstehen, ohne sie ihrem Schein nach zu beurteilen, ohne sie sofort der einen oder der anderen Seite zuzuordnen, in der Überzeugung, daß gut und böse in allem und jedem einander ergänzende Komponenten waren. Natürlich konnte ihn diese Sicht der Welt schließlich zum reinen Beobachter machen und verhindern, daß er sich irgendeiner Sache ganz verschrieb. Diese Haltung brachte das Risiko der Lähmung mit sich, einen Skeptizismus, der die Kraft verlieren ließ, die daraus entstand, klaren Prinzipien zu folgen. Doch vielleicht war es auch nichts weiter als eine Art Panzer, ein Schutzmechanismus, ein Schild. Im Grunde spürte sie bei Raphael das Bedürfnis, die Sache zu finden, die ihn zwang, sich zu entscheiden.

Sie fühlte sich elend: nervös, unversehens mutlos und insgeheim wünschend, die Augen zu schließen, um an einem sicheren Ort wieder aufzuwachen. Jahre später würde sie diesen Gemütszustand als Vorahnung deuten können.

Der Wagen fuhr jetzt durch das Eisentor am Eingang des alten Schulhauses. Bevor sie den Vorplatz erreichten, hielt Morris an, um einen Blick auf den Kai hinunterzuwerfen, der von den Stadionscheinwerfern in gleißendes Licht getaucht wurde. Der dort festgemachte rostig-rote Container dümpelte auf der Dünung und wurde mit Flaschenzügen von einer großen Gruppe Muchachos entladen. Das Gebäude dagegen lag in Dunkelheit und Stille. Ein merkwürdiger Gegensatz, dachte Melisandra, die dort eine ähnliche Betriebsamkeit wie unten am See erwartet hatte, jedenfalls nicht die ausgeschalteten Lichter, die schläfrige Stille der Korridore, auf denen sie, als sie hineingingen, das hohle Echo ihrer Schritte widerhallen hörten, den ganzen Weg zu Engracias Wohnung hin. Morris ging eilig als erster voraus und sah sich dabei in der offensichtlichen Erwartung um, eine Erklärung für das zu finden, was auch ihm unerklärlich schien. Als sie schließlich das Apartment von Engracia erreichten, waren ihre Schritte schon in ein Laufen übergegangen, obwohl keiner der drei Anlaß dazu gehabt hätte, außer eben der Stille um sie herum. Morris schaltete das Licht ein und bahnte sich einen Weg zwischen den Möbeln hindurch. Plötzlich aus seinem Schlaf geweckt, begann der Papagei krächzend und mit seinen gestutzten Flügeln schlagend durch das Zimmer zu flattern. Melisandra suchte instinktiv Raphaels Nähe und verschränkte wieder die Arme vor der Brust, ohne etwas anderes tun zu können, als zu warten, bis Morris seinen Gang durch die Wohnung beendet hatte und mit den Worten zurückkehrte, Engracia sei nicht da, und daß irgend etwas Sonderbares vor sich ginge.

»Ich glaube, wir machen uns zuviel Sorgen«, meinte Raphael. »Es gibt keinerlei Anzeichen von Gewalt, und wenn etwas Außergewöhnliches passiert wäre, dann hätten die unten auf dem Kai es schon bemerkt. Sicher sind Engracia und die anderen irgendwo hier im Haus. Wir müssen sie nicht unbedingt gehört haben; das Gebäude ist sehr weitläufig«, fügte er noch hinzu, so als wolle er sich selbst überzeugen, während er auf den Gang hinaustrat und in den Hof blickte, um zu sehen, ob er in der Dunkelheit etwas erkennen konnte.

Melisandra war die erste, die vom Fenster der Wohnung aus die Lichter erblickte.

»Morris! Morris!« rief sie. »Sieh mal hier!«

Es war schwer zu erkennen, um was es sich handelte. Hinten im Hof, in der Nähe der Verbrennungsanlage, leuchtete etwas. Darum herum bewegten sich kleine, glänzende Objekte, die ein bläuliches, undefinierbares Licht ausstrahlten.

»Du meine Güte!« rief Morris aus. »Was ist denn das?«

Eine jähe Böe trug ihnen die Fetzen von Gelächter zu; dann hörten sie Raphael rufen. Schnell liefen sie die Treppe hinunter.

»Ich glaube, sie sind dort drüben«, sagte Raphael. »Da hinten, wo man das Licht sieht. Ich habe ihre Stimmen gehört, auch die von Engracia.«

Morris knipste die Lampe seines Stahlarmes an, und die drei begannen, vorsichtig ihren Weg zwischen Schrotthaufen und Müllbergen suchend, in Richtung der Verbrennungsanlage zu gehen.

Nein, er wollte nicht denken, was sein Gehirn ihm zu denken aufdrängte. Er weigerte sich, es zu denken. Es durfte einfach nicht sein. Er ging um den Metallkubus eines Kühlhauses herum, der ihm, inmitten eines Berges von Kühlschrankskeletten, den Weg versperrte. Er gab sich Mühe, nicht gegen verrostete Motoren zu laufen, und streckte den Arm aus, um Melisandra zu helfen, die er dicht hinter sich heftig atmen hörte. Der Nachtwind wehte in den Palmen und ließ ihre Blätter leise rascheln. Der Himmel war bedeckt, nur ab und zu lugte ein magerer Halbmond wie eine gehobene Augenbraue oder der scharf gezeichnete Buchstabe eines unbekannten Alphabets hinter den Wolken hervor, um sich bald darauf wieder zu verbergen. Er wollte nicht denken, was er denken mußte. Ganz sicher irrte er sich. Der Magen begann ihm wehzutun, die Möglichkeit, daß zutraf, was er denken mußte, was er nicht denken wollte, ließ ihm die Magensäfte nur so sprudeln.

Er konzentrierte sich darauf, nicht zu stolpern, was nicht gerade einfach war. Schon am hellichten Tag konnte man kaum ungehindert über den Hof laufen. Rostige Rohre, Eisenstangen, Aluminiumplatten hier und dort. Oft genug hatte er mit Engracia darüber geredet. Irgendwann, bald einmal, mußten sie mehr Leute holen und hier vernünftig aufräumen. Es war gefährlich. Er fragte sich, ob die Muchachos wohl die Schutzmasken angelegt hatten. Melisandra hinter ihm sagte kein Wort.

Er wandte sich um und sah sie und Raphael Hand in Hand ihren Weg suchen. Die Lampe in seinem Arm war nicht stark genug für alle drei, und er konnte nicht anhalten, um ihnen zu leuchten. Sie kamen der Gruppe näher; die Stimmen und das Gelächter wurden immer deutlicher. Die Umrisse der Verbrennungsanlage verdeckten schon die Palmen dahinter. Man hörte das fast metallische Scheppern, mit dem der Wind die Palmblätter wie Schwerter aneinanderklatschen ließ.

Er glaubte, sie zu sehen, glaubte ihr leuchtendes Gesicht zwischen dem der anderen erkennen zu können. Sie standen im Kreis um das phosphoreszierende Licht versammelt. Ihre Hände und Gesichter strahlten im bläulichen Licht. Erleuchtete Männer und Frauen. Muchachos, Jungen, Kinder. Jemand beugte sich vor und zog dann seine Arme lichtbedeckt aus dem Metallbehälter. Nein, er wollte nicht denken, was er denken mußte, dachte Morris, doch auf diese Entfernung, fast schon bei ihnen, war kein anderer Gedanke mehr möglich.

Er trat aus dem Schatten, sah sie leuchten, näherte sich dem Metallzylinder, während die anderen in das Schweigen von Kindern verfielen, die man beim Streichespielen erwischt, und tauchte seinen Stahlarm in das phosphoreszierende Pulver.

Engracia trat zu ihm. Sie hatte sich stärker bemalt als die anderen. Sogar noch ihr Haar strahlte, ihre Zähne. Sie wirkte wie eine mythische Erscheinung, die Meduse. Sie sagte, er solle ihnen nicht den Spaß verderben mit seinem traurigen Gesicht; es war doch nur phosphoreszierende Farbe, meinte sie, und daß sie nur ein wenig Spaß haben wollten.

Morris zog seinen Stahlarm aus dem Zylinder und warf einen Blick auf die Instrumententafel. Dann drehte er sich zu Engracia um und ohrfeigte sie. Einmal; zweimal; dreimal; viermal hintereinander. Ihr Kopf flog von einer Seite zur anderen. Die Muchachos warfen sich auf ihn. Er gab einem von ihnen einen Stoß, hörte die Knochen des Jungen krachen, als er auf dem Boden aufschlug. Auch Raphael und Josué versuchten, ihn zurückzuhalten. Die Lichtteilchen waren jetzt auf seiner Kleidung, seinen Schuhen. Engracia hatte keinen Laut von sich gegeben. Sie mußte es schon erraten haben, dachte Morris und fühlte sich plötzlich völlig ausgepumpt, ließ sich mit einer Handbewegung auf die Knie fallen, daß man ihn nicht länger halten mußte, und verbarg das Gesicht mit seinem gesunden Arm. So kniete er allein neben dem Zylinder im Kreis der leuchtenden Gesichter, Arme, Hände, Stimmen, die weiter in ihn drangen, Professor, was ist denn los, warum regen Sie sich denn so auf, wir wollten uns doch nur ein bißchen vergnügen, mit einem harmlosen Spaß. Sie mußten glauben, er wäre verrückt geworden, dachte Morris. Deshalb ließen sie ihn auch in Ruhe. Jetzt kam Engracia auf ihn zu. Zum ersten Mal, seit er sie kannte, nahm er den Schein der Einsamkeit wahr, der sie wie eine feste und zugleich durchsichtige Mauer umgab.

Zerknirscht sah er in die Runde, betrübt über seine eigene Reaktion. Heißer Zorn flutete in Wellen durch seinen Körper, als habe er ein verrückt gewordenes Pendel in seiner Brust.

Er hatte es ihnen doch gesagt, dachte er. So oft hatte er es ihnen gesagt. Die Gruppe der Muchachos um ihn herum sah ihn erwartungsvoll, erschrocken an. Er wollte nicht weinen, konnte jedoch ein heiseres Schluchzen nicht unterdrücken. Sie müssen annehmen, daß ich verrückt geworden bin, dachte er noch einmal. Er streckte die Hand aus, um Engracia zu berühren, die Meduse.

»Es tut mir leid«, sagte er endlich. »Ich bitte euch um Verzeihung dafür, daß ich so ausfallend geworden bin, aber ich habe euch so oft gesagt, daß ihr vorsichtig sein sollt, gerade, um einen solchen Unfall zu vermeiden. Dieses Pulver ist Cäsium 137, ein radioaktives Isotop. Die tödliche Dosis schwankt zwischen 500 und 600 REM. Ich vermute, jeder von euch hat mindestens soviel abbekommen. Ihr werdet sehr krank werden. In ein paar Stunden werdet ihr Übelkeit verspüren, euch erbrechen müssen, werdet Fieber und Kopfschmerzen bekommen, Verbrennungen; eure Haut wird brennen. Ihr werdet Flüssigkeit und Elektrolyte des Zellgewebes verlieren, Schäden am Rückenmark erleiden, das Haar wird euch ausfallen ... Was für ein Wahnsinn, mein Gott, welch ein Wahnsinn!«

Während er sprach, verlor er mehr und mehr seine mühsam bewahrte Haltung. Er erhob sich in einem neuen Anfall seiner Wut, ballte die Fäuste. Noch einmal senkte er seinen stählernen Arm in den Zylinder. Niemand sagte etwas. Josué, der sich nicht mit dem Pulver bemalt hatte, saß auf einer Waschmaschine und betrachtete intensiv seine Fingernägel. Engracia lief unablässig um die Gruppe herum. Die Muchachos saßen weiterhin am Boden. Morris zog den Arm aus dem Behälter und sah auf die Instrumente.

»Niemand überlebt eine so hohe Dosis«, sagte er mit zusammengepreßten Zähnen und schüttelte verzweifelt den Kopf. »Wir müssen euch intravenös Elektrolyte verabreichen.«

»Wieviel Zeit bleibt uns?« fragte Engracia lakonisch.

»Eine Woche, vielleicht zwei«, gab Morris zurück. »Wenn ihr Glück habt, zwei Wochen ... Wo habt ihr das Pulver gefunden?«

»Es war in diesem Zylinder«, antwortete einer der Jungen betreten und sah auf den Boden. »Der Zylinder war das einzige, was uns aus der Maschine dort rettenswert erschien.« Er wies in eine Ecke des Hofes.

Morris brauchte sich nicht sehr zu nähern, um zu erkennen, was es war: eine der Maschinen, die man zur Krebsbestrahlung benutzte, bevor es die Gentherapie ermöglichte, das kranke Gen zu isolieren und zu neutralisieren. Die Geräte waren noch zur Behandlung von Patienten in Gebrauch, bei denen die neue Technik wegen des Alters nicht anwendbar war. Die Wissenschaft hatte es möglich gemacht, leichte, tragbare Maschinen wie diese hier zu bauen. Wäre sie älter gewesen, hätte man sie wegen des Gewichts gar nicht schicken können.

Raphael verließ den Kreis der Muchachos und unterdrückte den Drang, wegzulaufen. Sanft nahm er Melisandra beim Arm und führte sie beiseite. Morris setzte sich auf den Boden und begann, den Kopf in der Beuge seines gesunden Armes verborgen, leise zu schluchzen. Schweigend hörten ihn die anderen weinen. Engracia tat einen Schritt zu ihm hin, sah dann jedoch plötzlich auf ihre riesigen, leuchtenden Hände und hielt abrupt inne. Armes Mädchen, dachte er und hob die Augen. Alle Wut war aus ihm gewichen, er sah nicht mehr den Widerschein der Einsamkeit um Engracia, als er jetzt aufstand und die Arme nach ihr ausstreckte. Sie versuchte, ihm auszuweichen, warnte ihn davor, verseucht zu werden, sagte ihm, daß es besser wäre, wenn er sie nicht berühre. Er schien sie nicht zu hören. Mit seinem Metallarm zog er sie zu sich heran, umarmte sie, hielt sie gegen sich gepreßt. Er küßte mit Bedacht ihr Gesicht, wieder und wieder, und jeder Kuß brachte Lichtpünktchen auf seine Lippen. Ein Loch hatte sich aufgetan in der Nacht, dachte Melisandra, und sie bewohnten für einen Augenblick diesen Raum der Klarheit, wo das Netz der Nacht, wie von riesigen Glühwürmern bewohnt, zerriß. Sie sahen so wunderschön aus. Engracia glich einer Göttin aus der Vorzeit, die eben von einer Reise zu den Sternen zurückkehrte, schrecklich und gütig zugleich. Die Muchachos hatten die entzückende Leichtigkeit androgyner Jünglinge, die gerade aus dem heiligen Hain gekommen waren. Jede Bewegung der Gruppe schien zu fließen, in Wellen über dem dichten Gewebe dieser Nacht zu schweben und die Dunkelheit genau dadurch zu verneinen, daß sie sie bekräftigte. Es fiel schwer, sich vorzustellen, daß etwas so Herrliches sterblich sein sollte, daß der Tod in diesen schillernden, nie vorgestellten Farben lauern konnte, in den übernatürlichen, engelsgleichen Gesichtern, die jedem von ihnen erblühten, als das Licht in ihnen von innen heraus zu strahlen begann und ihre Knochen leuchten ließ, die Knorpel, ihre Augenhöhlen, aus dem unmöglichen Winkel eines Leuchtturms, der in ihrem Blut selbst strahlte, in der inneren Atmosphäre eines jeden Körpers. Vielleicht hatte die Schönheit sie benommen gemacht, dachte Melisandra, und sie dachten nicht an die Folgen, ließen sich vom Licht mitreißen, dem überraschenden Effekt, den das Pulver auf ihrer Haut gehabt hatte, als es sie zu mythischen Wesen machte. Und wer wollte ihnen vorwerfen, dachte Raphael, daß sie, die mitten im Müll lebten, das Licht besitzen wollten, als sie es so plötzlich sahen, wie jeder Zauberer oder Alchimist, überwältigt von dem Bedürfnis, sich zu verwandeln, für eine Weile die dunkle, dürftige Existenz des Menschen zu vergessen?

In der Mitte des Kreises standen Morris und Engracia immer noch in ihrer Umarmung und bewegten sich ganz langsam wie in einem rituellen Tanz des Schweigens. Plötzlich löste sie sich von ihm und wandte sich den anderen zu:

»Wir wollen singen«, sagte sie und begann, erst leise, dann aber immer lauter, eindringlicher in die Hände zu klatschen, als könne sie so die Trance durchbrechen, in die sie alle gefallen waren. »Die beste Art, uns zu entgiften, ist, wenn wir singen. Josué, hol deine Gitarre.«

Morris trat zu dem Metallzylinder. Einen Augenblick lang sah er starr in das Licht in seinem Inneren, und bevor irgend jemand eingreifen konnte, beugte er sich nieder und bemalte mit schnellen, endgültigen Bewegungen, wie ein euphorischer Goldgräber, der Goldstaub findet, sein Gesicht, den gesunden Arm, das Haar und die Brust mit dem tödlichen Pulver.

29. Kapitel

Die ganze Nacht lang hörte man vom Hof die Gesänge heraufschallen. Die ganze Nacht lang liebten sich Raphael und Melisandra, als könnten sie sich so vor einem bösen Fluch schützen. Anfangs weinten sie dabei wie Kinder, um sich dann ineinander zu verbeißen wie zwei weidwunde Tiere, die erst durch den Schmerz ihre bestialische Vitalität spüren. Schließlich hielt er sich fest an ihrem Körper, tauchte in ihm nach seiner Mutter, ließ sich säugen und wiegen, ließ sich von ihr hätscheln, vergaß, ob seine Haut etwas spürte oder nicht, vergaß, daß er Genitalien hatte, vergaß hitziges Liebesspiel und Orgasmus; wollte einfach im anderen Körper sein, um sich nicht so mutterseelenallein zu fühlen. Sie spürte, urwüchsig und mächtig, wie mit einem Schlage Jahrhunderte der Zivilisation verblaßten und die Essenz der Weiblichkeit ihres Körpers, mit der Kraft zu nähren und Schutz zu gewähren, an die Oberfläche drängte. Sie gab ihm zu essen und zu trinken, sah sich in seinen Augen und durch sie hindurch ihre eigene Mutter und die Liebe ihres Vaters zu dieser fernen, kaum gekannten Frau. Als wäre es ein Inzest, so gab sie sich den Zärtlichkeiten hin, die sie ihr nie gegeben hatten, und genoß wie Narziß die Wirkung ihrer Rundungen auf die Ecken und Kanten seines männlichen Körpers.

Nie hatte sie sich so empfänglich gefühlt, so offen für ein anderes menschliches Wesen. Da verstand sie, warum Liebe retten und zugleich so beängstigend sein konnte.

Unten im Hof hörte Morris nicht auf zu singen. Seine Stimme erhob sich über die der anderen mit dem erhabenen, getragenen Ton uralter Hymnen und der Erinnerungen ganzer Generationen, als sei seine Kehle von Geistern bevölkert. Melisandra schloß die Augen und sah ihn wieder vor sich, vom leuchtenden Pulver bedeckt; Engracias kreisrunde Augen, die zu Tränen gerührt auf ihm ruhten, als er einen alten Regentanz zu tanzen begann und sich die Musik dazu mit einem Stück Aluminium selber spielte. Der Regen kam nicht, trotz der tiefhängenden, schwarzen Wolken, die die grellen Blitze von Zeit zu Zeit in der Ferne über dem See erkennen ließen. Sie hörten aus der Dunkelheit heraus das Lied, das Morris sang und dessen Töne zwischen Schmutz und Müll und dem grausam leuchtenden Pulver schwebten und die Stille beschworen, die Tränen fließen ließen, die niemand erklären kann und die nur die Schönheit kennt.

Amazing grace how sweet the sound/that saved a wretch like me/I once was lost but now am found/was blind but now I see …

Mit weichen Knien und feuchten Augen schlossen sie die Tür ihres Zimmers. Raphael weinte, während er die Läden der zum See hin liegenden Fenster zuklappte und die zum Hof hin ganz aufschlug, um Morris weiter singen zu hören. Er singt immer noch, dachte Melisandra; verscheucht die bösen Geister, als sei der Tod der unerbittliche Sultan, der sich von Scheherazades Gesang erweichen läßt.

Mit einem Male fühlte sie sich allein und merkte, daß er eingeschlafen war. Sie breitete die Decken über ihn und hüllte auch sich selbst ein. Bald würde es Tag werden. So viele Dinge konnten in einer einzigen Nacht geschehen. Todesboten oder die grenzenlose Innigkeit zwischen ihr und Raphael. Die Muchachos hatten den Container nicht zuende entladen. Als sie vom Kai hereinkamen, hatte Engracia ihnen gesagt, sie sollten am nächsten Tag weitermachen. Morris ließ niemanden mehr das Pulver berühren. Sie hatten den Muchachos nichts gesagt, sondern sie einfach schlafen geschickt.

Raphael sprach wieder von der Rückkehr in sein Land.

»Dein Land …«, murmelte Melisandra nur. »Wenn so etwas geschehen kann, dann frage ich mich, wozu all euer Fortschritt gut gewesen ist …«

Wieviel Zeit ihnen wohl bleiben mochte, dachte Morris und legte sich ein Kissen aufs Gesicht. Das Licht des anbrechenden Tages hatte das Treffen im Hof aufgelöst. Er fühlte sich ausgepumpt, der Hals tat ihm weh, und er vermochte kaum zu sprechen. Vielleicht war es gut so, er hätte auch nichts zu sagen gewußt, glaubte, mit seinem Singen alles gesagt zu haben, mit seinem Lied an den Tod und an das Leben, an die Freude und an die Traurigkeit. Das Vertrackte war, daß er jetzt ehrlich sein mußte, nicht durch Zeichen und Symbole sprechen konnte; den Tod beim Namen nennen, die Lebensspanne ermessen, das Todesurteil mit Engracia und jedem einzelnen der Muchachos teilen mußte. Immer noch erschien ihm das Erlebte unglaublich. Nicht nur seine schlimmsten Befürchtungen bestätigt zu sehen, sondern sie am eigenen Leibe zu erfahren. Warum hatten sie nur nicht auf ihn gehört, ereiferte er sich und sah Engracia an, die an seiner Seite schlief. Erneut fühlte er die Gischt ohnmächtiger Wut in sich aufsteigen. Es nutzte nichts, sich aufzuregen, sagte er sich rasch und bezähmte seinen Drang,

Engracia zu schlagen. So oft hatte er es ihnen gepredigt: Wenn sie nicht aufpaßten, konnten sie jederzeit mit einer tödlichen Substanz in Berührung kommen, ohne es überhaupt zu merken. Deshalb brauchten sie die Schutzanzüge, die Masken, die Handschuhe. Die Unwissenheit war vielleicht am schwierigsten zu bewältigen, vor allem, wenn man sie, wie Engracia, eher für eine Tugend als für eine Unzulänglichkeit hielt. Vielleicht war er sogar noch selbst dafür verantwortlich, er mit seinen feurigen Reden gegen die bösen Geister der Zivilisation; mit seiner Liebe zu diesem gottverlassenen Ort, zu ihr und ihrer so ursprünglichen, authentischen, wahrhaftigen Art. Welche Ironie, so zu sterben! Und doch lag etwas von poetischer Gerechtigkeit darin. Sein Tod würde die internationale Gemeinde der Wissenschaftler aufrütteln, konnte gar Weltnachricht werden, politisches Gewicht erhalten. Sein Tod, dachte er. Der fahle Schein der Morgendämmerung begann sich über die Nacht zu legen, irgendwo goß jemand Fleckentferner auf die schwarze Tinte. Der Tod wurde ihm unendlich lang. Den Nachrichten jedoch würde er höchstens ein paar Minuten wert sein. Sein ganzes Leben würde reduziert auf seinen Namen, ein paar Umstände. Die Menschen würden beim Essen davon hören, während sie mit ihren Familien den Tag besprachen und nebenbei ab und zu auf die Mattscheibe sahen. Er fühlte einen Schauer über seinen Körper laufen, ihm wurde schlecht. Angst. Entsetzen. Wie würde es wohl sein, fragte er sich. Wieviel Zeit noch bis zum letzten Gedanken, bis alles um ihn her dunkel wurde? Er fürchtete nicht den Körper, sondern das Bewußtsein. Es war ihm immer schon schwergefallen, sich vorzustellen, daß das Bewußtsein irgendwann einfach anhielt wie eine abgelaufene Uhr. *O God, let it stop!* flehte er. Er fuhr sich mit der Hand über den

Magen, um den Krampf, den Schmerz zu besänftigen. Er sah auf seine leuchtende Hand. Wieder stieg Wut in ihm hoch, und auch die Tränen. Ein einzelnes Leben bedeutete nicht sonderlich viel im Kontext der Welt. Die Menschen waren es gewohnt, ihre Artgenossen sterben zu sehen. Niemanden bewegte allzu sehr der Tod eines Unbekannten, ja Hunderter Unbekannter. Viel weniger noch berührte sie der Tod derjenigen, die diese Regionen hier bewohnten. Deshalb war es auch so schwierig, die Leute davon zu überzeugen, daß es ein Verbrechen sei, tödliche Substanzen einfach in den Müll zu werfen. Hauptsache, es geschah nicht in ihrer Nähe. Solange es die traf, die auf jeden Fall einen frühen Tod zu erwarten hatten, handelte es sich um ein geringes Übel. Was machte es schon, ob sie auf diese oder jene Weise starben. Natürlich mochte niemand das so genau zugeben, doch war es dies, was ihrem Denken zugrundelag. Welcher Unsinn, an irgendeine Auswirkung seines Todes zu glauben! Und doch war er so natürlich, dieser Zwang, sich die eigene Beerdigung vorzustellen, vor allem, wenn man wußte, daß man bald stürbe. Er dachte daran, was seine Freunde, seine Feinde sagen würden.

Der Papagei lief über den Boden, seine langen, schleppenden Krallen machten ein Geräusch wie Plastik. Jeden Morgen weckte er Engracia, indem er sanft an ihren Kopf pickte, und sie ließ sich für gewöhnlich eine ganze Weile von ihm liebkosen. Morris verspürte das Bedürfnis, aufzustehen und zu verhindern, daß der Vogel seinen Schnabel in das leuchtende Haar senken konnte. Er sah ihn näher kommen, sah in die klugen Vogelaugen. Es hatte keinen Sinn, ihn zu hindern, dachte er und sagte sich, daß er nicht eingreifen würde, schaffte es jedoch nicht, seinem Vorsatz treu zu bleiben. Im letzten Moment streckte er seinen stählernen Arm aus, hob das Tier in die Höhe und trug es auf die andere Seite des Zimmers, weit weg von Engracias leuchtendem Kopf. Dann setzte er sich an seinen Kommunikator und begann, E-Mail-Nachrichten zu senden.

Im gegenüberliegenden Flügel des Gebäudes erwachte Raphael mit einem Schlag und vom Schreck gepackt. Neben ihm schlief Melisandra sanft und entspannt und strahlte tiefe Ruhe aus. Raphael preßte die Hände vors Gesicht. Was für eine Tragödie, dachte er, was für eine Tragödie. Und sie beide hatten sich die ganze Nacht lang geliebt. Irgendwo hatte er einmal gelesen, daß der Geschlechtstrieb durch Katastrophen angeregt würde. Der Überlebensinstinkt ließ die Libido herrschen; heiß die Haut, das Herz, das kräftig schlug, unablässig Blut pumpte und sagte, hier bin ich, hier bin ich. Bald würde es Tag werden. In solchen Situationen wurde er aktiv. Während die anderen ihren Gefühlen freien Lauf ließen, kümmerte er sich um das Notwendige. So war es auch bei Lucho gewesen, er, Raphael, organisierte die Beerdigung des Kindes, sorgte für die Familie. So wusch er sich von seiner Schuld rein. Die Familie hatte ihn am Ende geliebt. Man mußte so schnell wie möglich den Behälter mit dem radioaktiven Pulver vergraben, dachte er jetzt. Die Zone sichern. Morris mußte wissen, was an physischen Symptomen zu erwarten war und was man gegen die Schmerzen tun konnte. Die DNS würde mutieren, hatte er ihm gesagt. Die Zellen würden völlig verrückt spielen. Das würde alles sehr schnell passieren. Er mußte es aufzeichnen, sagte er sich, mußte wieder Abstand gewinnen, seine Arbeit tun. Die Faszination der Menschen und Faguas', die Versuchung, Waslala zu finden, einer von ihnen zu sein, hatten ihn abgelenkt. Er war Journalist. Mußte objektiv sein. Nachrichten liefern. Wie ein

Geier über der Tragödie kreisen und auf das Aas niederstoßen. Er haßte seinen Beruf. Aber es war auch ein Fluchtweg: unparteiischer Beobachter zu sein, ein unbeteiligter Zeuge.

Er stand auf und ging zum Fenster. Über dem Schrott, den Bergen von Autoreifen, von Fensterrahmen und ausrangierten Kühlschränken wurde es langsam hell, die Palmen gewannen das Grün zurück, das die Nacht verschlungen hatte. Raphaels Blick strich über den Hof voller seelenloser Objekte, diesen Friedhof der Dinge, die die Menschen schufen und zerstörten, ohne sich dessen so recht bewußt zu werden. Er dachte daran, wieviele dieser Gegenstände einmal Teil des Lebens so vieler Menschen gewesen waren; an die Worte, die an ihren kalten, stummen Oberflächen abprallten. Dachte an die Wut Melisandras, an die Menschenleben, die jetzt den Preis zahlen sollten für das, was man Fortschritt nannte; Entwicklung, Reichtum, Kaufkraft, um das Alte gegen Neues auszutauschen, Überholtes gegen Modernes. Leben, das dem Licht geopfert wurde, der Energie, die dies alles in Bewegung hielt und all dem die Seele einhauchte, was von diesem Fenster aus so tot aussah, so absolut nutzlos, wenn man es genau überlegte.

30. Kapitel

Das Leuchten auf der Haut wollte und wollte nicht abgehen. Sie stand unter der Dusche und seifte sich immer wieder ein, doch die Flecken wollten einfach nicht verschwinden. Im Halbdunkel des Badezimmers leuchtete sie weiter. Morris, der derweil auf dem Klodeckel saß, schaute ihr traurig zu und sagte, sie solle doch endlich damit aufhören, bitte, um Gottes, um aller Heiligen oder aller Teufel willen, es sei sinnlos, sie mußte ihm einfach glauben.

Wie alt bin ich eigentlich? fragte sich Engracia. Vor Jahren schon habe ich es aufgegeben, zu zählen. Irgendwann war sie nicht mehr älter geworden, war ihr Körper zu sehr damit beschäftigt gewesen, zu wachsen. Was meinst du eigentlich, wie alt ich bin, fragte sie Morris und rieb sich noch einmal Shampoo ins Haar. Das hat mich nie besonders interessiert, antwortete der und drückte sich in einer Geste der Müdigkeit die Daumen auf die Augen. Was macht das schon für einen Unterschied, Engracia! Was macht es schon aus, wie alt du bist, hatte er gesagt. Aber es machte natürlich doch einen Unterschied, überlegte sie. Ein gewisses Alter war besser zum Sterben als ein anderes. Doch egal wie alt sie war, sie hatte reichlich gelebt, dachte sie. Vielleicht war das genug. Das Leben hatte es gut mit ihr gemeint und bot ihrem außer Kontrolle geratenen Drüsensystem, das sie im Alter wahrscheinlich zur einsamen Riesin gemacht hätte, nun einen ehrenvollen Ausweg. Auf jeden Fall würde sie ihr eigener Tod nicht allzu lange beschäftigen. Da waren die Muchachos, die gesunden und die kranken, das Unternehmen, ihre Geschäfte, doch hatte alles seine Zeit. Für den Augenblick, so sagte sie sich, war es ganz natürlich, daß sie an sich selbst dachte, daß sie sich diese Spanne, diesen Raum zugestand, an ihr persönliches Verschwinden aus der Welt der Lebenden zu denken. Sie fühlte sich auf seltsame Weise erregt, so als ob das Wissen um einen genauen Zeitpunkt, eine bestimmte Spanne sie von einer lang, zu lang anhaltenden Angst befreite. Sie hatte nie erwartet, daß sie sich nach dem Tod sehnen würde, doch fühlte sie jetzt weder Verzweiflung noch Wut. Sie war ganz ruhig. Genauso, wie man sich vor einer langen Reise fühlt, wenn man sein Haus in Ordnung bringen muß. Sie versuchte, sich zu kämmen, doch war ihr Haar hart und struppig geworden. Sie würde es abschneiden müssen, dachte sie und sagte es auch zu Morris, der sie wieder mit seinem traurigen Lächeln ansah, das auf seinem schwarzen Gesicht leuchtete.

»Immerhin hast du jetzt ein leuchtendes Lächeln«, meinte sie zu ihm. »Du solltest sehen, wie hübsch der Effekt ist.«

Sie wollte vor niemandem theatralisch werden. Schon gar nicht vor Morris. Seine tragische Art reichte für beide, dachte sie und seifte sich noch einmal ein. Ganz, ganz tief in ihrem Inneren glaubte sie doch nicht alles, was Morris ihr gesagt hatte, und wollte dem Wasser Gelegenheit geben, auch wenn es nur ein ganz kleines bißchen war, die Substanz abzuwaschen, die auf ihrer Haut klebte und die er kurz zuvor mit einer Tätowierung verglichen hatte. Auf jeden Fall tat ihr das Wasser gut, nach dieser Nacht ohne Schlaf.

Zu duschen, zu baden war für sie eines der Vergnügen dieses Lebens. Auch jetzt wollte sie gar nicht unter der Brause hervorkommen. Und wahrscheinlich fürchtete sie sich auch davor, den Muchachos entgegenzutreten. Gewiß, der Tod war in Faguas keine besondere Angelegenheit. Niemand erwartete, sehr alt zu werden, oder machte Pläne für eine weit entfernte Zukunft. Das konnte Morris nicht verstehen, der aus einer Gesellschaft stammte, in der das Sterben eine der größten Ängste darstellte und die Menschen alles taten, um so lange wie möglich zu leben. Doch hätten die Muchachos natürlich einen heldenhafteren, ehrenvolleren Tod erwartet, und vielleicht war dies gerade ihre Aufgabe: ihnen zu helfen, würdevoll zu sterben, nicht einfach zuzulassen, daß das Licht sie auffraß, ihnen Nägel und Haar ausfallen ließ, sie verschlang wie ein Feuer, das sich in seinem eigenen Glanz verzehrte.

»Wir müssen für die Muchachos eine bessere Art zu sterben finden, eine Art, die eher ihrem Alter entspricht«, sagte sie, während sie unter der Dusche hervortrat, sich ein Handtuch um den Körper legte und ihr Haar abtropfen ließ. »In diesem Land sterben die jungen Leute nicht im Bett.«

Sie wollte auf keinen Fall, daß die Espada-Brüder etwas merkten. Sie mußten das Geheimnis wahren. Gut, daß Josué nicht verseucht worden war; er kannte die Arbeit genauso gut wie sie. Obwohl die Espadas natürlich versuchen würden, ihn immer mehr in die Enge zu treiben, so daß er sie nur schwer in Schach halten könnte, wenn Engracia nicht mehr da war.

Morris hatte einen abwesenden Blick, hörte ihr nur halb zu. Sie fuhr fort mit ihrer Reinigungsprozedur, putzte sich die Zähne, band sich ein Tuch ums Haar. Sie merkte, daß er völlig niedergeschlagen war, ohne Kraft, voll tiefer Trauer. Hatte er das Leben denn so sehr geliebt, fragte sie sich und zog sich den Schlüpfer an. Doch das war es wohl nicht, sie wußte, weshalb er so traurig war. Nach seiner Wahnsinnstat hatte sie ihm nicht einmal seine Geste gedankt, hatte nicht zu erkennen gegeben, daß sie die vermeintliche Verzweiflungstat verstand. Er mußte erwartet haben, daß sie sich ihm in die Arme warf, vielleicht; doch sie empfand nur große Wut. Sie hätte ihn ohrfeigen können, so wie er es mit ihr getan hatte. Doch zog sie es dann vor, einfach zu schweigen, sagte sich, daß sie ihm verzeihen, seinen Selbstmord als Akt der Liebe empfinden mußte. Es blieb jedoch absurd, trotz allem. Armer Morris.

Sie hatte es nicht verstanden, dachte Morris in einer Mischung aus Bitterkeit und Trauer. Es schmerzte, war aber nicht zu ändern. Vielleicht wäre es ihm ja genauso ergangen, vielleicht hätte er es auch nicht verstanden, wenn ein geliebter Mensch ihn ohrfeigte, weil er ohne Absicht einen Fehler beging, dessen Tragweite er erst im Augenblick der Ohrfeige begriff; und nicht verstanden, wenn sich der andere nach der ersten Wut entschied, die fatalen Folgen des Fehlers zu teilen und in einem Ausbruch der Liebe, aber auch der Scham etwas tat, das unabänderliche Tatsachen schuf und zeigte, daß er sich die Sonne, den Tag nicht ohne den anderen vorstellen konnte; das Leben ohne die Gewißheit, daß der geliebte Mensch unter demselben Himmel existierte, und seine Taten, seine Bewegungen in dem Wind waren, der die Bäume in der Straße durchwehte, in die er jeden Abend zurückkehrte, wenn die Geographie sie trennte. Er dachte wieder an die Einsamkeit eines jeden, an den blinden Instinkt der menschlichen Art, sich zu verpuppen und ein Einzelwesen zu sein, ein einsamer Planet, der in der Stille eines Kosmos' voller Planeten und Sterne seine Bahn zog. Engracia hatte seine Ehrerbietung an sie, seine Entscheidung, Hand an sich selbst zu legen, nicht weiter gewürdigt. Nicht etwa, daß er es um ihrer Anerkennung Willen getan hätte. Er hatte nicht einmal besonders nachgedacht dabei, es schien ihm nur natürlich, so zu handeln. Mit ihr zu sterben, und mit den Muchachos, in deren Gesichtern er unablässig das Gesicht des Sohnes sah, den er nie gehabt hatte. Doch jetzt, da er ihr beim Anziehen zuschaute, sah, wie sie sich das Tuch um den Kopf knotete, den Schlüpfer und die Blue Jeans überstreifte, das karierte Flanellhemd, da wünschte er sich auf einmal ihre Anerkennung. Da schien ihm plötzlich, wenn Engracia sie nicht bemerkte, seine Tat ganz nutzlos, romantisch, wahnsinnig, und das Leuchten seiner Haut, statt sie einander näher zu bringen und ihnen ein gemeinsames Schicksal zu geben, machte ihre Einsamkeit nur noch deutlicher und schmerzhafter.

»Du denkst, ich sollte etwas tun …«, meinte Engracia, als sie das Bad verlassen hatte und der Kaffee auf dem Herd brodelte. »Ich finde, du solltest es mir sagen und mich nicht nur mit diesem verletzten Ausdruck ansehen.«

Es war nichts weiter, versicherte er. Sie sehe Gespenster, und warum sie unbedingt vermuten müsse, sein Verhalten habe mit ihr zu tun, mit etwas, das sie getan oder nicht getan hatte. Und er wünschte sich insgeheim sehnlichst, ein anderes Aussehen zur Schau zu stellen, jetzt, wo das, was auf sie zukam, nicht gerade leicht sein würde.

»Sag mal, Morris«, sagte Engracia und drehte sich unvermittelt mit der Kaffeekanne in der Hand zu ihm um. »Warum hast du dich eigentlich mit dem Pulver bemalt, wo du doch wußtest, daß es uns alle umbringen würde?«

Dann stellte sie die Kanne auf den Tisch, ging auf ihn zu und nahm ihn in den Arm, streichelte ihn unendlich sanft.

»Wie konntest du das nur tun, mein Liebster, mein kleiner, süßer schwarzer Mann!«

Morris schloß die Augen und atmete tief den vertrauten Duft ihrer frischen Kleider ein, ihres gerade gebadeten Körpers, den leicht metallischen Geruch ihrer leuchtenden Arme.

31. Kapitel

Melisandra erwachte. Sie fuhr sich mit der Hand durchs Haar und stand auf, nur um sich gleich wieder hinzusetzen, die Beine im Schneidersitz zu kreuzen und den Rücken gegen die Wand zu lehnen. Dann sah sie zum Fenster hinüber, wo Raphael stand, den Rücken zu ihr gewandt. ›Zeit, wo bist du, ich, die ich in dir lebe, und du, die es nicht gibt.‹ Warum nur konnte man die Zeit nicht zurückdrehen, das Gelebte rückwärts leben, das gewebte Tuch wieder aufribbeln wie eine Penelope, die unermüdlich ihres Odysseus' Reise verlängert. Wenn man wenigstens bestimmte Abschnitte des Lebens von den anderen trennen könnte. Doch das Leben war kein Laib Brot. Jede Scheibe war Teil des Ganzen, ließ sich nicht vom Rest abschneiden und in ein Einzelstück verwandeln. Indem man von Begebenheit zu Begebenheit lebte, verband man selbst diese Stücke zu einem unteilbaren Ganzen, einer Spinne gleich, deren Faden aus dem Magen entspringt, Ereignis an Ereignis reiht und noch die Spinne selbst einfängt, mit jedem Schritt mehr einwickelt, im eigenen Plan einschließt.

Raphael drehte sich zu ihr um und begann zu sprechen, doch sie hörte ihm kaum zu. Er versuchte, auf irgendeine sonderbare Weise die Kontrolle über die Situation dadurch wiederzuerlangen, daß er sich bei

Einzelheiten aufhielt. Schließlich schien er zu merken, daß sie gar nicht richtig anwesend war.

»Du antwortest ja nicht«, meinte er. »Wir müssen doch überlegen, was wir jetzt machen werden.«

»Ich weiß nicht, was wir tun können, außer ihnen beizustehen«, antwortete sie. »Wir müssen es mit ihnen durchleiden. Hierzulande erduldet man den Schmerz. Es wäre Selbstbetrug, wenn wir meinten, daß etwas zu machen sei.«

Sie stand auf und breitete die Laken über die Matratzen.

»Laß uns zu Morris und Engracia gehen«, sagte sie dann. »Wir müssen nachsehen, ob sie etwas brauchen.«

Sie verließen das Zimmer. Unten im Hof hatten die Muchachos die Arbeit wieder aufgenommen. Die, die in der vergangenen Nacht am Kai den Container ausgeladen hatten, zogen nun die Karren mit den Müllballen zum Gebäude hinauf. Ein Trupp schnitt die Drähte durch, um die Ballen zu öffnen und zu klassifizieren. Der Geruch war penetranter als sonst, es stank nach frischem Müll. Es fiel Raphael auf, daß sich die Muchachos endlich Schutzanzüge und Masken angelegt hatten. Verfluchte Angewohnheit der Menschen, dachte er, immer erst dann Maßnahmen zu ergreifen, wenn es zu spät war, wenn es nichts mehr zu retten gab. Auf jeden Fall ließ die Szene seine Schuldgefühle wieder aufflackern. Noch beim Einschlafen in der letzten Nacht hatte er sich schuldig gefühlt, und jetzt, nach dem Erwachen, kam das Gefühl wieder, verfolgte ihn unerbittlich. »Du darfst wegen eines solchen Unfalls nicht eine ganze Gesellschaft verurteilen«, hatte er Melisandra am gestrigen Abend gesagt. Sich mit Selbstanklagen zu überhäufen, half niemandem, und trotzdem: Er war hier der einzige Repräsentant der Überflußgesellschaft. Morris war ein anderer Fall, und außerdem hatte der sich für den Selbstmord entschieden, für die Kreuzigung an der Seite der armen Diebe.

Er suchte unter den Muchachos nach den Jungen, die verseucht worden waren, und sah nur einen von ihnen, der abseits stand und sich neben einem Eimer voll Wasser die Arme mit Seife abschrubbte. Es war beinahe unmöglich, daß nicht auch andere, vielleicht sogar alle verseucht waren, dachte er. Wer konnte sie dazu überreden, in Quarantäne zu gehen? Obwohl das vielleicht auch keinen Sinn hatte, Morris wußte da sicher Bescheid. Er hingegen reagierte mit der typischen Feigheit seiner Generation, die die Welt in Gesunde und Kranke einteilte, in Besitzende und Nichtbesitzende. Melisandra hatte recht, wenn sie sagte, er wolle davonlaufen, den Schmerz nicht annehmen und ertragen. Sein Ausweg war es immer gewesen, den Rücken zu kehren, sich mit anderem zu beschäftigen, auf irgendeine Weise die Kontrolle wiederzugewinnen.

Sie fanden Morris und Engracia eng umschlungen vor ihren Kaffeetassen am Tisch sitzen. Das Tageslicht ließ das phosphoreszierende Leuchten der vergangenen Nacht nur noch schlecht erkennen. Ihre Haut schien jetzt mit einer dünnen Schicht Ölfarbe bemalt zu sein, die achtlos mit unregelmäßigen Pinselstrichen aufgetragen worden war. Sie sahen aus wie Karnevalsfiguren: die riesige Frau mit ihren großen Händen, deren Blick durch eine erst kürzlich gewonnene Demut sanft geworden war, und der Mann mit dem glänzenden Metallarm und seinem dunklen, bleich-bläulich gesäumten Lächeln.

Melisandra näherte sich den beiden und berührte sie ohne Zögern oder besondere Vorsicht, in einer Geste, die Mitgefühl und Solidarität zugleich ausdrückte. Auch

Raphael trat hinzu und murmelte tröstende Worte. Es sei schrecklich, sagte er noch einmal. Und daß sie etwas tun müßten, fügte er, zu Morris gewandt, hinzu. Er brauche eine genaue Beschreibung dessen, was geschehen war, um seinen Redakteur anrufen und den Vorfall korrekt schildern, die Verantwortlichen benennen zu können. Und sie müßten Medizin besorgen, die ihnen half, die Schmerzen zu lindern. Gemeinsam würden sie den Kampf aufnehmen.

»Zunächst mal scheint es mir wichtig, so schnell wie möglich diese Substanz zu vergraben«, sagte er.

Morris nickte, von weither zurückkehrend, und legte die Hände auf die Knie. Die Haut begann ihm schon zu brennen. Er fühlte sich elend.

»Wir brauchen viel Elektrolyte«, sagte er.

Es war ein Nachmittag voll fieberhafter Geschäftigkeit. Man lud auch den Rest des Containers aus, doch wurden keine Ballen mehr geöffnet. Die gesunden Muchachos, denen endlich das Geschehene berichtet worden war, konnten sich kaum vom lähmenden Entsetzen erholen, einige weinten und wurden von den anderen getröstet. Zusammen mit den fünf verseuchten Muchachos kümmerte sich Morris darum, ganz hinten im Hof eine tiefe Grube auszuheben, deren Boden und Wände mit Schrotteilen verkleidet wurden. Dort hinein taten sie den Behälter mit dem tödlichen Pulver, schlossen die Grube wieder und sperrten dann das Fleckchen Erde ab, indem sie warnende Schilder ringsherum aufstellten. Josué und Melisandra fuhren zum Hospital und besorgten das notwendige Serum, um die sieben Kranken vor dem Austrocknen zu bewahren; gegen Abend litten sie alle bereits unter Magenschmerzen und Erbrechen, und auf ihrer Haut brachen Brandblasen auf. Melisandra übernahm es, einen der Räume als Krankenstation einzurichten. Mit Morris' Beratung und der Hilfe einer Krankenschwester, einer Freundin von Engracia, wurde den Patienten die erste Dosis Infusionsflüssigkeit verabreicht.

Weder der Schmerz noch das Schwindelgefühl hatten Engracias Gedanken Einhalt gebieten können. Sie lag auf dem Bett und betrachtete wie hypnotisiert die Tropfen der Flüssigkeit, die durch den Plastikschlauch in den Katheter an ihrem Arm flossen. Draußen wurde das Sonnenlicht über den Palmen schwächer. Sie spürte die Tränen in sich aufsteigen, spürte die wehmütige Sehnsucht nach den Sonnenuntergängen und danach, wie ihre Augen das wechselnde Licht des Tages wahrnahmen, ihre Augen, die sich bald nicht einmal mehr öffnen sollten. Und sie verspürte Sehnsucht nach ihrer Mutter. Wenn sie so dort liegen blieb und nur auf das Ende wartete, dann würde sie irgendwann zu weinen anfangen, würden ihr die Knochen weich werden. Die beste Art, keinen Schmerz zu verspüren, war es, bald zu sterben, bevor sie sich in etwas anderes verwandelte, in ein Stück willenlose, kraftlose Materie. Nein, sie wollte nicht im Bett sterben. Weder sie noch die Muchachos sollten so umkommen. Wenn überhaupt etwas Positives in dieser tödlichen Sicherheit lag, dann war es die Tatsache, sich nicht mehr um sein Leben sorgen zu müssen und die Dinge in anderem Licht, ohne Angst sehen zu können. Eine Unachtsamkeit, ein Unfall, oder wie sie zu denken vorzog: ein Schicksalsschlag, und mit einem Male konnten sie Helden sein. Sie konnten die Gelegenheit eines heldenhaften Todes nicht einfach so verstreichen lassen. Wenn das Leben schon nicht mehr gut genutzt werden konnte, dann wenigstens der Tod. Er durfte nicht sinnlos verschwendet werden. Wenn dies alles nicht geschehen wäre, dann hätte sie niemals daran gedacht, gestand sie sich ein. Dann hätte sie nie daran gedacht, ihr Leben und das der Muchachos in einem verrückten Unternehmen aufs Spiel zu setzen. Doch verfolgte sie der Gedanke, mit den Espadas ein- für allemal abzurechnen, schon seit geraumer Zeit. Sie verwarf das immer wieder, nur um es erneut auftauchen zu sehen, mit zäher Regelmäßigkeit. Mehr als einmal hatte sie sich, wenn sie allein war und ohne es irgend jemandem gegenüber zu erwähnen, vorgestellt, welche Zukunft möglich wäre, wenn die Espadas nicht mehr existierten und das Land nicht mehr in der unersättlichen Gier der beiden Brüder gefangen wäre. Morris wäre nicht damit einverstanden, dachte sie. Er hielt es sicher für eine schändliche Tat, ein Verbrechen, einen Mord. Er teilte sicher nicht die Ansicht, daß allein die Existenz der Espadas verantwortlich dafür war, daß Jahr für Jahr Menschen starben, die eigentlich alt werden, heiraten, Kinder und sogar Enkel bekommen konnten. Er würde nur die einzelne Aktion sehen und nicht den sozialen Sinn, den sie haben konnte. Nicht daß sie meinte, die beiden Espadas wären als einzige verantwortlich für die entsetzliche Lage des Landes; doch konnte es keinen Zweifel geben, daß sie sich an ihr nährten und sie nährten. Sie gaben dem Monster Nahrung, sie lebten dafür, es am Leben zu halten. Wenn sie nicht wären, gäbe es vorerst niemanden mehr, der Öl ins Feuer goß. Dann fiele ihre Armee auseinander, und die Marionettenregierung des jungen Hauptmanns Madero bräche bald zusammen, die kleinen, bewaffneten Banden, die die Espadas unterstützten, lösten sich auf, und das Netz der Kommunarden ginge gestärkt aus dem Konflikt hervor. Sicherlich nähmen andere irgendwann den Platz der Espadas ein, doch würde das eine Weile dauern. Bis dahin hätten Melisandra und

Raphael Waslala vielleicht schon gefunden und könnten damit der Philosophie, der Sache der Kommunarden Auftrieb geben. Doch solange die Espadas existierten, da war sie überzeugt, konnte niemand Waslala je erreichen. Die beiden waren Meister im Verwirrspiel, und man konnte es fast für ausgeschlossen halten, daß jemand ihren Tricks entkam und nicht irgendwann entnervt aufgab. Um diese Zeit war das ganze Land sicher schon mit Fallen übersät, in die Raphael und Melisandra tappen sollten. Fallen, die sie mit der Präzision eines Uhrwerkes zuschnappen ließen, ohne daß jemand anders sie entdecken und als solche erkennen konnte. In ihren Träumen hatte sie das Hauptquartier der Espadas in die Luft fliegen sehen, in einer gigantischen Explosion, einem riesigen Feuersturm. Jetzt verstand sie, daß diese Träume Vorahnungen gewesen und nicht nur aus ihren Wünschen entstanden waren. Man mußte vielleicht Morris aus der Sache heraushalten, dachte sie. Doch nein, sagte sie sich dann. Sie konnte ihn nicht einfach ausschließen. Er mußte die Entscheidung selbst treffen.

Sie wartete geduldig, bis der Beutel mit der klaren Flüssigkeit zerknittert in sich zusammenfiel und der letzte Tropfen im kleinen Plastikauslauf hing. Dann rief sie die Krankenschwester und bat sie, die Nadel herauszuziehen. Sie habe Wichtigeres zu tun, sagte sie, als einfach so auf dem Bett herumzuliegen.

32. Kapitel

In weniger als vierundzwanzig Stunden, sagte Morris zu ihr, müsse er sich nicht nur mit dem Gedanken des eigenen Todes beschäftigen, sondern auch damit, andere mitleidlos sterben zu lassen. Es war zuviel für ihn, und er fühlte sich nicht stark genug für lange Diskussionen.

Engracia lag auf dem Sofa und bemühte sich, ihm gegenüber möglichst normal zu erscheinen, die Nervosität zu unterdrücken, die Erregung, die von ihr Besitz ergriffen hatte, seit ihr der Gedanke gekommen war und sie einsah, daß die Zeit gegen sie lief, ihren Körper auffraß, und niemand mehr die Kraft hätte, den Plan auszuführen, wenn sie sich nicht sehr beeilten.

Morris betrachtete sie voll Sorge. Seine Augen hatten sich gerötet, und seine leicht violetten Lippen sahen bleich aus. Beide sprachen fast ohne sich zu bewegen und schlossen von Zeit zu Zeit die Augen, wenn Schmerz oder Schwindelgefühl sie überkamen.

Es gehe nicht darum, zu diskutieren, sagte Engracia, die Aufgabe sei eindeutig. Es gebe Augenblicke im Leben, in denen man die Rolle Gottes spielen müsse. Auch ihm war das schon passiert. Hatte er nicht noch am vorigen Abend beschlossen, sich das Leben zu nehmen? Das Leben war keine absolute Gabe. Wenn die Tatsache, daß ein Mensch lebte, bedeutete, daß viele andere sterben mußten, dann war es gerechtfertigt, daß die

Gemeinschaft in Selbstverteidigung handelte. Im Sinne von Recht und Gerechtigkeit war es vertretbar, einen Mörder zu töten, bevor er morden konnte. Die Gesellschaft hatte dieses Recht, sich zu schützen, genauso wie der einzelne. Später, wenn Melisandra und Raphael Waslala fanden, könnten sich die Dinge vielleicht ändern und Großmut herrschen, doch solange die Espadas am Leben waren, konnte niemand Waslala entdecken. Nicht einmal Melisandra. Während sie sich hier unterhielten, mußten die Brüder den Weg schon mit Fallen gespickt haben.

»Es ist irrational. Du willst bloß etwas Irrationales rechtfertigen«, sagte Morris und strich sich, die Augen geschlossen, mit der gesunden Hand über den Kopf.

Im Gegenteil, beharrte sie, es sei das Rationalste, was sie seit langem gedacht habe. Sie fühlte sich verantwortlich für die, die blieben. Die Espadas würden in kurzer Zeit all das zerstören, was sie in langen Jahren mühsamer Arbeit aufgebaut hatte. Und nein, sie sei nicht so überheblich zu glauben, sie wäre für die Sache der Kommunarden unersetzlich. Selbst noch die gut funktionierenden Gemeinschaften waren von den Espadas unterwandert worden; andauernd mußte sie Streit schlichten zwischen den Führern von Gemeinschaften, die die Espadas durch immer neue Tricks gegeneinander aufbrachten. Sie gab sich nicht dem Trugschluß hin, daß es ihre Größe war – die körperliche oder die moralische –, die es ihr erlaubte, zu vermitteln und ein Mindestmaß an Konsens aufrecht zu erhalten. Es war die Kontrolle über den Rohstoff Müll, die im Laufe der Jahre entstandene Abhängigkeit davon, die ihr Autorität verschafften. Wenn sie nicht mehr wäre und der Müll den Espadas in die Hände fiele, wie es zweifellos geschehen würde, dann wäre es aus mit dem Kommunitarismus. Die einzige Hoffnung, daß Faguas sich eines Tages erholte, zerspränge in tausend Stücke. In Faguas lebe man wie im Mittelalter, meinte sie, und das, was sie im Kopf hatte, war eine Art Kreuzzug, eine Aktion wie die der Gespenster von Wiwilí.

»Ich hab's! Ich hab's!« sprang sie plötzlich auf, wie besessen vom Geist des Archimedes, der »Heureka!« rief.

Es wäre wie ein Akt der Magie, versuchte sie hastig zu erklären, unfähig, den Fluß ihrer Worte dem beschleunigten Rhythmus ihrer Gedanken anzupassen. Niemand wußte bis jetzt, daß sie in der Dunkelheit leuchteten, und jeder, der sie sah, mußte sie für Gespenster halten, Wesen aus dem Jenseits. Sie konnten sich noch mehr bemalen, und leuchtend würden sie dann nachts zum Entsetzen aller in das Hauptquartier der Espadas eindringen, als handele es sich um eine Prozession von Gespenstern, denen sich niemand in den Weg zu stellen wagte. Dann wollten sie um ein Treffen mit ihnen bitten, und wenn sie erst einmal mit ihnen allein wären, wolle sie das tun, was ihr die Phantasie so oft vorgespielt hatte: eine Bombe zünden.

»Es wird reichen, wenn eine einzige Person die Gespenster von Wiwilí erwähnt, damit niemand bezweifelt, daß sie es waren, die Gerechtigkeit walten ließen. Es wird wie eine Strafe Gottes sein, ein unverwechselbares Zeichen, daß der Weg nach Waslala frei ist. Außerdem …«, sie setzte sich wieder, schöpfte Atem und wechselte von der Aufregung in eine Art mystische Euphorie, »… glaube ich wirklich, daß es so sein wird. Ich bin überzeugt, daß Melisandra und Raphael Waslala finden werden.«

»Die aus Wiwilí starben bei der Verteidigung einer friedlichen Gemeinschaft«, warf Morris ein. »Es hieße, sie neu zu erfinden.«

»Doch bevor sie ihre Gemeinschaft gründeten, waren sie Guerilleros in vielen Schlachten gewesen«, antwortete sie ungerührt.

»Das mit der Bombe gefällt mir nicht«, sagte Morris und lehnte sich zurück, um wieder die Augen zu schließen.

»Dann ist es schneller vorbei«, meinte Engracia.

»Eben drum«, entgegnete Morris.

Eine Bombe, dachte er. Der Dschungel. Seit langem schon waren in Faguas die Grenzen zwischen Gut und Böse verwischt. Durch eine Bombe umkommen, wo er sich mit dem Gedanken anzufreunden begann, den Tod zu empfangen wie jemanden, der ihm einen unaufschiebbaren Besuch angekündigt hatte, der die Nächte bei ihm wachen würde, wie eine sehnsuchtsvolle Geliebte mit verschleiertem Antlitz. Er besaß nicht das Gemüt eines Helden, achtete nicht einmal sehr den Heldenmut, wenn man denn die Aktion, die Engracia vorschlug, für heldenhaft halten mochte. Sie schien ihm viel mehr als ein Ausdruck der Verzweiflung, der Angst, dem Tod so entgegenzutreten, wie es die meisten Menschen tun müssen: ein Tod ohne Wenn und Aber, unausweichlich, erniedrigend, der die Illusion, man habe das eigene Leben in der Hand, zunichte macht; der das stolze Bewußtsein im letzten Augenblick der Existenz dazu zwingt, die Verletzlichkeit und Ohnmacht der Art einzugestehen. Es kam ihm heldenhafter vor, ruhmlos zu sterben. Die absolute Einsamkeit dieses Moments zu akzeptieren und den Mut zu haben, sich ihr würdevoll zu stellen.

Die Angst war aus Engracias Gesicht gewichen. Wie sie so im Gegenlicht saß, wirkte sie wie eine herrliche, anmutige Statue, die für die Ewigkeit geschaffen und bereit ist.

»Du magst mich dafür hassen, Engracia, aber ich habe das Gefühl, daß nicht die Sorge um die Sache der Kommunarden, sondern deine Angst dich dazu gebracht hat, diesen Plan zu schmieden. Du willst die Kontrolle wiedergewinnen, die Zügel deines eigenen Endes in die Hände bekommen, dich weniger ohnmächtig fühlen. Wenn die Sache der Kommunarden mit deinem Sterben endet, dann wird der Tod der Espadas das nicht aufhalten. Vielmehr handelst du genauso wie sie. Was kann aus einer solchen Aktion entstehen, wenn nicht noch mehr Gewalt?«

»Es wird ein Vakuum entstehen. Man wird einen Neuanfang machen können.«

»Glaubst du wirklich, daß das geht? Die Geschichte erlaubt keine ganz neuen Anfänge. Das ist der Irrtum aller messianischen Führer. Laß uns wenigstens ein, zwei Tage überlegen und die möglichen Konsequenzen genau überdenken.«

Engracia stützte den Kopf in die Hände und berührte ihr Haar; es fühlte sich an wie Stroh. Was wußte Morris schon, dachte sie. Er kam von weit her. In Faguas war es ein Luxus, rational zu sein. Der Magen tat ihr weh. Ihre Erregung zerplatzte wie eine Seifenblase, flüchtig und fragil.

»Meinst du denn, wir haben zwei Tage Zeit?« fragte sie.

Sie hatten sogar noch mehr, dachte Morris. Mehr als je zuvor mußte sie jetzt eingestehen, daß dieser Unfall, dessen Konsequenzen auf ihren Körpern strahlte, Ergebnis eben dieses Stolzes war, unter dem sie litt und der sie die Gefahr herausfordern und begrüßen ließ, als könne man die Überlegenheit der Art nur dadurch beweisen, daß man sich unablässig Risiken aussetzt, um die Schwäche in Kraft zu verwandeln; die Metapher des

Mülls, der zum Mittel des Überlebens gemacht wird.

»Versuch, ein bißchen zu ruhen«, sagte er, indem er aufstand und sie behutsam zudeckte. »Ich will nachsehen, wie es den Muchachos geht.«

33. Kapitel

Bist du völlig verrückt geworden?« blökte Brad, sichtbar entsetzt, durch den Kommunikator. »Du mußt sofort von da weg, sonst wirst du verseucht. Bist du dir denn nicht klar über die Gefahren? Das Gelände dort muß geschlossen und gesperrt werden!«

»Das ist ein kalkuliertes Risiko, das ich eingehe, Brad«, gab Raphael zurück und bemühte sich, gelassen zu wirken. »Ich kann die Leute hier nicht ohne Hilfe sterben lassen. Morris, dieser Wissenschaftler, von dem ich dir erzählt habe, hat mir versichert, daß der Kontakt mit ihnen uns nur einer minimalen Strahlung aussetzt. Wir benutzen Schutzanzüge. Und wir werden die Grube mit Beton versiegeln. Es ist auch keine große Menge. Jetzt dreh nicht gleich durch.«

»Ihr wohnt aber dort. Wenigstens solltest du mit diesem Mädchen da in ein Hotel gehen.«

»Daran haben wir auch schon gedacht. Heute abend wollen wir nach Cineria ins Hotel umziehen. Können wir jetzt über die Reportage reden? Es ist wichtig, daß das bekannt wird.«

»Und das Philin? Was ist damit?«

»Das wird warten müssen, Brad.«

»Ich glaube nicht, daß wir mit der Giftmüllgeschichte viel Staub aufwirbeln werden, Raphael. Gestern hat es in Maine einen Bombenanschlag gegeben, eine Gruppe von religiösen Fundamentalisten wollte damit gegen einen Film mit interaktiven Sexszenen protestieren. Mehr als fünfzig Tote. Vielleicht können wir deine Reportage in ein paar Tagen bringen. Ich habe eine Notiz im Worldnet gelesen, einen Brief deines Freundes Morris.«

»Das reicht nicht aus.«

»Nein, natürlich nicht. Ich will sehen, was ich tun kann.«

Raphael schloß den Kommunikator. Das Licht zog die Insekten an. Vom Gang aus sah er, wie sich in der Krankenstation Melisandra über einen der Muchachos beugte und ihm Wasser gab. Morris hatte ihr befohlen, einen Schutzanzug zu tragen. Brad hatte recht, sie würden verseucht werden. Eine minimale Strahlendosis, sagte Morris, doch gleichwohl bestanden auch er und Engracia darauf, daß sie ins Hotel nach Cineria zögen und sobald wie möglich von da nach Waslala aufbrächen. Melisandra lehnte rundweg ab, sie im Stich zu lassen. Die Situation wurde zusehends komplizierter.

Die Kranken litten entsetzlich. Ihre Haut bedeckte sich mit Schwären. Zwei der Muchachos hatten hohes Fieber. Engracia, in unerschütterlicher Ruhe, erbrach sich unablässig. Morris war am Nachmittag ohnmächtig geworden. Die Gesunden wechselten sich bei der Pflege der Kranken ab. In den Schutzanzügen schwitzten sie entsetzlich. Raphael ging wieder auf dem Gang hin und her, wie er es schon seit Stunden tat. Er konnte die Ohnmacht nur schwer akzeptieren. Immer wieder bestand er darauf, einen Arzt zu holen, doch Morris und Engracia weigerten sich. Ein Arzt würde ihnen die gleiche Behandlung verordnen, mehr konnte man einfach nicht tun. Und außerdem würden sie die Espada-Brüder, wenn sie Wind bekämen, sofort einkreisen und angreifen, und sie wären ihnen schutzlos ausgeliefert. Sie mußten das Geheimnis bewahren, zumindest bis sie eine Gruppe von Kommunarden zusammengerufen hatten, denen sie vertrauen konnten. Josué war schon unterwegs, sie zu holen.

Um zehn Uhr am Abend war Melisandra schließlich bereit, mit Raphael ins Hotel zu fahren und eine Weile auszuruhen. Josué hatte ihnen das Motorrad dagelassen, diesmal fuhr Raphael. Sie klammerte sich erschöpft an seinen Rücken.

Der Park lag still und dunkel da, die Straßen verlassen. Die Nächte in Cineria waren angespannt, in der Ferne hörte man von Zeit zu Zeit Schüsse, Maschinengewehrsalven. Jaime empfing sie dienstbeflissen, aber bedrückt in seinem Hotel; Josué hatte ihn von dem Unfall unterrichtet.

»Ich würde Sie gern einen Augenblick allein sprechen«, sagte er in einem geeigneten Moment. »Was halten Sie davon, wenn wir die junge Dame auf ihr Zimmer bringen, damit sie ausruhen kann, und wir zusammen einen Kaffee trinken?«

Raphael stimmte kopfnickend zu, und der Hotelier brachte sie in sein bestes Zimmer, einen tadellos gepflegten Raum mit hoher Decke und altem Bett aus Messing. In einer Ecke stand auf einem besonderen Gestell ein Waschbecken aus Emaille mit geblümtem Muster und einer passenden Wasserkanne, die Handtücher waren ordentlich auf der Armlehne des damastgepolsterten Sofas zusammengelegt. Jaime zog sich diskret zurück. Melisandra ließ sich sofort aufs Bett fallen, und Raphael zog ihr die Schuhe aus, entkleidete sie und zog ihr das Nachthemd an wie einem kleinen Mädchen. Sie ließ sich von ihm verwöhnen, seine Zärtlichkeit rührte sie beinahe zu Tränen. Wenn sie jetzt zu weinen begann, würde sie nicht wieder aufhören können, dachte sie. Noch nie hatte sie sich, soweit sie zurückdenken konnte, so niedergeschlagen und traurig gefühlt. Der körperliche Schmerz ohne Aussicht auf Heilung weckte nicht nur Mitleid, sondern auch die Angst vor den Mysterien des eigenen Körpers. Der Schmerz der anderen tat auch ihr weh, auch ihre Haut brannte, auch sie verspürte den unstillbaren Durst, den Schwindel. Sie schloß die Augen. Wie weit fort lag jetzt Waslala, dachte sie, und wie notwendig war es dennoch gerade jetzt, daß es existierte, daß man es aus der Abgeschiedenheit holte und verkündete, diejenigen, die noch dort sein mochten, davon überzeugte, daß es an der Zeit war, die Zelle über den geographischen Ort hinaus zu reproduzieren. Es schien nicht vorstellbar, daß einige wenige menschliche Wesen glücklich sein sollten, wenn sie von einem solchen Chaos umringt waren.

»Ich geh' noch bei Jaime einen Kaffee trinken«, flüsterte ihr Raphael, auf dem Bettrand sitzend, ins Ohr. »Ich kann noch nicht schlafen, ich muß mich erst ein wenig beruhigen.«

Sie nickte nur, lächelte ihn vom Kissen aus an und schloß die Augen.

Das Hotel lag im Halbdunkel. In der Eingangshalle, hinter dem Empfangstresen mit seiner Schreibtischlampe aus Messing, stand eine junge Frau und erledigte die Abrechnungen.

»Don Jaime erwartet Sie bereits«, sagte sie, als sie ihn kommen sah, und wies auf die Tür zum Büro ihres Chefs.

Jaime erhob sich, als Raphael eintrat, und bot ihm einen Platz an. Dann schenkte er zwei Tassen Kaffee ein, kehrte aber nicht hinter seinen Schreibtisch zurück, sondern nahm im Sessel neben Raphael Platz.

»Entschuldigen Sie, daß ich Sie belästige«, sagte er. »Sie müssen sehr müde sein, aber ich habe den Eindruck, die Lage unserer Freunde ist sehr ernst, und möchte gern helfen.«

»Es ist schrecklich«, antwortete Raphael und rieb sich mit Daumen und Zeigefinger die Augen. »Sie sterben langsam, haben fürchterliche Schmerzen. Das Schlimmste ist die Ohnmacht. Morris beharrt darauf, daß man nichts weiter machen kann, er hat mir nicht gestattet, einen Arzt zu rufen. Er meint, der würde auch nur Elektrolyte verschreiben, was sie eh' schon die ganze Zeit verabreicht bekommen.«

»Und doch gibt es etwas, was man tun kann«, meinte Jaime und stand auf. »Es ist nicht ungefährlich, doch ich glaube, es ist das Risiko wert, wenn es dazu beiträgt, ihre Schmerzen zu lindern. Ich selbst bin Hypochonder ...«, er lächelte leicht verlegen, »... und habe eine Menge medizinischer Literatur. Darin habe ich auch über die Folgen von Strahlung gelesen. Sie werden entsetzlich leiden müssen, doch gibt es, glaube ich, ein Mittel, das die Schmerzen lindern kann ...«

»Ich bin ganz Ohr«, ermunterte ihn Raphael.

»Das Philin. Wir müssen ihnen Philin besorgen. Ich weiß nicht, ob Sie die Droge kennen, es handelt sich um eine Mischung aus Marihuana und Kokain. Das Marihuana wird ihnen die Übelkeit nehmen. Man hat es auch zur Behandlung Krebskranker angewandt. Das Kokain kann die Nervenbahnen beruhigend beeinflussen und sie in gewisser Weise anästhesieren.«

Die Erwähnung des Philin ließ Raphael auffahren, er hatte nicht erwartet, daß Jaimes Empfehlungen in diese Richtung gehen würden.

»Ich habe vom Philin gehört«, sagte er. »Es wird hier in Faguas hergestellt, nicht wahr?«

»Hier ist es erfunden worden«, antwortete Jaime und setzte sich wieder. »Es gibt große Plantagen, aber es wird nicht hier konsumiert. Die Ernte wird vollständig exportiert. Wer versucht hat, es für den lokalen Konsum zu beschaffen, ist von den Espadas eliminiert worden. Drakonische Strafen haben alle abgeschreckt, die damit handeln wollten. Maclovio ist der Chef der Operationen, doch nicht einmal er kann sich der eisernen Kontrolle der beiden Brüder entziehen. Es heißt, die Plantagen lägen in der Nähe von Timbú, dem Dorf der Waisen, in der gleichen Gegend, wo Waslala vermutet wird. Deshalb lassen sie auch schon seit Jahren niemanden mehr dorthin reisen.«

»Das ist also der Grund, weshalb sie Melisandra und mir ihre Hilfe bei der Suche nach Waslala angeboten haben ...«

»Ganz genau. Um Sie soweit wie möglich davon fernzuhalten und in die Irre zu führen.«

»Und ihr Interesse am Handel mit dem Müll, worauf geht das zurück? Woher kommt ihr Haß auf Engracia? Was für eine Gefahr stellt sie für die beiden dar? Glauben Sie, daß die Espadas die alte Schule angreifen, wenn sie von dem Unfall Wind bekommen? Mir fällt es schwer, das zu glauben!«

»Engracia hält den Gedanken an Waslala lebendig, macht den Expeditionen Mut, die sich dorthin aufmachen; sie hält in den Kommunarden die Philosophie wach, sich nicht mit den herrschenden Verhältnissen abzufinden und weiter nach Waslala zu suchen. Aber ich stimme Ihnen zu: das ist kein ausreichender Grund. Ich persönlich glaube, es gibt da noch etwas anderes. Ich habe den Verdacht, die Espadas nutzen dieselben Lastkähne, die den Müll bringen, für den Export des Philin. In diesem Hotel hört man eine Menge Sachen.« Er lächelte mit feiner Ironie. »Einer der Schleppzugkapitäne betrinkt sich regelmäßig mit mir, wenn er hier ist. Er trinkt Whisky, ich nur Apfelsaft. Aber das ist natürlich noch kein Beweis. Es ist überhaupt das erste Mal, daß ich meinen Verdacht jemand anderem mitteile, doch flößen Sie mir irgendwie Vertrauen ein. Und außerdem meine ich, daß Sie es wissen sollten ...«

»... weil Sie meinen, ich bin die geeignete Person, um das Philin zu besorgen«, fiel ihm Raphael ins Wort.

»So ist es. Die beiden Holländerinnen, die nach Timbú weitergereist sind, kennen Sie. Die könnten Sie aufsuchen, sie wissen über das Philin Bescheid. Ich habe einmal ein paar Blätter in ihrem Koffer gesehen. Und ich habe sie reden gehört. Sie machen sich Sorgen wegen der Waisenkinder. Sie sprachen davon, sich um das Dorf zu kümmern und die Philinplantagen abzubrennen. Das letzte Mal, daß sie hier waren, haben sie unablässig miteinander darüber diskutiert. Die Wände dieses Hotels sind nicht besonders gut isoliert. Ich sah mich sogar gezwungen, nach oben zu gehen – mein Zimmer liegt genau unter dem, das sie bezogen hatten – und sie darauf aufmerksam zu machen, daß sie sich in Gefahr begaben, wenn noch jemand sie hörte.«

Raphael hörte ihm verblüfft zu. Jaimes Gesicht war würdevoll und ausdrucksstark; das Gesicht einer Sphinx, das, unbewegt und ruhig, alles sieht, Mosaiksteinchen zusammensetzt, diskret und in aller Stille Rätsel löst. Wenn nicht geschehen wäre, was geschah, so dachte Raphael, dann hätte er nie mit jemandem über seinen Verdacht gesprochen. Die Verschwiegenheit war sein Beruf, er mußte sie für eine Pflicht gegenüber seinen Kunden halten.

»Mir scheint fast, daß Sie schon einen Plan für mich haben«, sagte Raphael schließlich. »Lassen Sie hören.«

34. Kapitel

Der Mann mit den weissagenden Papageien hieß Lucas. Sein nächtliches Geschäft bestand darin, für die Wettveranstaltungen des folgenden Tages Horoskope zu erstellen. Das erlaubte ihm, sich risikolos in seinem uralten Gefährt, einer Kreuzung aus Golf-Caddy und Motorrad, in und außerhalb der Stadt zu bewegen; der Vogelkäfig hing am hinteren Träger des Blechdachs. Um Mitternacht kam Lucas ins Hotel. Wenn sie ohne anzuhalten fuhren, so meinte Jaime, dann würden sie gegen sechs Uhr morgens Timbú erreichen und konnten am folgenden Nachmittag wieder in Cineria sein. Niemand würde sie aufhalten, versicherte er, Lucas war der perfekte Passierschein. Was Melisandra betraf, so wollte er es übernehmen, ihr die Situation zu erklären, und dafür Sorge tragen, daß sie ohne weiteren Zeitverlust zu Engracia zurückkehrte.

Lucas gab Raphael ein dunkles, kariertes Hemd und eine Mütze. Dann verabschiedeten sie sich von Jaime und fuhren los.

»Tun Sie so, als ob Sie schliefen«, schlug der Mann mit den Vögeln vor. »Am besten solange, bis ich Ihnen Bescheid gebe.«

Raphael schloß die Augen und dachte darüber nach, welch seltsame Wendung die Geschehnisse im Verlauf von nur wenigen Stunden genommen hatten. Noch ganz unter dem Eindruck der erlebten Tragödie schien ihm die Tatsache, jetzt mit dem Papageienmann in dessen ramponiertem Vehikel unterwegs zu den Philinplantagen zu sein, wie eine Ironie des Schicksals.

»Wer hätte gedacht, mein junger Freund, daß wir mal gemeinsam reisen würden, was?« sagte Lucas.

»Es gibt keinen blinderen Blinden als den, der nicht sehen will«, antwortete Raphael. »Richtig prophetisch, Ihr Papagei.«

»Ich habe Ihnen doch gesagt, daß sie sich niemals irren. Und jetzt schweigen Sie bitte. Das beste ist, wenn Sie tatsächlich schlafen.«

Raphael schloß erneut die Augen, die er bei dem Gespräch wieder geöffnet hatte, und stürzte sich in eine Welt von sonderbaren Lauten, von Stimmen und fernen Schreien, die sich mit Schüssen ganz in ihrer Nähe mischten. Auch die Papageien erwachten davon und flatterten unruhig im Käfig umher.

»Verdammte Lausebengel! Haben nichts Besseres zu tun, als sich gegenseitig aus lauter Spaß an der Freud umzubringen!« schimpfte Lucas.

Raphael vernahm das Quietschen der Reifen, als sie um eine sehr enge Kurve fuhren. Kurz darauf hörten die Detonationen auf, und es wurde wieder still um sie her.

»Wir sind jetzt in der Nähe des Pfades«, erklärte Lucas. »Da ist es schon viel sicherer.«

Es verging nicht allzu viel Zeit, da merkte Raphael an einem plötzlichen Stoß, daß sie die Asphaltstraße verlassen hatten und über eine Schotterpiste fuhren. Die Reifen knirschten auf den kleinen Steinchen, von Zeit zu Zeit sprang eines auf und schlug laut gegen das Blech der Karosserie.

»Jetzt können Sie die Augen öffnen. Ich bezweifle, daß wir hier um diese Zeit jemanden antreffen werden.«

Raphael fand sich in einem Tunnel wieder. Im fahlen Licht der Scheinwerfer konnte er nur erahnen, daß der Weg über Erdboden führte, unter einem Halbkreis von Vegetation, der sich über ihren Köpfen schloß.

»Sieht aus wie ein trockenes Flußbett«, meinte er zu seinem Nebenmann.

»Genau das ist es auch«, antwortete der mit einem Lächeln in seinem braunen, von Falten zerfurchten Gesicht. »Irgendwann kam hier mal ein Fluß von den Bergen herunter. Am Tag ist dieser Weg sehr schön. Er kommt mir immer vor wie der erste Schöpfungstag.«

Lucas liebte die Poesie und die Dichter. Sie waren in seinen Augen Propheten, meinte er am Anfang einer Unterhaltung, die mit dem Paradies auf Erden begann und zwischen riesigen Nachtfaltern weitergeführt wurde, die sich wie Trauerschleifen vom Wegesrand erhoben. Er wollte mit Politik und ähnlichen Problemen nichts zu tun haben, erklärte er, während er langsam den Wagen steuerte, doch träumte er von Waslala. Es reichte ihm zu wissen, daß es eine Gruppe von Dichtern erdacht und gegründet hatten. Melisandras Großvater war ein bedeutender Mann, meinte er. Seine Erzählungen, seine Gedichte machten sie alle reicher, zeigten, daß Faguas auch noch im Elend Schönheit besaß, daß alles mögliche mißachtet werden konnte, nicht aber die Poesie. Er glaubte, Waslala müsse so etwas wie die Republik der leidenschaftlichen Weisen sein.

»Denn, sehen Sie, die Weisheit ohne Leidenschaft ist nicht mehr als bloßes Wissen, das nichts verändert. Man muß die guten Leidenschaften ausleben und den schlechten aus dem Wege gehen.«

Deshalb hielt er sich auch aus den Tagesproblemen heraus, sagte er noch einmal. Raphael solle nicht glauben, daß für ihn eine Reise wie diese ganz natürlich sei.

Für Engracia empfand Lucas Sympathie, weil sie ihm Bücher lieh oder sie gegen die Weissagungen seiner Papageien eintauschte, doch er war ein Einzelgänger, ergriff für keine der beiden Seiten Partei. Er las Gedichte, pflegte seine Vögel und sammelte nachts die Informationen für die Wettbüros. Sein Leben war friedlich. Er brauchte nur noch seine Träume, und der einzige Traum, der ihm noch geblieben war, war Waslala. Deshalb war er bereit gewesen, ihn zu begleiten, weil er gehört hatte, daß Raphael und die Enkeltochter von Don José auf der Suche danach waren.

»Wenn Sie Waslala finden und ich hören kann, nur hören kann, wie es dort ist und aussieht, dann werde ich beruhigt sterben können.«

Er brauche nur noch seinen Traum, hatte Lucas gesagt. Dieser Satz und kein anderer klang Raphael noch in den Ohren, als sie schon lange schwiegen und ihr Gefährt mühsam den Hang hinauf kletterte, von dem aus sich der Tagesanbruch wie ein leuchtendes Auge öffnete, das sie klein, unscheinbar und still den Pfad über den Bergkamm kommen sah, von wo aus sie tief unten in der Ferne den See und dahinter die Zacken des Gebirges betrachten konnten.

Zur anderen Seite hin sahen sie unten im Tal die roten Ziegeldächer von Timbú. Das Dorf schien nicht Teil von Faguas zu sein, sondern eines früheren, versunkenen Landes, freundlicher und gemütlicher. Hohe, schlanke Zypressen ragten wie grüne Kerzen zwischen den Dächern hervor; die Kirchturmuhr zeigte die genaue Zeit, die Straßen in der Mitte des Ortes waren gepflastert, und hinter dem Dorf drehten sich die Flügel mehrerer Windmühlen ohne Unterlaß.

»Wir kommen noch an einem Kontrollpunkt vorbei. Tun Sie wieder so, als ob Sie schliefen. Ich setze Sie dann vor dem Hotel ab und fahre weiter zum Park, um meine Papageien ein wenig arbeiten zu lassen. So hat Jaime es mir aufgetragen. Sie wissen schon, nach wem Sie fragen müssen. Ich warte im Park auf Sie, solange es nötig ist.«

Sie passierten die Kontrolle ohne Schwierigkeiten. Das Hotel war im ehemaligen Waisenhaus untergebracht. An der Fassade stand es noch geschrieben: Waisenhaus San Vicente. Raphael lief es kalt über den Rücken. Er hatte nicht erwartet, daß er so reagieren würde. Nur ganz selten hatte er, seit er erwachsen war, an seine eigene Kindheit als Waise gedacht. Nie, niemals solle er sich selbst als Waisenkind sehen, hatte ihm seine Adoptivmutter immer wieder gesagt; seine Mutter, ganz einfach und einzig seine Mutter. Die, die ihn gezeugt hatten, meinte sie, erfüllten ihre Aufgabe, indem sie ihn auf die Welt brachten, damit er sich mit ihnen, seinen eigentlichen Eltern, vereinen konnte. Er durfte ihnen nicht grollen. Und er tat es auch nicht. Gott allein mochte wissen, was mit ihnen geschehen war; aus welchen Gründen sie sich von ihm getrennt hatten. Er glaubte nicht an fehlende Liebe, nur an die Umstände. Die seinen waren immerhin glücklich gewesen. Seine Eltern waren seine besten Freunde geworden, fühlten sich genauso glücklich, ihn gefunden zu haben. Oft staunten sie über die Liebe, die sie miteinander verband, und fanden, daß sie ein noch stärkeres Band war als eine genetische, biologische Verbindung, weil es eine Liebe war, die tief unter die Haut ging. Manche Kinder wurden mit dem Körper gezeugt, sagte seine Mutter, andere mit dem Herzen. Nie hatte er auch nur versucht, seine Herkunft herauszufinden, wie es soviele andere taten. Jetzt aber, hier vor diesem Gebäude, überkam ihn ein Gefühl der Identifikation, als ob ihm jenes Schild eine Botschaft seines nicht existierenden Vaterlandes meldete.

Das Haus war ein viereckiger Bau mit Gängen auf einen Innenhof hinaus, einen bescheidenen, rasenbedeckten Garten mit vier Palmen in den Ecken, die von Farnen umgeben waren. Das Hotel belegte einen Flügel des Baus.

»Ich suche zwei Damen aus Holland. Krista und Vera heißen sie«, sagte er, als er an den einfachen, rustikalen Empfangstresen aus Kiefernholz trat.

Der dicke, mürrische junge Mann dahinter sah ihn von oben bis unten an. Dann wandte er sich zu den Fächern um, in denen die Schlüssel hingen, auf die mit roter Farbe die Zimmernummern gemalt waren.

»Sie sind da hinten, in der Nummer neun«, grunzte er und zeigte den Gang hinunter.

Auch der junge Mann war sicher ein Waisenkind, dachte er und warf ihm einen Blick zu, bevor er sich auf den Weg machte. Lucas zufolge waren alle hier Waisen. In einem der längeren Kriege war Timbú entvölkert worden. Im Waisenhaus sich selbst überlassen, wuchsen die Kinder heran, heirateten untereinander. Statt selbst Kinder zu bekommen, bildeten sie ihre Familien mit solchen Kindern, denen neue Kriege oder andere Umstände die Eltern genommen hatten.

Er ging an der Reihe der Türen entlang. Die Zimmer waren klein, hatten nur schmale, hohe Fenster für die Belüftung. Wieviele Kinder mochten in jedem von ihnen geschlafen haben? In nebeneinanderstehenden, mehrstöckigen Betten, in der Dunkelheit ohne Eltern, ohne jemanden, der trösten kam, wenn sie weinten. Einsame Kinder in der Dunkelheit der Nacht, die schließlich mit tränennassem Gesicht einschliefen.

Er stand jetzt vor der Nummer neun. Einen Augenblick brauchte er, um wieder zu sich zu kommen, sich daran zu erinnern, weshalb er hier war. Dann klopfte er an.

35. Kapitel

Melisandra erwachte und fand sich allein im Bett. Ein Klopfen an der Tür mußte sie geweckt haben. Noch vom Schlaf benommen, stand sie auf und öffnete, ohne zu fragen, weil sie dachte, es könne nur Raphael sein. Wer jedoch eintrat, war Jaime mit einem Frühstückstablett in den Händen. Sie trug nur ein T-Shirt und wickelte sich schnell das Laken wie einen Rock um die Beine.

»Ich hatte nicht mit Ihnen gerechnet, Jaime, ich dachte, es wäre Raphael.«

»Guten Morgen, Melisandra«, antwortete Jaime und stellte das Tablett auf den runden Tisch in der Ecke, um die Vorhänge zurückzuziehen.

»Wo hat Raphael geschlafen?« fragte sie und setzte sich neben das Tablett, von dem es verführerisch nach frischem Brot und heißem Kaffee duftete. »Wie nett von Ihnen, Jaime. Vielen Dank.«

»Es ist mir ein Vergnügen«, lächelte er. »Raphael hat für eine Weile die Stadt verlassen müssen. Es gibt aber keinen Anlaß zur Sorge, er befindet sich in sicheren Händen. Ich wollte Sie nicht wecken deswegen. Heute nachmittag wird er schon zurück sein. Ich glaube, wir werden Medikamente für unsere Kranken bekommen. Er ist losgefahren, um sie zu holen.«

»Medikamente? Was für Medikamente? Morris zufolge gibt es keine wirksamen Medikamente für sie!« sagte sie. während sie sich Kaffee einschenkte und eine Scheibe Brot mit Butter bestrich.

»Etwas, damit sie weniger leiden müssen, daß ihnen den Schmerz nimmt. Kräuter.«

Melisandra sah ihn schweigend an und nahm einen Schluck Kaffee. Plötzlich begann sie zu sprechen.

»So ist's richtig, Jaime, Kräuter. Phantastisch. Warum sollen wir auch meinen, wir wüßten nichts und die zivilisierte Welt wüßte alles«, sagte sie mit einem Sarkasmus, der an der Grenze zum Weinen lag. »Sie hätten Morris sehen sollen, Jaime. Er bemalte sich, obwohl er wußte, daß das Pulver radioaktiv war. Und nicht nur aus Liebe zu Engracia, da bin ich mir sicher. Er hätte es nicht ertragen, sie sterben zu sehen und sich irgendwie dafür verantwortlich zu fühlen.« Sie legte die Scheibe Brot auf den Teller, ohne davon zu essen.

»Es ist eine Schande, daß es immer die Besten sein müssen, die sich opfern«, meinte Jaime und sah nachdenklich vor sich hin. »Die beiden Espadas werden vor Freude jauchzen über diese Tragödie.«

»Sagen Sie mal, Jaime: Glauben Sie, daß Waslala existiert?«

»Ich habe soviele Geschichten darüber gehört, daß ich manchmal denke, es muß wohl existieren.«

»Aber meinen Sie nicht, daß man dort wissen muß, was in Faguas los ist? Finden Sie es nicht auch schwer zu verstehen, daß sie ihren Glückszustand nur für sich selbst, für einige wenige behalten wollen?«

»Sie werden annehmen, daß der Moment noch nicht gekommen ist. Sie müssen etwas essen, Melisandra«, sagte Jaime, als er sah, daß sie keinen Bissen zu sich nahm. »Es kommen lange und schwierige Tage auf Sie zu.«

»Ich kann nicht«, gab sie zurück. »Ich trinke nur den Kaffee und nehme mir das Brot für unterwegs mit. Ich muß so schnell wie möglich zu Engracia zurück.« Von Rastlosigkeit getrieben, stand sie auf. »Wann, sagten Sie, will Raphael mit den Kräutern zurück sein?«

»Heute nachmittag. Vielleicht auch erst gegen Abend«, antwortete der Hotelier und schickte sich an, hinauszugehen. »Bevor Sie losfahren, kommen Sie bitte in meinem Büro vorbei. Gehen Sie nicht, ohne Bescheid zu sagen, es ist sicher besser, wenn Sie jemand begleitet.«

Melisandra nickte und dankte ihm noch einmal für das Frühstück. Schnell duschte sie und zog sich an, ergriffen vom Drang, möglichst rasch zum alten Schulhaus zurückzukehren. In ihr wuchs ein Gefühl der Nervosität und der Verlassenheit, das sie nicht der Abwesenheit von Raphael zuschreiben wollte, aber vergeblich. Es gefiel ihr nicht, daß er losgefahren war, ohne ihr Bescheid zu sagen. Sie wollte nicht daran denken, daß es mit seiner Reportage über das Philin zusammenhängen könnte, doch verursachte ihr der Gedanke wieder und wieder ein Gefühl von Wut und Trauer zugleich, von Einsamkeit, die größer war als die Einsamkeit der Geliebten, die ohne den Liebhaber aufwacht. Vielmehr schien ihr das Gefühl wie ein Teil, eine Bestätigung all des Unaussprechlichen, Unbenennbaren, das sich in ihrem Herzen aufgestaut hatte, seit sie die Hacienda am Fluß verließ, um sich als Erbin des Schrotts, des Abfalls, des Mülls zu fühlen, der Gefahren, denen andere aus dem Weg gingen, ohne sich darum zu kümmern, wer am Ende verseucht wurde, wer Verbrennungen davontrug, wem die Haut in Fetzen herabhing. Am Fluß konnte man zumindest die Würde behalten und sich die Illusion von einer Welt bewahren, in der jeder Sonnenuntergang schon das Dasein rechtfertigte; man konnte, wie ihre Großeltern, fühlen, daß auch das erzwungenermaßen einfache Leben ein Privileg war. Aber es war nicht möglich, daß dies die einzige Form der Existenz sein sollte. Sie konnte nicht akzeptieren, daß die Abgeschiedenheit der einzige Schlüssel zum Glück war.

Sie ging den verlassen daliegenden Gang entlang und in die Eingangshalle hinunter. Eine der Angestellten, genauso tadellos gekleidet wie am Vortage, bediente ein paar Kunden an der Rezeption. Melisandra setzte sich und wartete, daß sie an die Reihe käme. Die junge Frau sah sie und bat sie mit einem Blick, kurz zu warten.

Sie vermochte nicht zu sagen, ob viel Zeit verstrichen war oder ob sich die Zeit in eine klebrige Substanz verwandelt hatte, von der sie sich nur befreien konnte, indem sie sich bewegte und etwas tat, doch stand sie plötzlich auf, winkte unbestimmt der Frau zu und ging hinaus, um das Motorrad zu holen. Als Jaime hinter ihr herlief, um sie zurückzuhalten, sah er sie gerade noch durch das Blattwerk der Bäume hindurch als kleinen Punkt in der Ferne verschwinden.

36. Kapitel

Krista öffnete die Tür. Als sie ihn sah, legte sie einen Finger an die Lippen. Schschsch. Durch den geöffneten Spalt konnte Raphael Vera mit einem Kind auf dem Arm in einem Schaukelstuhl sitzen sehen, ganz damit beschäftigt, es in den Schlaf zu wiegen; nur leicht hob sie den Kopf, um zu sehen, wer es war. Als sie ihn erkannte, leuchtete auf ihrem Gesicht das Lächeln eines Engels auf, der in den Himmel zurückgefunden hat. Krista trat auf den Gang des Innenhofes hinaus.

»Entschuldige, Raphael, aber wir sind wie zwei dumme, kleine Mädchen, die sich darüber streiten, wer das Baby in den Schlaf singen oder ihm die Windeln wechseln darf. Ich hätte nie gedacht, daß das glücklich machen könnte.«

»Ist es ein Junge oder ein Mädchen?«

»Wir wollten eigentlich ein Mädchen, aber nun ist es ein Junge geworden, und wir sind's auch zufrieden. Er ist so süß!«

Raphael lächelte und gratulierte. Krista ging zu einer Sitzgruppe auf dem Gang und lud ihn ein, Platz zu nehmen. Sie bewegte sich mit einer Leichtigkeit, die vorher dem kräftigen, beinahe ungeschlachten Körper fremd gewesen war. Jetzt wirkte sie nur noch weich und weiblich, kantenlos.

»Seit zwei Tagen haben wir ihn jetzt. Wir wollen ihn Hans nennen«, sagte sie. »Er ist gerade erst sechs Monate alt. Die, die sich bisher um ihn gekümmert haben, waren ganz traurig, daß sie ihn weggeben mußten, aber sie haben schon sechs Kinder bei sich, und das war die Vereinbarung. Wie bist du denn überhaupt hierhergekommen?« fragte sie und runzelte die Stirn, plötzlich sachlich werdend.

»Das ist eine lange Geschichte. Leider bringe ich keine guten Nachrichten«, antwortete Raphael. »Es ist etwas sehr Schlimmes passiert, und ich brauche eure Hilfe.« Er hörte sich die Geschehnisse der letzten Tage erzählen, als brächen sie in einem Schwall aus ihm heraus.

Die Morgensonne fiel hell, doch noch weich auf den Gang, die Palmen im Innenhof empfingen das gelbe Licht mit ihren zahllosen Fingern, ihre Schatten zeichneten abstrakte Muster auf die Bodenfliesen. Kristas Gesicht verzog sich in ohnmächtigem Zorn, ihre zu Fäusten geballten Hände schlugen auf die Knie.

»Ich brauche das Philin, ich muß es unbedingt bekommen«, schloß Raphael seinen Bericht. »Wir sind überzeugt, daß nur so die Schmerzen unserer Freunde zu lindern sind.«

»Ich brauche erstmal frische Luft«, antwortete Krista. »Laß uns ein Stück gehen. Ich werde Vera Bescheid sagen.«

Sie gingen eine Straße hinunter, die an ihrem Ende in einen Sandweg überging, einen engen Pfad, der den Hang eines Hügels hinaufführte.

Krista war kräftig, doch atmete sie, weil sie sich unterhielten, heftig bei diesem Aufstieg. Raphael half ihr, indem er ihren Arm ergriff. Es sei gefährlich, in Timbú über das Philin zu reden, sagte sie, ein Tabuthema. Man erwähnte es möglichst gar nicht. Es sei ein Risiko für alle. Er als Journalist müsse besonders vorsichtig sein, es könne ihn das Leben kosten, da übertriebe sie nicht, meinte Krista. Es sei nicht ihre Art, zu übertreiben.

»Meinst du denn aber, daß es zu kriegen ist?« fragte Raphael. Sie solle nicht an ihn denken, sagte er noch, sondern an die Jungen, die es brauchten, an Morris, an Engracia.

»Du mußt mir keinen Unterricht in Solidarität geben«, meinte Krista und blieb stehen. »Setzen wir uns einen Augenblick, wir sind fast am Gipfel.« Dabei wischte sie sich mit ihrem Taschentuch den Schweiß vom Gesicht, das von der Anstrengung stark gerötet war.

»Wenn man bedenkt, daß ich vor kaum zwei Tagen niedergekommen bin, bin ich eigentlich noch ganz fit, meinst du nicht?« scherzte sie.

Gemeinsam lachten sie, um dann in Schweigen zu verfallen und den Ort zu betrachten, der wie ein Spielzeugdorf tief unten im Tal lag.

»Ich bin selbst ein Waisenkind«, sagte Raphael in die Stille hinein. »Meine Eltern fanden mich auf einer Kirchenbank und nahmen mich zu sich. Manchmal vergesse ich es, ich habe nie darunter gelitten, eine Waise zu sein, und doch empfand ich heute, als ich das Schild des Waisenhauses sah, eine absolute Identifizierung. Ich weiß nicht, wie ich es erklären soll.«

»Das Geheimnis unserer Herkunft ...«, sann Krista. »Wer von uns weiß schon, wo er oder sie herkommt? Nicht zu wissen, von welchen Eltern man stammt, erlaubt es einem, diese Ungewißheit auf etwas Konkretes zu lenken. Wenn man seine Eltern kennt, muß man sich weiter zurück und bis ins Metaphysische, Atavistische begeben. Die biologische Gewißheit gibt einem schließlich wenig Trost.«

»Du hast recht«, antwortete Raphael. »Danke, daß du mich daran erinnerst.«

»Danke dir für dein Vertrauen«, lächelte Krista. »Ich bin es nicht gewohnt, daß Männer mir vertrauen. Und vielleicht ist es ja Vertrauen gegen Vertrauen, auf jeden Fall mag die Tatsache, daß du ein Waisenkind warst, dazu beitragen, daß du wie ein normaler Mensch und nicht wie ein Journalist handelst.« Sie stand schwerfällig auf. Kurz bevor sie den Kamm der Hügelkette erreichten, bedeutete sie ihm, sich auf den Boden zu legen. Das letzte Stück robbten sie auf allen vieren. Dann lugten sie, zwischen den Büschen versteckt, auf die andere Seite.

In der frischen Brise lag dort eine herrliche Landschaft. Eine Kette blauer Berge begrenzte in der Ferne ein fruchtbares, grünes Tal, das sich am Fuß des Hügels erstreckte. Hier und da sah man roh behauene Holztürme zwischen den Feldern.

»In den Bergen dort hinten liegt angeblich Waslala«, flüsterte Krista. »Und gleich hier vorn zwischen den Maisfeldern, die grünen Parzellen, die du dort siehst: das ist das Philin. Es ist das einzige, was diesem herrlichen, solidarischen Ort Arbeit gibt; er lebt vom Drogenhandel, von der Sucht und vom Verfall der Gesellschaft unserer Länder. Ich kann dir sicher das Philin besorgen.« Sie wandte sich zu ihm um und lächelte mit freundlicher Ironie. »Das dürfte so schwer nicht sein, aber du wirst mir versprechen müssen, das Geheimnis zu bewahren. Du bist dir sicher im klaren darüber, daß zwischen dem Erscheinen deiner Reportage und dem Aufkreuzen der Flugzeuge der Drogenpolizei nicht allzu viel Zeit vergehen würde. Sie würden alles abfackeln.«

»Das weiß ich. Glaub nicht, daß mich die Meinung nicht anwidert, wir Journalisten seien zu Polizisten ohne Lohn verkommen. Was sind das eigentlich für Türme dort?«

»Wachposten von Maclovio oder den Espadas, das bleibt sich ja gleich. Timbú muß für seine Stabilität und seinen Frieden einen Preis zahlen. Die Bewegungsfreiheit seiner Bewohner ist eingeschränkt. Wir haben vom Philin durch einen Zufall erfahren ... das zu erzählen, würde jetzt zu weit führen. Die Espadas haben uns gedroht. Hans ist die Belohnung für unser Schweigen.«

»Am Ende sind wir alle Komplizen.«

»Wer sind wir denn, daß wir hier die Moralapostel spielen wollen?« Krista fragte es mit einem resignierten Seufzer. »Wieviele deiner Abonnenten interessiert es wohl, ob ganz Timbú vor Hunger stirbt? Wollen wir etwa von den Waisenkindern hier verlangen, daß sie sich um die haltlosen, zerstörten Gesichter der Drogenabhängigen sorgen, um die jungen Leute, die das Philin zum ersten Mal probieren, mit vor Aufregung leuchtenden Augen, weil sie etwas Verbotenes tun? Komm«, sagte sie dann, »es ist besser, wenn wir jetzt umkehren und du bei Vera im Zimmer bleibst, während ich das Philin besorge. Wenn ich es recht bedenke, sollte dich am besten niemand sehen. Ich bezweifle, daß dich dieser Aufzug sonderlich schützt.«

»Einen Augenblick noch, Krista«, bat Raphael und schlich noch einmal zur Hügelkuppe empor. Er blickte abermals auf das ruhig daliegende Tal, die Pflanzungen, die sich im Wind wiegten, dahinter die blaue Silhouette der Berge mit ihren umwölkten Gipfeln; die Wächterhäuschen. Seine Ausrüstung war im Hotel in Cineria geblieben, und noch war die Technik, Bilder mit dem Gehirn festzuhalten, nicht erfunden. Nur er konnte den Kommentar seiner Reportage hören, die Stimme aus dem *Off*, die den Kameraschwenk, den Zoom des Teleobjektivs begleitete.

»Laß uns jetzt gehen«, hörte er noch einmal Kristas Stimme von unten her.

Wie oft noch mußte er Zeuge sein, enthüllen, wieviele Luchos mußten noch sterben, fragte er sich. Was nützte sie denn schließlich, seine Reportage über die Street Gangs, die Gefahren, in die er sich begeben hatte, als er in verbotene Zonen eindrang. Er wollte damit die Stadt aufrütteln, sie den Jugendlichen und ihren Ritualkriegen gegenüberstellen. Den Menschenopfern. Den herausgerissenen, noch schlagenden Herzen, den mit Blut geschriebenen Parolen an den Mauern der Gassen, dem beginnenden Kannibalismus, den Philin-, den Heroinorgien, den geruchlosen, synthetischen, mit allen möglichen Zusätzen vermischten Ersatzdrogen, den jugendlichen Genies in Chemie, die ihre Computer mit Formeln fütterten. Doch was das Publikum wirklich gefangennahm, war das Gesicht von Lucho, sein kleiner Körper einer Stoffpuppe, wie er neben den Müllcontainern auf dem Asphalt liegt, der Schrei inmitten des Kugelhagels, die Frau, die plötzlich ins Bild kommt, und der abrupte Abbruch des Films. Wenn die Flugzeuge kämen, um die Plantagen in Brand zu schießen, würden vielleicht auch die Waisenkinder von Timbú riesige Teddybären, Blumen und herzförmige Pralinenschachteln geschenkt bekommen, genau wie sie einst Lucho in der Leichenhalle bekommen hatte, geschenkt von der Bevölkerung New Yorks in der beschämenden Absicht, sich durch dieses verspätete, extravagante, pompöse Geburtstagsfest für das tote Kind die Hände rein zu waschen.

Langsam kroch er rückwärts bis zu dem Punkt, wo Krista auf ihn wartete.

Später, im Zimmer bei Vera und begleitet vom zufriedenen Brabbeln des Kindes, ließ er sich aufs Bett fallen und sank sofort in einen tiefen, traumlosen Schlaf.

37. Kapitel

Wie bin ich nur hierhergeraten? fragte sich Melisandra unablässig und versuchte verzweifelt, das Geschehene zu rekonstruieren, die Folge heller Bilder, den Park, die Straßen von Cineria, den See und den Sandweg an seinem Ufer, die Sonne, die die Sorgen und Freuden der Menschen gleichermaßen beschien, die Frau, die am Weg stand und ihr ein Zeichen machte, um Hilfe bat, etwas mit einem kranken Kind, der kurze Augenblick des Argwohns, bis sie den Verdacht beiseite schob und vom Motorrad stieg, die dunkle Hütte. Wieder und wieder versuchte sie die Teile des Puzzles zusammenzusetzen, das verlorene Stückchen wiederzufinden, und wenn es nur war, um ihre Gedanken beschäftigt zu halten und so den Sack über ihrem Kopf zu vergessen, der sie zu ersticken drohte. Um sich herum hörte sie kein Geräusch. Die Hände hatte man ihr vor dem Körper fest mit einem groben Strick gefesselt, der tief in ihre Handgelenke schnitt. Auch die Füße waren an den Knöcheln zusammengebunden. So geknebelt lag sie auf dem Rücken und konnte spüren, daß der Boden unter ihr sich kalt und feucht anfühlte. Ihr war schwindlig, ihr ganzer Körper schmerzte und zitterte wie Espenlaub. Stöhnend versuchte sie sich umzudrehen, ihre Fesseln zwangen sie dazu, sich wie ein Rumpf ohne Glieder zu bewegen. Nach mehreren Anläufen gelang es ihr schließlich. Mit dem Gesicht nach unten fühlte sie sich geschützter, obwohl ihr durch das Gewicht des Körpers schnell die Arme wehzutun begannen. Man mußte sie betäubt haben, schloß sie dann, das letzte, woran sie sich erinnerte, war, daß der Boden der Hütte nach nasser Erde roch. Hoffentlich kommt bald jemand, dachte, flehte sie. Sie verspürte Platzangst, noch nie war sie gern in geschlossenen Räumen gewesen. Heftig bewegte sie den Kopf von einer Seite zur anderen, versuchte, in das Material der Kapuze zu beißen, streckte die Zunge heraus, um es zu berühren. Es war rauh und roch schimmelig. Sie spürte einen stechenden Schmerz in der Brust, so als wüchse ihr Herz und sprengte mit jedem Schlag ihren Brustkorb. Sie atmete tief. Wenn niemand käme, müßte sie ersticken. Wie in einem Reflex hielt jeder Atemzug von selbst inne, kaum daß ihre Sinne den unerträglich starken Schimmelgeruch wahrnahmen. Und da war die Angst, die immer mehr in ihr aufstieg, das Zittern, das immer stärker wurde und ihren Körper in unkontrollierter Panik ergriff, die vielleicht von größerer Weisheit war als die Vernunft. Wenn sie es doch nur schaffte, ruhiger zu atmen, sich zu entspannen. Entspann dich, Melisandra, befahl sie sich, schrie sie sich selbst zu. Wenn du es nicht schaffst, dich zu entspannen, dann stirbst du. Versuch wenigstens herauszufinden, was passiert ist, wer dich hierher gebracht hat. Bilder. Alpträume bekämpft man, indem man ihnen Bilder vorschiebt, bevor man wieder einschläft. Ein Bild wäscht das andere fort. Sie begann mit dem Fluß, sah ihn flüchtig vor sich auftauchen. Dann wieder die Hütte und der Geruch nach feuchter Erde, der See, das Motorrad, der staubige Weg. Der Fluß, stellte sie sich wieder vor. Verschwommene Bilder vom Fluß, Wasser, der See, Wasser, Fruchtwasser, Mutterleib. Mama, wo bist du, wo zum Teufel bist du, wo zum Teufel ist dieses verdammte Waslala, wo, zum Teufel, Mutter, verdammt nochmal. Sie schlug mit dem Kopf gegen den Boden, ein ums andere Mal, wiederholte den Fluch, erst stumm und dann leise gegen den Zement.

Verflucht, verflucht, verflucht, ohne Unterlaß. Dann fühlte sie sich ruhiger. Ihre Augen hatten sich mit Tränen gefüllt, ihre Nase tropfte, sie hatte einen Salzgeschmack im Mund. Auf einmal mußte sie lachen: Wenn sie jetzt auch noch richtig weinte, dann wäre die Katastrophe perfekt, dann würde sie sich selbst in ihrem eigenen Rotz ersäufen. Diese Schweine. Los, kommt doch, ihr Schweine, flüsterte sie, weil sie nicht schreien wollte. Es klapperten ihr die Zähne, doch das Fluchen hatte geholfen. Sie drehte sich wieder auf den Rücken. Sie versuchte, die Arme zu heben und sich irgendwie mit der Kapuze das Gesicht zu trocknen. Es gelang ihr nicht, doch bewegte sich die Kapuze wenigstens um ein paar Millimeter. Sie versuchte, etwas zu sehen. Ihre Brust. Schon ein Sieg. Das weiße T-Shirt. Es mußte ihr doch gelingen, sich hinzusetzen, dachte sie. Der Schwindel ließ nach. Sicher hatte man ihr etwas gespritzt. Sie versuchte, sich an das Gefühl der Spritze zu erinnern, die Injektionsnadel. Verschwommen trat es ihr vor Augen. Sie begann sich mit erhobenen Beinen hin- und herzuschaukeln, eins, zwei, eins, zwei, bis sie sich des Schwungs sicher war, und setzte sich auf. Sie bog den Kopf zwischen die Knie herunter, das Gefühl des eigenen Körpers an ihrem Kopf war angenehm. Sie fühlte sich ruhiger, nichts ließ die Verzweiflung schneller wachsen als die Tatenlosigkeit. Sie mußte sich beschäftigt halten.

Jetzt kam es darauf an, eine Wand zu finden, gegen die sie sich lehnen konnte. Sie versuchte sich den Raum vorzustellen, die Entfernung zu den Wänden. Die Zelle mußte klein sein, ihr Boden war uneben. Die Dunkelheit umgab sie nicht vollständig, es mußte also irgendwo ein Fenster geben, zumindest ein Loch, das für das Halbdunkel sorgte. Sie bewegte die Hüften und stieß sich mit den Beinen ab, eins, zwei, eins, zwei. Hier würde sie schon wieder herauskommen, sie wußte nicht wie, doch sie würde es schaffen. Sie traf auf eine Wand. Wieder begann sie zu rutschen, eins, zwei, eins, zwei, bis sie den Raum nach allen vier Richtungen durchmessen hatte. Er war, wie sie vermutet hatte, klein und rechteckig. Die räumliche Orientierung schien ihr wichtig, sie wußte jetzt, wo die Tür aus Aluminium oder Eisen lag, die sich kalt anfühlte. Sie kroch vor, bis sie meinte, in der Mitte der gegenüberliegenden Wand zu sein. Fortschritte, Erfolge. Sie hatte gar nicht mehr auf die Kapuze über ihrem Kopf geachtet. Wieder ließ sie den Kopf auf den Knien ruhen. Hoffentlich kam bald jemand, um Gottes Willen, hoffentlich kam bald jemand. Ihr Hosenboden war feucht geworden, vielleicht zerfetzt. Ihr fiel jetzt nichts mehr zu tun ein, und sie begann, Durst zu verspüren, und den Drang, Wasser zu lassen.

38. Kapitel

Raphael erwachte vom Weinen des Kindes. Vera nahm es aus seiner Wiege, setzte sich mit ihm hin und hielt es an ihre Brust. Vom Bett aus sah er eine Weile zu, wie sie dem Kind beharrlich ihre Brustwarze bot.

»Vera, Vera«, sagte er dann vorsichtig. »Meinst du nicht, du übertreibst ein wenig? Gib ihm Milch, er hat Hunger.«

»Bei uns zuhause hatten wir einmal eine Dackelhündin, die hatte noch nie Junge gehabt, als meine Schwester ein neugeborenes Kätzchen anbrachte. Das Kätzchen verwechselte die Hündin mit ihrer Mutter, und nach kurzer Zeit begann die, Milch zu haben und das Kätzchen zu säugen. Mehrere Jahre ging das so. Es kommt darauf an, die Milchdrüsen zu stimulieren, da bin ich mir ganz sicher.«

»Aber mach das doch lieber, wenn er keinen Hunger hat. Du frustrierst ihn sonst ja völlig!«

»Was weißt du schon davon!«

»Die Frauen haben nicht das Monopol auf die Mutterschaft! Sie kritisieren immer, daß wir Männer uns nicht darum kümmern, wenn wir es dann aber tun, dann nennen sie uns Nichtswisser.«

Er lehnte sich wieder aufs Bett zurück und blickte auf seinen Kommunikator. Er konnte Krista gegenüber argumentieren, sie habe ihm die Plantagen gezeigt, bevor sie ihn bat, das Geheimnis zu wahren. Das war zwar Wortklauberei, doch auch ein Rechtsanwalt würde die Vereinbarung für nicht rechtsverbindlich halten. Aber was nützten hier Rechtsanwälte und Vereinbarungen? Außerdem waren die Waisenkinder das eigentliche Problem. Krista ging die Sache von der anderen Seite her an. Ihr Schweigen rettete die Waisen, verurteilte sie aber auch dazu, den Espadas untertan zu sein und zu dienen. Wem half er, wessen Komplize würde er werden? Das Kind brüllte jetzt aus vollem Hals. Endlich machte ihm Vera die Milch warm. Das Kind trank die Flasche im Nu leer und ließ nur Schaum in ihr zurück.

»Ich glaube dir ja, daß deine Theorie was für sich hat«, sagte Raphael. »Was macht man aber in einem Fall wie diesem, wenn das Kind einfach hungrig ist?«

»Es weinen lassen, weil es sonst die Milchdrüsen nie genügend stimuliert, angeblich jedenfalls. Aber wie du siehst, habe ich auch nicht die Nerven dazu.«

»Gott sei Dank«, meinte er, während sich die Tür öffnete und Krista eintrat, einen Rucksack auf dem Rücken.

»Hier ist es«, sagte sie und ließ den Rucksack aufs Bett fallen. Sie sah rot im Gesicht aus, abgehetzt. »Ich bin so schnell gelaufen, wie ich konnte, aber es war schwieriger, als ich dachte. Mein Freund war ziemlich nervös, er meinte, die Kontrollen seien in diesen Tagen schärfer geworden. Ich mußte ihm erst erklären, worum es ging, damit er es mir gab. Der Mann mit den Papageien wartet im Park auf dich. Ich glaube, es ist besser, wenn ich dich nicht begleite. Na, hat Hans gut getrunken?« schloß sie, zu Vera gewandt, die ihr die leere Flasche zeigte.

»Er will meine Brust nicht.«

»Der Arme steckt ganz schön in der Klemme«, meinte sie. »Meine Brüste sind zu groß, deine zu klein.« Sie lachte und küßte Vera zärtlich.

»Die Mutterschaft steht euch gut, da gibt es keinen Zweifel«, lächelte Raphael und dachte daran, wie falsch er auf der gemeinsamen Reise über die beiden geurteilt hatte, als er sie für verbohrt und humorlos hielt.

Krista bedeutete ihm, sich zu setzen. Sie wolle sicher gehen, verkündete sie ernst, daß er sich über das Ausmaß der Katastrophe im klaren war, die über Timbú hereinbräche, wenn das Geheimnis bekannt würde. Das Abbrennen der Plantagen. Die Espadas würden sie einfach woanders neu anlegen, und die einzigen Opfer des Ganzen wären die Waisen.

»Ich bin mir nicht sicher, ob es ihnen nützt, wenn ich schweige«, zweifelte Raphael. »Das Philin ist ihr Lebensunterhalt, doch versklavt es sie auch. Außerdem gehöre ich nicht zu denen, die da meinen, der Zweck heilige die Mittel. Es ist ein moralisches Dilemma.«

»Giftmüll zu schicken ist auch nicht gerade moralisch; ein Drittel der Welt zu vergessen, nachdem man es ausgebeutet hat, ist ebenfalls nicht moralisch. Laß uns bitte nicht über Moral streiten«, gab Krista zurück. »Das ist jetzt nicht das Thema.«

»Wohl aber das Problem«, antwortete Raphael. »Ein Vergehen rechtfertigt nicht das andere. Solange die Waisen von der Philinproduktion leben, hat ihre Existenz etwas Perverses. Sie sind faktisch die Komplizen der Espadas.«

»Glaub nicht, daß wir uns diese Frage nicht auch schon gestellt haben«, warf Vera ein, die das friedlich schlafende Kind in ihren Armen hielt. »Uns gefällt es natürlich auch nicht, daß die Waisen Teil des schmutzigen Spiels der Espadas sind.«

»Wir haben nicht viel Zeit für lange Diskussionen«, sagte Krista. »Ich weiß nicht, weshalb ihr Männer euch immer mehr um Prinzipien als um Personen kümmert. Wir Frauen dagegen kümmern uns, ob das nun ein Glück oder ein Unglück für uns ist, eher um das Leben als um abstrakte Ideen. Laß uns etwas verabreden: Wir haben schon seit langem daran gedacht, die Philinplantagen anzuzünden und unsere Matria die Versorgung von Timbú übernehmen zu lassen. Wir glauben, daß wir die Waisen selbst davon überzeugen können, uns dabei zu helfen, aber es muß mit ihrer Zustimmung geschehen. Wir müssen sie selbst ihre Entscheidung treffen lassen. Sie müssen ihre Würde selber wählen, wir dürfen sie ihnen nicht aufzwingen. Du versprichst, deine Reportage jetzt nicht zu machen; wir zwei übernehmen es, sie davon zu überzeugen, die Plantagen abzubrennen. Aber nicht morgen, und auch nicht übermorgen, wir brauchen Zeit. Danach kannst du deine Reportage bringen, über eine Tatsache, die sie selbst geschaffen haben.«

Es war fast Mittag geworden. Das Zimmer, schlecht gelüftet durch das einzige, enge und hohe Fenster, roch nach schmutzigen Windeln. Der Geruch brachte seine Gedanken zu Engracias Müllplatz zurück. Dort warteten sie sicher schon auf ihn. Die Übelkeit, das Erbrechen, die Verbrennungen, die Schmerzen mußten heute schon stärker sein als gestern. Er würde in jedem Fall seine Reportage verschieben müssen.

»Ich muß fahren«, sagte er und stand auf, »doch ich werde so bald wie möglich wiederkommen. Laßt uns zunächst nichts unternehmen, was die Leute hier in Gefahr bringt oder sie den Repressalien der Espadas aussetzt. Ihr habt mein Wort, daß ich nichts von dem, was ich hier erfahren und gesehen habe, senden werde. Das muß alles gut überdacht werden.«

Er ließ sie, schon wieder ganz verzückt, bei ihrem Kind zurück und bekam tröstende und aufmunternde Grüße für Morris mit auf den Weg. Sie hatten kaum nach Einzelheiten der Tragödie gefragt, sie behandelten das Thema mit Respekt und ohne Neugier; ihre Köpfe und Herzen waren viel zu voll vom Lachen und Brabbeln des Kindes und der Freude an ihm. Nichts und niemand konnte ihnen dieses Glück nehmen.

Raphael machte sich auf den Weg zum Park. Es war nicht heiß in Timbú, die Nähe der Berge bescherte dem Dorf ein frisches Klima. Die klare Luft roch nach Zypressen und Pinien. Man sah hier keine Graffiti an den Häusern und auch keine Anzeichen von Krieg. Die Häuser waren von pittoresker Einfachheit, aus kleinen, roten Ziegeln gebaut, ärmlich, doch sehr sauber, und sie hatten kleine Vorgärten. Die Gehsteige waren durch Hecken abgegrenzt und mit Kies bedeckt. Er kam an einem durch ein Metallgitter abgetrennten Hof vorbei, auf dem Kinder spielten; alle trugen sie Kleider aus dem gleichen Material, ein geblümter Stoff wie für Gardinen. Er mußte an Lucho denken. Vielleicht war er selbst Lucho, vielleicht ging ihm sein Tod deshalb so nah. Lucho war wie die Kehrseite seines Glücks, war das, was er hätte sein können. Ein neugieriger, aufgeweckter Junge, der keine weitere Schuld hatte, als sehen und anfassen und ausprobieren zu wollen, und der durch ein tragisches Schicksal auf die Straße hinaus und dorthin läuft, wohin er nicht laufen soll, als die Schießerei losgeht. Es war nicht Luchos Schuld gewesen, in einem Viertel aufgewachsen zu sein, das von den Street Gangs und himmelschreiender Armut belagert wurde, wie es auch nicht seine Schuld gewesen wäre, wenn er, zum Jugendlichen herangewachsen, Kurierdienste übernommen hätte, von den Älteren dazu überredet worden wäre, in den Park hinunterzugehen, sich unter einen Baum zu stellen und Philin zu verkaufen. Er hätte Lucho sein können. Gott allein wußte, wie sein Leben in New York geworden wäre, wo es keine Timbús gab, wo die Paare astronomische Summen zahlten, um sich Behandlungen zu unterziehen, die ihnen biologisch gleiche Kinder garantierten, in denen sie sich reproduziert, verlängert finden konnten; ohne daß Liebe noch notwendig wäre, die über das Blut hinausging und ein Band schuf, das nicht aus der Wiederholung von sich selbst entstand, sondern aus der Überraschung, dem freudigen Staunen darüber, ein neues Wesen zu entdecken, das aufblüht und sich in seiner Unterschiedlichkeit zeigt. Nur sehr wenige Paare entschieden sich zur Adoption. Die Zahl der verlassenen Kinder wuchs von Jahr zu Jahr, und weil junge Arbeitskräfte immer weniger wurden und die Einwanderung so gut wie abgeschafft war, erzog man sie zu technischen Arbeitern und zu den unerläßlichen Dienstleistern. Sie waren eine soziale Reserve, marginalisiert, zweiter Klasse. Er hatte Glück gehabt, überhaupt war sein ganzes Leben eine Verkettung günstiger Umstände gewesen. Und von Zeit zu Zeit fragte er sich, weshalb; und was es bedeuten mochte, wann er wohl die Rechnung dafür bezahlen mußte.

39. Kapitel

Seltsam, daß Melisandra und Raphael noch nicht zurück sind«, meinte Engracia.

Sie fühlte sich, als hätte eine unsichtbare Hand ihr vom Hals her die Wirbelsäule wie eine Korsettstange herausgezogen. In die Kissen zurückgelehnt, die Augen geschlossen, fuhr sie sich mit der Hand durchs Gesicht. Der Kopf tat ihr weh, ihr war, als habe sie das Gefühl für die Zeit verloren, die jetzt scheibchenweise fortschritt, nicht in Minuten noch Stunden, sondern sprichwörtlich in Spannen, die sie aus sich selbst herausbeförderte, ihr das Leben stückweise entriß und schon vor dem Tod das Diesseits mit dem Jenseits vermengte; so sah sie im gleichen Raum, in dem sie nach Melisandra und Raphael fragte, als handele es sich um eine doppelt belichtete Fotografie, einen weiten Saal mit strahlend weißen Wänden und lichter Klarheit, in dem ihre Mutter in einem eleganten, vergoldeten Schaukelstuhl saß und strickte; ab und zu hob sie die Augen von ihrer Arbeit, die keine bestimmte Form zu haben schien, nur sehr lang war, um sie mit einem Blick voll kindlicher Freude anzusehen und ihr mit der Hand komplizenhaft zuzuwinken, als warte sie auf Engracia.

Sie öffnete die Augen wieder, schüttelte den Kopf, und das Bild vom Jenseits löste sich zitternd auf wie das Spiegelbild in einem Teich. Ihre Mutter mußte sich an den Armlehnen des Schaukelstuhls festhalten, um nicht herauszufallen.

»Hast du gehört, Josué«, sagte sie noch einmal. »Es ist nicht normal, daß sie noch nicht wieder da sind. Nimm den Jeep und fahr zum Hotel, vielleicht weiß Jaime ja etwas.«

»Das wird nicht nötig sein«, antwortete der Junge und sah zum Fenster hinaus. »Ich sehe Jaime gerade ankommen.«

»Gib ihm einen der Schutzanzüge. Er soll ihn sich anziehen, bevor er hier eintritt«, sagte Morris vom Diwan her und setzte sich eilig auf.

Jaime hielt unschlüssig vor dem reglos daliegenden Hof. Jegliche Aktivität war zum Stillstand gekommen: Man hörte nicht mehr das endlose Stimmengewirr der feilschenden Leute, die ihre Waren zum Tausch anboten, und auch nicht das Schleifgeräusch, mit dem die Gegenstände zu den Karren oder Wagen gebracht wurden, in denen man sie abtransportierte. Auch die Rufe der Träger, wenn sie ihre Dienste anboten, waren verstummt. Es schien fast so, als sei es Sonntag, ein regloser, trauriger Sonntag. Nicht einmal die Sonne, die eine wahre Flut von Licht auf den Hof und seine Palmen goß, konnte das Gefühl eines grauen Tages, die böse Vorahnung vertreiben.

Ihn schauderte. Was hatte er anderes erwartet, fragte er sich. Doch der Verstand hörte nie auf, einem Streiche zu spielen, so daß er auch noch inmitten von Tragödien das Gewohnte erwartete.

Er sah, wie einer der Muchachos den Hof überquerte und auf die Bibliothek zuging. Schon wollte er nach ihm rufen, als Josué auftauchte, einen gelben Anzug über seinem Arm.

»Sie müssen sich das hier anziehen, Jaime.«

Jaime sah den Jungen verblüfft an. Warum sollte er den Anzug benutzen, wo Josué doch selbst keinen trug, fragte er.

»Ich habe ihn bis vor kurzem angehabt. Ich ziehe ihn nicht immer an, doch wenn uns Professor Morris ohne Anzug sieht, regt er sich immer furchtbar auf.«

Josué führte ihn zum Flügel, in dem die Wohnung von Engracia lag. Unterwegs fragte Jaime, ungeschickt in seinem Anzug vorwärtsstolpernd, wie es den fünf kranken Jungen ginge. Sie hätten es vorgezogen, sich in der Bibliothek auf Decken am Boden auszustrecken, erklärte Josué, jeder mit seiner Infusion im Arm, jeder damit abgelenkt, seine Lieblingsfotos, seine Lieblingsbücher zu betrachten. Keiner der fünf wollte weiter im Krankenzimmer bleiben. Die anderen Muchachos waren bei ihnen, hatten sie keinen Augenblick allein gelassen.

»Ich bin wie vor den Kopf geschlagen! Es ist auch gar zuviel Unglück auf einmal!« sagte Jaime. »Die Espadas haben Melisandra entführen lassen und halten sie im Keller des Forts gefangen! Ich habe es eben erfahren.«

Er betrat das Zimmer. Josué blieb auf dem Korridor zurück. Betreten und förmlich, tief bewegt von dem, was er sah, umarmte Jaime seine Freunde und wiederholte die Nachricht von Melisandras Entführung. Engracia gab ihm keine Zeit zum Klagen. Sie wollte mehr Einzelheiten über das Geschehene hören.

Er wußte nicht allzu viel, antwortete Jaime, nur daß ein Koch, der ab und zu im Hauptquartier für die Soldaten arbeitete, gehört hatte, wie zwei von ihnen darüber stritten, wer der Rothaarigen das Essen bringen durfte.

»Nach dem Mittagessen, als seine Schicht zuende war, ist er gleich gekommen und hat es mir erzählt«, sagte Jaime. »Da bin ich sofort losgefahren, ich dachte, Engracia, du könntest auf jeden Fall mehr unternehmen.«

»Und Raphael? Was ist mit dem los? War der denn nicht bei ihr?«

»Nein«, antwortete Jaime mit bedrückt und fuhr dann fort, den beiden von seinem Gespräch mit Raphael und ihrem gemeinsamen Plan zu erzählen, Raphaels Abreise nach Timbú, Jaimes Vorhaben, Melisandra einen Begleiter mitzugeben, und ihrer überstürzten, alleinigen Abfahrt am Morgen.

»Natürlich!« rief Engracia unter Aufbringung ihrer ganzen Kraft. »Sie werden Melisandra dazu benutzen, um Raphael das Maul zu stopfen. Oh, Jaime, Jaime.« Sie legte sich wieder aufs Bett zurück, von dem sie sich erhoben hatte, und verharrte schweigend.

»Da siehst du es, Morris«, sagte sie dann mit geschlossenen Augen. »Meine ahnungsvollen Visionen von einer Explosion im Hauptquartier der Espadas sollen sich doch noch erfüllen! Die Gespenster von Wiwilí werden den beiden Brüdern heute abend einen Besuch abstatten!«

»Aber was wird dann mit Melisandra geschehen?« fragte Morris und beugte sich vor. »Wenn wir uns in die Luft jagen, stirbt auch sie!«

»Sie werden sie uns schon vorher ausliefern, verlaß dich drauf. Bevor wir alles in die Luft sprengen, wird sie entkommen können.«

»Wovon redet ihr denn?« fragte Jaime erschrocken.

»Meine Muchachos werden nicht in einem Bett aus diesem Leben scheiden, Jaime. Sie nicht, und ich auch nicht. Wir werden die Espadas mit auf die andere Seite nehmen. Als ich zuerst daran dachte, war es nur ein abstrakter, humanitärer Gedanke.« Sie grinste ironisch zwischen Anfällen von Übelkeit, von denen sie sich über einem Eimer neben dem Bett Linderung verschaffte. »Entschuldige, Jaime. Das gehört zum Handwerk einer

Müllfrau. Was ich sagen wollte: daß wir jetzt einen konkreten, sichtbaren, gerechten Anlaß haben, der auch meinen Professor hier neben mir überzeugen wird.«

»Aber das ist doch Wahnsinn!« rief Jaime aus.

»Ich möchte dir sagen, mein Freund, daß es ein Beschluß aller Betroffenen ist, diesen Tod nicht zu lange hinauszuzögern. Wir haben nur noch wenig Serum, und wenn das zuendegeht, werden wir entsetzlich leiden müssen, mit oder ohne Philin, mehr als irgendeiner von uns zu ertragen bereit ist. So aber werden wir, von Ruhm und Licht bedeckt, zu den Espadas kommen. Wir werden uns herrlich anmalen, niemand in Cineria wird diese Nacht vergessen, und für die, die nichts von unserem Geheimnis wissen, werden wir heute nacht nicht wir selber sein, sondern die Gespenster von Wiwilí, die ihre lieben Brüder besuchen«, verkündete Engracia mit einer komischen Grimasse, die nicht besonders zu diesem riesenhaften Körper paßte, der da so elend auf dem Bett neben dem Gestell mit der Serumflasche lag. Sie hatte sich geweigert, ins Krankenzimmer zurückzukehren, weil ihr, wie sie meinte, ihre Sachen halfen, sich an das Leben zu erinnern und den Tod nicht so wichtig zu nehmen.

»Gib mir bitte Papier und Feder«, bat sie Jaime. »Ich muß Melisandra ein paar Ratschläge aufschreiben.«

Der Papagei stolzierte vergnügt auf seiner Stange hin und her. Vom Diwan aus sah Morris Jaime mit einer Mischung aus Resignation und Komplizenschaft an.

40. Kapitel

Welche Demütigung, wenn einem Licht und Luft entzogen wurden, wenn man wie ein Tier gefesselt wurde, Durst leiden mußte und schließlich und nach langem Sträuben, so als sei das eine weitreichende Entscheidung, dem nachgab, was an einem normalen Tag nicht einmal einen flüchtigen Gedanken wert ist: Wasser zu lassen, die warme Flüssigkeit fließen zu lassen, nachdem sie solange zurückgehalten wurde, solange, bis der ganze Leib davon schmerzte.

Ah! Welcher Genuß, endlich seine guten Manieren, seine Würde zum Teufel zu jagen und sich die Hosen naßzumachen. Es wie eine Befreiung zu empfinden, einen unaufhörlichen, langen Orgasmus. Melisandra weinte. Sie konnte das alles aushalten, dachte sie, wenn nur jemand käme, wenn sie nur erfahren könnte, ob sie überhaupt noch lebte, daß sie nicht plötzlich gestorben und längst in der Hölle gelandet war. Die anderen waren die einzigen, die einem die Existenz bestätigten. In einer dunklen Welt ohne Bewegung, ohne Laute der Freude und des Schmerzes, wie bewies sich da das Sein, wie schied sich die Wirklichkeit von der Illusion?

Als sie Schritte hörte, hatte sie soviel Durst, daß sie den Kopf bis zum Boden zwischen die Beine herunterbog, um wenigstens, durch die Kapuze hindurch, die Feuchtigkeit ihres Urins aufzunehmen. Natürlich war das unmöglich, doch hielt es sie beschäftigt, bis sie das hohle, rhythmische Geräusch näherkommen hörte. Wie absurd, solche Freude darüber zu verspüren! Könnte der Wächter beim Öffnen der Tür ihr Gesicht sehen, dann fände er darin ein breites, euphorisches Lächeln. Sie hätte ihm auch, wenn sie die Tageszeit gewußt hätte, Guten Morgen oder Guten Abend sagen können, wie der Schiffbrüchige, der auf seiner verlassenen Insel das erste menschliche Wesen begrüßt; doch schwieg sie gerade noch rechtzeitig, erkannte das Verzweifelte in ihrem Drang, und sie brauchte auch nicht lange, bis sie merkte, daß sie den Teufel herbeigewünscht hatte und sich nun danach sehnte, wieder allein zu sein.

Der Mann sagte anfangs gar nichts. Er hob ihr nur gerade so weit die Kapuze, daß ihr Mund frei war, und hielt ihr einen Teller an die Lippen. Melisandras erste Reaktion war, das Dargebotene zurückzuweisen, fühlte sie sich doch schlimmer behandelt als ein Tier, das wenigstens sieht, was es hinunterschlingt; doch dann beschloß sie, mit Todesverachtung zu essen, was sie vor sich hatte, egal, was es war, und steckte wütend den Mund, die Zähne in den Brei aus Reis und Bohnen, der ihr unvermeidlich aus den Mundwinkeln glitt. Sie hörte, wie der Mann höhnisch lachte, und zog das Gesicht wieder zurück.

»Ich kann so nicht essen. Geben Sie mir lieber Wasser«, sagte sie und appellierte im Geist an das Mitleid des Mannes.

»Wasser willst du, ach, so ist das also!« sagte die Stimme, von der sie nur die Soldatenstiefel sah.

»Wer sind Sie? Weshalb bin ich hier?« Sie versuchte, energisch zu klingen, als sie das fragte.

»Du hast dir ja in die Hosen gepinkelt … ts, ts, ts …«, spottete der Mann.

»Ich hab' das Bad nicht finden können«, gab sie sarkastisch zurück.

»Wenn ich dir zu trinken gebe, passiert dir das nochmal.«

»Ja, und? Ich bin ja schon naß.«

»Schade, daß man befohlen hat, dich nicht anzurühren … zumindest heute nicht. Später werden wir weitersehen.« Seine Stimme wurde plötzlich heiser, während er näher kam und leicht mit seinen Fingern über die Haut ihres Armes strich. »Ich werde dich nicht anrühren, doch du wirst mir zuhören müssen, meine Kleine«, flüsterte er. »Ich werde dir erzählen, was ich mit dir machen würde, und wenn du schön zuhörst, gebe ich dir sogar ein bißchen Wasser.«

41. Kapitel

Dank sei Gott und der himmlischen Vorsehung, du bist wieder da«, grüßte ihn Lucas. »Es ist reichlich spät geworden. Sieh nur, selbst meine Papageien sind schon ganz ungeduldig. Und ich habe anfangen müssen, die gleichen Zettel für meine Kunden zu benutzen. Ich bin da nämlich sehr korrekt, weißt du. Glaub nicht, daß ich Tag für Tag die gleichen Weissagungen benutze. Jeden Abend setze ich mich hin und schreibe sie neu«, sagte er, während er sich mühte, sein Gefährt in Gang zu bringen, Raphael auf dem Beifahrersitz, er hinter dem Steuer sitzend.

»Alles in Ordnung?« fragte er Raphael, als der Motor endlich ansprang.

»Alles in Ordnung«, lächelte der und klopfte auf den Rucksack, den er auf seinen Knien hielt.

»Na, denn mal los«, meinte Lucas und fuhr an. »Haben ja schließlich noch ein Stückchen zu fahren.«

Mit seinen Scherzen schaffte es Lucas bald, Raphaels düstere Stimmung zu vertreiben. Dem machte es allerdings am meisten Spaß, vom Weissagerhandwerk erzählt zu bekommen.

»Die Leute fragen fast immer dasselbe«, sagte Lucas. »Ich weiß nicht, ob wir Menschen Dummköpfe oder Dickköpfe sind, doch außer den ganz Bösen und den ganz Guten – die ich mit Adler-, nein, mit Papageienaugen erkenne – wollen die Leute immer das Grundlegende wissen: ob sie genug zu essen und zu vögeln kriegen werden, ob sie krank werden oder sterben müssen, sie oder ihre Familie. Ich greife zu meinen Gedichtbänden. Dann denke ich daran, was Hinz und Kunz wohl fragen könnten, schlage irgendein Buch irgendwo auf und wähle den Vers aus, der mir am besten zu passen scheint. Das ist eine unfehlbare Methode. Mein Beruf hat mich gelehrt, daß die Poesie alle Antworten parat hat. Ich lese auch meinen Papageien Gedichte vor, weißt du? Das ist die andere Seite. Sie verstehen sie nämlich und treffen ins Schwarze bei ihrer Wahl. Einige mehr, andere weniger.«

Welch ein herrlicher Tag, dachte Raphael, und: welche Tautologie! Alle Tage in den Tropen waren ja herrlich, jetzt, kurz nach dem Ende der Regenzeit, wo die Erde noch die Erinnerung an die strömenden Sturzregen in ihrem feuchten Leib und in den intensiven Grüntönen barg; nicht die Grüntöne Neuenglands oder Virginias, sondern ein Grün, das grüner war als grün: schimmernd, verführerisch, fast vulgär in seiner Art, die Sinne zu erregen und eine Haut zu erwecken, die man nicht an sich gekannt hatte. Welches Glück hatten die Tiere, die nackt durch diese sich ständig wandelnde Landschaft laufen konnten, deren Vegetation sich über Höhen und durch Täler, ohne Ordnung oder Sinn ergoß und hier Büsche, dort Bäume wachsen ließ, hohes Gras. Und dahinter ein strahlend blauer Himmel, über den unruhig monumentale Wolken zogen, sich im Wind auftürmten und wieder auseinanderzogen. Glücklich der, der lebte und Augen hatte, um diese vibrierende Antithese des Todes zu sehen, das Widersinnige dieses Grüns. Es machte die gefeierten Errungenschaften des Menschen lächerlich, der dies alles durch das Dickicht seiner Städte ersetzen wollte. New York mit ein paar Streifen Himmel über den

Wolkenkratzern und seinem in einen Park eingekerkerten Grün, einem reglosen, unterjochten Park, und hier die rauschenden Bäume, die Flecken Grün, die wie Rehe sprangen, auftauchten, ohne daß man darauf gefaßt war, so daß auch Lucas breiten Wurzeln ausweichen mußte, die über die Straße wuchsen.

Und dann plötzlich, wie auch in diesem Teil der Welt das Unglück unangemeldet und unerwartet auftauchte, bogen sie um eine Kurve – es fehlten nur noch ein paar Meter bis zum Hohlweg im alten Flußbett – und sahen die behelfsmäßige Straßensperre, den alten SAM-Jeep quer über die Straße gestellt, die Männer, die Soldaten ohne Uniform. Sie trugen höchstens ein olivgrünes Hemd über normalen Jeans oder eine olivgrüne Hose mit einem T-Shirt, oder die Patronengurte einfach quer über die Brust gebunden, oder die grüne Baskenmütze, oder die Stiefel, so als wäre hier mit der Ausrüstung eines einzigen Soldaten ein ganzer Trupp eingekleidet worden.

Lucas drosselte die Geschwindigkeit, bremste, warf Raphael einen ruhigen Blick zu, stieg ab, ohne den Motor auszuschalten, näherte sich den Soldaten versöhnlich, machte ein paar Witze und fragte, was das alles zu bedeuten habe, warum man sie anhielt, er sei doch nur mit seinen Papageien unterwegs, um die Wettinformationen einzuholen. Raphael sah die vier jungen Männer, die eben dem Kindesalter entwachsen sein mochten; drohend hatten sie ihre Sturmgewehre umgehängt, fühlten sich stark in ihrem Aufzug besserer Banditen. Eine hitzige Diskussion entspann sich. Sie führten Lucas um den Jeep herum. Gleich würden sie auch ihn holen kommen, dachte Raphael. Es war Zeit, sich umzusehen und zu überlegen, wohin er laufen konnte. Jenseits des Jeeps konnte er Lucas gestikulieren sehen. In ihrem Käfig kreischten laut die Papageien. Raphael legte den Rucksack auf den Fahrersitz, um absteigen zu können. Lucas lag jetzt mit dem Gesicht nach unten auf dem Boden, sie hatten ihm befohlen, sich hinzulegen, um ihn zu durchsuchen, sie stießen ihm die Stiefelspitzen in die Seiten. Raphael sprang von dem Gefährt ab, wollte um den Jeep herumgehen und sich einmischen, etwas tun, was Lucas helfen und ihn aus seiner mißlichen Lage befreien konnte, da hörte er den Schuß und rannte hin, ungläubig, wie von Sinnen.

Die Soldaten wollten ihn zuerst davon abhalten, sich über Lucas zu werfen, doch ließen sie ihn dann gewähren. Vielleicht dachten sie, es sei Teil ihrer Strafaktion, wenn der andere den Sterbenden umdrehte und sein blutiges Gesicht sah, die weit aufgerissenen Augen, über deren Weiß die Wolken dahinzogen in dem bis vor kurzem so ruhigen, beschaulich blauen Himmel, den Mund mit dem Rinnsal Blut, das sich langsam seine Bahn zum Hals hinunter suchte.

Er atmete noch. Wundersamerweise weigerte sich ein Stückchen Leben noch, sein zerschmettertes Hirn zu verlassen. Raphael beugte sich über ihn. Ihre Augen trafen sich, das humorvolle Leuchten des Mannes mit den Vögeln wich auch vor dem Tode nicht. Er wollte etwas sagen. Raphael legte sein Ohr auf den stammelnden Mund.

»Waslala … Waslala … findet Waslala.«

Ja gewiß, ja, das wollten sie, das würden sie, sagte Raphael wieder und wieder.

»Meine Vögel. Laß sie frei. Sie sollen fliegen.«

Endlich wich der Humor dem Entsetzen. Die Augen blieben starr im schmerzverzerrten Gesicht. Einer der Soldaten riß Raphael brutal hoch und drehte seinen Arm hinter den Rücken.

Alle Beschimpfungen, die er kannte, blieben ihm im Hals stecken, kollidierten mit der idiotischen Idee, sie nach dem Warum zu fragen; was konnte Lucas getan, verbrochen haben, um diese Hinrichtung zu verdienen, abgeknallt zu werden wie ein tollwütiger Hund. Er zerrte an seinem Arm, um sich zu befreien. Ein anderer Mann trat hinzu und schlug ihm mit der Faust in den Magen. Sie begannen, ihn zu verprügeln. Bald würde er am Boden liegen und Lucas auf seinem Weg folgen, gemeinsam würden sie dann weiterfahren, jetzt mit anderem Ziel und ohne zu wissen, was zum Teufel ihnen passiert war, und warum.

»Ins Auto mit ihm«, befahl einer der Männer. »Bringt ihn hinten ins Auto.«

Sie stießen ihn vorwärts. Am Horizont tauchte ein zweiter Jeep auf.

»Los, beeilt euch«, wiederholte der Mann.

Raphael sah, wie die Scheinwerfer des sich nähernden Fahrzeugs auf- und abgeblendet wurden. Verstärkung, dachte er mit merkwürdig beißender Ironie, als habe ihm Lucas mit seinem letzten Atemzug etwas Undefinierbares entzogen, einen Teil seiner Kraft, so daß ihm nur noch der Galgenhumor blieb.

Seine Häscher hielten plötzlich in ihrem Tun inne, sein Bewacher, der ihm den Arm auf den Rücken gedreht hatte, verstärkte den Druck noch, so daß er sich vor Schmerz krümmte.

Der Jeep bremste, Gummi quietschte. Maclovio öffnete die Tür und stieg aus.

42. Kapitel

Wir sind nicht gerade in der Lage, das Hauptquartier der Espadas im Handstreich zu nehmen«, meinte Engracia. »Das ist wohl klar.«

Sie bat um Wasser. Die Haut ihrer Lippen war rissig und trocken. Für einen Augenblick lehnte sie sich zurück und tat so, als ordne sie die Kissen auf dem Bett. Als sie weitersprach, hatte sich ihr Ton verändert, ihre Stimme klang jetzt zäh und heiser.

»Ich schlage vor, daß Josué um eine dringende Unterredung bittet. Für heute abend noch. Es duldet keinen Aufschub. Wir würden bald sterben und wollten die Übergabe des Schrottplatzes aushandeln. Wenn wir dann dort sind, nehmen wir sie als Geiseln: Entweder sie rücken Melisandra raus, oder wir sprengen ihr Hauptquartier in die Luft … was wir dann sowieso tun, wenn sie erst in Sicherheit ist.«

Das Halbdunkel, das durch die zugezogenen Vorhänge in Engracias Zimmer entstand, weckte das phosphoreszierende Leuchten auf den Körpern der Verstrahlten. Gesunde und Kranke saßen auf Sofas und in Sesseln und sahen einander bestürzt und mit einem Ausdruck an, der zwischen Ungläubigkeit, Trauer und trotziger Entschlossenheit schwankte. Füße scharrten, Finger trommelten auf Tischen und Armlehnen. Die Kranken schlossen von Zeit zu Zeit die Augen und durchlitten Schmerzkrämpfe.

Niemand, der sie so gesehen hätte – die Riesin im Bett, den Mann mit dem Metallarm auf dem Diwan, Josué mit seinem Gesicht eines jungen Apostels, die fünf anderen gesunden Müllsucher, den Hotelier, der bemüht war, trotz seines Schutzanzuges Würde zu bewahren –, hätte gemeint, sie konspirierten oder dächten auch nur darüber nach, wie man Faguas von der Seuche befreien könnte, die das Land im endlosen Strudel sinnloser Kriege niederzog, in deren Folge das Laster zum Beruf und zur Quelle von Arbeit geworden war. Abgezehrt, mit schwärenbedeckter Haut und dem büschelweise ausfallenden Haar, waren sie das wandelnde Bild des Zerfalls, Krüge, aus denen sichtbar das Wasser des Lebens fortsickerte. Ah! Die Perspektive jedoch, nicht einfach so zu sterben, einen heldenhaften Tod zu erleiden, nicht allein zu gehen, wie es die Muchachos ausdrückten, füllte ihre Augen mit hoffnungsvollem Leuchten, als ob ihnen jemand Heilung versprochen hätte, mehr noch, das ewige Leben.

Warum sollten sie denn überhaupt um eine Unterredung bitten, fragte Pitusa, eine der Frauen, die für Engracia arbeiteten. Das würde die Espadas doch nur unnötig warnen. Besser wäre es, sie kämen einfach wie in einer Prozession, leuchtend mit dem Licht bemalt, und verlangten erst am Eingang des Hauptquartiers, mit den beiden Brüdern zu sprechen. Und die Straßensperren? warf jemand anderes ein.

»Hört zu, wir müssen psychologisch geschickt vorgehen«, sagte Engracia und hob den Kopf von dem Eimer, in den sie sich übergeben hatte. »Schon jetzt fühlen sich die Espadas wie die Könige: Sie haben Melisandra in ihrer Gewalt, es gibt Nachrichten, daß ihre Leute die Hacienda des Dichters am Fluß belagern, sicher sind sie auch auf der Suche nach Raphael. Und dann schicke ich ihnen die Nachricht, daß ich kapitulieren will. Sie werden jubeln und uns mit Pauken und Trompeten empfangen. Was sie nicht wissen werden: daß wir es sind, die ihnen die Pauken und Trompeten spielen!«

»Man wird euch am Eingang sicher durchsuchen«, warf Josué ein. »Wie wollt ihr den Sprengstoff verbergen?«

»Das laß nur meine Sorge sein«, meinte Morris mit geschlossenen Augen.

»Genug der Worte«, sagte Engracia wieder. »Machen wir uns an die Arbeit, denn so verdammt schwach, wie wir sind, kommen wir nur im Schneckentempo voran, und Gott allein weiß, wie dreckig es Melisandra gehen mag.«

Morris hörte, wie die anderen den Raum verließen, das Stühlerücken, die Bewegungen der Fortgehenden. Der Hals tat ihm weh. Er fürchtete, nicht einen einzigen Satz sprechen zu können, ohne daß ihm auch der letzte Rest an Kraft schwand, den er in diesen Stunden hatte ansammeln können. Der Gedanke, zu sterben, versetzte ihn in Panik, er konnte ihn nicht denken, ohne daß ihm der Magen flau wurde, so sehr er sich selbst auch befahl, mutig und rational zu sein. In diesen Dingen war die Wissenschaft ein Nachteil, es wäre besser, unwissend zu sein, überlegte er. Deshalb beeindruckte es ihn vielleicht auch so, den Mut und die Würde von Engracia und den Muchachos zu sehen. Es war, als merkten sie gar nicht, was auf sie zukam, als könnten sie durch einen Akt der Zauberei die ganze verfluchte Geschichte in eine noble, erlösende Tat verwandeln. Sie ließen ihn eine unendliche Zärtlichkeit empfinden, und das Gefühl war so stechend, daß er auf einmal und sehr schmerzlich merkte, wieviele Empfindungen ihm im Leben noch zu spüren geblieben waren.

43. Kapitel

Was mochte schlimmer sein, fragte sich Raphael, dieser Retter da, dieser Maclovio, der in seiner sauberen Hose und seinem weißen Hemd, einen Panamahut auf dem Kopf, wie ein freundlicher Farmer alter Zeit aus seinem Jeep stieg, oder seine Häscher mit ihrer ungeschminkten Boshaftigkeit, die einfache, reine Brutalität ungerührter, mitleidloser Mörder.

Die Soldaten erkannten den Geschäftspartner ihrer Chefs. Ohne ihn hätten sie längst keine Waffen mehr, und dann wäre auch Lucas noch am Leben. Doch halt. Sicher gab es da auch noch einen anderen Maclovio. Schließlich hatte jeder Mensch mehrere Seiten.

»Wo bringt ihr diesen Mann hin?« fragte Maclovio im Befehlston.

»Ins Hauptquartier, Chef. Befehl von oben.«

»Und der Papageienmann?«

»Ist schon im besseren Leben, Chef. Der wollte den Dummen spielen.«

»Sie haben ihn wie einen Hund erschossen«, ächzte Raphael. Der Soldat drehte seinen Arm noch ein wenig mehr, so daß der Schmerz kaum noch zu ertragen war.

»Laß ihn los!« bellte Maclovio. »Bande von Wilden! Wer hat euch gesagt, daß ihr Lucas umbringen sollt! Wißt ihr etwa nicht, daß sich vom Tod noch keiner erholt hat? Idioten! Ihr fahrt jetzt sofort in die Kaserne zurück. Ich werde mich drum kümmern, daß ihr gehörig bestraft werdet. Den Gefangenen überlaßt mir, den nehme ich persönlich mit. Hat man euch etwa befohlen, ihn zu verprügeln?«

Mit jedem Satz wurde sein Ton lauter, schrumpften die Männer mehr in sich zusammen. Bis sie sich auflösen, dachte Raphael, und nur noch die zerknitterten Kleider auf dem Asphalt liegen blieben.

»Du fährst auch mit ihnen!« befahl Maclovio seinem Fahrer. »Ich bin nicht in der Stimmung, einen von euch um mich zu haben, ihr Hundesöhne!«

Die Männer stiegen kleinlaut in ihren Jeep, ließen den Motor an und umfuhren die Leiche von Lucas, die jetzt ungeschützt mit dem Gesicht nach oben und ausgebreiteten Armen dalag. Raphael kniete neben ihm nieder, drückte ihm die Augen zu, legte ihm die Hände auf der Brust zusammen, strich ihm eine Strähne aus der Stirn und fuhr ihm mit der Hand durchs Haar, so als gäbe es für ihn keine andere Beschäftigung auf der Welt, als Lucas durchs Haar zu streichen, ihn zu streicheln, wie man ein kleines Kind tröstet, das Alpträume hatte.

Nur wenige Stunden hatte er an seiner Seite gelebt, und doch war es genug Zeit gewesen, damit er sich, dort kniend und in das von zahllosen Falten zerfurchte Gesicht sehend, so fühlte wie jemand, der einen herrlichen, unwiederbringlichen Sonnenuntergang betrachtet; jemand, der die unverständliche Eile der Nacht erkannte, die rasch und mit sicherer Hand die zarten Töne zerstört; das verspielte Muster der Wolken, diese nicht einstudierte, doch kostbare Schönheit, in die kein Vermögen investiert wird, die aus dem Zusammenspiel von Myriaden von Zufällen entsteht und deshalb so einzig, so unersetzlich ist. Eine Sekunde hatte er vielleicht von diesem Sonnenuntergang erlebt. Niemals mehr würde er erfahren, warum der Mann mit den Papageien begonnen hatte, die Poesie zu lieben, die Zukunft zu lesen, woher seine Lust an Witzen kam. Das Schweigen seines Körpers verschluckte alles.

Maclovio kam nicht näher, sondern setzte sich auf die Stoßstange des Jeeps, den Kopf in die Hände gestützt. Er fürchtete, er könne Raphaels Zorn wecken, der sicher berechtigt gewesen wäre, auch wenn Maclovio nicht direkt für Lucas' Ende verantwortlich sein mochte. Ihm gefiel nicht, wie die Dinge sich entwickelten. Ohne Erfolg hatte er sich für Melisandra eingesetzt, war er doch überzeugt, daß sich Raphael durch eine solche Erpressung nicht davon abhalten ließ, über das Philin zu informieren. Es sei nicht nötig, ein solches Druckmittel zu benutzen, hatte er den Espadas gesagt, und daß es die Lage nur schwieriger machen würde. Sie sollten es lieber ihm überlassen, hatte er beharrt, doch waren sie starrsinnig und blindwütig. Von Jahr zu Jahr ließ sie die Macht mehr von ihrer Gewandtheit, ihrer Geschicklichkeit verlieren, ließ sie unerbittlicher, hartherziger und dickköpfiger werden. Er für sein Teil kannte seine Grenzen, die sie immer wieder überschritten, zum Beispiel damals, als sie ihn dazu überreden wollten, Waisenkinder zu exportieren oder deren Organe zu verkaufen. Die Drogen waren eine Sache, da konnte immerhin jeder selbst entscheiden, ob er sie nahm oder nicht, eine ganz andere aber war der Handel mit Kindern. Sogar er hatte ein Gewissen, und es war schwierig genug, es einigermaßen rein zu halten. Armer Lucas! Das hatte er nicht verdient.

»Er war auch mein Freund«, sagte er.

»Ich weiß«, antwortete Raphael und stand endlich auf. »Und jetzt, Maclovio, was machen wir jetzt? Was willst du mit mir machen?«

»Fahren wir«, sagte Maclovio. »Ich werde es dir unterwegs erklären.«

»Wer garantiert mir, daß du mich nicht den Espadas auslieferst?«

»Wenn ich das wollte, dann hätte ich dich ja gleich diesen Wilden überlassen können. Du brauchst mir nicht zu vertrauen, aber ich denke, du hast keine große Wahl. Glaub mir, wir müssen jetzt wirklich weg hier. Hilf mir, Lucas einzuladen.«

Sie hoben die Leiche auf, trugen sie zum Jeep und wickelten ihr ein Tuch um den Kopf. So entspannt hinten im Wagen sitzend, schien Lucas zu schlafen.

Das alte Gefährt müßten sie dalassen, sagte Maclovio, es sei zu kompliziert, es mitzunehmen. Im Jeep bräuchten sie höchstens drei Stunden bis Cineria. Bei der Erwähnung von Cineria fiel Raphael das Philin wieder ein, der Anlaß für diese grausige Reise. Er ging zu Lucas' Fahrzeug hinüber, um den Rucksack zu holen.

Erst als seine Augen auf die Papageien fielen, merkte er, von wo das Geräusch kam, das die Hintergrundmusik zu diesem höllischen Spektakel geliefert hatte. Die Vögel schrien unaufhörlich mit einem monotonen, hohen Krächzen, einem beunruhigenden, klagenden Ton. Er ging zum hinteren Teil des Fahrzeugs. Seltsam, wie sie dreinblicken, dachte er und fragte sich, ob sie wohl überleben mochten. Warum nicht? Dichtervögel, die Poesie von Lucas wird mit euch überleben, lächelte er und fühlte sich schon wieder menschlicher, als weiche die verzehrende Bitterkeit von ihm, als flüstere ihm Lucas ein Geheimnis ins Ohr und sagte ihm, daß der Tod ein schlechter Scherz sei.

Er öffnete den Käfig. Maclovio trat näher, sah schweigend zu, ahnte, was geschehen würde: Die Papageien blieben auf ihren Schaukeln, ohne die plötzliche Freiheit zu verstehen, die ihnen geboten wurde.

»Na, dann mal los«, ermunterte sie Raphael, und seine Stimme versagte ihm fast dabei. »Los doch, meine Lieben«, forderte er sie noch einmal auf, während ihm die Tränen über die Wangen liefen. Einer nach dem anderen kamen die Papageien zur Käfigtür. Der erste erhob sich in die Luft, und dann, wie Schwimmer auf einem Sprungbrett, kamen sie in einer Schlange heraus, mit einer Präzision, die ihren Besitzer mit Stolz erfüllt hätte, bis sie einen einzigen grünen Schwarm bildeten, ein Blatt, das von irgendeinem Baum im Himmel gefallen war und das in Kreisen zwitschernd zum Horizont aufflog.

44. Kapitel

Sie konnte sich nicht beklagen, dachte Engracia und sah, wie der klare Himmel sein letztes Blau aufscheinen ließ, ihre letzte Nacht würde eine Sternennacht sein. Und weil es ihre letzte war, wollte sie sich geziemend herausputzen. Bei ihrem Tod wollte sie schön sein. Sich zu schminken kam außerdem einer Verkleidung gleich, so würde man sie nicht so leicht erkennen.

Sie ließ sich in ihr Zimmer ein Gefäß mit dem tödlichen Pulver bringen und bemalte ihren nackten Körper mit Spiralen, Kreisen und geometrischen Figuren. Das Päckchen mit dem hochexplosiven Sprengstoff, an dem der Zünder angebracht war, versteckte sie in ihrer Scheide, damit es einer Durchsuchung entging. Wenn der Zeitpunkt gekommen war, konnte sie mit einem einfachen Öffnen ihrer Hand den Zünder aktivieren. Einen Augenblick lang verspürte sie Entsetzen: Ihr Geschlecht würde in Stücke gerissen werden, das dunkle Zeugnis ihrer Lust, die Quelle des Lebens, auch wenn sie keine Kinder gehabt hatte. Doch war das eine passende Metapher. Ihr Geschlecht sollte ein neues Faguas gebären. Ihr Geschlecht würde sich in Licht verwandeln. Waslala, seufzte sie, sie würde sterben mit der ungestillten, vielleicht sogar unstillbaren Sehnsucht nach Waslala.

Sie nahm den Brokatstoff, der die zerschlissene Polsterung des Sofas bedeckte, hüllte sich darin ein und ordnete die Falten wie eine Toga. Vor dem Spiegel kämmte sie sich das Haar, so gut es ging, und knotete es, zu Zöpfen geflochten, um ihren Kopf. Dann bestrich sie es Zopf für Zopf mit dem leuchtenden Pulver. Sie bemalte sich die Augen, schminkte sich die Lippen, und als sie mit ihrer Prozedur fertig war und sich von oben bis unten im Spiegel betrachtete, kamen ihr die Tränen. Sie war so schön wie eine mythische Amazone, wie die großartige Galionsfigur eines vom Kurs abgekommenen Geisterschiffes. Wie schade, dachte sie, daß die Welt und ihre Menschen der Schönheit nachjagten wie ein Vogel dem Schmetterling und nicht eher ruhten, als bis sie ihr die Flügel gestutzt hatten.

Sie setzte sich, von der Anstrengung ermattet, in einen Sessel und trank ein Glas frisches Wasser. Den Kopf zurückgelehnt, die Augen geschlossen, hörte sie den See, wie er in kurzen, raschen Wellen auf den Sand brandete, das Quaken der Frösche, das sich zum lebhaften Crescendo steigerte, die Palmen, die mit ihren Säbelblättern den Wind zerschnitten, die unermüdlichen Grillen. Nichts konnte so schön sein wie die Abenddämmerung.

»Wenn es ein Leben nach dem Tod gibt«, sagte sie laut vor sich hin, »dann ist es hoffentlich annähernd so schön wie dieses hier.«

Wie Engracia vorhergesagt hatte, waren die Espadas mit einer Zusammenkunft einverstanden; sie wurde auf neun Uhr abends vereinbart. Um acht Uhr stiegen die fünf Muchachos, Engracia und Morris in den Jeep, sie sahen aus wie ein Schwarm Leuchtfische. Josué und die anderen umarmten sie tolpatschig in ihren gelben Anzügen. Es gab niemanden, der nicht geweint hätte. Endlich fuhren sie los, in Richtung Cineria.

Glücklicherweise, dachte Morris, war das, was geschah, von einer solch unwirklichen Atmosphäre begleitet, daß er nicht mehr an eine Reise ohne Wiederkehr glauben konnte. Inmitten der Abschiedstränen schien es ihm, als hegten alle die gleiche Überzeugung: daß ein Wunder geschehen müsse. Der Jeep käme mit seinen Passagieren wieder durch das Eisentor zurück, alles würde auf geheimnisvolle Weise wieder so werden, wie es vor drei Tagen gewesen war, und er hätte nicht mehr dieses Erstickungsgefühl, gleich einem knisternden Docht am Ende der Kerze, die jeden Moment in der Dunkelheit verlischt.

Engracias Erscheinung trug besonders zu der mystischen Atmosphäre bei. Sie so in ihrer ganzen Herrlichkeit zu sehen, war genug, um sie alle davon zu überzeugen, daß eine übernatürliche Macht sie begleitete. In ihren Brokatstoff eingehüllt, den riesigen Körper voller glänzender Sterne, Kometen, leuchtender Planetenbahnen, und mit ihren festentschlossenen Zügen war Engracia die Personifizierung der tellurischen Kraft eines Gewittersturms, das dunkle Geheimnis des weiblichen Leibes. Sie wirkte majestätisch und rief in allen die Wehmut nach der Mutter, die Sehnsucht nach der Geliebten hervor.

Aus der Dunkelheit seines engen Winkels auf dem Rücksitz des Jeeps sah Morris ihr leuchtendes Haar, das auch der Fahrtwind nicht bewegte, und er betete darum, daß die Legenden von der Totenwelt wahr sein mochten, damit er sich mit ihr in der Ewigkeit wiedertreffen konnte.

45. Kapitel

Melisandra rutschte auf ihren Hüften umher und versuchte, den trockensten Platz der Zelle zu finden, wo sie sich mit dem Gesicht nach unten legen und prüfen konnte, ob der Druck auf den Magen ihr die Übelkeit wegnahm. Unablässig dachte sie darüber nach, ob es nicht weniger erniedrigend gewesen wäre, hätte der Mann sie tatsächlich vergewaltigt, statt sie zu zwingen, seine geilen Ergüsse so nah an ihrem Ohr zu hören, daß sie sogar noch durch den rauhen Stoff der Kapuze zu spüren glaubte, wie sein heißer Atem eine Wolke widerlicher, primitiver Bilder um ihren Kopf legte. Ein solchermaßen fabulierter phantasieloser Sex mochte erbärmlich, lächerlich sein, und doch provozierte die Beschwörung dieser ursprünglichen Kraft triebhafte Reaktionen, selbst gegen Willen, Vernunft und Würde. Dies war vielleicht das Demütigendste: der Mann wußte, weder verstandesmäßige Ablehnung noch gefühlsmäßige Abscheu konnten verhindern, daß sie heftiger atmete, daß sie spürte, wie das Triebhafte seine Grenzen durchbrach, so sehr sie sich auch mühte, dies zu verbergen. Wenn er sie zum Zweikampf gezwungen hätte, dazu, einer Löwin gleich, seinem Angriff wie dem eines gereizten, feigen Tiers zu widerstehen, dann hätte sie niemals diese Erniedrigung empfunden, die ekelhafte, schmutzige Komplizenschaft, in der er sie, auch wenn es nur flüchtig war, gefangen wußte, als sie losschrie, er solle aufhören, er solle mit seinem Scheißwasser zum Teufel gehen, aber er solle ein- für allemal still sein.

»Hat dich ganz schön heiß gemacht, was? Und jetzt willst du die Stolze spielen, dabei bist du genau wie alle anderen. Ihr seid alle gleich. Ihr besteht nur aus Fotze, du Hure, du billige Nutte«, schrie er sie an und schüttete ihr den Eimer Wasser über den Kopf.

Sie wußte nicht, wieviel Zeit verstrichen war, seit er endlich die Zelle verlassen hatte. Kaum war er gegangen, da versuchte sie verzweifelt, sich die Lippen mit den Tropfen zu netzen, die ihr über das Gesicht liefen, mühte sich mit aller Kraft, die Feuchtigkeit aufzusaugen, die in dem ekelhaften Lappen geblieben war, der Nacht um sie herrschen ließ, eine Nacht jetzt schon ohne das Dämmerlicht des Fensters. Es mußte Abend geworden sein, dachte sie und zitterte vor Kälte. In kürzester Zeit, mit ganz wenigen Mitteln, hatten sie es geschafft, ihr die Wärme zu nehmen, ihre Kraft, ihre Vitalität. Wie leicht es war, jemanden zum Wrack zu machen. Wenn sie erst am nächsten Tag wiederkämen, gelänge es ihr vielleicht, sich zu erholen, sich wieder als Melisandra zu fühlen. Doch es war anzunehmen, daß sie ihr auch Abendessen brächten, wieder Reis und Bohnen, und derselbe Mann oder ein anderer käme und sie wer weiß welchen Beschimpfungen und Mißhandlungen aussetzte. Der Körper und ihr Überlebensinstinkt ließen nicht zu, daß Emotionen oder Bewußtsein den Weg verstellten. Als der Mann die Zelle verließ, hatte sie an nichts anderes gedacht als an das Wasser, das ihr über den Kopf lief, als sich damit die Lippen zu befeuchten. Die Wut über die Erniedrigung trat in den Hintergrund, erst später fühlte sie sie wieder in sich aufsteigen. Das war immerhin eine

Lektion, dachte sie. Auch Waslala in seiner ganzen Pracht konnte nicht den Hunger, das Elend, die Seuchen vergessen machen, die die Einwohner von Faguas geißelten.

Sie begann zu weinen. Wenn sie zu weinen aufhörte, würde sie sich schon wieder fangen. Es war machbar, dachte sie, man konnte in Situationen wie dieser seine Würde bewahren. Doch mußte man Tricks anwenden, um den Körper zu täuschen und zu beruhigen. Das Weinen dauerte nicht allzu lange, man konnte nicht gut weinen mit einer Kapuze über dem Kopf. Sie lehnte den Kopf gegen die Wand, damit das salzige Wasser ihrer Tränen zum Mund hinlief, und blieb dann still sitzen, versuchte, sich die Sonne vorzustellen. Weinen schwächte. Man begann zu weinen, und gleich begannen auch die Assoziationen, die Tränen der Gegenwart ließen die der Vergangenheit wieder aufleben. Wie konnte sie hier herauskommen? Diese Frage war viel wichtiger. Und wo mochte Raphael stecken? Sie hoffte, daß er mit diesen Kräutern wohlbehalten bei Engracia und Morris eingetroffen war.

Sie hatte keinen Zweifel daran, daß sie sich im Hauptquartier der Espadas befand. Art und Maße der Zelle ließen den Schluß zu, daß es sich nicht um irgendein provisorisches Gefängnis, sondern um die berüchtigten Verliese unter dem Fort handelte. Über die Gründe der beiden Brüder, sie auf diese Weise außer Gefecht zu setzen, konnte sie nur spekulieren. Ob sie vom Unfall Wind bekommen und beschlossen hatten, auch sie als eines der Opfer auszugeben? Wollten sie so den Großvater isolieren, um die Hacienda in ihre Gewalt zu bringen? Oder gab es vielleicht einen Zusammenhang mit der Reise Raphaels und den Kräutern, die er holen wollte, sicherlich das Philin? Oder war es schließlich

Waslala und die drohende Möglichkeit, daß sie es finden konnte, was ihnen Sorgen bereitete?

Sie merkte, daß nach einer Phase der Ruhe, der Entspannung, die Nervosität in sie zurückkehrte. Sie konnte die Minuten nicht zählen, doch sie spürte sie. Sie würden bald wiederkommen, der Hunger meldete es ihr. Sie fürchtete sich davor, die Schritte zu hören, den Schlüssel im Schloß, die Stimme des unsichtbaren Mannes.

Maclovios Gründe spielten jetzt keine Rolle, dachte Raphael. Darum wollte er sich später kümmern. Wenn Melisandra in Sicherheit war, konnte er noch lange genug überlegen, ob Maclovio ihm nun half, um ihn zum Schweigen zu bringen, oder weil noch ein Fünkchen Anstand in ihm steckte. Doch jetzt war die Zeit zu kostbar, sie tickte hinter seinem Brustbein, als habe er eine riesige Uhr verschluckt, an der er zu ersticken drohte, die ihm mit ihrem unaufhörlichen, unerbittlichen Ticken das Trommelfell zerspringen ließ. In Cineria angekommen, nahm er sich noch die Zeit, um Jaime das Philin zu bringen, eine großherzige Geste, die er sich schon fast sparen wollen, nachdem Maclovio ihn über Melisandras Gefangenschaft unterrichtet hatte, doch rief er sich ins Bewußtsein, daß Großherzigkeit auch ihre Entschädigungen kannte. So war es auch diesmal: Durch Jaime erfuhr Raphael vom kühnen Plan Engracias, aus dessen Einzelheiten er vor allem schloß, daß es dringend notwendig war, Melisandra zu befreien, bevor sie mit Guten und Bösen gemeinsam in die Luft flog.

Es war sieben Uhr abends. Wenn sie Glück hatten, blieben ihnen etwas mehr als zwei Stunden, um hineinzugelangen, Melisandra zu finden und sich wieder davonzumachen. In einem Rucksack nahmen sie Kleider für Melisandra mit, es würde nicht schwerfallen, sie als

Mann zu verkleiden. Man wartete sicher schon auf sie beide, meinte Maclovio, die Patrouille mußte gemeldet haben, daß er den Gefangenen brachte. Die Soldaten würden sich nicht besonders darüber wundern, daß er ihn eigenhändig ins Verlies führen wollte. Der Plan konnte ohne weiteres klappen, wenn nicht einer der Adjutanten der Espadas auf die Idee käme, Raphael zuerst ihren Chefs vorzuführen. Aber jetzt würde er mal sehen, sagte Maclovio, daß Anarchie und endloses Kriegführen auch ihre guten Seiten hatten.

Ohne Schwierigkeiten gelangten sie an den Straßensperren vorbei, obwohl zu merken war, daß wegen Engracias bevorstehendem Besuch Alarm gegeben worden war.

»Wir scheinen Glück zu haben, mein Lieber«, sagte der Argentinier. »Stell dir vor, die Riesin will sich heute abend mit den Brüdern treffen. Was mag die denn wohl gestochen haben?« Bei diesen Worten sah er Raphael von der Seite an, doch der tat so, als sei auch er überrascht.

Sie parkten den Jeep auf dem Kasernengelände. Raphael sah Melisandras Motorrad zwischen den wenigen dort abgestellten Fahrzeugen. Sie wurden tatsächlich erwartet, zwei Soldaten näherten sich, um Maclovio bei der Bewachung des Gefangenen abzulösen, doch sah dieser sofort, daß es sich nicht um Vertrauensleute der Espadas handelte. Wie er vermutet hatte, trafen die Brüder gerade Vorbereitungen für den Besuch und hatten an ihre Untergebenen delegiert.

»Tut mir leid, meine Herren, aber dieses Vergnügen lasse ich mir nicht nehmen«, sagte Maclovio und versetzte Raphael, dessen Hände er mit einem Strick gefesselt hatte, einen Stoß. »Kümmert ihr euch um den Toten. Die Lebenden sind meine Sache.«

»Wir haben aber den Befehl ...«, versuchte einer der beiden einzuwenden.

»Den führe ich für euch aus«, schnitt ihm Maclovio das Wort ab und fuhr mit erhobener Stimme gestikulierend fort: »Steht nicht einfach so rum! Ihr habt gehört, was ich euch sage. Ladet den Toten ab und wascht mir den Jeep ordentlich aus, bevor er zu stinken anfängt!«

Die Atmosphäre in der Kaserne hatte sich verändert, bemerkte Raphael, während er unterwürfig tat und alles aus den Augenwinkeln heraus beobachtete, wie es Gefangene tun. In der Dunkelheit standen die Soldaten in Gruppen zusammen, rauchten und unterhielten sich, doch war ihre Haltung erwartungsvoll, nicht mehr gelassen. Jetzt mußte sich zeigen, ob die Umstände günstig für sie waren, dachte er und sah auf seine Schuhe hinab, die Spritzer von Lucas' Blut bedeckten. In wenigen Tagen hatte sich das Trugbild aufgelöst, mit dem ihn Faguas zu Anfang verführt hatte. Eine Dummheit, zu glauben, es wären die Vorurteile seiner Welt, die diese hier als Schreckensbild zeichneten. Der Schrecken war überall zuhause, weder die Zivilisation noch die Unterentwicklung entkamen ihm.

»Los, vorwärts«, stieß ihn rüde Maclovio.

Raphael warf einen letzten Blick in die Nacht, den klaren Himmel voller Sterne; auf die Leiche von Lucas, die in der Explosion noch einmal sterben würde.

46. Kapitel

Auf dem Weg nach Cineria traf Engracias Wagen auf den von Jaime, der ihnen mit Vollgas entgegenkam.

Er wisse nicht, was es für eine Wirkung haben konnte, die Philinblätter zu essen, sagte er, doch es würde sicher ihre Schmerzen lindern und ihnen den Kopf frei machen für das Treffen mit den Espadas. Er gab Engracia die Blätter und berichtete ihnen, daß Raphael unter Mithilfe von Maclovio versuchen würde, Melisandra vor neun Uhr aus dem Hauptquartier zu holen.

»Zögert die Zusammenkunft hinaus«, riet er, vor Aufregung heftig atmend. »Fordert erst im letzten Moment, Melisandra zu sehen. Laßt den Sprengstoff als letztes Mittel, vielleicht wird es ja gar nicht nötig sein. Vielleicht könnt ihr ja auch mit dem Philin solange wie nötig ohne Schmerzen leben.«

Engracia sah ihn mit gutmütig an.

»Danke, Jaime,«, sagte sie. »Aber wenn wir nicht von unserem Treffen zurückkehren, dann sorge bitte dafür, daß Melisandra und Raphael wieder zum Schrottplatz gelangen. Ich habe Josué ein paar Sachen für sie dagelassen; auch meinen Papagei. Sie sollen ihm keine Früchte zu essen geben, die schmecken dem Schlingel nicht. Er hat sich schon daran gewöhnt, Maisteig zu essen.«

Auf was die Menschen so kommen, wenn sie mitten in einem Drama stecken, dachte Jaime und sah dem Wagen nach, der, eingehüllt in ein wunderbares Leuchten, seine Fahrt nach Cineria fortsetzte, ein Gefäß voller Glühwürmchen, das eine riesige unsichtbare Hand angeschoben hatte. Es war typisch für Engracia, sich ausgerechnet in diesem Augenblick um ihren Papagei zu sorgen. Nein, sie würden nicht wiederkehren, sagte er sich, er sah es in den Augen von Morris, den Muchachos. Vielleicht wollten sie auch nicht mehr wiederkehren, wollten nicht, daß irgend etwas sie an ihrem Opfer hinderte, ihrem donnernden Tod.

Ihm blieb nichts weiter übrig, als zu warten. Er beugte den Kopf über das Lenkrad, er fühlte sich entsetzlich traurig, erschöpft, nutzlos, allein.

Engracia verteilte die Philinblätter. Soviel von dieser verfluchten Droge gehört zu haben, und sie erst jetzt zu probieren, sagte sie. Sie machten sich langsam daran, die Blätter zu kauen, konzentrierten sich auf den bitteren Geschmack, das teigige Gefühl, das Taubwerden der Zunge. Als sie den Jeep ein paar Querstraßen vom Park entfernt abstellten, fühlten sie sich nicht nur körperlich besser, sondern in einem angenehmen geistigen Zustand. Er verwandelte die Nachtluft in eine leichte, wohltuende Substanz, die das Brennen ihrer Schwären linderte und – nach Tagen unbeholfenen Umherlaufens – ihre Bewegungen geschmeidiger werden ließ, sie zu leichten, unbeschwerten Wesen ohne Angst oder Zweifel machte, bereit, sich auf ihre Prozession leuchtender Gespenster durch Cineria zu begeben.

Jeremias, der Jüngste der Muchachos, hängte sich seine Trommel um und setzte sich an die Spitze des kleinen Zuges. Ihm folgte Engracia, dann Morris, die Pitusa mit ihrer Querflöte, Catalino und die beiden anderen.

Es steckte Urwüchsigkeit in dieser Nacht. Sie liefen durch die Straßen, ohne etwas anderes anzutreffen als im Müll wühlende Hunde und den einen oder anderen Bettler, der unter irgendeinem Vordach auf schmutzigen Lumpen und Pappkarton Zuflucht gesucht hatte. Das waren die Straßen von Cineria im Dunkeln: voll gespannter, gespenstischer Stille. Sie gingen durch diese Straßen, ohne einen Laut zu machen, ließen diejenigen in Frieden, die in den Häusern schliefen. Erst als sie einen Block vom Park entfernt waren und abschätzen konnten, daß die erste Straßensperre nicht mehr weit war, bedeutete Engracia dem Jungen, sein Instrument zu schlagen. Es ertönten die ersten Trommelwirbel, die die Pitusa auf ihrer Flöte begleitete. Die Nacht änderte plötzlich ihre Farbe, füllte sich mit Gesichtern. Durch die Granatlöcher, die Fenster, die Toreinfahrten lugten verblüfft die Menschen, um diesen Zug von Wesen aus einer anderen Welt vorbeiziehen zu sehen. Er verwandelte die Nacht in eine leuchtend-grüne Flüssigkeit, in der Kometen, Sonnen und Sterne anderer Konstellationen aufschienen. Wie aus einem Kindermarsch heraus, klang es mal wie eine freche Melodie, die ihnen das Herz im Leibe springen und die Töpfe in der Küche klingen ließ; dann wieder hatte es die Schärfe eines Protestliedes, das einen schlafenden Teil ihrer Seele ankratzte, dessen sie sich gar nicht mehr erinnerten. Morris hatte das Gefühl, als schwebten sie auf den konzentrischen Klängen eines Gongs dahin, dessen Laute mit ihrem starken Zittern die ganze Stadt erschütterten. In Pyjamas, in Pantoffeln, bekleidet, halbnackt, sich die Schultern zum Schutz gegen die Kälte mit Handtüchern bedeckend, kamen die Schlafenden, die Schlaflosen auf die Bürgersteige, sich bekreuzigend die einen, auf die Knie fallend die anderen, sprachlos, verblüfft die meisten von ihnen.

An den Straßensperren traute sich niemand, sie aufzuhalten, nicht einmal, sich ihnen zu nähern. Erst viel später fragte sich der eine oder andere, ob die riesige Frau an der Spitze des Zuges Engracia gewesen sein könnte, verwarf die Möglichkeit jedoch in Erinnerung an das Leuchten. Als die strahlende Prozession schließlich das letzte Stückchen Wegs zum Fort hochkam, folgte ihr ein Rudel kläffender, heulender Straßenköter.

Am Eingang zum Hauptquartier trieb das Auftauchen der Gruppe, ein Komet mit einem Schweif aus jaulenden Kötern, die Soldaten auseinander, die, so plötzlich mit allen Teufeln ihres Aberglaubens konfrontiert, nach allen Seiten auseinanderstoben.

So fanden sich die Ankommenden unversehens allein auf dem Parkplatz vor dem Gebäude wieder, von dem kurz zuvor Maclovio und Raphael verschwunden waren. Engracia fing leise an zu lachen. Sie mußte sich bezähmen, damit sie nicht lauthals herausprustete.

»Antonio und Damian Espada«, rief sie. »Hier sind wir. Will uns denn niemand empfangen kommen?«

In ihrer Zelle hörte Melisandra das Nahen der Schritte. Es mußten zwei, drei Personen sein, dachte sie. Sie schloß die Augen, biß die Zähne zusammen, bog den Rücken durch. Der Trick war, einfach nicht da zu sein. Sie selbst hatten ihr gezeigt, wie verblüffend und beeindruckend die Stille sein konnte. Sie wollte sie so beobachten, wie die anderen sie beobachteten. Wenn schon nicht mit den Augen, dann eben mit ihrer Haltung, ihrer Ruhe.

Sie atmete tief durch. Sie konnte fühlen, wie ihr das Blut in den Schläfen pochte. Die Schritte waren jetzt ganz nahe. Sie drückte die Handflächen zusammen, rieb sie gegeneinander. Ihre starke Seite beruhigte die andere, die allzu leicht ihre Entschlossenheit zum Teufel schicken konnte. Wie langsam die Zeit verstrich! Oder gingen die Schritte in eine andere Richtung? Jetzt hörte sie Stimmen. Maclovio. Es war Maclovios Stimme, sein unverwechselbarer argentinischer Akzent. Er redete, befahl, überzeugte. Die Worte drangen nur bruchstückhaft zu ihr, doch hörte sie deutlich, daß von einem anderen Gefangenen die Rede war. Jetzt waren sie direkt vor der Zelle. Öffnen Sie, sagte Maclovios Stimme, und die des Wächters antwortete, nein, er habe strikten Befehle. Den habe er zu befolgen. Der Gefangene müsse in eine andere Zelle. Sie stritten eine Weile. Sie dachte, daß ihre Muskeln die Spannung nicht aushalten würden, reißen müßten. Sie schloß die Augen. Der Kopf tat ihr weh, das Blut, das ihr zu Kopf stieg, unkontrolliert gegen die Augenhöhlen drückte. Ihre Zähne klapperten. Ein Schlag gegen die Tür, das Geräusch einer zugedrückten Kehle, die schreien will. »Die Schlüssel«, sagte Raphaels Stimme, »schnell, die Schlüssel, Maclovio.« Sie glaubte, sich irren zu müssen, doch war es Raphaels Stimme, die sie durchfuhr, erstarren ließ. Wie der Blitz verstand sie die Situation, war plötzlich wie elektrisiert. Miteinander ringend, kamen die Männer in die Zelle, sie hörte das metallische Knallen, als die Tür gewaltsam gegen die Wand geschlagen wurde. Sie verharrte still. Raphael mußte sie hier herausholen. Plötzlich wich die Überraschung, die Erregung der Angst: Und wenn sie es nicht schafften? Wenn ihre Stimmen plötzlich wieder verschwänden? Wenn die Tür wieder zuschlüge und sie allein zurückblieb?

»Binde Melisandra los, Maclovio. Und mach die Tür zu. Wir dürfen keine Zeit verlieren.«

Sie spürte, wie ihr die Kapuze vom Kopf gezogen wurde, brauchte ein paar Sekunden, um zu begreifen, was geschah. Maclovio band ihre Hände und ihre Füße los. Raphael hielt derweil den Wächter mit einem Würgegriff in Schach. Der Mann wehrte sich, wollte sich befreien.

»Zieh dir das an«, sagte Maclovio, warf ihr den Rucksack zu und begann, mit Melisandras Fesseln dem Wächter die Füße zu binden, nachdem er ihm einen Tritt zwischen die Beine gegeben hatte. Der Mann grunzte vor Schmerz und krümmte sich, außer Gefecht gesetzt, am Boden. Raphael band ihm die Hände. Mit der Kapuze knebelten sie ihn.

»Alles in Ordnung?« fragte ein ums andere Mal Raphael und hob schnell die Augen, um sich ihrer Bestätigung zu vergewissern. Melisandra öffnete den Rucksack und zog sich um, streifte den nassen Slip ab und schlüpfte in die Uniformhose, das Uniformhemd über dem T-Shirt, die Mütze. Sie zitterte immer noch und konnte kaum die Knöpfe schließen. Die drei verließen die Zelle und schlossen von außen ab.

Der Gang war feucht und dunkel, in langen Abständen hingen nackte Glühbirnen, die ein schummriges Licht verbreiteten und ihre Schatten ins Riesenhafte wachsen ließen.

»Jetzt ganz normal tun«, sagte Maclovio, heftig atmend. Sie gingen hintereinander her und hielten an, bevor sie in den nächsten Gang einbogen, an dessen Ende eine Treppe zu sehen war. Während sie die Stufen hinaufkletterten, hörten sie schon den Lärm. Mehrere Soldaten kamen nach unten gestürmt.

»Nicht hochgehen, nicht hochgehen!« riefen sie ihnen zu, während sie weiter abwärts liefen. Mit ihrem Rücken an die Wand gelehnt, ließen sie sie vorbei und liefen dann selbst in die entgegengesetzte Richtung weiter.

Als sie durch eine kleine Tür am Ende der Treppe auf den Parkplatz hinaustraten, sahen sie gerade noch die leuchtenden Wesen, die durch den Haupteingang das Gebäude betraten.

»Was zum Teufel ist das denn?« stammelte Maclovio.

»Du erfährst es besser gar nicht«, antwortete Raphael. Sie mußten so schnell wie möglich weg von hier, zum Hotel und zu Jaime fahren. Dort wären sie in Sicherheit. Sie liefen zu Maclovios Jeep. Nach dem Auseinanderlaufen kehrten die Soldaten langsam an ihre Plätze zurück, doch dauerte die Verwirrung an. Begleitet von verdutzten Blicken fuhren sie davon, ohne daß jemand versucht hätte, sie aufzuhalten.

»Das werden dir die Espadas heimzahlen«, meinte Raphael, während Maclovio die Straßensperren mit seinen herrischen Gesten und Befehlen überwand.

»Da gibt es keinen Zweifel«, gab der zurück.

»Ich verstehe überhaupt nichts«, warf Melisandra ein, fuhr sich mit der Hand durch Haar und Gesicht und rieb sich die Handgelenke, die noch von den Fesseln schmerzten.

»Mein Leben liegt in deiner Hand, mein Lieber.« Maclovio warf Raphael einen raschen Blick zu. »Wenn die Drogenpolizei die Pflanzungen nicht abbrennt, wird die Rechnung schon nicht allzu hoch.«

»Das habe ich mir gedacht«, knurrte Raphael.

47. Kapitel

Antonio und Damian Espada gaben sich sichtlich Mühe, ihren Ärger über das zu verbergen, was sie für eine Falle von Engracia hielten, um sie beide lächerlich zu machen: ihre Truppe in heilloser Auflösung, jetzt schon länger, als sie es hinnehmen konnten, und sie selbst dazu gezwungen, Engracia zu empfangen und plötzlich und ohne Vorwarnung der Nacht ausgesetzt, die in einen Hexensabbat aus Irrlichtern verwandelt war. Engracia selbst mußte ihnen, als sie auf dem Platz erschienen, zurufen, daß sie ihnen erklären konnte, was sie sahen, wenn man sie nur einließe. Ihnen blieb nichts anderes übrig, als einzuwilligen, wollten sie nicht vor ihren eigenen Leuten als Feiglinge dastehen.

Sie gingen in Damians Büro. Es war wie ein Bühnenbild sorgfältig für ihren Empfang hergerichtet worden. Vor der Flugzeugtragfläche des Schreibplatzes stand ein langer Tisch. Engracia fielen die dicken, dunkelroten Vorhänge auf, die die Wände bedeckten und den Raum wie eine Kirche in der Karwoche wirken ließen. Sie fragte sich, ob so die Espadas verhinderten, daß ihre Geheimnisse durchsickerten. Die Brüder luden die Besucher ein, auf einer Seite des Tisches Platz zu nehmen. Sie selbst setzten sich mit ihren Beratern und Vertrauten an die andere Seite, hinter sich zu ihrem Schutz eine Reihe von Soldaten. Beide Männer sahen unablässig Engracia an, deren hochherrschaftliches Aussehen sie ganz gegen ihren Willen beeindruckte. Sie bewegten sich wie zwei Raubkatzen, taten so, als kümmerten sie sich um ein paar letzte Einzelheiten, während sie sich mühten, die Arroganz, die Überlegenheit, die Dreistigkeit zurückzugewinnen, die sie sich für diese Szene vorgestellt hatten, bevor ihre Gegnerin wie eine Göttin aus der Nacht kam und all ihre schönen Pläne zunichte machte.

Im Licht der Neonlampen wirkte das Büro mit seinen hohen Ziegelwänden, freiliegenden Deckenbalken und dem einzigen Fenster kalt und düster. Die feindselige Umgebung, die förmlich greifbaren Rachegelüste, das spürbare Mißtrauen ließen Morris an Mafiatreffen in Garagen und leerstehenden Lagerschuppen denken, bei denen die Paten die Exekutionen von Komplizen beschlossen.

Endlich hatten alle Platz genommen. Ohne Umschweife dankte Engracia den Brüdern dafür, daß sie so schnell zu einem Treffen bereitgewesen waren. Sie würden sehr bald verstehen, daß der Grund von einer Wichtigkeit war, die keinen Aufschub duldete.

»Was wir nicht verstehen, ist das ganze Spektakel drumherum«, warf Antonio Espada sarkastisch ein. »Ihr hättet doch nicht eine solche Show daraus zu machen brauchen. Schließlich geht es ja nicht darum, ob wir gemeinsam einen Zirkus aufmachen.«

»Ich verstehe Ihr Mißtrauen«, entgegnete nachsichtig lächelnd Engracia. »Was Sie jedoch Spektakel nennen, ist schon Teil des Problems selbst. Außerdem hielt ich es für wichtig, den Anlaß seiner Bedeutung gemäß feierlich zu gestalten und die Bevölkerung auf etwas aufmerksam zu machen, was das Leben aller betreffen kann. Und es ist auch«, fügte sie mit ironischer Höflichkeit hinzu, »eine Frage der Sicherheit ... Für beide Seiten. Ich hatte nicht vor, Ihre Soldaten zu verschrecken ...«

Morris beobachtete die Unterhaltung gespannt und mißmutig. Das Philin hatte nicht nur die segensreiche Wirkung, die Schmerzen zu lindern und die Sinne zu schärfen, sondern würde auch seine Angst zurückkehren lassen, dachte er und sah auf die schmalen Hände, die langen Fingernägel Antonio Espadas und die bescheidene, doch diabolisch-gespannte Haltung Damians, der sich unablässig über den Schnurrbart strich.

»Was soll das heißen, diese Verkleidung ist Teil des Problems«, fragte Antonio spöttisch. »Sparen wir uns das Vorgeplänkel. Erklären Sie uns lieber endlich, worum es geht.«

Mit langsamer Stimme und gleichzeitig in ihrer Toga nach der Schnur mit dem empfindlichen Zünder suchend, den Morris gebastelt hatte, berichtete Engracia von einer um viele Male größeren radioaktiven Ladung, die jetzt im Hof des alten Schulgebäudes vergraben läge, und erläuterte die Konsequenzen, die davon ausgehen könnten. Morris unterbrach sie von Zeit zu Zeit, um ihre Argumente zu verstärken und wissenschaftlich die tödliche Wirkung auf die Menschen zu beschreiben, die auf die eine oder andere Weise der Strahlung ausgesetzt würden.

»Dieses leuchtende Pulver, das Sie unsere Verkleidung nennen, ist Cäsium 137«, Engracia wies auf ihren eigenen Körper. »Wir sind aus Versehen verseucht worden, weil wir dachten, es wäre Leuchtfarbe. Wir werden deshalb sterben. Schon sehr bald«, sagte sie, um dann noch hinzuzufügen: »Ich vermute, die Nachricht wird Sie freuen ...«

»Unser Beileid«, warf Damian verschlagen ein. »So etwas kann kein Anlaß zur Freude für uns sein.«

»Wir wollen unserem Tod einen Sinn geben«, fuhr Engracia unbeirrt fort, »und deshalb bin ich gekommen, um Ihnen eine Vereinbarung vorzuschlagen.«

Sie würde ihnen, so erklärte sie, den Handel mit dem Müll vollständig überlassen, im Tausch gegen die Freiheit Melisandras. Sie könnten natürlich dagegenhalten, daß bei Engracias Tod die Konzession auf jeden Fall dem Meistbietenden offenstand, doch war dies nicht der Fall. Wenn sie wollte, konnte sie dafür sorgen, daß die Kommunarden den Schrottplatz weiterführten. Die internationale Gesellschaft würde sicher ihrer Empfehlung folgen.

»Eure Tage sind gezählt«, meinte Antonio Espada und stand auf, »und trotzdem meint ihr, noch verhandeln zu können. Nun gut.« Er tat so, als überlege er wirklich hin und her. »Den Schrottplatz gegen das Mädchen. Hmmm. Vielleicht gar kein so schlechtes Geschäft. Was meinst du, Damian?«

»Ihr wollt sie doch sicher erstmal sehen, oder? Euch davon überzeugen, daß sie wohlauf ist, nicht wahr?« grinste dieser.

»Sie mag ein bißchen schmutzig sein, wir konnten keine passende Unterbringung für sie finden, etwas mit Bad. Ihr wißt ja … dieses Fort ist uralt … Hygiene war nicht gerade das wichtigste Problem unserer Vorfahren …«, fügte wieder Antonio hinzu.

Diese verdammten Schweine! Über gar nichts würden sie verhandeln, dachte Engracia und machte die Bombe scharf, indem sie unter dem Tisch fest die Hand um den Zünder schloß. Sie wollten ihnen Melisandra nur zum Spaß vorführen, um sie zu verhöhnen und sich so dafür zu rächen, daß sie selbst zum Gespött gemacht worden waren; aber Melisandra wäre in Sicherheit, mußte es in diesem Augenblick längst sein. Es war inzwischen halb zehn geworden. Ihre Oberschenkel waren dort, wo sie sich berührten, schweißnaß.

»Sie haben recht«, hörte sie sich jetzt sagen. »Wir sollten sie zu Gesicht bekommen.«

Morris hielt sich an der Lehne seines Sessels fest, um den Drang zu bekämpfen, aufzustehen und fortzulaufen. Er roch die Gefahr. Der Ausdruck der Espadas war der lauernder Raubtiere, die die Beute wittern und die Reichweite des Prankenhiebs abschätzen. Sie mußten ihren eigenen Plan haben, dachte er.

Sie gaben mit einer lässigen Handbewegung den Befehl, Melisandra holen zu lassen. Mehrere Soldaten gehorchten. Antonio Espada zündete sich eine Zigarette an, deren Geruch den Raum durchzog.

»Schwer zu glauben, nicht wahr, Antonio?« sagte jetzt Damian mit gespielter Leichtigkeit. »Schwer zu glauben, daß uns unsere Gegnerin kurz vor ihrem Tode ihr Unternehmen vermachen will ... Ah! Wie romantisch«, er lächelte, »das Mädchen retten zu wollen! Die ist überhaupt nicht in Gefahr. Sie ist unser Gast.«

»Jetzt, wo du bald sterben wirst, interessiert es dich vielleicht, daß du uns sehr nützlich gewesen bist«, meinte Antonio. »Die Lastkähne sind wahrhaftig eine Fügung der Vorsehung gewesen, eines der besten Mittel, das Philin zu transportieren.«

Engracia ließ erkennen, daß sie überrascht war, und richtete sich auf, doch wurde ihre Antwort von den eiligen Schritten des Offiziers unterbrochen, der im Laufschritt zurückkam und, sichtbar erregt, flüsternd den Espadas die Nachricht vom Verschwinden der Gefangenen weitergab. Sofort brach offene Feindseligkeit im Raum aus, Waffen wurden gezogen, Männer umringten sie drohend.

»Du falsche Schlange!« rief Antonio Espada und hieb mit der Faust auf den Tisch. »Du hast alles gut geplant, was?«

Die Vorhänge an den Wänden bewegten sich. Weitere bewaffnete Männer tauchten auf, richteten ihre Waffen auf sie.

»Auch wir haben unseren Plan gemacht«, stieß Damian mit rauher Stimme hervor, während er gestikulierend Befehle gab, mit aggressiven Bewegungen die Soldaten antrieb, die Morris und Engracia vor sich herstießen. »Ihr meintet wohl, ihr könntet uns mit ein bißchen Leuchtfarbe hinters Licht führen, was? Oh, wie naiv man doch sein kann!«

Unter Fußtritten und Kolbenschlägen, jeglichen Versuch des Widerstandes brechend, stellte man sie mit dem Gesicht gegen die hintere Wand, an der kein Vorhang hing. Die Muchachos sahen wutentbrannt und erwartungsvoll auf Morris und Engracia, ihre Körper angespannt, zum Sprung bereit. Morris strengte sich an, seine Todesangst zu verbergen und ihnen mit seinem Blick Besonnenheit zu vermitteln, er konnte der Verzweiflung kaum Herr werden, als er in die jungen Gesichter sah. An seiner Seite lächelte Engracia ungerührt, unnahbar, ein orakelhaftes Lächeln, so als amüsiere sie dies alles nur. Sie würden unschuldig sterben, dachte sie, die Espadas würden sie liquidieren. Sie warf einen letzten Blick auf ihre Muchachos. Es war ein gebührendes Ende, wollte sie ihnen beruhigend sagen, sie hatten ihre Mission erfüllt. Morris fühlte erregt, wie ihm im Magen flau wurde, die Todesangst. Er hatte sich also nicht getäuscht, dachte er wieder und wieder, als ob die Bestätigung seiner Vorahnung ihn ablenken könnte. Er hörte, wie die Patronen in die Gewehrkammern geladen wurden. Er griff nach Engracias Hand. Sie fühlte sich kalt, verschwitzt an. Wie von fern krachten die Schüsse. Er spürte, wie die Kugeln in seinen Körper einschlugen, ihn wie heiße Hände nach vorn warfen, gegen die Wand, spürte sich an ihr heruntergleiten, ohne Schmerz, nur unendlich schwach, die Haut, wie sie das Leben fliehen ließ, der Körper, der wie ein Luftballon in sich zusammenfiel. An seiner Seite richtete Engracia ihren Blick auf ihn: ihr leuchtender, lebendiger Blick, der ihm noch einmal sagte, wie unsterblich der Tod sein konnte. Das letzte, was Morris sah, war ihre immer noch geschlossene Linke.

Als die Salven verhallt waren, näherten sich Antonio und Damian Espada Engracia. Antonio stieß den blutenden Körper mit dem Fuß, um ihr ins Gesicht sehen zu können. Engracia sah die Gesichter der beiden Brüder über sich schweben, als seien sie ihr in die Hölle gefolgt, und öffnete die Hand.

48. Kapitel

Die Sprengung des Espada-Hauptquartiers sollte über mehrere Generationen im Gedächtnis von Cineria haften bleiben, nicht etwa, weil Engracia es sich so vorgenommen hätte; auch Morris nicht, der nur widerwillig, den Metallarm naß von seinen Tränen, die genaue Menge Sprengstoff abmaß, damit nicht mehr als unbedingt notwendig zerstört und dabei den Betroffenen ein schneller, barmherziger Tod garantiert wurde. Nein, es war deshalb, weil die Espadas die Munition, die Waffen und Bomben ihrer zahlreichen Kriege eben nicht dort aufbewahrten, wo sie behaupteten, sondern sie aus Angst vor dem Verrat, den sie selbst so eifrig förderten, in den Kellern unter der Festung lagerten, dort, wo sie lebten, ihr Ränkespiel betrieben und in Gesellschaft ihrer Familien ihre Mußestunden verbrachten.

Es war nicht eine, es waren Myriaden von Explosionen in dieser apokalyptischen Nacht, in der der Himmel sich umstülpte und verfärbte, so als hätten die Detonationen einen Vulkan geweckt, der noch nicht wußte, daß er ein Vulkan war, der brüllend erwachte, sich erbrach und die Fundamente, Steine und Quader des alten Forts über Hunderte von Metern im Umkreis verteilte, den Himmel im Licht der Flammen rot färbte und die Reste des Hauptquartiers auf die Kreuze der Gehsteige, die graffitibemalten Häuser und den Park regnen ließ. Als

Begleitmusik ertönten die Schreie der Frauen, Männer und Kinder unter den Tischen, mischten sich in das donnernde Getöse, mit dem das Arsenal Gott weiß wievieler Schlachten in die Luft flog.

Engracia hatte sich mit ihrer Vorahnung nicht getäuscht: Cineria sollte diese Nacht nie vergessen. Unfähig, eine solch gigantische Aktion Händen zuzuschreiben, die nicht größer waren als die eigenen, brauchten seine Einwohner nicht lange, um zu dem Schluß zu kommen, daß es die Gespenster von Wiwilí höchstpersönlich gewesen sein mußten, die nach Jahrhunderten von Schimpf und Schande ihre Gräber verlassen und alle, ob gut oder böse, zum Teufel gejagt hatten.

Nur ein kleiner Vorgeschmack auf Sodom und Gomorrha sei das gewesen, sagten die Pfaffen, zufrieden darüber, daß das Spektakel ihnen wenigstens ein paar Gläubige in die kaputten Kirchen brachte. Sie täten gut daran, sich diesmal ernsthaft darum zu bemühen, die krummen Wege zu begradigen, die schnurstracks in die Hölle führten.

Kaum war es Tag geworden, begannen die Menschen ziellos und wie benommen durch die Straßen zu laufen, wobei sie feststellten, daß sie nach dieser Nacht keinen mehr über noch unter sich hatten: keine Espadas mehr und keine Engracia, keine Waffen und keinen Müll, denn sehr schnell hatte sich das Gerücht verbreitet, auf dem Gelände der alten Schule sei etwas Seltsames geschehen, und so bald dürfe sich keiner mehr dorthin begeben. Zu allem Überfluß schienen Hauptmann Madero und sein ganzes Kabinett aus Parasiten und Opportunisten wie vom Erdboden verschluckt, fürchteten sie sich doch vor Racheakten und Schuldzuweisungen.

»Diese Verwirrung wird nicht lange anhalten«, meinte Melisandra. »Es sind zuviele Waffen in den Händen kleiner Gruppen. Man muß sich auf die Nacht vorbereiten, die Kommunarden organisieren.«

Nur wenig wurde in der Nacht nach dem Brand in Jaimes Hotel gesprochen, wo sie und Raphael, Maclovio, Josué und die Müllsucher Schutz gefunden hatten. Der Schmerz über die Toten beherrschte die angestauten Emotionen und ließ jeden in der stummen Trauer einer Totenwache verharren.

Melisandra schloß die Augen und versuchte, mit der Traurigkeit auch das Kerkergefühl loszuwerden, das ihr heimtückisch im Blut haftete, so als ob sie, längst befreit, noch gefangen wäre. Raphael hielt sich nah bei ihr und suchte sie mit Berührungen zu beruhigen, die ihr bestätigen sollten, daß er bei ihr und für sie da war. Er konnte nicht aufhören, an das leblose Gesicht von Lucas zu denken, das Rauschen des Sees unten am alten Schulhaus, das metallische Sirren der Palmblätter, die den Wind zersäbelten. Wieder und wieder versuchte er sich die Szene vorzustellen. Das Büro der Espadas. In welchem der beiden hatten sie sich wohl versammelt? Antonio Espada, wie er sich eine Havanna anzündete. Der Tumult, das Handgemenge. Der Tod. Die leuchtende Engracia. Der Arm von Morris mit seinen komplizierten Instrumenten, wie er durch die Luft flog und automatisch die Temperatur maß, die chemische Zusammensetzung des Sprengstoffs. Er verbrachte die Nacht mit der wiederholten, absurden Übung, im Geiste seinen Artikel zu schreiben, grübelte darüber nach, wie er das Geschehene erklären, die Hauptakteure beschreiben konnte. Brad begann für ihn zur Figur aus einem Alptraum zu werden, er schob es bis zum Morgen hinaus, sich mit ihm in Verbindung zu setzen.

Dann erzählte er ihm vom Tod der Espadas und von Engracia. Vom Philin, von Lucas und von Melisandras Rettung berichtete er nichts.

»Hast du die Espadas richtig gut aufzeichnen können?«

»Ja«, antwortete er lakonisch.

»Du siehst müde aus«, meinte Brad. »Schick mir das Material, sobald du es geschnitten hast. Ich glaube, die Geschichte können wir tatsächlich in der Abendsendung bringen.«

Am späten Vormittag hatte sich eine beträchtliche Anzahl von Menschen im Park versammelt. Die Blätter der Bäume, die ein nach Pulver stinkender Wind bewegte, ließen einen feinen Ascheregen auf sie herniederfallen. Die meisten von ihnen waren Kommunarden, doch gab es darunter auch nicht organisierte Bürger, solche, die sich apathisch gegenüber allem verhielten, das nicht mit ihrem eigenen Überleben zu tun hatte. Sie sahen grau aus, rußverschmiert, Haut und Haar waren staubbedeckt. Ihre Blicke, die unruhig von hier nach dort irrten, verrieten den Verlust der Orientierung, die sonst ihr Tun bestimmte. Melisandra, die den Morgen inmitten der Rauchschwaden verbracht, mit den Muchachos Verletzte ins Krankenhaus transportiert und sich ein Bild von der allgemeinen Zerstörung in Cineria gemacht hatte, stieg auf dem Rückweg zum Hotel aus dem Jeep und ging auf die Gruppe zu, um mit den Leuten zu reden. Es war wie nach einer Naturkatastrophe oder einer Revolution, dachte Raphael, als er sie unter den Menschen verschwinden und nur noch ihr inzwischen stumpfes, bräunlich-rotes Haar gelegentlich aufleuchten sah; das Gerüst des Zusammenlebens brach plötzlich zusammen, so mangelhaft es auch gewesen sein mochte, und man mußte es wieder neu aufbauen, Verabredungen treffen, Aufgaben und Verantwortung verteilen. Melisandra bewegte sich wie ein Fisch im Wasser, beantwortete Fragen, machte Vorschläge, forschte ihrerseits nach, forderte den Erfindergeist der Leute heraus. Doch eine Hacienda zu verwalten war nicht dasselbe, wie ein neues Konzept für eine Stadt zu entwickeln, für ein ganzes Land vielleicht. Trotzdem ruhten die Augen der Menschen im Park auf ihr, aus irgendeinem seltsamen Grund ließen sie sich von ihr führen, gehorchten ihr. Vielleicht war Melisandra für sie Waslala. Sie hielten sie für die Gesalbte, die den verlorenen Weg wiederfinden konnte, die Erlösung aller.

Es war bewundernswert, wie sie der Aufgabe nicht auswich, wie sie die Banden zu einem Treffen zusammenrief, ihnen klarmachte, daß nächtliche Wachen organisiert werden mußten, Trupps zur Wiederherstellung der Trinkwasserversorgung und zum Bau eines Marktes, auf dem ohne Wetten getauscht werden konnte. Dabei trug sie immer noch die gleiche Uniform, mit der er und Maclovio sie aus dem Fort herausgeholt hatten und die jetzt von Erde, Ruß und Blut verschmiert war.

Er schickte Brad seinen Bericht und machte sich daran, soviel wie möglich von allem aufzuzeichnen. Für die Philingeschichte würde der Zeitpunkt schon noch kommen. Die wirkliche Geschichte war dies hier.

49. Kapitel

Welcher Zorn, welche Wut sie verzehrte, und zugleich welche Euphorie, ja Trunkenheit. Melisandra dachte an das Gedicht einer Frau aus Waslala, das ihr der Großvater in seinem Arbeitszimmer unten am Fluß vorgelesen hatte. Sie wußte es nicht ganz auswendig, doch ging ihr das wichtigste Bild daraus nicht aus dem Kopf, wie der Refrain eines Liedes. Faguas war da ein kleines Land aus Knetmasse, in dem noch alles neu und aufzubauen war. »Ich lebe in einem Land, das hat die schönsten Sonnenuntergänge der ganzen Welt«, sagte sie in Gedanken an die erste Zeile laut vor sich hin.

Sie sah auf ihre Hände hinunter, die von den Fesseln geröteten Handgelenke. Dann warf sie den Kopf zurück und atmete tief ein. Das Bad war klein, es erinnerte sie an ihre Zelle. Aus der Dusche lief schon das Wasser, doch sie stand nackt mit dem Rücken gegen die weiß-braunen Kacheln gelehnt und ließ es abwesend laufen, ohne sich darunterzustellen.

Sie sollte eigentlich erschöpft sein. Drei Tage waren seit der Explosion vergangen, in denen sie unermüdlich auf den Beinen gewesen war, kaum geschlafen hatte, und doch hielt ihre Energie nicht nur stand, sondern lud sich sogar immer wieder neu auf. Es gab soviel zu tun, dachte sie und stellte sich, immer noch sinnierend, unter den Wasserstrahl.

Anfangs war sie losgegangen, weil sie die Wut nicht im Zaum halten konnte. Der Wahnsinn des Geschehenen schien ihr unerträglich, und mit Josué zusammen lief sie durch die Straßen, um sich zu solidarisieren, sich nützlich zu machen. Ohne es recht zu merken, begann sie, Entscheidungen zu treffen, Zustimmung zu fordern, und staunte selbst mehr als irgend jemand anders darüber, daß man ihr aufmerksam zuhörte, sie um Rat bat, bis sie praktisch die Rettungsarbeiten leitete. In die Stadt aus Knetmasse kehrte langsam wieder Ordnung ein. In den Vierteln räumten Trupps die Straßen auf. Es gab wieder Lebensmittel, wenn auch nur Kartoffeln und Gemüse. Die geplatzten Wasserleitungen wurden repariert. Die Banden verhielten sich ruhig, nachdem sie sich auf einen Waffenstillstand geeinigt hatten. Das Hospital funktionierte wieder, nachdem man das Lager gefunden hatte, in dem die unterschlagenen Medikamente deponiert waren, bevor sie auf den Schwarzmarkt kamen. Als sie sich jetzt das Haar shampoonierte, sah sie schmutzigen Schaum auf die Bodenfliesen fallen. Sie hatte das Gefühl, als befreie das Wasser sie von einer ganzen Ladung Schlamm.

Was sie jetzt entscheiden mußte, war die Reise nach Waslala. Eigentlich schien es ihr nicht der richtige Zeitpunkt zu sein, um sich davonzumachen. Gott allein wußte, was geschehen konnte. Nichts war für sie in diesen Tagen überraschender gewesen als Cinerias offensichtlicher Mangel an Menschen mit Unternehmungsgeist und Mut. Auch die Kommunarden schienen ihr ängstlich, wankelmütig, ja, manchmal geradezu kindisch. Jetzt, da das korrupte System nicht mehr existierte, mit dem die Stadt unter den Espadas funktioniert hatte, und die Regierung Hals über Kopf geflohen war, schienen sie nicht die geringste Ahnung zu haben, wie ein Neubeginn aussehen konnte, ohne auf die Strukturen zurückzugreifen, die sie, wie sie selbst bekannten, im Elend gehalten hatten. Sie drängten Melisandra, sobald wie möglich nach Waslala aufzubrechen, dachten sie doch, daß von dort alle Antworten kämen. Die geplante Reise wurde in jeder Versammlung erwähnt. Wann sie endlich losfahren wolle, fragte man sie. Und keiner wurde müde, ihr wieder und wieder zu bestätigen, daß sie es ganz sicher schaffen würde. Zum ersten Mal in ihrem Leben fragte sie sich, ob Waslala wirklich alle Probleme lösen konnte, die Aufgaben, die sie alle vor sich hatten.

War sie denn etwa in kurzer Zeit hochmütig geworden, daß sie sich für unersetzlich hielt, fragte sie sich, während sie kräftig reibend mit dem Handtuch ihren Körper trocknete und freudig wahrnahm, wie sauber die Kleider rochen, die sie dann schnell anzog. Fürchtete sie etwa, entbehrlich zu werden, zurückzukehren und festzustellen, daß endlich die harte Schale der Gewohnheit durchbrochen war und sie nicht mehr gebraucht wurde? Wie dumm, so zu denken, meinte sie und sah sich im Spiegel an. Was machte es für einen Unterschied, ob sie es war oder eine andere, ein anderer, der die Zügel in die Hand nahm. Sie strich sich das Haar mit den Händen glatt und ging, sich mit Raphael, Jaime und Josué zu treffen, um gemeinsam zum alten Schulhaus zu fahren, den Brief und den Papagei zu holen und den Betonbunker zu überprüfen, in dem man schließlich das Cäsium vergraben hatte.

50. Kapitel

Als Melisandra in die Hotelhalle hinunterkam, erwarteten sie Neuigkeiten. Pedro war mit der Nachricht aus Las Luces gekommen, daß Don José und Mercedes sich in Sicherheit befanden. Pedro hatte wegen einer dringenden Angelegenheit weiterfahren müssen, wollte jedoch später mit mehr Einzelheiten wiederkommen, berichtete Jaime.

»Aber was hat er denn gesagt? Was hat er sonst noch erzählt?« fragte sie mit banger Neugier.

Ihr Großvater war sehr niedergeschlagen und bestürzt über den Tod von Engracia, für die er, wie an seiner tiefen Trauer zu erkennen war, mehr empfunden haben mußte, als er bisher hatte erkennen lassen. Er hatte mit todesverachtender Kühnheit reagiert, als die Männer der Espada-Brüder ihn und Mercedes unter Hausarrest stellen wollten, doch wegen Engracias Schicksal war er wie am Boden zerstört.

Was die Hacienda anging, so war der Widerstand der Bauern unter Führung von Joaquín entscheidend gewesen, um zu verhindern, daß die Soldaten sie stürmten und in Brand steckten. Die Nachricht vom Ende der Brüder erledigte den Rest: die Soldaten zerstreuten sich in alle Winde.

Melisandra mußte sich für den Moment mit dieser Kurzfassung zufriedengeben. Das einzig Gute ihrer Gefangenschaft war gewesen, daß sie erst nach dem Debakel von dem Geschehen auf der Hacienda gehört hatte. Sie mochte gar nicht an die Verzweiflung denken, die sie sonst überkommen hätte, ohnmächtig und ohne ihnen helfen zu können. Sie machten sich auf den Weg zum alten Schulhaus. Raphael mußte dazu die rastlose Arbeit unterbrechen, mit der er seit Tagen beschäftigt war, dieses Hantieren mit seinem kleinen Apparat, der alles festhielt, alles aufzeichnete, während er durch die ganze Stadt, den Park, die Ruinen zog und unauslöschliche Erinnerungen sammelte. Ihr würde es eher Angst machen, dachte Melisandra, sich nicht in die Gewißheit retten zu können, daß bestimmte Bilder sich irgendwann von selbst auflösten. Zu wissen, daß man sie jederzeit herbeirufen konnte, sie säuberlich geordnet im Regal stehen hatte, zwischen Büchern und Blumen. Jedes Gesicht, jede Geste. Unmöglich wäre es dann, sich selbst zu täuschen, seine Erinnerung neu zu bilden, damit sie freundlicher wäre oder auch vergäße. Wie jetzt, da sie auf dem Weg am Seeufer fuhren und sich dieser Weg in ihrem Kopf mit den entfernten Lauten und Gerüchen ihrer Kindheit mischte, als sei sie ihn das letzte Mal als kleines Mädchen gefahren, auf dem Weg in die Ferien, zu einem Bauernhof, auf dem sie Kühe melkten. Sie konnte sogar die Milch schaumig auf den Kakao am Boden des Glases fallen sehen. Es war nicht dieser Weg, auf dem sie entführt worden war, den sie in der Nacht des Strahlenunfalls gefahren war, und doch lief auch er am Rande dieses herrlichen Gewässers entlang, das in seiner ganzen Pracht die Wasser des Flusses in sich barg, versteckt wie ein Geheimnis, das man nur zu ahnen brauchte, so wie sie in ihrer unerschütterlichen Ruhe die Nächte mit Joaquín verbarg, wenn sie sich morgens zu ihrem Großvater an den Frühstückstisch setzte.

Sie legte ihren Kopf auf Raphaels Schulter und spürte, wie sich nach vielen Tagen die beiden Hälften ihres Wesens endlich wieder miteinander versöhnten. Endlich war sie wieder fähig, zu berühren und zu spüren, Zärtlichkeit zu fühlen, die Augen zu schließen und sich der Sonnenwärme hinzugeben, dem Geräusch des rauschenden Sees; das Herz zu zeigen, das sie versteckt hatte, es noch ein wenig zaghaft, ängstlich hervorzuholen, damit es um sich schaute und sah, wie der Wind die Wolken vor sich hertrieb. Ihr fiel wieder das Staunen ein, das sie empfand, als sie hier ankam, mit Augen, die nichts anderes gewohnt waren als das Grün; das Grün am Fluß, das fähig war, dem Schmerz seine schärfsten Kanten abzuschleifen.

Sie fuhren durch das Eisentor und über den Vorplatz, auf dem der Priester immer noch seinen Katechismus hochhielt. Melisandra spürte ihren Schmerz und den der anderen wie eine Faser, die sich aus jedem einzelnen entspann und sie wie die Stücke eines Flickenteppichs zusammenband, um sie nicht nur im Leid zu vereinen, sondern auch in der Erleichterung, sich nicht allein zu wissen. Die Stille um sie her war nicht die Stille, die aus der Abwesenheit von Menschen resultiert, war nicht nur Luft ohne störenden Laut, sondern strömte aus dem Inneren des Gebäudes, aus seinen Wänden; jeder Pfeiler, jeder Gegenstand vom Widerhall des Lebens befreit, der ihn einstmals liebenswert, angenehm gemacht hatte: der wacklige Tisch mit dem Stuhl, wo einst die Tauschgeschäfte stattgefunden hatten, die Korridore mit ihren Stapeln von Schubladen ohne Schreibtische, ein Rollschuh, eine geborstene Wiege, die Flusen und Papierfetzen, die der Wind daherblies, am Ende des Hofes die Verbrennungsanlage mit den Palmen und der mit alten Kleidern vollgehängte Maschendraht. Traurig, so unendlich traurig das alles. Vielleicht genauso, wie es sein sollte, dachte Melisandra. Denn wäre nicht die grenzenlose Menschlichkeit Engracias gewesen, die Liebe von Morris, die Lebenskraft der Muchachos, dann würden sie jetzt nicht dies sonderbare Gebäude so wehmütig betrachten, wie man sein zerstörtes Heim betrachtet, ein Hort, der es nicht nur für die Menschen, sondern auch für diese abgelegten, weggeworfenen, ungeliebten Gegenstände gewesen war, die sich hier glücklich gefühlt haben mußten, weil ihre Körper aus Aluminium und Eisen, ihre Kupferseelen, ihre Herzen aus Plastik und Glas wieder aufgewertet wurden. Das Paradies auf Erden für ihre leblosen Seelen, das plötzlich verwaist dalag und keine anderen Schritte mehr kannte als diese hohlen, verzagten, die sich lustlos und langsam den Räumen von Engracia näherten. Dort herrschte eine ungewohnte Stimmung von Vergangenheit aus Staub und Spinnweben, durch die mutterseelenallein der Papagei stolzierte und wie ein Hund seine Einsamkeit beklagte. Nur der Umschlag auf dem Tisch sah makellos und sauber aus, der weiße Umschlag glänzte im Halbdunkel.

»Sie hat gesagt, daß du dies alles haben sollst, sie dachte, du könntest es vielleicht gebrauchen«, meinte Josué. »Und du sollst alle Bücher, die du willst, deinem Großvater mitbringen«, fügte er noch hinzu und gab sich Mühe, daß ihm nicht die Stimme dabei versagte.

Melisandra setzte sich im Halbdunkel aufs Sofa, den Brief in der Hand. Draußen vor dem Fenster sah sie den hellen Mittag und verstand nicht, auch wenn es sie nicht gerade störte, warum es hier drin Abend war. Zum ersten Mal seit vielen Tagen vermißte sie den Großvater.

Die Männer gingen hinaus und kümmerten sich um ihre Aufgaben. Allein gelassen, fragte sie sich, welchen letzten Sinn das alles hatte, was geschehen war. Sie öffnete den Umschlag. Die klare, flüssige Handschrift überraschte sie.

Liebe Melisandra,

warum habe ich Dir dies alles nicht erzählt, als Du mir noch in die Augen sehen und mir Fragen stellen konntest? Ich weiß es nicht. In diesen Tagen, während ich darauf warte, daß alles zuende geht, denke ich wieder an Waslala und alles, was dort einmal geschah; so lange hab' ich es mir selbst verboten. Es tut mir sehr weh, und man versucht immer, dem Schmerz auszuweichen, ihm, wenn es eben geht, zu entkommen. Doch kann ich das jetzt wohl nicht mehr; die Schmerzen meines Körpers haben die alten Schmerzen meiner Seele aufgeweckt. Ich sehe Dich an und sehe mich selbst in Deinem Alter: Herz und Verstand im Widerstreit, uralten Träumen auf der Spur, die wir geheimnisvoll im trüben Wasser unseres Mutterleibes in uns aufsaugen. Was wären wir Menschenwesen schon, wenn wir nicht träumten? In welch langweiliger, mittelmäßiger, zynischer Welt lebten wir dann? Die Menschheit entstand auf der Suche nach ihren Träumen. Doch man sagt uns, daß die Zeit der Träume vergeht, wenn die Welt komplexer wird. Wir hätten schon genug geträumt, und es sei Zeit, pragmatischer zu werden und zu verstehen, daß es gefährlich ist, zu träumen. Und das mag stimmen, Melisandra; es ist so gefährlich, wie es nötig ist.

Ich servierte den Kaffee bei den Versammlungen, während derer Dein Großvater und seine Dichterfreunde Tag und Nacht über die Gründung von Waslala diskutierten. Ich weiß nicht, wie alt ich damals war, denn mein genaues Alter erfuhr ich nie. Ich muß aber noch sehr jung gewesen sein, obwohl ich mich schon wie eine richtige Frau fühlte. Ich brauchte immer sehr viel Zeit, sie zu bedienen, die Tassen auszuteilen, Milch und Zucker. Meine Hände sind schon immer etwas ungeschickt gewesen, einfach zu groß. Mehr als einmal goß ich, weil ich alles genau hören wollte, einem von ihnen heißen Kaffee über die Hosen, oder es fiel mir das Tablett aus der Hand. Dann schimpften alle, außer Don José. Er mochte mich, und ich verliebte mich unsterblich. Wie ein krankes Schaf sah ich ihn an, und dank seines stillen Einverständnisses ließ man mich in einer Ecke auf dem Boden sitzen und lauschen, wie sie von dieser Welt der Gleichheit und der Anmut sprachen, in der Liebe, Gemeinwohl und Kooperation die Pfeiler werden sollen, um jene Glückseligkeit zu schaffen, die weder sie noch ich jemals gekannt haben.

Als dann der Staatsstreich kam und man meinte, es sei Zeit, sich nach Waslala aufzumachen, da bat ich Deinen Großvater, mich mitzunehmen. Ich glaube, daß er mich damals schon ein wenig liebte. Es wäre ihm schwer gefallen, mich wie eine Dienstmagd dort zu lassen, nachdem ich schon die Umrisse einer anderen Daseinsebene gesehen hatte. Ich habe nicht viel Zeit, und ich bin müde. Vermutlich hat er Dir auch schon von Waslalas Gründung erzählt, doch wie ich ihn kenne, bin ich sicher, daß er alles Negative unterschlagen hat, und selbstverständlich auch all das, was zwischen ihm und mir geschah.

Anfangs wollten wir ganz demokratisch sein. Wir ernannten einen Vorstand aus Dichtern, von denen jeder einen Bereich des gemeinschaftlichen Lebens leitete. Alle Macht lag jedoch vermeintlich in den Händen einer Vollversammlung, die aus allen Mitgliedern der Gemeinschaft über sechzehn Jahren bestand. An jedem Nachmittag kamen wir bei Sonnenuntergang zusam-

men. Unsere Versammlungen waren endlos, doch unterhaltsam und anregend. So ging alles seinen guten Gang, während die Dichter dort den Ton angaben. Doch bald wurde uns bewußt, daß wir viele Regeln und Gebote aufstellen mußten, damit die Gemeinschaft funktionierte. Die Verantwortung des einzelnen reichte nicht aus, denn jeder interpretierte sie nach seiner Art. Als wir uns daranmachten, die Grenzen und Pflichten festzulegen, wurde die Versammlung zum Chaos. Welche Demokratie konnte es geben, Melisandra, wenn die meisten nur daran interessiert waren, die Probleme des täglichen Lebens, des Essens, der Kleidung, der Wohnungen und der Kindererziehung zu lösen, während für die Dichter die Schaffung neuer Lebensformen wichtig war, neuer Werte, einer neuen Sprache und neuer Formen von Partnerschaft? Man mußte die Mittel dieses Lebens definieren, sagten die Teilnehmer der Versammlung, bevor man auch die Freiheit definieren konnte.

Deinen Großvater deprimierte das alles sehr. In seiner Trauer fand er mich. Ich glaube, daß ich ihm, der sich den praktischen Aspekten des Lebens gegenüber immer hilflos fühlte, die Gelegenheit gab, fähig und weise zugleich zu sein. Gemeinsam bauten wir das Haus, gemeinsam brachten wir den Abend zu, er las mir vor, ich hörte zu und stellte Fragen. Er bewunderte das, was er meine »Listigkeit« zu nennen pflegte. Er wußte ja fast gar nichts von der Natur des Menschen. Diejenigen, mit denen er seine Träume wahr werden lassen wollte, gab es nur in seinem Kopf. Es waren allesamt abstrakte Wesen: durch und durch gerechte, gute Menschen. Für diese idealen Wesen, die seiner Phantasie entsprangen, war er bereit, sich aufzuopfern. Die mit Makeln behafteten Wesen um ihn herum mußten dagegen für diese Abstraktion zu jeder Einschränkung, jedem Verzicht bereit sein.

Das verstand ich allerdings erst später, Melisandra, viel später noch, als Dein Großvater schon fort war und diese Wirklichkeit durch das Handeln der anderen sichtbar wurde.

Die Versammlung fiel, ich sagte es bereits, rasch auseinander. Täglich kam irgend jemand mit einer neuen Idee und schlug gleich vor, daß das am Vortage Beschlossene verworfen werde. Inmitten allen Streits herrschte zwar immer noch die Brüderlichkeit vor, die uns so sehr am Herzen lag, doch fühlten sich die Dichter immer mehr verdrängt und attackiert. Die Versammlung wurde zum Monstrum, zur willkürlichen, impulsiven, unbewußten Diktatorin, die für die hitzigsten oder die besten Redner leicht manipulierbar war.

Schließlich waren wir alle bereit, sie aufzulösen und machten einen Neuanfang mit einem einfachen Vorschlag, der unseren Dichtern nahezu uneingeschränkte Macht gab. Das funktionierte eine Zeitlang besser. Die Diskussionen wurden ruhiger, und jeder konnte seiner Arbeit nachgehen. Es mochte nicht das Ideale sein, so dachten wir, doch es erlaubte uns, die Energien auf Dringenderes zu konzentrieren. Während dieser Spanne waren Dein Großvater und ich sehr glücklich. Ich liebte ihn mit all der Kraft und Zügellosigkeit meiner Jugend, und er, er liebte mich mit der ganzen Reife und Güte seiner Jahre, bis die Treue und die tiefe Liebe, die er auch zu Deiner Großmutter empfand, ihn die Entscheidung treffen ließ, sie herzuholen, sobald die Gefahr und Repression aufhörten, die Faguas beherrschten.

Ich komme bald ans Ende meiner Kraft und weiß nicht, ob ich lange weiterschreiben kann. Es tut mir leid, wenn ich Dir nicht mehr von dort berichten kann, doch laß ich Dir den Brief nicht nur um meiner Gedanken willen, sondern auch um Dir zu helfen, daß Du Waslala findest. Du wirst es finden, da bin ich mir sicher. An die Bemühungen Deines Großvaters hab' ich nie geglaubt. Ich meine fast, er suchte es, ohne es wirklich finden zu wollen, fürchtete er doch, auch mich zu finden, ohne bereit zu sein, mit seinem eigenen Verzicht zu leben, mit seiner Entscheidung, die ich immer geachtet habe.

Nimm Dir den Papagei aus meinem Zimmer mit und gehe bei Las Minas in den Wald, auf einen Weg, den Dir Pascual, ein Führer, den Du dort suchen mußt, zeigen kann. Dann folge den Instinkten, Deiner Ahnung. Hör ganz genau auf das, was Dir Dein Herz sagt.

In Waslala werden Deine Mutter und Dein Vater sein, sie können Dir erklären, was Du von unserem Experiment noch wissen willst. Was immer auch Dein Urteil sein mag, ich will nicht schließen, ohne Dir das meine hier zu geben: Waslala war das Schönste, was mir im Leben je geschah. Ich weiß nicht, was aus mir geworden wäre ohne die Erfahrung. Durch Waslala habe ich gelernt, wie unbeschreiblich wichtig es ist, zu glauben, zu glauben an die ungeheuren Möglichkeiten von uns Menschen, daran, teilnehmen zu müssen an der Verwirklichung unmöglicher, herrlicher, nicht alltäglicher Träume. Waslala war wahrscheinlich nie das Ideal, das wir erreichen wollten, doch hat das Leben dort mich gelehrt, daß der eigentliche Daseinsgrund von Idealen nicht der ist, Wirklichkeit zu werden, sondern dem Menschen Ziel und Herausforderung zu sein; die Freude, die es nur dann geben kann, wenn wir begreifen, daß wir die Fähigkeit besitzen, das Leben um uns zu verändern und eine Welt zu schaffen, in der wir glücklich werden können. Eine Welt, in der weder ich noch Morris, noch meine Muchachos und so viele, viele andere zwischen Müll und Abfall leben oder sterben müssen. Warum denn sollen wir uns nicht erlauben, dies zu träumen, Melisandra?

Hinzunehmen, daß unsere Ideale nicht erreichbar sind und unsere Mühe nicht verdienen, mag uns erlauben, das Bewußtsein zu beruhigen und unsere Ohnmacht einzugestehen, die traurigen Dinge und die Ungerechtigkeiten des Lebens nicht ändern zu können, doch bringt es uns auch dahin, unsere Verantwortung nicht zu akzeptieren und uns damit abzufinden, niemals in den Besitz der Freude zu gelangen, an unsere tiefsten Träume geglaubt und sie realisiert zu haben, so kurz, begrenzt und fehlerhaft all das auch gewesen sein mag. Mehr als je zuvor bin ich jetzt überzeugt davon, daß nur in unserer Fähigkeit, das Unmögliche zu denken, die Größe und die Errettung unserer Art liegt.

Da siehst Du mal, auch mitten im Müll kann es noch Sehnsucht geben! Meine einzige Warnung ist die, die jemand schrieb, den ich in Waslala las: Laß niemals zu, daß die Idee, ein Traum wichtiger wird als das Wohlbefinden des Geringsten, Ärmsten unter den Menschen. Das ist die Zwickmühle, das Rätsel, die Herausforderung, die ich Dir hinterlasse. Ich sterbe mit dem Traum, daß wir sie eines Tages lösen werden.

Ich wünsche dir Glück, Melisandra. Paß mir auf die Muchachos auf, auf deinen Großvater, auf Faguas.

Engracia.

Engracia, Engracia, Engracia, murmelte sie atemlos. Ach, wenn ihre Stimme sie doch herbeiholen könnte! Sie war so nah, und ihr blieben noch soviele Fragen, ein so großer Wunsch, sie in den Arm zu nehmen, mit ihr zu reden, mit ihr über verlorene und gefundene Träume zu weinen. Das immer wiederkehrende Gefühl, etwas

Größeres und Rätselhafteres zu leben, als man verstehen oder angehen konnte. Teilchen eines unbekannten, dunklen Schicksals zu sein, in dem die einzige Klarheit darin bestand, gegen alle Vernunft und vielleicht Hoffnung diese Sehnsucht zu besitzen und zu bewahren, die wer weiß woher kam, daß die Suche irgendwann einmal zum Ziel führe. Die Botschaft, die immer wieder im Innern auftauchte wie ein Befehl, der beharrlich, unbeirrt, hartnäckig dem Blut diktiert wird: sich aufzumachen zu dem weit entfernten Ziel, dem leuchtenden Punkt dort vor uns in der Zukunft, unerreichbar, der die Menschheit dazu aufruft, ohne Karte und Kompaß loszuwandern. Mit nichts anderem als dem Wunsch, der Sehnsucht und der Überzeugung, daß es zu schaffen ist, daß wir den segensreichen Ort erreichen können; wie sonst wäre zu verstehen, daß er beharrlich wiederkommt, der Traum, Generation um Generation, trotz aller Mißerfolge, als klarer und einfacher Beweis, daß er nichts anderes ist als blinder, ureigener Instinkt: der schönste, erhabenste, weitreichendste aller Instinkte …

Waslala kehrte in ihre Gedanken zurück mit dem Klang einer fernen Trommel; unvollkommene, strahlende Verrücktheit. Ihr Großvater und Engracia, wie sie zusammen saßen, einer gegen den anderen gelehnt, und lasen, diskutierten; die Theorie, die Praxis; die Schulen, die Kinder, das Dach über dem Kopf, der Edelmut, die Ehrlichkeit, die verlorene Gewohnheit, großzügig zu sein. Warum hatte sie nicht schon eher bemerkt, daß sie sich liebten? Nicht herausgelesen aus der Art, wie er von ihr sprach? Sie trocknete sich mit beiden Händen die Tränen, doch liefen sie ihr unaufhaltsam aus den Augen, als wäre ihr ganzes Blut zu Wasser geworden, zu dem Fluß, der jetzt mit allem, was er hatte, mit Seekühen, Haien, Sardinenschwärmen, Barschen und Brassen, aus ihr hervorquoll, ein heiseres Weinen mit Inseln, Riffs und Stromschnellen, der ganzen Landschaft ihres Lebens und ihren Rätseln ohne Lösung, der Liebe und dem Groll gegen ihre Eltern, die Großeltern und Joaquín. Raphael, der vielleicht wieder ginge und etwas von ihr mitnähme; die Palmen, die sich mit ihren Säbeln dem Wind entgegenwarfen, Morris, Engracia, Engracia, Engracia, ihr Traum, die wiedergefundene, wieder verlorene Mutter.

51. Kapitel

Raphael las den Brief erst später. Gegen das Kopfende des Hotelbettes gelehnt, den rechten Fuß auf den Boden gestellt, verharrte er schweigend, abwesend, der herabgesunkene Arm hielt lax die weißen Blätter. Melisandra sah vom kleinen Tisch, wo sie an ihren Großvater schrieb, zu ihm hinüber.

Mit jedem Tag wurde die Liebe größer, die man in ihren Augen sah, dachte sie. Jede Nacht nährten sie sich gierig aneinander, zehrten sie von dem, was die Zeit ihnen ins Fleisch und in die Seele legte. Schon hatte sie begonnen, das seltsame Gefühl zu spüren, daß sie ein einziges Wesen waren, so als ob ihre Haut plötzlich und unerklärlich nicht mehr bei sich selbst aufhörte, sondern heimlich die Fähigkeit entwickelt hätte, die Entfernung zu ihm zu überwinden und ihn einzuhüllen, genauso, wie seine Haut auch sie einhüllte: Höhle, Luftblase, die sie umgab und sie vereinte, auch wenn sie nicht zusammen waren.

»Findest du es nicht auch unglaublich?« Raphael sprach leise. »Nicht nur das, was dieser Brief sagt, sondern was er im Nichtgesagten ahnen läßt. Wie dieses Leben von Engracia gewesen sein muß, von dem wir nur ein paar Augenblicke erlebt haben? Das Gleiche habe ich schon bei Lucas gedacht: daß jeder von uns mit seinen Erlebnissen, seinen Erfahrungen stirbt, verlischt, ohne sie weitergeben zu können. Alles, was verschwindet, löst sich in Luft auf. Vielleicht bin ich deshalb Journalist geworden, wegen dieser Angst, daß das Schweigen alles schluckt.«

»Ja«, murmelte Melisandra, »man muß wirklich sehr viel Lärm machen in dieser Welt, damit wenigstens ein Echo bleibt. Doch wird es niemals mehr sein als nur ein Echo. Wiederholung, entseelter Laut. Was uns rettet, ist die Wirkung; das, was dieser Laut hervorruft, wenn er auf einen anderen Menschen trifft. Das ist der Umstand, der die Mühe lohnt.«

»Was werden wir wohl in Waslala finden? Und wann, meinst du, können wir endlich losfahren?« fragte er.

Eine Woche später machten sie sich auf den Weg. Die Aufräumarbeiten im ehemaligen Hauptquartier der Espadas wollte man aufschieben, bis sie zurückkehrten. Nach wie vor war es gefährlich, sich dem Ort zu nähern, zehn Tage nach der Sprengung kam es immer noch gelegentlich zu Explosionen, die die Erinnerungen wieder aufleben ließen, und der Geruch von Pulver störte die friedliche Stimmung, um die herum sich Cinerias Einwohner schon zaghafte Illusionen woben. Immerhin hatten sich die Banden, denen es nun an Waffen und Munition fehlte, ganz zurückgezogen, und es waren jetzt die Kommunarden, die, auf die von Engracia emsig gehorteten Waren gestützt, den Ton angaben. Durch ihr Überlegenheitsgefühl zusammengehalten, übten sie unter dem Befehl von Josué eine sanftere, gewaltlose Autorität aus. Der Kanal vom Pazifik in den See war unter Kontrolle gebracht. Die Kapitäne der Containerschiffe wurden zur Umkehr gezwungen, mit der Begründung, daß auf dem Müllplatz Quarantäne herrsche.

Maclovio hatte sich am Tage nach der Explosion nach Timbú aufgemacht, Melisandra war auch jetzt, da sie von den Philinplantagen wußte, nicht überzeugt davon, daß man sie zerstören mußte. Das Philin war immerhin eine Einkommensquelle. Hatte sich nicht auch die entwickelte Welt bereichert, indem sie vor der Moral die Augen schloß? Warum sollten jetzt ausgerechnet sie, von denen man nie etwas Gutes erwartete, ein Beispiel für zivilisiertes, verantwortungsbewußtes Handeln liefern? Sie brauchten doch die Einkünfte, rechtfertigte sie sich gegenüber Raphael. Er vermied es, ihr zu widersprechen. Auch er mußte eine Entscheidung treffen, doch war er glücklicherweise noch in der Lage, den Zeitpunkt dafür hinauszuzögern. Hier schritt die Zeit gemächlich fort, ließ Irrtümer der Menschen zu, ein Zögern, die Möglichkeit, zu korrigieren. Hier ließ sie nicht das Trugbild entstehen, unabhängig vom Menschen abzulaufen, eine kristalline Substanz zu sein, die die Gefühle vernichtete, bevor sie überhaupt gespürt werden konnten. Kaum jemand benutzte eine Uhr. Die meisten Menschen lasen die Zeit auf der Uhr der Kathedrale, und die ging seit den Explosionen falsch, schlug Morgenstunden, wenn es Abend war. In Jaimes Jeep fuhren sie frühmorgens los, in Richtung Timbú, Las Minas und Waslala; Engracias Papagei war auch dabei. Melisandra hatte das Gefühl, als bewege sich die Welt in Zeitlupe. Vor dem Hotel hatte sich eine Menschenmenge versammelt, um sie zu verabschieden. Während sie sich langsam entfernten, drehten sich in ihrer Erinnerung die Gesichter der Menschen, der flüchtig gesehenen Kinder und Jugendlichen schwindelerregend im Kreis. Sie konnte jeden einzelnen von ihnen vor sich sehen, die sehnsuchtsvollen Augen, die Züge der Alten, die sie wie weise Götzenstatuen mit einer Güte und Nostalgie ansahen, als dächten sie noch einmal an ihre Jugend und ihre unbegrenzten Möglichkeiten. Sie spürte, daß die Männer und Frauen in ihr der Trägerin ihrer Hoffnungen Lebwohl sagten, einer Art mythologischer Figur, die im Namen aller zu einer Heldenfahrt voller Aufgaben, Rätsel und Fallen aufbricht. Nicht einmal die Tage harter Arbeit und die Herausforderung des Neuen hatten die Menschen ihre Erwartungen und ihre Sorge um diese Reise nach Waslala vergessen lassen. Der Feuersturm galt als ein göttliches Zeichen, ein übernatürliches Ereignis, das keinen anderen Grund hatte, als ihr die Entdeckung von Waslala zu gestatten. Man spekulierte unablässig, was geschehen mochte, wenn sie es endlich fand. Ein jeder gab seine Phantasie vom Paradies auf Erden zum besten und schwieg abergläubisch über die bittere Möglichkeit, daß Waslala gar nicht existierte.

Worte, Gesichter, die Tage voller Arbeit türmten sich ihr zu einer Lawine von Bildern in ihrer Brust, während sie sich umdrehte und winkte, und sich gleichzeitig tapfer und feige vorkam.

Indem sie sich so schlicht verhielt, wie sie es noch von der Großmutter kannte, hatte sie zu verhindern versucht, daß die Verehrung, mit der man ihr begegnete, sich zwischen sie und die Menschen stellte. Am Schluß mußte sie es dann doch zulassen und es sogar als Quelle ihrer Autorität nutzen. Doch jetzt konnte sie endlich ausspannen, den Kopf auf die Rücklehne des Sitzes legen, erleichtert aufatmen und einfach mit Raphael zusammen sein, als Passagierin auf dem letzten Stückchen ihrer Reise.

52. Kapitel

Langsam fielen die Schatten auf die Dächer von Timbú, so als wären fleißige Frauen damit beschäftigt, die Möbel eines sonnendurchfluteten Hauses mit Trauerflor zu schmücken. Raphael saß auf dem Hügel, von dem aus die Philinplantagen zu sehen waren, und betrachtete abwesend das alltägliche Ritual des Wechsels vom Tag zur Nacht. Er nahm kaum die herrliche Landschaft wahr, so sehr beschäftigte ihn das komplizierte Geflecht der Ereignisse, bei dem er, das war ihm klar, längst nicht mehr Zuschauer, sondern Akteur war, ohne die Chance oder auch nur den Wunsch, es nicht zu sein.

Melisandra saß immer noch mit Krista, Vera, Maclovio und den Honoratioren von Timbú im Hotel. Die Diskussion über das Philin war endlos und ermüdend. Als sie am frühen Nachmittag im Jeep ankamen, empfing sie der ganze Ort wie Helden: Die Leute liefen auf die Straße und schwenkten Taschentücher, doch im Jubel schwang auch Spannung mit. Die Einwohner, die wußten, was von ihnen erwartet wurde, debattierten ohne Ergebnis. Sie konnten sich nicht entschließen, im Namen von Prinzipien, die ihnen niemals gerecht worden waren, auf das zu verzichten, was bis dahin ihren Lebensunterhalt gesichert hatte.

Maclovio sonnte sich in der Zuneigung der Einwohner, das merkte Raphael sehr bald. Eine untersetzte, stämmige Frau mit freundlichem Gesicht, die zum Empfangskomitee gehörte, hielt eine kurze Rede vor der Menge, die auf dem kleinen Platz zusammengekommen war, auf dem Lucas zum letzten Mal die Zukunft anderer vorausgesagt hatte, ohne die eigene zu ahnen. In ihrer Ansprache strich sie besonders die positive Rolle heraus, die Maclovio bei der Rettung der Waisenkinder gespielt hatte, als die Espada-Brüder sie verkaufen wollten. Und sie erwähnte auch, wie der Argentinier ihnen half, die Armut zu überwinden und eine langfristige Einkommensquelle zu finden. Die Leute spendeten donnernd Beifall, während der Geehrte bescheiden die Augen senkte und auf seine Schuhspitzen sah.

Vielleicht war dies das einzig Positive, was Maclovio je in seinem Leben getan hatte, dachte Raphael, doch war es mehr, als die meisten ehrenwerten, gutsituierten Bürger der Vorstädte auf ihrem Konto hatten. Nach allem, was geschehen war, empfand er für Maclovio pure Sympathie, ja sogar Zuneigung. Er war ein Überlebender, einer von vielen, die sich beim Verdienen ihres Lebensunterhaltes die Hände schmutzig machen und mit den Delirien, der Verzweiflung derer handeln mußten, die aus weiß Gott welcher Vereinsamung fliehen und wenigstens einen Augenblick lang glücklich sein wollten. Man konnte das moralische Dilemma jedoch nicht nur auf seine Hauptakteure reduzieren. Jeder Mann und jede Frau war Monstrum und Magier zugleich, doch hinzunehmen, daß diese Ambivalenz der menschlichen Art ureigen ist, barg die Gefahr, die Versuchung in sich, das Unannehmbare anzunehmen, das Unverzeihliche zu rechtfertigen. Vielleicht brachte es der Beruf mit sich, gänzlich entgegengesetzte Meinungen zu tolerieren und sogar noch zu verstehen. Darauf beruhte die Objektivität. Natürlich wußte er, wie trügerisch dieses Wort war. Unweigerlich ergriff man Partei. Die Kunst bestand darin, das Urteil verdeckt abzugeben, die Illusion der Unparteilichkeit zu bewahren. Im Falle des Philin gab es die Alternative nicht. Der Sachverhalt an sich brachte schon die soziale Verdammnis. Nichts, was er sagte, konnte die Reaktionen oder Aktionen beeinflussen, die daraus entstanden, daß er die Information preisgab. Melisandra und die anderen mochten die Versammlung weiterführen, die er erschöpft verließ, doch selbst wenn sie beschließen sollten, die Plantagen zu vernichten, blieb die letzte Entscheidung doch ihm vorbehalten. Er brauchte nur die Taste zu drücken und den Bericht zu senden, den er an einem dieser Abende geschrieben hatte. Es machte nicht mal etwas aus, daß kein Bildmaterial vorhanden war. Gleich morgen konnte er es beschaffen, indem er auf den Hügel zurückkehrte, von dem aus er jetzt den aufgehenden Mond betrachtete, die Sternennacht, die dunklen Bergmassive in der Ferne.

Das Grundproblem bestand darin, daß es bei seiner Entscheidung nicht mehr allein um das Philin ging. Die Reportage schicken hieß, sich von dem allen hier auszuschließen, keine Rücksicht auf die Folgen zu nehmen, sich zum Vertreter eines Berufes zu bekennen, der von leidenschaftslosen Regeln und einer Ethik bestimmt wurde, die nur die Wahrheit gelten ließ. Sie andererseits nicht zu übertragen bedeutete, Partei zu ergreifen, sich selbst von allem auszuschließen, was bisher dieses Leben eines klugen, mutigen Reporters ausgemacht hatte. Wieviele Lucas' noch, das war nicht mehr die Frage. Vielmehr ging es um ihn und auch um Melisandra; ob er bereit war, diese Frau aufzugeben, die Geschichte aufzugeben, die er zu dokumentieren begonnen hatte, diese im Universum seines Berufes immer seltenere Geschichte einer Gruppe von Menschen, die sich noch einmal erschaffen, die ihre Existenz ganz neu definieren wollen. Die Geschichte eines Aufbaus, die ihm unendlich packender erschien, als Morde aufzulisten oder zu versuchen, einen Sinn in der Willkür der Gewalt zu finden, ohne überhaupt zu wissen, ob man dafür arbeitete, sie zu bremsen oder die perverse Lust daran zu stillen. Er hörte leichte Schritte, das Knacken von Ästen, ein Keuchen. Als er sich umwandte, sah er Melisandra in der Dunkelheit, ihren schlanken Körper, ihr kupferrotes Haar im bleichen Mondlicht. Sie kam herbei und ließ sich neben ihm nieder.

»Sie wollen nur noch diese Ernte einbringen, dann werden sie die Plantagen abbrennen«, sagte sie und rieb sich die Augen. »Das ist der Beschluß.«

53. Kapitel

Zwei Tage später verließen sie Timbú. Zurück blieben die holländischen Mütter mit dem kleinen Hans, Maclovio, der die letzte Ernte organisieren wollte, um seinen Verpflichtungen nachzukommen und sich selbst zu retten, die Familien, mit denen sie Freundschaft geschlossen hatten, neue Gesichter, die sie voll Hoffnung und Erwartung verabschiedeten und ihnen kleine Geschenke für die Reise brachten: Brot, Käse, Süßigkeiten, Maisteig für den Papagei, der Früchte mit beleidigtem Gesicht zurückwies.

Durch die glänzend grünen Philinfelder fuhren sie auf einem Schotterweg in Richtung der Berge. Nach wenigen Stunden Fahrt wurde die Vegetation dichter und kündigte an, daß sie in einen riesigen, tropischen Wald eintauchen würden. Die Bäume mit den dicken Stämmen, auf denen Kletterpflanzen mit großen, gezahnten Blättern wuchsen, brachten Melisandra die Erinnerung an den Fluß zurück, nur daß hier das Wasser, statt zu fließen, in der Luft zu schweben schien und Nebelbänke schuf, die sich wie schmachtende Gespenster um die unteren Äste legten und, wenn ein Windstoß kam, von Baum zu Baum flatterten.

Man hätte meinen können, sie wären plötzlich allein in einer unberührten Welt, deren Einsamkeit nur vom Gesang der Vögel oder einem verirrten Rind unterbrochen wurde, das nach Futter oder einem Herrn suchte. Durch das Blattwerk der Baumkronen sah man die Berge, die jetzt näher gerückt schienen und ihre unregelmäßigen Linien zeigten. Dort mußte Waslala liegen, zwischen den Zwillingstälern, wo die Kompaßnadel sich wie verrückt im Kreise drehte und nur der Papagei den Weg fand, wenn es stimmte, was der Alte in Timbú gesagt hatte über diesen Vogel: daß er ein lebender Kompaß war, der sich nie in der Himmelsrichtung irrte. Jetzt saß das Tier zwischen ihnen auf der Rückenlehne eines der Sitze und stieß von Zeit zu Zeit menschliche Laute aus, mal männliche, mal weibliche, die wie die Stimmen von Morris und Engracia aus dem Jenseits klangen. Als sie den Weg in Richtung der Berge eingeschlagen hatten, war er aus seinem Trauerschweigen aufgewacht und hatte erregt und mit aufgeplustertem Gefieder seine Sprache wiedergewonnen.

Ob er etwas wiedererkannte, fragte sich Melisandra, ob er eine Erinnerung besaß? Bald würden sie es wissen, gab Raphael zurück.

»Vielleicht ist er wie dein kleiner Apparat, mit dem du heute morgen die Philinplantagen aufgenommen hast, die Felder, wie sie sich im Winde wiegten«, meinte sie und fügte noch hinzu: »Was willst du denn jetzt machen, Raphael, was nützt es denn jetzt noch, deinen Bericht zu schicken? Warum willst du sie dazu animieren, Flugzeuge und Patrouillen auszusenden? Sie werden, wenn sie kommen, nur abgebrannte Felder finden. Wir wollen sie hier nicht mehr sehen. Wir haben genug von der Umweltpolizei.«

Er wisse ja noch gar nicht, ob er die Reportage senden werde, sagte er. Er dächte noch darüber nach. Er habe Zeit. Wenn sie aus Waslala zurück wären, wolle er es entscheiden.

»Bevor du wieder wegfährst.« Ihre Feststellung klang zugleich wie eine Frage.

Er wolle seinem Redakteur einen Bericht über Faguas vorschlagen, sagte er. Dann könne er länger hier bleiben.

»Vielleicht hast du dich ja schon angesteckt«, lachte sie. »Vielleicht gehst du ja nie mehr fort. Denn wen soll es schon interessieren, was in Faguas passiert.«

Ihn interessiere es, antwortete Raphael. Er sei nicht Journalist geworden, um sein ganzes Leben lang nur den obskuren Gründen der Gewalt auf der Spur zu sein.

»Wie paradox, wie seltsam«, meinte sie nachdenklich. »Am Ende merkt man, daß Fortschritt und Zivilisation keine Antwort bieten, sondern im Gegenteil nur noch mehr Fragen aufwerfen, als sei die Welt wie eines dieser Spiele, wo man in ein Labyrinth aus schwarzen Linien dringt und gegen quergestellte Balken läuft, die einem den Weg versperren, so daß man umkehren und neu ansetzen muß; nur daß ab einem bestimmten Punkt der Rückweg abgeschnitten ist. Ob das die Kriege sind? Eine erzwungene Umkehr, die einzige Art, das Überkommene zu zerstören und neu anzufangen? Die Bestie schaffen und sie bestialisch vernichten? Wären nicht am Ende Länder wie Faguas gerettet, in denen es keinen Rückschritt geben konnte, weil es keinen Fortschritt gab und das Herz deshalb in seiner Unschuld heil blieb?«

Er verstehe nicht, wie sie meinen konnte, daß man hier ein heiles Herz habe, gab er zurück, sie werde schon noch sehen, wie schwer es sei, die schlechten Angewohnheiten auszumerzen, die Heimtücke, die das Überleben inmitten von Anarchie und Elend erforderte. Unschuld gehe nicht unbedingt mit Unwissenheit einher. Oft führe die Verzweiflung über die Armut zur Hinterlist statt zur Aufrichtigkeit. Hatten sich die Menschen einmal daran gewöhnt, keinen Regeln zu folgen, war es schwer, eine Ordnung durchzusetzen. Er hatte das hautnah bei den Straßenbanden erlebt. Ohne die Perspektive einer angenehmen, geordneten Existenz war das Soldatenleben für viele eine würdigere Alternative als das Betteln. Die Espadas hatten diese traurige Tatsache ausgenutzt.

Ohne wirkliche Macht greife man auf Hinterlist, auf die Macht des Verrats zurück, verwandele sich die Ohnmacht in brutale Gewalt, in Sadismus, sagte sie, das habe sie in dieser Zelle gelernt, als sie gefesselt, mit der Kapuze über dem Kopf, dem allmächtigen Soldaten ausgeliefert war, der über ihr kniete und sie zwang, seiner widerlichen Schilderung einer Vergewaltigung zuzuhören, die dadurch, daß sie in der Phantasie stattfand, nicht weniger brutal wurde.

»Davon hast du mir nichts erzählt«, reagierte Raphael aufgebracht. Die sinnlose Wut rief einen bitteren Geschmack in seinem Mund hervor.

»Ich hatte bis jetzt nicht mehr daran gedacht«, flüsterte sie und kreuzte die Arme vor der Brust, um den eiskalten Schauer zu bekämpfen, der sie schüttelte.

»Es wird besser sein, wenn du es rausläßt«, meinte Raphael und hielt den Jeep unter einem prächtigen Baum an, dessen Zweige gegen den Abendhimmel ein Geflecht mit den Sternen woben. »Komm, schrei es heraus, weine, wenn du magst.« In den Wirren der vergangenen Tage hatten sie kaum Zeit gehabt, die Fülle der auf sich einstürmenden Gefühle zu verarbeiten. Jetzt brachen sie alle über sie herein, ausgelöst durch das Bild des Wachsoldaten.

Er umarmte sie heftig, hielt sie gegen sich gepreßt, fühlte, wie ein Schauer über ihren Körper lief. Der Papagei, der sie mit seinem Vogelschielen ansah, fing plötzlich an, wie ein Kojote zu heulen. Der unsägliche Klang, der Anblick des Tiers, das seinen Hals hochreckte, hielt sie davon ab, noch tiefer in Trauer zu verfallen. Sie stellten sich vor, daß dies ein komisches Ritual Engracias gewesen sein mochte. Zwischen ihrem Lachen und einem Weinen, das eher Erleichterung als Bestürzung bekundete, tauschten sie einen komplizenhaften Blick, stiegen aus dem Jeep und begannen so, Hand in Hand in der klaren, einsamen Nacht, zum Mond hinaufzuheulen. Anfangs taten sie es, um der Schwermut zu entgehen, doch dann wurden die primitiven Laute immer mehr zum Urschrei, in dem sie mit der ganzen Kraft ihrer Lungen ihre Trauer und Wut hinausschrien, bis sich die Klage in Trotz verwandelte, kräftig erschallende Bestätigung von allem, was sie waren: lebende, bewußte Wesen in einem unberechenbaren Universum.

Am nächsten Tag erreichten sie Las Minas, nachdem sie im Heck des Jeeps übernachtet hatten und im Morgengrauen aufgewacht waren, als der Papagei an Melisandras feuchtem Haar pickte.

In Las Minas gab es keine gepflasterten Straßen. Obwohl der Ort mitten im üppigsten Grün lag, wirkte er wie ein staubiges Wüstendorf. Hohe Fördertürme ragten hinter den Häusern über den Schächten auf, die in den Berg und zu den Flözen führten. Von dorther kam der helle Staub, der Las Minas das sandige, bleiche Aussehen verlieh.

Sie brauchten nicht lange, um Hermann zu finden. Er hatte, dank guter Beziehungen zum Priester, sein Büro im hinteren Teil der Dorfkirche eingerichtet. Dort saß er hinter seinem großen Schreibtisch, umgeben von Bildern der Kreuzwegstationen, Meßgewändern, Abendmahlgeschirr und Heiligenfiguren, die in Reih' und Glied darauf warteten, im Kirchenschiff verehrt zu werden. Eine Anzahl rauher, sonnenverbrannter, abgearbeiteter Männer stand vor dem Tisch Schlange. Hermann verabschiedete sie schnell und freundlich, nachdem er Raphael und Melisandra herzlich begrüßt und darauf bestanden hatte, sie sofort in sein Haus zu bringen, wo sie ausruhen und ihn auf den neuesten Stand der Dinge bringen konnten.

Er wisse nicht, was er sagen solle, meinte er. Die Nachricht von Morris' und Engracias Schicksal hatte ihn sprachlos und traurig gemacht, doch hielt er das Ende der Espadas für einen Segen. Mit seinem Tropenhelm wirkte Hermann wie einer jener gutherzig neugierigen europäischen Forscher der Kolonialzeit. Während sie langsam die Dorfstraße entlangfuhren, die von Fußgängern, Ochsenkarren, Fahrrädern und ein oder zwei SAM-Jeeps benutzt wurde, hoben Kinder und Erwachsene die Hand zum Gruß; sogar die Hunde kamen auf den Wagen zu und wedelten, als sie Hermann erkannten, freudig mit dem Schwanz.

»Auch Las Minas hat mal Wohlstand gekannt«, erklärte Hermann. »Zu Beginn des 20. Jahrhunderts gehörte Faguas zu den zehn wichtigsten Goldproduzenten der Welt. Aber das hat wenig genützt. Aller Gewinn ging an die transnationalen Unternehmen, die die Schürferlaubnis hatten. Sie investierten zwar in die Anlagen, die Maschinen, doch als die Flöze erschöpft waren, zogen sie ab und ließen kranke, arbeitslose Bergleute zurück ... Tuberkulose, Staublunge, Malaria. Jetzt sind ja eher die kosmischen Metalle in Mode, doch trotzdem interessiert man sich noch für das Gold«, fügte er hinzu. »Die Goldwäscher, die für mich arbeiten, finden es in allen Flüssen der Gegend. Wißt ihr denn überhaupt, daß Waslala in der hiesigen Indiosprache ›Fluß der goldenen Wasser‹ bedeutet? Der Legende nach verschwand eines

Tages der Fluß, erhob sich aus der Erde, verwandelte sich in eine geflügelte Schlange und flog davon. Das ist eine meiner Lieblingslegenden ...« Er lachte.

Hermanns Haus gehörte zu einem Wohnkomplex, in dem einstmals die blonden, gutgenährten weißen Techniker der Minengesellschaft untergebracht waren. Vor dem Dorf, zum Wald hin gelegen, lugten die schmucken, auf die Erhebungen des Geländes gebauten Holzhäuschen wie übergroße chinesische Lampions aus den Baumkronen. Das Haus, in dem Hermann wohnte, war klein und besaß eine Veranda mit geschnitztem Geländer und ein Satteldach; es war auf einem der höchsten Hügel erbaut und stand zudem auf Pfosten, so daß es aussah, als treibe es, gelb und rot gestrichen, auf dem Pflanzenmeer. In seinem Inneren war jeder Gegenstand – das bunte Tischtuch, das Geschirr, die Tonfigurensammlung, die Bücher, die Familienfotos – sorgfältig und liebevoll plaziert und trug so zu dem schlichten, freundlichen Ambiente bei. Große Fenster ließen viel Helligkeit herein. Das Wohnzimmer führte auf die Veranda hinaus, von wo man auf den Wald blickte, der bis zum Horizont hin die Berge emporkletterte.

»Dies hier ist sicher dein Waslala, Hermann«, lächelte Melisandra, während sie dem Deutschen ins Haus folgte.

Später saßen sie auf der Veranda, schlürften frisch gepreßten, süßen Orangensaft und redeten lange miteinander. Hermann fragte nach Einzelheiten, und sie wechselten sich bei der Berichterstattung ab. Melisandra zeigte ihm Engracias Brief. Tief bewegt, las Hermann ihn und schüttelte dabei ungläubig den Kopf. Ein paar Tränen kullerten ihm über die Wangen und liefen in den grauen Stoppelbart.

»Ich kenne diesen Pascual recht gut«, sagte er nach langem Schweigen, während dem er zum ersten Mal auf den Papagei aufmerksam geworden war, der zwischen den Möbel umherstolzierte. »Wenn ihr es gestattet, kann ich mich um die Reisevorbereitungen kümmern, den Proviant, ja, beinahe hätte ich Lust, euch zu begleiten. Ich kenne den Wald ziemlich genau, und natürlich würde ich auch gern Waslala finden.«

Waslala

54. Kapitel

Der dunkle Wald war wie ein feuchter Tempel aus Moos und Farnen, flink daherhuschendem Getier und schlammiger Erde, wo Generationen von Blättern vor sich hin faulten und einen scharf-bitteren Geruch verströmten. Hoch über ihnen stießen die Baumkronen zusammen und verhängten den Himmel. Die Sonne konnte kaum das Dickicht durchdringen, ihre dünnen Strahlen ließen den Flaum fliegender Samenkörner zwischen Regenbogenschwärmen tanzen.

Flüchtlinge, die hier Schutz suchten, kehrten nach Jahren mit transparenter Haut zurück, erzählte Pascual. Hinter ihren Rippen könne man das Herz schlagen sehen, und die Kinder, die um sie her spielten, schnitten sich durch die Körper hindurch Grimassen.

Mehrere Tage marschierten sie jetzt schon zu Fuß; die Pferde, die sie anfangs ritten, hatten sie zurückgelassen. In diesem Dickicht, das nur mit der Machete zu durchdringen war, konnten Reittiere kaum von Nutzen sein. So folgten sie dem überwucherten Weg, den Pascual, das schwor er, wiedererkannte und auf dem sich Melisandra, Raphael und Hermann wie im Traume führen ließen, unfähig, den Tag von der Nacht zu unterscheiden und ohne zu wissen, ob sie wachend oder schlafend gingen.

Wie halluzinierend, schritten sie voran, spürten kaum das Gewicht der Rucksäcke, die Müdigkeit in den Beinen, durchstießen endlich den dampfenden Spiegel, in dessen Nebeln ihnen Traum- und Alptraumbilder erschienen.

Melisandra sah ihren Großvater durch das Blattwerk der Bäume, seine wasserblauen Augen beobachteten sie schalkhaft aus dem Gesicht des Rhesusaffen, der ihnen, klein und spindeldürr, ein gutes Stück folgte und sie mit Obstkernen bewarf. Du hast mich verlassen, schalt er Melisandra, ärgerte sie als einzige aus der Gruppe. Mich hat man auch verlassen, gab sie zurück. Wer will mir vorwerfen, daß ich das Kettenglied kennenlernen will, das mich einst ans Leben band, den Ort, der mir jetzt mit Zinsen nicht nur das zurückgeben muß, was er mir nahm, sondern auch das, was vor mir lag und verlorenging?

Raphael wurde von seinem eigenen Schatten verfolgt, dem des kleinen Jungen, der er einmal gewesen war, mit Liebe überhäuft in einer Umgebung, in der seine Freunde ihre Eltern von klein auf haßten; er, der Besitzlose, der durch ein geheimnisvolles Schicksal das besitzen durfte, was andere wie selbstverständlich bekamen, der sich auf ewig in der Schuld fühlte und immer noch darüber staunte, daß ihm dies alles umsonst gegeben worden war, der Risiken einging und sich dorthin begab, wohin sonst niemand zu gehen wagte. »Vielleicht hast du dich ja angesteckt, vielleicht gehst du nie mehr von hier fort.«

Als er sah, wie Raphael Melisandra mit ausgestrecktem Arm die Abhänge hinunterhalf und sie ihm mit ihrer Hand den Schweiß von der Stirn wischte, dachte Hermann an seine eigenen Liebeserinnerungen, ganz abgenutzt schon vom Gebrauch, verblichen und verwoben mit den Stücken anderer Erinnerungen, oder von seiner Phantasie auf so strahlende Höhen getragen, daß sie ebenso gut nur Ausdruck seines Hungers nach einer angenehmen Vergangenheit sein mochten. Er hoffte, Raphael verstünde, wie unersetzlich ihm Melisandra wäre und daß ihm von nun an lediglich die Wahl zwischen ihr und der unerbittlichen Nostalgie bliebe.

Abends campierten sie um Lagerfeuer, die der praktisch veranlagte Pascual geschickt entzündete, und erholten sich im Gespräch miteinander, machten sich Mut und unterhielten sich, bis die Glut verzehrt war. Pascual trocknete sich immerzu die Augen, die ihm unablässig tränten. Er war dunkelhäutig, klein und stark, hatte einen langen Oberkörper, aber sehr kurze Beine. In den wenigen Momenten, da seine Augen nicht unter Wasser standen, war sein Blick sanft und von einer Ruhe, die nicht der Entspannung, sondern dauernder Wachsamkeit entsprang, seiner zweiten Natur. Er sprach nur wenig und war abergläubisch – er behauptete, das Tränen seiner Augen käme vom Zauber einer Mulattin, an die er die ganze Ration Liebe verschenkt hatte, mit der er auf die Welt gekommen war, und die ihn eines Tages leid war und ihn auf ewig weinend zurückließ. Seine Augen hätten eigentlich ausgeschlossen, daß er Waldläufer wurde, doch der Zauber, der ihm die Welt unter Wasser setzte, belebte genauso unmäßig seinen Orientierungs- und Geruchssinn, sein Gehör.

»Durch Tränen sieht man die Wirklichkeit klarer«, sagte er.

Pascual schnarchte gewaltig. Seine Reisegefährten dagegen waren von einer plötzlichen Schlaflosigkeit befallen, ihre leuchtenden Augen wurden in der mond- und sternenlosen Dunkelheit zu denen lauernder Tiere. Eines Nachts erwachte Melisandra gegen Raphael gepreßt und hielt ihn für ihre Mutter. Die Erwartung, sie bald zu finden, ließ uralte Gefühle in ihr aufsteigen und sie eine tiefe Leere empfinden, einen Hunger nach der Brust und der Umarmung der Mutter. Wie nie zuvor empfand sie deren Abwesenheit, den körperlichen, stechenden Schmerz der zerrissenen Nabelschnur. Raphael tröstete sie. Du würdest den Schmerz auf jeden Fall spüren, sagte er. Das geht uns allen so. Irgend jemand hat uns erschaffen und uns in diesem Universum ausgesetzt, und so sind wir alle Wesen ohne Vater und Mutter, Reisende auf dem Weg wer weiß wohin.

Am nächsten Tag sah sie einen Jaguar. Sehr nah. Er ließ sie vorbeiziehen, schaute sie nur starr an und blieb ganz ruhig sitzen.

Wenig später gelangten sie auf eine seltsam unwirkliche Lichtung, auf der sich zwischen Fichten und Zypressen Fundamente von Gebäuden erahnen ließen. Pascual beschleunigte aufgeregt seine Schritte. Da, wo einmal ein Platz gewesen sein mußte, erhob sich ein riesiges, sonderbares Holzpferd mit einem Loch im Leib. Wäre es nicht wie ein Karussellpferd geschmückt gewesen, hätte man es für eine Nachahmung des Trojanischen Pferdes halten können. In seine Mähne waren bunte Bänder geflochten, auf seinen Rücken ein blau-goldener Sattel gemalt. Raphael zog seinen Apparat hervor und filmte es von allen Seiten. Melisandra, Hermann und Pascual liefen im Gestrüpp umher und suchten nach den Stümpfen von Mauern und Häusern.

Dies war Wiwilí, meinte der Führer. Sie mußten jetzt ganz in der Nähe von Waslala sein. Seine Eingebung ließ ihn auch nach so vielen Jahren nicht im Stich. Er war noch ein Jüngling gewesen, als er auf einem seiner Kundschaftergänge genau an dieser Stelle auf Engracia traf und sie für eine Riesin hielt. Sie beruhigte ihn und bat ihn, ihr zu helfen und sie zurückzuführen.

Die Stadt, so erzählte Pascual, widerstand vierhundertsechzehn Tage lang der Belagerung, dann ahmte ein Stratege die Achäer nach und drang in dem Holzpferd in den Ort ein. Das war während der ersten Kriege, sagte er. Den Gespenstern von Wiwilí schrieb man seither unerhörte Heldentaten zu, Schlachtenglück.

Sie aßen und beschlossen, die Nacht neben dem Pferd zu verbringen. In seinem Innern fanden sie Spuren anderer Reisender: einen Löffel, die Seiten aus einem Buch.

Wiwilí lag in einem kleinen Tal, das aus einer etwas spärlich bewachsenen Ebene bestand und an seinem Ende von Bergen begrenzt wurde, an denen die Vegetation wieder dicht emporkletterte. Die klebrig-feuchte Hitze, die wie eingesperrt im Tal flimmerte, ließ auch nach Einbruch der Dunkelheit kaum nach. Die Kleider durchgeschwitzt, saßen sie wie in einem Backofen, der noch unerträglicher wurde, als die Nachtinsekten auftauchten und, angezogen durch den Schweiß, auf sie niederfielen, ohne sich um die Schutzmittel und Leuchten zu kümmern, die Raphael aus seinem Rucksack gezaubert hatte. Pascual entzündete eine handgedrehte, übelriechende Zigarre, und als sie zuende geraucht war, hüllte er seinen ganzen Körper in eine Decke und schützte das Gesicht mit einer Mütze. Bald schnarchte er friedlich vor sich hin.

Von nun an würden alle vier gleich ahnungslos sein, hatte er beim Abendessen verkündet. Auch er wisse nicht, was sie jetzt finden würden. Er verfügte noch über seine Wünschelrute, die ihnen vielleicht helfen könnte, doch ansonsten wären sie auf ihre Intuition angewiesen.

Raphael und Hermann saßen neben dem Feuer, vertrieben mit fuchtelnden Armen die Insekten und warteten darauf, daß wunderbarerweise ein Wind aufkommen würde. Die Hitze des Waldes hatte beiden ordentlich zugesetzt, heute nacht wollten sie im Freien schlafen und auf das Zelt verzichten. Mit dem Rücken gegen die Reste einer Mauer gelehnt, konnte auch Melisandra nicht den Entschluß fassen, sich zurückzuziehen, und gab sich alle Mühe, den Papagei zu beruhigen, indem sie ihm den Kamm kraulte. Je tiefer sie in den Wald eingedrungen waren, desto schwieriger war es geworden, den Vogel unter Kontrolle zu halten. Auf dem Fußmarsch hatte sie ihn auf der Schulter getragen, doch seit sie in Wiwilí angekommen waren, mußte sie ihn sich auf den Arm setzen und mit einer Hand festhalten, damit er nicht auf den Boden sprang und mit seinen kurzen Flügeln ins Gebüsch davonflatterte. Der Vogel beruhigte sich für einen Augenblick, sträubte das Gefieder und stellte seinen gelben Kamm auf. Melisandra hörte die Männerstimmen in ihrer Nähe, etwas weiter entfernt das Schnarchen von Pascual, und legte ihren Kopf auf die unregelmäßige Mauer; sie war von einer Schlingpflanze bewachsen, die einen leicht säuerlichen, durchdringenden Geruch verströmte, der sie anfangs störte, den sie dann jedoch als einfachen, pflanzlichen Duft hinnahm. Der Schweiß lief ihr in Strömen über den Rücken, sie hatte das Gefühl, als sei ihr ganzer Körper aufgeweicht, klebe am Boden, am Humus. Wer mochte einmal hier gelebt haben? Und was mochten sie in einer klaren und doch stickigen Nacht wie dieser gedacht haben? Sie schloß die Lider, hielt den Papagei auf ihrem Schoß fest und schlief ein.

Schlagartig öffnete sie die Augen. Es überraschte sie die Helligkeit, der rotentflammte Himmel zwischen den Baumkronen, der Tagesanbruch. Langsam setzte sie sich auf. Der Hals tat ihr weh. Sie schloß die Augen wieder, um sie noch einmal zu öffnen, diesmal ohne die Verwirrung, wer und wo sie sei. Jetzt sah sie Raphael in eine Decke gehüllt neben sich liegen, Hermann dahinter. Sie mußten eingeschlafen sein, während sie bei ihr gewacht hatten, dachte sie. Vorsichtig, um keinen Lärm zu verursachen, reckte sie sich, zog die Beine an, bis sie hockte, die Hände auf den Knien. Zu den Bergen hin war das Licht von einer flimmernden Klarheit, so als läge die Landschaft dort unter Wasser getaucht und sie sähe sie durch seine Oberfläche hindurch. Sie fuhr sich mit den Händen über die Oberschenkel. Irgend etwas fehlte ihr, sie wußte nicht was, konnte es nicht benennen. Wieder sah sie zum Horizont hinüber, dem Flimmern. Der Papagei! sagte sie laut. Der Papagei saß nicht mehr auf ihren Beinen, war nirgendwo zu sehen. Erschrocken stand sie auf, strich sich die Kleider und das Haar glatt, ließ die Augen über die nähere Umgebung gleiten, sah ins Zelt hinein und ging suchend hin und her. Welche Einsamkeit, murmelte sie. Welche Welt des Schweigens, von keiner Menschenseele bewohnt! Ein Land der Affen, Tukane, Jaguare, Eidechsen, Insekten; Laute in chiffrierten, unverständlichen Sprachen. Sie durften nicht ausgerechnet jetzt den Papagei verlieren. Aufgebracht, wütend über sich selbst, wollte sie gerade die anderen wecken, da flog ein Papageienschwarm über den Himmel und füllte die Luft mit seinem lauten Geschrei. In Richtung der Berge schien sich etwas Grünes zu bewegen, der ungelenk hopsende Papagei, der aufzufliegen versuchte. Ohne auch nur darüber nachzudenken, lief sie darauf zu.

Auf halber Strecke spürte sie, wie sich ihr Körper entspannte und die rhythmisch arbeitenden Beine den Schwung erreicht hatten, mit dem sich der Lauf in ein köstliches Gefühl der Leichtigkeit verwandelte. Sie durchquerte das Flimmern, das sich, als sie näher kam, wie eine Fata Morgana auflöste, und lief weiter auf den Baum zu, wo sie den Papagei gesehen zu haben meinte. Sie mußte ihn im Dickicht suchen, dachte sie, sicher war er in der Zwischenzeit schon wieder ein Stück weitergeflattert.

Pascual hatte sie zu Beginn der Reise davor gewarnt, daß der Wald sich selbst endlos wiederholte und es deshalb leicht möglich sei, schon auf wenigen Metern die Orientierung zu verlieren. Melisandra fragte sich, ob sie aus diesem Grund den Eindruck hatte, länger gelaufen zu sein, als sie zu dem Papagei zu brauchen meinte; hatte sie etwa schon den Baum hinter sich gelassen, den sie glaubte, nicht aus den Augen verloren zu haben und der der gleiche sein mußte, den sie jetzt immer noch, vor Anstrengung keuchend, vor sich sah? Nach einer Zeitspanne, die sie nicht genau abzuschätzen vermochte, erreichte sie den Baum. Völlig außer Atem, lehnte sie sich gegen den Stamm und hörte ihr Herz laut in den Schläfen pochen. Sie wischte sich den Schweiß von der Stirn und aus dem glühendheißen Gesicht. Sobald sie wieder atmen konnte, ohne daß ihr die Lungen wehtaten, sah sie sich nach dem Vogel um, ging jedoch nicht weiter, sondern ließ ihren Rücken den Stamm des Genizarobaumes hinuntergleiten und setzte sich auf das aus dem Boden ragende Wurzelwerk. Sie mußte ausruhen, immer noch atmete sie heftig. Der Papagei konnte nicht weit sein. Sie ließ den Blick schweifen. Das dichte Grün umgab sie auf allen Seiten; ohne es recht zu merken, war sie in die grüne Wand eingedrungen. Überrascht stellte sie fest, daß sie am Fuß des Berges stand, der von Wiwilí aus zu sehen gewesen war. Endlich ging ihr Atem wieder ruhiger. Ein Schauer lief ihr über den Rücken, sie meinte, daß er vom verdunstenden Schweiß herrühre. Plötzlich hörte sie den Vogel. »Norden, Norden«, krächzte er gut verständlich.

Von einem Schreck getrieben, fuhr sie in die Höhe und bewegte sich auf das Krächzen zu. Der Papagei saß auf dem Zweig eines Busches und schien sie zu erwarten. Langsam näherte sie sich ihm, wollte sicher gehen, daß sie sich diese durchsichtige, reine, frische Luft und den kühlen Wind nicht einbildete. Der Korridor der Winde, flüsterte sie und warf noch einmal den Blick in die Runde, auf all das Grün, das sie umgab, die tiefglänzenden Töne, die sie erst jetzt wahrnahm und die nicht mehr unberührter Wald waren, sondern Merkmale einer Natur, die sich menschlichem Willen unterwarf.

55. Kapitel

So folgte sie dem Papagei, der mal ein Stückchen flog, dann wieder ungeschickt auf seinen Krallen vor ihr herstolzierte, die sich, lang wie sie waren, im Gestrüpp verfingen. Sie folgte ihm ebenso erwartungsvoll wie ängstlich; beschleunigte ihre Schritte und blieb doch schwitzend, trödelnd hinterdrein. Die Hände zitterten ihr bei der Vorstellung, den Schleier zu zerreißen und das Gerüst ihrer Phantasie mit Getöse einstürzen zu sehen.

Der Vogel glitt einen Hang hinab, zwischen Gebüsch, das Melisandra dazu zwang, ein Stück in der Hocke zu gehen. Zwischen den Bergen lag eine Senke, eine kleine Schlucht, über deren Grund einmal über glatte, rundgeschliffene Steine ein Bach geflossen sein mußte. Der goldene Fluß vielleicht, der, der sich in die Luft erhob. Sie ging sein Bett entlang, hörte ihre Schritte auf den Kieseln. Der Papagei hopste weiter vor ihr her und krächzte »Norden, Norden«.

Ihr Herz schlug wieder bis zum Hals hinauf, als sei sie noch einmal gerannt, ohne anzuhalten. Das Gelände stieg wieder leicht an, und die Schlucht verwandelte sich in einen Korridor, einen Tunnel im Dickicht, der um den Berg herumlief und in dem ein starker Wind blies. Das Seltsame war, daß der Wind, wenn er einen bestimmten Punkt erreichte, umkehrte und so im Kreise wehte, Wirbel um sie her bildete, ohne sie zu berühren. Ihr war, als bewege sie sich im Auge eines freundlichen, verspielten Wirbelsturms, der zwar brausend seine Kraft zur Schau stellte, ihr jedoch kein Härchen krümmte. Der Papagei genoß es sichtlich, daß ihm der Wind erlaubte, größere Sprünge zu tun und seine Flügel zu benutzen, statt weiter unwürdig wie ein Huhn herumhüpfen zu müssen.

Wieder tauchte die Vegetation auf, die Melisandra an die Hand des Menschen hatte denken lassen und die beim Abstieg in die kleine Schlucht verschwunden war. Am Ende des Korridors, zwischen den Bäumen, deren Kronen nicht zu sehen waren, lag ein von Paradiesvögeln bevölkertes Dickicht aus Knospen, Blattwerk mit roten Spitzen, Riesenfarnen und großen, gezahnten Schlingpflanzen, die sich um die Stämme rankten. Der Eindruck, den all dies hervorrief, war nicht der einer gezähmten Natur; der Wald behielt auch hier die Freiheit, sich zu bewegen, wie er wollte, doch spürte man die Hand, die hier und da Farbtupfer setzte, diskret und voller Achtung.

Der Korridor der Winde endete an einem riesigen Kapokbaum, dessen aschgrauer, hochaufragender Stamm in ein Gewirr von wild verzweigten Ästen überging. Sie ließ den Baum hinter sich und wanderte noch ein gutes Stück weiter um den Berg herum, der zur Rechten in eine Schlucht abfiel, aus der üppige Baumkronen emporwuchsen. Auf seiner Linken fand sie schließlich einen Pfad und schickte sich an, ihm zu folgen. Doch was sie sah, ließ Melisandra wie angewurzelt stehenbleiben und sich vor Überraschung die Hand vor den Mund legen, während ihr gleichzeitig das Blut aus den Adern wich, um gleich wieder in ihre Glieder zu steigen.

Vor ihr erstreckte sich ein liebliches, dichtbewachsenes kleines Tal, aus dem sich hier und da grüne Hügel erhoben, so als sei der Erde hier einmal ein Schauer über den Rücken gelaufen. Zur linken Seite sah sie verblüfft die roten Dächer aus dem Blattwerk ragen, dahinter eine Reihe Windmühlen neben einem Bach, der derselbe sein mußte, an dem der Großvater sein Haus gebaut hatte.

Sie nahm den Papagei vom Boden hoch und drückte ihn an sich.

»Warte, mein Kleiner«, flüsterte sie, »nicht so schnell.« Dann setzte sie sich, den Vogel im Arm haltend, auf einen umgestürzten Stamm. Einen Augenblick lang schloß sie die Augen, beugte den Kopf nieder. Dann atmete sie tief, wischte sich mit einer Hand die Stirn und setzte ihren Weg fort.

Sie schätzte, daß es acht, neun Uhr morgens sein mußte, an diesem herrlich klaren Tag. Sie hatte ihr Ziel erreicht, dachte sie und fühlte sich endlich seltsam ruhig und friedlich. Raphael, Hermann und Pascual suchten sie jetzt sicher schon.

56. Kapitel

Sie hatte erwartet, bei ihrer Ankunft in Waslala ihre Eltern zu treffen. Daß der Ort in seinem Zauber die Fähigkeit zur Vorahnung bewahrte und sie das Nahen ihrer Tochter spüren müßten. Sie sah jedoch niemanden, keine Menschenseele. Voller Erwartung lief sie zwischen duftenden Hecken und Blumenbeeten umher, Orangen- und Zitronenbäumen, Stämmen, an die sich riesige Pitahaya-Kakteen lehnten, die über und über mit dunkelroten Früchten behangen waren; sie sah, wie von dem mit Flußkieseln bedeckten Hauptweg in verschiedene Richtungen Pfade abgingen, bemerkte den Kanal aus dunklen Tonziegeln, in dem neben dem Weg her das Wasser lief, betrachtete die Häuser, die nicht in Reih und Glied standen, sondern sich den Bäumen um sie herum anpaßten, bewunderte die Bauten aus massivem Holz auf Stelzen, mit ihren Veranden und Pfeilern aus dicken Mahagoni-Stämmen. Jahrhundertealte Bäume wuchsen manchmal mitten durch die Häuser hindurch und aus ihnen heraus; mitunter waren Wohnräume auf benachbarte Bäume verteilt und durch Stege miteinander verbunden. Kleine Hütten hatten eigenwillige geometrische Formen, seltsame Winkel, deren Neigung sich den Gegebenheiten des Geländes anpaßte.

Wo mochten die Bewohner sein? Ob sie sich irgendwo versteckten? Oder war es eine Eigenschaft der Pflanzen, daß die Blumen in ihren Beeten blieben, die Büsche sich zu Hecken reihten, die großblättrigen Parasiten davon Abstand nahmen, die Stufen zu den Häusern hinaufzuklettern und die Lianen, zu den Fenstern hineinzuwachsen?

Der Papagei saß schweigend auf ihrer Schulter, als sie hier und da in die Häuser schaute. Deren Inneres strahlte eine leichte Atmosphäre von Verlassenheit und Verfall aus. Sie rief Hallo. Nichts. Irgend jemand mußte doch da sein. Meine Mutter, dachte Melisandra, mein Vater. Es mußte jemand kommen und sie davon überzeugen, daß das, was sie sah, Wirklichkeit war. Sie öffnete eine Tür, leicht gab sie dem Druck nach. Vom Rahmen fiel Staub herab. Durch die im Sonnenlicht schwebenden Teilchen sah sie ins Innere, auf die wackligen Möbel; hinter einer Tür ein Namenszug: »Marcos« stand da geschrieben.

Sie setzte sich in einen Schaukelstuhl, er ächzte unter ihrem Gewicht. Sie schaukelte hin und her, stellte sich die Gesichter vor. Nicht nur die der beiden, in denen sie das ihre finden würde, sondern auch die der anderen, das dieses Marcos zum Beispiel, freundliche Gesichter, in denen die Zukunft stand, das, was die Menschheit sein würde, wenn Haß und Mißgunst nicht mehr wären. Wegen dieser Gesichter war sie bis zu diesem Tag von Waslala besessen gewesen, wie eine Vestalin im leuchtenden Tempel jener erlösenden Idee, hatte sich heimlich vorbereitet, den Faden gesponnen, der sie bis hierher bringen konnte, hatte wie eine Spinne aus sich selbst heraus den Mut geholt, den Fluß zu verlassen und den Großvater, Joaquín und sich selbst, ihre rationale, praktische Seite, um in Wäldern toter Ritter, unter den Leichen einer Explosion, den Heiligen Gral zu suchen und die andere Haut überzustreifen, die auch die ihre war, die Haut einer romantischen Heldin, gläubig glühend, mit einer dunklen Sehnsucht nach den Wurzeln des uralten Traumes.

Sie stand auf und hob den Vogel hoch, der auf dem Boden umherstolzierte und die Abdrücke seiner Krallen im Staub hinterließ. Das Wasser des kleinen Kanals führte zum Bach hinunter. Sie würde das Haus sicher erkennen. Vielleicht würde sich dort ein Zeichen finden lassen. Sie ging hinaus. Die Luft roch nach Jasmin.

In der Mitte des weitläufigen Ortes stand das Gemeinschaftshaus, achteckig, offen. Lange Tische mit Bänken, ein Holzherd, Kühlschrank, Geschirrspülmaschine. Wie die wohl dahingekommen sein mochten?

Es fiel ihr nicht schwer, den Bach zu finden. »Norden, Norden«, rief der Vogel wieder mit seiner krächzenden Stimme. Sie fror ein wenig und verschränkte die Arme vor der Brust, sah in das kristallklare Wasser, auf die weißen Lilien, die Farne. Waslala war wirklich wunderschön. Sie dachte an eine Flötenmelodie. So war es, idyllisch und modern zugleich, ganz so, als gehöre es nicht an diesen Ort, sondern in eine andere Welt. Die Bauten mit den klaren geometrischen Linien, die offenen Räume.

Sie sah die Veranda über dem Wasser und beschleunigte ihre Schritte. Der Papagei sprang von ihrer Schulter herunter und begann, aufgeregt hüpfend und lärmend vor ihr herzuflattern. Das Tier tat ihr leid, es mußte meinen, daß es Engracia wiedersehen würde.

Das Haus war bewohnt. Sie konnte niemanden entdecken, doch die Zeichen waren unübersehbar. Hier herrschte nicht diese Atmosphäre des Verfalls; die rustikalen Möbel waren mit bunten Tüchern bedeckt, manche von ihnen etwas zerschlissen, doch sehr sauber. Das Haus war nicht besonders groß; auf den rohgezimmerten Tischen standen handgetöpferte Vasen mit den gleichen Blumen, die man überall draußen wachsen sah. Ein Herd verströmte seine Wärme in einer Ecke des Raumes, der gleichzeitig Küche, Wohn-, Eß- und Arbeitszimmer war. Die klobige Holztreppe im Hintergrund führte sicher zum Schlafraum und zum Bad. Auf einem Tisch, der offensichtlich als Schreibtisch diente, lagen Bücher und ein hoher Stapel Papiere, die sorgfältig aufgeschichtet und mit einem großen Flußkiesel beschwert waren. Melisandra trat ein, ohne anzuklopfen oder auch überhaupt daran zu denken. Sie schritt über die Schwelle, durch die offenstehende Tür. Stille. Hallo! rief sie, ohne Antwort zu erhalten.

Sie trat an den Schreibtisch, sah in die Papierbogen, die auf Nadeln gespießten Schmetterlinge, die auf einem Regal aufgereihten getrockneten Käfer, das vergilbte Foto ihrer Großmutter, das mit einer Heftzwecke an der Wand befestigt war. Sie zitterte vor Erregung. Sie strich mit der Hand über die Möbel, als könnten sie ihr das Geheimnis enthüllen. Dann nahm sie eines der Tücher, legte es sich um die Schultern und setzte sich.

Sie wußte nicht, wie lange sie so dagesessen hatte, reglos wartend. Sie mußte eingeschlafen sein, denn als sie erwachte, stand vor ihr eine Frau, die sie mit ihren eigenen Augen ansah.

57. Kapitel

Das Murmeln des Baches wurde zu einem Brausen in ihren Ohren. Das Gesicht fiel ihr stückweise ins Bewußtsein zurück. Die verschwommenen Bilder fügten sich zu einem einzigen zusammen, das verblichene Foto gewann seine Farben zurück. Melisandra rührte sich nicht und betrachtete fasziniert diese Frau. Sie sah sich selbst. Das war sie selbst vor dem Spiegel, nur mehrere Jahrzehnte später. Diese reglose, stumme Frau.

»Hallo, Melisandra«, sagte die Frau schließlich mit rauher Stimme.

»Hallo«, gab sie zurück.

Gleichzeitig beugten sie sich vor, glitten zu Boden, näherten sich auf Knien einander. Ein langsames Aufeinanderzukriechen, nicht um sich der anderen in die Arme zu werfen, sondern um sich zu beäugen, zu beriechen, wiederzuerkennen, im argwöhnischen Ritual zweier Katzen, mit dem sich die Mutter durch ihre Zärtlichkeit wortlos den Weg zu ihr bahnte, sie lange betrachtend, sie berührend, schließlich ein ums andre Mal »Melisandra, Melisandra« sagend. »Ich wußte, du würdest eines Tages kommen, Melisandra.«

Und sie, sie ließ sich mit Liebe überschütten. Es kam der Augenblick, da gab ihr Körper den Widerstand auf, und sie umarmte die Frau, legte den Kopf auf die Schulter der anderen und schloß die Augen.

Erst als sie die Zärtlichkeit erwidern, Mutter, Mama sagen wollte, brach die Wut aus ihr hervor, drang wie ein Brüllen aus ihrem Innern. Statt eines Wortes stieß sie den Laut der Trauer aus, die noch vor jeglicher Erinnerung lag, die Angst all der Nächte, in denen sie erschöpft nach ihr gerufen und die Arme abgewiesen hatte, die sie an Stelle der Mutter trösten wollten, das ohnmächtig zornige Weinen, die namenlose Leere des völligen Unverständnisses, den ersten tiefen Schmerz ihres Lebens, den sie bisher nie als Grund all dessen zu erkennen vermochte, was sie bedrückte.

Die Mutter tröstete sie, selbst leise weinend, wiegte sie in ihren Armen, flüsterte ihr ins Ohr, summte Wiegenlieder. Lange saßen sie so.

»Wo ist denn aber mein Vater?« fragte Melisandra später, auf dem Sofa sitzend und den Kaffee schlürfend, den die Mutter ihr reichte.

»Es ist bald vier Monate her, daß er starb. Er war sehr krank und müde. Er hätte dich so gern gesehen. Aber es ist vielleicht besser so. Er war ja nicht mehr er selbst, obwohl ich ihn trotzdem sehr vermisse.«

Sie stand auf und kramte verblichene Fotos hervor, der Vater als junger Mann. Melisandras Blick fiel auf die Hände, die die Fotos hielten, rauh und kräftig, wie die der Großmutter. Die Mutter fragte nicht nach dem Großvater, und ihr selbst füllten soviele Fragen den Mund. Nur ruhig, sagte sie sich, es würde noch Zeit genug sein. Sie war müde, und die Mutter auch, sie bewegte sich so schwerfällig, wie es sicher nicht natürlich war. Sie bemerkte ihre breiten Schultern. Sie beide waren gleich und doch verschieden. Durch das Fenster sah sie, daß es langsam dunkel wurde.

»Wo sind die anderen?« fragte sie. »Wie kommt es, daß nur du noch hier in Waslala bist?«

Es wäre noch Zeit genug, daß sie es ihr erklärte, gab die Mutter zurück. Sie würde doch zumindest diese Nacht noch bleiben, oder? Es war schon spät, und bald würde es Nacht sein und der Wald sich über sich selbst schließen. Sie hantierte mit den Töpfen in der Küche und entfachte das Feuer im Herd. Melisandra erhob sich vom Sofa. Sie wolle zum Fluß hinunter gehen und sich das Gesicht waschen, sagte sie. Als sie das Haus verließ, spürte sie wieder den kühlen Wind, der im Kreis wehte, Blätter vom Boden aufwirbelte, in den Zweigen der Bäume rauschte. Am Abendhimmel leuchteten schon die ersten Sterne. So gelangte sie ans Ufer des Baches, kniete sich auf die Steine und tauchte die Hände ins Wasser. Sie sah ihre weißen, fast phosphoreszierenden Handflächen und die Linien darin. Dort mußte gestanden haben, daß sie sie finden würde. So hatte sie es die ganze Zeit über gewußt, ihr Herz klüger als der Verstand. Das Schwierige war, jetzt zu begreifen, daß es nichts half, die Mutter gefunden zu haben. Die Mutter würde für sie immer fort sein. Die Brüche ließen sich nicht kitten. Sie fühlte keinen Groll, keinen Haß deswegen. Sie waren zwei verschiedene Wesen, seit die Nabelschnur zwischen ihnen zerschnitten worden war. Doch wollte sie ihre Mutter verstehen. Es war nötig, um frei zu sein von dem Schmerz, der sie aneinander band.

Sie wusch sich das Gesicht und ging zum Haus zurück. Die Dunkelheit sank in schwarzen Wellen herab, eine Springflut, die das Licht in großen Happen schluckte. Drinnen roch es nach Koriander.

Aus Tongeschirr aßen sie ein bescheidenes Abendbrot: Flußfische, Kartoffeln, Früchte. Es überraschte Melisandra, ihre Mutter das Licht einschalten zu sehen. Elektrischer Strom in Waslala. Er wurde von den Windmühlen und der Sonne erzeugt, erklärte die Mutter. Sie hatten unglaublich viel erfunden.

Doch woher waren die Rohstoffe gekommen, die Maschinenteile? Von Engracia, berichtete die Mutter. Engracia hatte sie damit versorgt. Das war einer der Gründe, warum sie damals ging. Die Gemeinschaft wäre gescheitert, hätten sie nicht bestimmte Dinge des Grundbedarfs bekommen können. Den Rest besorgte der Erfindergeist.

»Aber wo ist der Erfinder? Was ist aus all den anderen geworden?« fragte Melisandra beharrlich.

»Erzähl mir von deinen Großeltern«, gab die Mutter zurück und erhob sich, um Kaffeewasser aufzusetzen. Sie hat Angst, dachte Melisandra, sie fürchtet sich davor, von ihnen zu hören.

»Großvater geht es gut. Großmutter lebt nicht mehr.«

»Wie seltsam«, sagte die Mutter und schwieg einen Moment, um dann hinzuzufügen: »Ich wußte es. Ich wußte, daß sie vor ihm sterben würde. Und du hast also die Verwaltung der Hacienda übernommen?« fuhr sie dann fragend fort.

»Ja.«

Sie wollte mehr über Mercedes erfahren, über das Leben am Fluß. Melisandra erzählte, während sie dem Papagei Kügelchen aus Maisteig gab; er bewegte sich durchs Haus, als kenne er es gut.

»Das ist der Papagei von Engracia, nicht wahr? Wie geht es ihr denn? Erzähl doch!«

»Aber du hast sie doch gar nicht gekannt. Du kannst sie nicht kennengelernt haben!«

Es sei aber genauso, als würde sie sie kennen, antwortete die Mutter. Eine Zeitlang hatten sie sich sogar geschrieben. Sie wußte viel von Engracia, genug, um sie sehr zu mögen.

Melisandra nahm einen Schluck Kaffee. Es fiel ihr schwer, der Mutter von Engracia zu erzählen, ohne daß ihr die Stimme versagte.

»Oh, Melisandra!« seufzte die. »Wie unergründlich das Leben doch ist, aber nur wenigen ist es vergönnt, zu sterben, um neu geboren zu werden. Engracias Schicksal schmerzt mich sehr, doch ich verstehe sie und kann ihren Entschluß billigen.«

Dank Engracia sei sie überhaupt nur hier, meinte Melisandra. Ohne sie und ihren Papagei hätte sie Waslala nicht gefunden. Doch mußte sie mehr erfahren. Sie mußte zurückkehren, man wartete auf sie. Soviele Menschen warteten auf die Erleuchtung, die aus Waslala kommen sollte. Wie sollte sie zurückgehen und ihnen berichten, daß es verlassen war? Sie mußte es ihnen wenigstens erklären können.

Sie stand auf und verschränkte die Arme vor der Brust. Die Mutter warf ihr noch ein Tuch über die Schultern und legte Holz im Herd nach. Dann füllte sie erneut die Kaffeetassen und bedeutete ihrer Tochter, mit ihr auf dem Sofa Platz zu nehmen.

Es war nicht nötig, daß sie ihr von den Gründen erzählte, die sie und ihren Vater dazu gebracht hatten, sich auf die Suche nach Waslala zu machen, begann sie ihre Geschichte. Diese Gründe kannte sie ja. Doch genauso, wie sich Melisandra auf ihrer Reise in unerwartete Geschehnisse verwickelt sah, waren sie in den Krieg geraten – sie stieß eine Rauchwolke der Zigarre aus, die sie aus trockenen Blättern gedreht hatte und die etwas ranzig, doch auch seltsam beruhigend roch. Sie waren schon kurz davor, die Suche aufzugeben, fuhr sie fort. Sie glaubten, sie könnten zwischen den verschiedenen

Seiten vermitteln, um den Feindseligkeiten ein Ende zu setzen und die Menschen davon zu überzeugen, ihre Konflikte ohne Waffengewalt zu lösen. Ihr Versuch, den Dialog zu stärken, ließ sie von einer Seite zur anderen gehen und für niemanden Partei ergreifen. Schließlich bezichtigte man sie des doppelten Verrats. Eines Tages wurden sie überfallen. Sie wurde vergewaltigt. Melisandras Vater tötete bei ihrer Verteidigung zwei Männer. – Die Mutter senkte, als sie von der Vergewaltigung sprach, die Augen, doch ihr Tonfall änderte sich nicht. – Als sie nach Waslala kamen, flohen sie nicht nur vor ihren Verfolgern, sondern auch vor sich selbst. Die Gemeinschaft nahm sie auf und brachte sie in diesem Haus unter. Mit der Hilfe und Solidarität der anderen konnten sie ihre Schmach, ihre Wut und Ohnmacht überwinden, das Geschehene hinter sich lassen und das Leben so führen, als habe es in dem Augenblick neu begonnen, als sie den Korridor der Winde durchquerten. Kurze Zeit nach der Ankunft hatte sie jedoch gespürt, daß sie schwanger war. Nie hatten sie, so erzählte sie, die Vaterschaft der Zwillinge geklärt. Doch die Kinder kamen zur Welt, und sie beschlossen, sie lieb zu haben. Wenig später begriffen sie, daß sie keinem von beiden ähnelten, weil sie mit den seltsamen Geschichten derer geboren waren, die für immer in einer unselbständigen Kinderwelt leben.

»Sie waren so süß«, sagte die Mutter mit tonloser Stimme.

Sie starben kurz nacheinander in ihren Jugendjahren, seufzte sie. Sie und ihr Vater hatten sie bis zum letzten Tag gepflegt.

»Wir konnten sie nicht im Stich lassen, Melisandra. Und wollten sie auch nicht aus Waslala fortbringen, wo sie so glücklich waren.«

Eine Weile schwieg sie, um dann aufzustehen. Sie strich der Tochter über das Haar, als die sich betroffen die Tränen von den Wangen trocknete, die Augen starr auf die Tafeln mit den toten Schmetterlingen an der Wand gerichtet. Sie gab ihr Wasser zu trinken und trank selbst. Dann setzte die Mutter, wieder gefaßter, ihre Erzählung fort.

»In Waslala war man der Überzeugung, für eine Mission erwählt zu sein, die über das eigene hinausging, eine Lebensweise auszuprobieren, die, wenn die anderen sie übernahmen, nicht nur das Antlitz von Faguas, sondern das der gesamten Erde ändern konnte. Doch die Verwirklichung jener abstrakten Konzepte, die auf einem festen Glauben an das Gute im Menschen beruhten, erwies sich als ein Weg voller Hindernisse. Die Dichter beharrten darauf, daß dies am Anfang so sein müsse, daß wir uns davon nicht entmutigen lassen sollten. Sie bekräftigten, daß das Ideal, wenn es konkret würde, notwendigerweise fehlerhaft sein mußte, waren doch die, die es in die Praxis umsetzten, menschliche Wesen, die mit unterschiedlichen Werten erzogen worden waren. Unsere Rolle sei es, eine Umgebung zu schaffen, in der die Saat gelegt werden könne, doch hinge es von den folgenden Generationen ab, die Fehler zu überwinden. Dieser Logik folgend und nach einer Reihe fehlgeschlagener Ansätze, wurde beschlossen, das Autoritätsprinzip wieder anzuerkennen, das man ursprünglich hatte abschaffen wollen. Die Folge davon war, daß einige Familien Waslala verließen, doch für diejenigen, die blieben, funktionierte das Modell. Es war wie eine Atempause, die andauerte, bis die Dichter einer nach dem anderen auf geheimnisvolle Weise starben. Nie haben wir genau erfahren, was mit ihnen los war. Sie versanken in einen Zustand tiefer Melancholie, sie verwelkten geradezu. Man kann vermuten, daß sie zwar rational die anfänglichen Fehler hinnahmen, daß ihnen jedoch die Niederträchtigkeiten und der Zwist die Herzen brach. Manche meinten auch, daß die Ausübung der Macht, die sie im Grunde ablehnten, sie verzehrte. Für mich war es die Tatsache, daß sich in Waslala niemand reproduzieren konnte, was ihnen den Gnadenstoß versetzte.«

»Was war denn los?« fragte Melisandra verwirrt.

»Ein Rätsel, meine Tochter. Die Tiere vermehrten sich, doch keine Frau wurde schwanger. Wie dir dein Großvater erzählt haben mag, liegt Waslala in einem Zwischenzeitraum, einer Verwerfung in der Zeit, einem unbestimmten Raum. Diese Verwerfung ist die einzige Erklärung, die wir für das Phänomen haben. Zum Teil lösten wir das Problem dadurch, daß wir die Paare für eine Weile in das Bauerndorf schickten, von dem dir mein Vater vielleicht auch berichtete. Die Frauen kamen schwanger wieder zurück und brachten hier ihr Kind zur Welt, doch ließ diese Regelung einiges zu wünschen übrig. Immer bestand die Gefahr, daß sie den Rückweg nicht fanden. Einige sind nie zurückgekehrt.«

»Es mußten also die, die Waslala bevölkerten, in gewissem Sinn auf die biologische Reproduktion verzichten, die grundlegendste, urwüchsigste Art des Eigentums?«

»So habe ich es noch nie gesehen«, antwortete ihre Mutter mit der Andeutung eines Lächelns, »doch kann man es so sagen, ja.«

»Bitte, erzähl weiter«, bat Melisandra, während sie sich erhob und auf- und abzugehen begann.

»Auf jeden Fall trieb unsere Gemeinschaft nach dem Tod des letzten Dichters richtungslos dahin, und wären die Besucher nicht gewesen, hätte sie nicht lange weiterexistiert. Nach Waslala zu gelangen, ist nicht so schwierig, wie es scheinen mag. Von Zeit zu Zeit kamen Leute, denen es gelungen war, den Korridor der Winde zu durchqueren. Anfangs hatten diese Besuche schädliche Wirkung. Die Nachrichten, die die Reisenden mitbrachten, das Leben, von dem sie erzählten, so hart, schwierig und absurd es auch den meisten vorkommen mochte, hinterließ doch in anderen den Geschmack einer reizvolleren Wirklichkeit als die idyllische Gleichmäßigkeit unserer Tage. Wir merkten jedoch auch« – sie rollte sich noch eine Zigarre –, »daß es folgende paradoxe Situation gab: Waslala, das war nicht mehr nur das wackelige Experiment, das wir begonnen hatten. Es war auch eine Legende, ein Anhaltspunkt, eine Hoffnung. Noch bevor sein Funktionieren sich bewies, hatte es sich schon in ein Modell verwandelt. Wie ein Traum vermochte es die Wünsche und Erwartungen derjenigen zu mobilisieren, die eine gemeinsame, bessere Zukunft wollten. Da verstanden wir, daß die Phantasie genauso viel wert war wie die Wirklichkeit.

Diese Erkenntnis half uns, die Schwierigkeiten zu überwinden und rettete uns vor der Auflösung unserer Gemeinschaft. Ich weiß nicht mehr, wer es war, der in einer unserer Versammlungen vorschlug, wir sollten die Phantasien über Waslala nähren. Vielleicht sei ja genau das unsere Mission, so hieß es, den Traum lebendig zu halten. Die Idee packte uns alle. Wir nahmen uns vor, die Illusion eines Ortes zu schaffen, dessen Schönheit, Harmonie und Perfektion unauslöschlich im Gedächtnis derjenigen haften bliebe, die sich durch die Launen und Risse der Zeit im Korridor der Winde hierher nach Waslala verirrten. Man beschloß, sie bei uns übernachten zu lassen und sie dann, versunken in einen durch Kräuter hervorgerufenen Schlaf, wieder auf die andere Seite zu bringen.

Der Phantasie Leben zu geben, beherrschte von da an unsere Tage und unsere Vorstellungskraft. Als erstes richteten wir Umgebung und Landschaft so her, daß schon der äußere Eindruck absolut unvergeßlich war. So wurde Waslala zu einem Ort der Blumen, voller Kletterrosen, leuchtender Bougainvilleen, Straßen mit jasminbedeckten Pergolen, Balkonen, von denen Glockenblumen und Heliotrope nickten, Rabatten von Anthurien und Lilien, Beete voller Nelken und Kamelien. Jedes Haus war ein Ereignis für sich: Die vielen Blumen ließen den Wind nach angenehmen Erinnerungen duften, nach trunkener Zärtlichkeit, und man konnte die Augen schließen und ins Pflanzenzeitalter zurückreisen, während die reine Berührung des Lichts die Haut aufjauchzen ließ. Den freien Boden bepflanzten wir mit Moos und Rasen, vermehrten Riesenfarne, stutzten die hundertjährigen Bäume so, daß sich ihre Zweige kunstvoll ineinander woben. Aus dem Bach versorgten wir Kanäle und Brunnen mit Wasser, so daß man überall in Waslala das beruhigende Murmeln hören konnte.

Dann bauten wir aus Zedernholz eine weite, helle Hütte für die Gäste, setzten die Häuser instand, die Gemeinschaftsküche, den Spielplatz, die Schule und die Klinik, und widmeten uns mit besonderem Eifer den Räumen, wo Kunstunterricht gegeben wurde und wo mit den Materialien, die uns zur Verfügung standen, bunte Töpferarbeiten geschaffen wurden, Skulpturen, Baumrindenmalerei.

Mit den Büchern von allen richteten wir die Bibliothek ein. Die Regale bauten wir in die Äste eines Guanacastebaumes, an dem wir zwischen Krone und Stamm ein Dach aus Palmwedeln angebracht hatten, so fest geflochten, daß es den Regen nicht durchließ. Die Wände waren aus großen Flügeltüren, die man beliebig öffnen und schließen konnte, so daß es immer hell darin war, doch nie blendete. Dort hielten wir die Schriftsteller-Workshops ab, bei denen aus den Werken unserer Dichter gelesen und über Philosophie diskutiert wurde ... Was du gesehen hast, ist nur ein Schatten dessen, was Waslala einmal war.«

Die Mutter hielt inne, um Luft zu holen. Ihre Augen glänzten, doch klang in der Euphorie ihrer Erinnerung auch ein tiefer Ton der Wehmut.

Wie sie ihrer Großmutter glich! dachte Melisandra; sie hatte die gleichen Gesten, dieselbe Sicherheit in den Bewegungen. Wie sie die Mutter so reden hörte, empfand sie tiefe Zärtlichkeit für sie.

»Warum aber sind sie fortgegangen?« fragte sie fast flüsternd, gegen die Wand gelehnt.

»Das Errichten unseres Traums gab uns den notwendigen Zusammenhalt, die Auseinandersetzungen zwischen uns zu überwinden. Endlich erreichten wir Übereinstimmung und konnten auf Führer verzichten. Wenn es einmal Streit gab, griffen wir auf die Autorität der Ältesten zurück. Ich weiß nicht, was draußen in der Welt geschah«, sagte sie, »doch mit den wachsenden Erfolgen nahm die Zahl unserer Besucher ab, und plötzlich hatten wir nicht mehr die Möglichkeit, den Plan, für den wir uns so sehr abgemüht hatten, in die Tat umzusetzen. Damit begann die Krise. Zuerst waren es die Paare, die zur Zeugung weggingen und nicht wiederkamen. Der Exodus der anderen war langsam und schmerzhaft, bis nur noch dein Vater, ich und die Ältesten aushielten.«

»Aber das erklärt noch nicht, weshalb sie gingen«, beharrte Melisandra sanft und setzte sich wieder.

»Ich weiß es nicht, Melisandra, ich weiß es wirklich nicht.« Die Mutter lehnte sich im Sofa zurück und sprach mit geschlossenen Augen weiter. »Mehrmals wurde in unseren Versammlungen der Versuch kritisiert, einen Traum zu erhalten, den niemand mehr suchte, der niemanden mehr zu interessieren schien.«

»Die Espadas sind es gewesen«, murmelte Melisandra. »Sie haben dafür gesorgt, daß jeder in die Irre lief, der Waslala suchte.«

»Wir hätten es uns klarer machen müssen, wie wichtig es ist, das Ideal um des Ideals willen zu bewahren. Auf seinen Sinn, seine Nützlichkeit zu vertrauen.« Sie stand auf und füllte die Gläser noch einmal mit Wasser. »Die, die fortgingen, beharrten immer wieder auf der Verbindung zur Realität. Ich nehme es ihnen nicht übel, viele von ihnen hatten den besten Willen. Sie wollten ein Ziel finden, das über ihre Selbstverwirklichung hinausging ... Sie verstanden nicht, worum es wirklich ging.«

»Das gleiche habe ich auch schon gedacht«, warf Melisandra ein.

»Wir haben uns einfach zu sehr daran gewöhnt, die Entwicklung in Begriffen von Gegensätzen zu sehen«, fuhr die Mutter fort, »von ausschließlichen Wahrheiten. Wenn ein Ideal nicht erreichbar ist, verwirft man es. Und macht es verantwortlich für gefährliche Illusionen. Überzieht es mit Spott oder bedenkt es bestenfalls mit Skepsis. Was aber, wenn sich diese Sichtweise ändert? Wenn Ideal und Wirklichkeit als gleich wichtige Werte erkannt werden, in einer endlosen Dynamik des Zusammenfindens und Auseinandergehens? Wenn man zu der Überzeugung gelangt, daß die Existenz des einen unverzichtbar ist für die Aufwärtsbewegung des anderen? Warum das Ideal verwerfen, Melisandra? Warum den Wert abstreiten, den die Träume haben? Auf der Suche nach ihren Träumen hat sich die Menschheit doch erst selbst geschaffen! Aus der dauernden Spannung zwischen dem, was sein kann, und dem, was ist, entsteht das

Wachsen! Ich bin hiergeblieben, weil ich denke, daß Waslala allein als Mythos, als Hoffnung, nach der wir streben, seine Existenz rechtfertigt. Ja, mehr noch, ich glaube, es muß existieren, muß wieder erstehen, weiter Legenden hervorbringen. Das Schönste, das Wichtigste an Waslala ist, daß wir fähig waren, es zu denken, uns vorzustellen, daß es eigentlich die Phantasie war, die es hat funktionieren lassen. Einige von uns müssen, auch um den Preis der Einsamkeit, die Waslalas der Phantasie aufrechterhalten. Sich die Wirklichkeit vorzustellen ist immer noch genauso wichtig, wie sie zu bauen.«

»Die Menschen haben Waslala nie vergessen«, sagte Melisandra bewegt. »Es wird dich freuen zu hören, daß sie mich nicht in Ruhe gelassen haben, bis ich endlich losfuhr. Sie warten auf mich, warten darauf, daß ich ihnen Nachrichten von hier bringe. Seltsam, nicht, daß wir Menschen, Männer wie Frauen, diese uralte Sehnsucht nach magischen, perfekten Orten haben … trotz allem«, fügte sie hinzu, »trotz aller Mißerfolge.«

Die Mutter ging auf sie zu und nahm sie in den Arm.

»Das ist unsere Erinnerung, Melisandra. Man meint immer, die Erinnerung beziehe sich nur auf das Vergangene, doch bin ich überzeugt davon, daß es auch eine Erinnerung, ein Gedächtnis der Zukunft gibt; daß wir in uns auch die Erinnerung an das bewahren, was sein, was werden kann. Auf der Suche nach dieser flüchtigen Erinnerung haben wir Menschen uns gefunden, und deshalb ist die Sehnsucht nach Orten wie Waslala unersättlich. Deshalb sind auch dein Vater und ich hiergeblieben und haben auf den Tag gewartet, an dem Waslala sich wieder bevölkern würde, haben gegen alle Vernunft daran festgehalten, daß dieser Tag kommen müsse. Und vielleicht ist er jetzt wirklich da. Vielleicht ist dies dein Auftrag, dein Erbe.«

»Und die, die auf mich warten? Was soll ich denen sagen, die draußen auf mich warten?«

»Daß es Waslala wirklich gibt. Daß das Ideal Wirklichkeit ist. Daß es ihre Träume gewesen sind, die Waslala haben wahr werden lassen, ihre Sehnsucht hält es am Leben, jetzt und auf ewig. Doch wird Faguas dennoch Faguas bleiben, seinen eigenen Weg finden müssen. Ideal und Wirklichkeit müssen sich gegenseitig erhellen und beleuchten; eines muß dem anderen entgegeneilen, damit sie sich eines Tages treffen können.

Laß uns jetzt schlafen gehen, mein Kind«, sagte sie nach einer Weile, während sie Melisandra auf das Haar küßte und aus dem Fenster sah. »Es wird ja schon hell draußen.«

Melisandra lag, warm an die Mutter gekuschelt, schon halb im Schlummer, als sie plötzlich im Bett auffuhr.

»Was ist denn los, mein Kind? Warum erschrickst du so?«

»Jetzt weiß ich es«, antwortete sie. »Jetzt weiß ich, wer Waslala besiedeln kann.«

»Morgen wirst du es mir erzählen«, lächelte die Mutter. »Doch nun wollen wir erst einmal schlafen.«

58. Kapitel

Gegen Mittag erwachte Melisandra. Sie mußte gut geschlafen haben – das kleine Kind endlich an der Brust der Mutter, in der Wärme dieser starken, bewundernswerten Frau, für deren unzerstörbare Träume und Leidenschaften sie schon so etwas wie Stolz empfand, auch wenn der Stolz das Gefühl des Alleingelassenwerdens nicht auslöschen konnte –, doch waren es nur ein paar Stunden gewesen. Den Rest der Zeit hatte sie in halbwachem Zustand wie zwischen Tag und Traum verbracht, hatte von Zeit zu Zeit das Gesicht der Mutter betrachtet, das eine Wiederholung ihres eigenen war: die reife Schönheit, das rötliche Haar schon blond geworden durch die weißen Strähnen darin, und sie hatte nachgedacht, sich Lösungen vorgestellt, endlose Möglichkeiten.

Die Überlegung war einfach, und sie fand nichts, was dem widersprach: der Daseinsgrund Waslalas war es, Waslala zu sein, die Utopie, der Ort, der nicht normale Zeit, normaler Raum war oder sein konnte, sondern etwas anderes, ein Labor vielleicht, oder das Licht, das Ideal, das dauernd in Bewegung ist, bewohnt, verlassen und wieder neu besiedelt; geglaubt, verworfen, und wieder geglaubt. Es gab nun mal Menschen, deren Aufgabe es war, zu träumen, der Zukunft ein Gedächtnis zu geben, die nicht einfach für die Wirklichkeit gemacht waren, dafür, mit den ganz alltäglichen bösen Geistern zu kämpfen; unkonventionelle Helden, deren Heldentat darin bestand, das Risiko immer wieder neu einzugehen, immer wieder neu anzusetzen, auch auf die Gefahr hin, daß der Traum nur flüchtig war und in einem weiteren Mißerfolg endete, denn wie sonst konnte man schon leben?

»Melisandra!« hörte sie die Mutter von unten rufen.

Sie zog sich an und ging hinunter. Auf dem Eßtisch wartete das Frühstück auf sie. Rühreier, Tortillas, Kaffee. Sie sah ihre Mutter am Bach Lilien pflücken. Gutgelaunt setzte sie sich an den Tisch.

»Ich habe dich geweckt, weil es viel zu tun gibt«, sagte die Mutter, als sie hereinkam. Sie gab ihrer Tochter einen flüchtigen Kuß auf die Wange und machte sich daran, die Blumen in den Vasen zu wechseln. Meine praktische Seite, dachte Melisandra lächelnd.

Gemeinsam liefen sie durch Waslala, Mutter und Tochter genossen es, sich gegenseitig kennenzulernen, sich die wichtigsten Augenblicke ihres Lebens zu erzählen, Parallelen zu entdecken, über gleiche Fehler, Stärken und Schwächen zu lachen, sich die lustigen und die traurigen Geschichten des Großvaters in Erinnerung zu rufen, den Tod der Großmutter, Linien, Pinselstriche, um die leeren Flächen zu füllen, Fragen, die sich beide in ihrer Einsamkeit stellten. Melisandra erzählte ihr von Raphael.

»Laß ihn nicht weggehen. Entscheide du es. Männer können solche Entscheidungen nicht treffen.«

Melisandra lächelte und sah auf die blühenden Gärten.

»Hast du denn jemanden, der dir bei all dem hilft?« fragte sie.

Natürlich. Allein käme sie ja kaum an gegen den Wald und das Gestrüpp, das überall hereinwuchs, auch wenn sie von ihrer Mutter die Freude an der Arbeit geerbt hatte und es ihr schwerfiel, still zu sitzen.

»Die Bauern aus der Nachbargemeinde kommen dreimal die Woche. Dann arbeiten wir gemeinsam. Sie kaufen auch für mich ein, wenn sie nach Las Minas hinuntergehen.«

»Das heißt, sie können ohne Schwierigkeiten kommen und gehen?«

»Manchmal war der Weg gesperrt, wir wissen nicht, warum. Aber normalerweise kommen sie ohne Probleme bis hierher.«

Es sei gar nicht so schwer, sagte sie noch einmal. Das Geheimnis werde sorgfältig gehütet, doch könne man Waslala durchaus erreichen. Es komme darauf an, die Erinnerung nicht zu verlieren, die Zeichen im Gedächtnis zu behalten, auf eine bestimmte Beschaffenheit der Luft zu achten, ein gewisses Flimmern.

»So, als sähe man den Wald am Grunde eines Wassers«, murmelte Melisandra und berichtete davon, wie es ihr auf dem Weg ergangen war. Die Mutter bestätigte ganz bestimmte Beobachtungen. Das Flimmern war beweglich, schärfte sie ihr ein, es blieb nicht immer an einem Ort, wohl jedoch in einem bestimmten Radius.

Am Dorfrand gelangten sie zu den Werkstätten: große Schuppen aus Holz, einige verschlossen, andere geöffnet. Die Selbstversorgung sei das Maß allen Wirtschaftens in Waslala, erklärte ihr die Mutter. Abgesehen von einigen unverzichtbaren Gütern komme es nur darauf an, erfinderisch genug zu sein, um nicht von der Außenwelt abzuhängen, ein paar Teile nur, die grundlegend waren für die plumpen, doch wirksamen Maschinen. Die Erfinder genossen hohes Ansehen in der Gemeinschaft. Einer von ihnen war ein Automechaniker, der hier endlich seiner ganzen Kreativität freien Lauf lassen konnte.

»Er war der letzte der Alten, der uns wegstarb. Ich vermisse ihn fast genauso sehr wie deinen Vater. Er war ein großer Unterhalter ... Sie sind sehr einsam gewesen, diese letzten Monate ...«

Die Unterhaltung, fuhr sie fort und wischte die Traurigkeit weg wie ein lästiges Insekt, war vielleicht die Kunst, die in Waslala am kräftigsten blühte. Man amüsierte sich köstlich beim gegenseitigen Zuhören. Samstags wurde getanzt, der Freizeit maß man große Bedeutung bei, wurde doch ansonsten von Sonnenaufgang bis Sonnenuntergang gearbeitet.

»Jeder hatte seine besondere Aufgabe, und auch wenn alle Güter der Gemeinschaft gehörten, gab es doch ein System von Belohnungen. Und derjenige, der Überschüsse produzierte, konnte sie behalten, um damit zu tauschen.«

Die Mutter zeigte ihr die Obstplantagen, Ställe, das Windmühlensystem zur Bewässerung, den Solarmotor, der Strom produzierte, den Industriebereich mit seinem Stausee, wo aus Holz Papier, Stoffe und Baumaterialien gefertigt wurden; die Schmelzöfen mit komplizierter, unnachahmlicher Funktionsweise, mit denen Metall geschmolzen, das Gold aus dem Flußbett in Gegenstände verwandelt und aus Sand Glas hergestellt wurde. Absolut einfache Methoden, bekräftigte sie, eine Art aufgeklärtes Mittelalter. Eine Anzahl Maschinen funktionierte durch Dynamos und Treibriemen.

Sie gingen auf den Friedhof, zu den Gräbern der Dichter, ihrer Brüder, der anderen Einwohner von Waslala; die Mutter erzählte ihre Geschichten. Gesichter, die Melisandra nie gesehen hatte, erwachten so zum Leben.

Von der Spitze des Totenhügels sah man gut über das ganze Tal hinweg. Die Mutter zeigte Obstplantagen, Maisfelder, Weiden, Kräutergärten, das Kautschukwäldchen. Wenn Waslala dereinst wieder besiedelt würde, so sagte sie, könne man die Erde leicht aus ihrem Schlaf wecken, wieder zum Tragen bringen, was heute brachlag.

Melisandra erzählte ihr von Timbú, von den Philinplantagen, die jetzt vielleicht schon abgebrannt waren. Die Einwohner von Timbú könnten Waslala neu besiedeln, meinte sie. Sie hatten keine Kinder, und ihre Entscheidung, sich nicht zu vermehren, sondern ohne Besitzansprüche die zu lieben, die ihre Liebe so sehr brauchten, gab ihnen eine neue Qualität, einen Wert, der vielleicht in Waslala mehr aufblühte, als man sich vorstellen könne.

»Sie müssen entscheiden, doch ich glaube, die Idee wird ihnen gefallen. Als ich sie verließ, waren sie in großer Sorge. Das Ende des Philins war für sie auch das Ende einer Lebensweise. Waslala könnte für sie eine Alternative sein.«

Gemeinsam gingen sie zum Haus am Bach zurück. Die Mutter sah nachdenklich auf den Boden.

»Und du, Melisandra«, sagte sie zögernd und nach langem Schweigen. »Willst du nicht auch nach Waslala zurückkehren? Wir könnten hier soviel gemeinsam machen ...« Sie sah ihre Tochter erwartungsvoll an.

»Natürlich komme ich zurück, Mama!« Endlich, dachte sie, endlich kann ich Mama zu ihr sagen, und fuhr dann fort: »Ich werde dich sicher besuchen kommen, aber bleiben kann ich nicht. Du selbst hast es ja gestern gesagt ... du sagtest etwas sehr Schönes über die Spannung zwischen dem, was sein kann, und dem, was ist. Ich will das, was sein kann. Cineria, Faguas, dieses unfertige, ungeformte Land. Nie bin ich glücklicher gewesen, trotz der Tragödie um uns her, als in den Tagen nach der Explosion in Cineria. Da spürte ich, wie nützlich ich sein kann, was ich beitragen kann, den Sinn, den dies meinem Leben gibt. Ich könnte nicht hier bleiben, wenn ich weiß, was dort geschieht.«

Sie kamen beim Haus an. Die Sonne goß ihr Abendlicht über ihnen aus. Die Mutter nahm sie bei der Hand und führte sie hinein. Aus einem Holzkistchen, das sie unter dem Bett aufbewahrte, begann sie Bücher und Papiere hervorzuziehen, die eng in kleiner, klarer Schrift beschrieben waren.

»Das hier sind die Annalen von Waslala, Melisandra. Die Dichter, dein Vater und ich haben sie geschrieben. Hier hast du einen genauen Bericht dessen, was und wie wir es gemacht haben. Unsere Fehler, unsere Erfolge, all das, was diese Erfahrung ausmachte. Es sind Baupläne dabei, Geschichten, Gedichte, ganze Romane, Aufsätze, Zeichnungen … Es gehört jetzt dir – und Faguas.«

59. Kapitel

Am nächsten Tag brachte sie ihre Mutter zum Korridor der Winde. In der kühlen, leichten Luft gingen sie nebeneinander her. Melisandra trug auf dem Rücken einen Rucksack, in dem sie die Papiere verstaut hatte. Der Papagei saß still auf ihrer Schulter. Wie schwer es ihr fiel, die Mutter zu verlassen, dachte sie. Die tiefe Zärtlichkeit würde ihr fehlen, die von ihr ausging, der unendlich liebevolle Blick, mit dem sie ihr seit jenem ersten Abend folgte, aufmerksam jede ihrer Gesten beobachtete, so als wolle sie sie in sich aufbewahren wie Feuerholz für einen langen Winter. Es mochten später neue Fragen über die Mutter auftauchen, doch heute ging sie ohne den stechenden Zweifel, der sie früher oft und plötzlich packte, wenn sie sich bückte, um eine Frucht aufzulesen, sich im Bett herumwälzte oder Schindeln aufs Dach nagelte, jenes »Sie liebt mich, sie liebt mich nicht« des Mädchens, das in der Kindheit allein gelassen worden war. Nein, sie würde nicht mehr unter Mangel an Liebe leiden. Das Gefühl der Einsamkeit, die Leere von früher mochte bleiben, doch hatte sie jetzt genug Balsam, um das Reiben an ihrem Herz zu lindern.

Sie sah die Frau an, die neben ihr mit festem Schritt und ohne Eile ging. Sie war ihr dankbar dafür, daß sie nicht versucht hatte, Erklärungen zu geben, sie dazu zu bringen, irgend etwas zu verstehen; daß sie nicht sagte, liebe

Tochter, dies ist meine Rechtfertigung, das und das entschuldigt mich, deswegen mußt du mir verzeihen. Da waren die Zwillinge, zweimal sprach sie von ihnen, doch nur kurz. Sie führte nicht den Grad ihrer Behinderung ins Feld, und daß sie sie hatte pflegen müssen. Erklärte nicht, warum sie ihre Tochter nicht holen kam, als die beiden gestorben waren. Melisandra war es, die selbst die leeren Stellen füllte, sich die Mutter vorstellte, wie sie die Alten pflegte, den kranken Vater. Die Mutter verschanzte sich nicht hinter Vorwänden, noch bettelte sie um Liebesbeweise oder Verständnis. Sie verhielt sich mit absoluter Würde und nahm klaglos die Verantwortung für ihr Verhalten auf sich, die Konsequenzen. Wenn sie sie jetzt so sah, benötigte Melisandra nicht viel Vorstellungskraft, um sich ein Bild von dem Leiden und dem Schmerz zu machen, dem Preis, den diese Frau für ihre Entscheidungen hatte bezahlen müssen. Die Mutter ließ ihr die Freiheit zum Leiden und zum Hassen. Sie achtete sie nicht wie eine Tochter, sondern wie eine Frau, die eine andere Frau achtet und die Nutzlosigkeit des Trostes kennt, die unausweichliche Einsamkeit. Denn sie allein würde es sein, die schließlich über all dies urteilen mußte, wenn sie die Mutter in der Stille ihres Inneren betrachtete und dieses Bild ihrem Schmerz und ihrer Liebe gegenüberstellte.

»Ich vertraue auf dich, meine Tochter«, sagte die Mutter zum Abschied. »Ich vertraue Waslala deiner Weisheit und Phantasie an.«

So stellte sie es ihr feierlich anheim, wie jemand, der in der Stunde seines Todes dem nächststehenden, meistgeliebten Wesen die Vollendung einer heiligen, entscheidenden Erlösungstat aufträgt.

»Sag deinem Großvater, daß ich ihn liebhabe und daß er mir fehlt. Erzähl ihm, daß sein Schwiegersohn in Frieden starb.«

Melisandra durchquerte wieder das Flimmern, spürte noch einmal die feuchte Hitze. Sie wandte sich erst um, als sie schon ein paar Schritte gegangen war. Als sie es tat, sah sie sich vor einer unbekannten Landschaft. Für einen Augenblick befiel sie Angst, der Wunsch, umzukehren und sich zu vergewissern, daß sie den Weg wiederfinden konnte. Doch sie hielt inne. Sie würde ihn schon finden, dachte sie, sie durfte nur nicht daran zweifeln. Und so lief sie weiter. Der Papagei flatterte von ihrer Schulter herunter und flog hüpfend vor ihr her. Plötzlich saß er auf dem niedrigen Zweig eines Baumes und begann, wie ein Wolf zu heulen. Sie mußte lachen, während ihr die Tränen über die Wangen liefen. Wieviel Tränen, dachte sie, wieviel Tränen habe ich geweint in diesen Tagen. In der Ferne hörte sie Raphael voller Angst nach ihr rufen. Sie nahm den Papagei von seinem Zweig und rannte los.

Zwei Anmerkungen der Autorin

In den Personen eines jeden Romans verschmelzen Realität und Phantasie. In dem hier vorliegenden Roman gibt es zwei Personen, Don José und seine Frau, Doña María, die auf zwei außergewöhnlichen Menschen gründen, die ihr Leben am Lauf des Río San Juan in Nicaragua verbracht haben: José Coronel Urtecho und María Kautz. Don José war nicht nur einer der größten Dichter, die Nicaragua hervorgebracht hat, sondern auch ein Magier des Wortes, ein großer Unterhalter, doch vor allem ein Lehrmeister für Generationen nicaraguanischer Schriftsteller. Ihm gegenüber haben wir eine unbezahlbare Schuld.

Seine Frau María hat tatsächlich das Gut »Las Brisas« geführt und war dort unbestreitbar die Chefin, während ihr Mann sich dem Schreiben, der Literatur widmete.

Sie sind beide gestorben, er ein paar Jahre nach ihr. Sie liegen in einem einfachen Grab nahe am Fluß.

Ich begann diesen Roman nach dem Tod von Doña María. Don José, der »Poeta Coronel«, wie wir ihn in Nicaragua nennen, konnte noch die ersten Kapitel lesen.

Für mich sind sie beide noch am Leben und werden es auch weiter sein. Mit diesem Buch habe ich an sie erinnern wollen.

Die Episode der radioaktiven Verseuchung auf Engracias Müllplatz beruht auf einem tatsächlichen Vorfall, der sich im September 1987 in der brasilianischen Stadt Goiânia zugetragen hat, als zwei Müllsucher ein Metallrohr fanden. »Sie boten es einem Schrotthändler an, der es mit dem Hammer öffnete, weil er die Bleihülle verkaufen wollte. In seinem Inneren fand er ein seltsames blaues Pulver, das in der Dunkelheit leuchtete. Fasziniert davon, verschenkte er Fläschchen mit dem Pulver an seine Freunde und Verwandten. Beim Geburtstag eines Mädchens von sechs Jahren streute man das Pulver auf den Tisch und schaltete das Licht aus.« (James Brooke, *The New York Times*, »Tourism springs from Toxic Waste«, 3. Mai 1995, A6)

»Wer sich damit die Haut einreibt, leuchtet in der Nacht. Das ganze Viertel eine einzige Lampe. Die Armen, plötzlich reich an Licht, feiern ein Fest«, beschreibt Eduardo Galeano das Ereignis in seinem Artikel *Palabras que quieren olvidar el olvido* (»Worte, die das Vergessen vergessen wollen«).

Das blaue Pulver war Cäsium 137, ein radioaktives Material. 129 Personen wurden verseucht, 20 von ihnen mußten mit Verbrennungen, Erbrechen und anderen Strahlungsschäden ins Krankenhaus. Sieben von ihnen starben, darunter auch das Geburtstagskind, Leide, das kurz vor seinem Tod soviel Strahlung abgab, daß die Ärzte Angst davor hatten, ihr Blut und ihren Urin zu untersuchen.

Es war der schlimmste Nuklearunfall Lateinamerikas. Er geschah ein Jahr nach Tschernobyl, doch wie Galeano sagt: »Tschernobyl klingt jeden Tag der Welt in den Ohren. Von Goiânia hat man nie wieder gehört. Lateinamerika ist eine zum Vergessen verurteilte Nachricht.«

Zitate und Danksagungen

1. Das Zitat auf Seite 14: »Die Einsamkeit wird immer größer und schöner am Fluß ...« stammt von José Coronel Urtecho *(Viajeros en el río, Rápido Tránsito).*

2. Die Textpassage, die auf Seite 18 mit dem Satz beginnt: »Tatsächlich, er hatte viele Menschen hier vorbeikommen sehen ...« ist gleichfalls eine Paraphrase auf José Coronel Urtecho *(Viajeros en el río, Rápido Tránsito).*

3. Der Vergleich Melisandras mit dem »griechischen Mädchen, das den Speer wirft« auf Seite 23 entstammt dem Gedicht von José Coronel Urtecho *Pequeña biografía de mi mujer* (»Kleine Biographie meiner Frau«).

4. Die Legende von der Guatuso-Prinzessin auf Seite 103f. ist einer ähnlichen Geschichte entlehnt, die José Coronel Urtecho in *Viajeros en el río* erzählt.

5. Maclovios Geschichte über die Kinder, die von den Schmugglern mit Affen verwechselt werden, basiert auf der Erzählung *Die Affen von San Telmo* von Lizandro Chávez Alfaro (deutsch im Verlag Volk und Welt).

6. Die Beschreibung der Bongos wie auch bestimmter Verhaltensweisen ihrer Besatzungen (das Gebet, der Ruf »Tod den Engländern«) basiert auf den Reiseberichten

des Nordamerikaners Squier aus dem 19. Jahrhundert, festgehalten in seinem Buch *Nicaragua, seine Menschen und Landschaften*.

Mein Dank für Unterstützung, liebevolle und kritische Begleitung beim Schreiben dieses Buches gebührt meinem Ehemann, Charles Castaldi, Lutz Kliche, Salvadora Navas, Mónica Zalaquett, Joe Gannon, John Carlin, Alejandro Arostegui, Hermann Schulz und ganz besonders meiner Tochter Melissa.